Mirko Eikötter
Inklusion und Arbeit

Inklusive Bildung

Herausgegeben von
Gregor Hensen | Burkhard Küstermann | Stephan Maykus |
Andrea Riecken | Heike Schinnenburg | Silvia Wiedebusch

Die Forderung nach Inklusion ist ein bedeutsamer Paradigmenwechsel, der die Gesellschaft und die Organisationen wie auch deren Mitarbeiter/innen vor große Herausforderungen stellt. Inklusion soll im Rahmen dieser Buchreihe als Implementierungsprozess im Wechselspiel rechtlicher, kommunaler, organisations- und professionsbezogener Anforderungen erörtert werden. Die Titel bieten einen Reflexionsrahmen, um den in unterschiedlichen Inklusionsorten erkennbaren Erfahrungen fortlaufend nachzugehen und Systematisierungen in Theorie, Forschung und Praxis zu unterstützen.

Mirko Eikötter

Inklusion und Arbeit

Zwischen Rechts- und Ermessensanspruch:
Rechte und Leistungen zur Teilhabe
am Arbeitsleben von Menschen mit
Behinderungen nach Inkrafttreten der
UN-Behindertenrechtskonvention in Deutschland

BELTZ JUVENTA

Der Autor

Mirko Eikötter, Dipl.-Sozialwirt, B.A. Soziale Arbeit, ist wissenschaftlicher Mitarbeiter an der Hochschule Osnabrück. Seine Arbeitsschwerpunkte sind die (Sozial-)Rechtlichen Grundlagen und Gestaltungsspielräume Inklusiver Bildung.

FSC
www.fsc.org
MIX
Papier aus verantwortungsvollen Quellen
FSC® C089473

Dieses Buch ist erhältlich als:
ISBN 978-3-7799-3702-9 Print
ISBN 978-3-7799-4710-3 E-Book (PDF)

1. Auflage 2017

Herstellung: Ulrike Poppel
Satz: Helmut Rohde
Druck und Bindung: Beltz Bad Langensalza GmbH, Bad Langensalza
Printed in Germany

Weitere Informationen zu unseren Autoren und Titeln finden Sie unter: www.beltz.de

Vorwort

Die vorliegende Dissertation ist im Sommersemester 2016 von der Universität Vechta angenommen worden. Aktuelle Literatur konnte grundsätzlich bis zum Rechtsstand Mai 2016 berücksichtigt werden. Mein besonderer Dank gilt zunächst meiner Doktormutter, Prof. Dr. iur. Gabriele Nellissen, die das Vorhaben stets in angenehmer und instruktiver Weise begleitet hat. Durch ihre Unterstützung konnte das Promotionsverfahren und die Disputation nach der Abgabe der Arbeit zeitnah abgeschlossen werden. Für die Erstellung des Zweitgutachtens danke ich Prof. Dr. jur. Guido Kirchhoff.

Weiterhin bedanke ich mich herzlich bei der Richterin am Sozialgericht Charlotte Bachert, die durch die Lektüre der gesamten Dissertation und wichtige Hinweise die Korrekturarbeiten ganz wesentlich erleichtert hat. Zudem gilt mein besonderer Dank Prof. Dr. Hermann Heußner, der meine Begeisterung für das Recht der Sozialen Arbeit stets gefördert und damit meinen bisherigen beruflichen Werdegang in der Lehre unterstützt hat. In ihm habe ich einen juristischen Mentor gefunden, der für mich stets ansprechbar ist und durch sein Erfahrungswissen meine persönliche und berufliche Entwicklung maßgeblich geprägt hat.

Zudem danke ich dem gesamten Team des Binnenforschungsschwerpunktes „Inklusive Bildung – Teilhabe als Handlungs- und Organisationsprinzip“ der Hochschule Osnabrück. Aus dem Forschungsschwerpunkt heraus ist die Idee entstanden, über die UN-Behindertenrechtskonvention zu schreiben. Prof. Dr. Stephan Maykus danke ich für die Unterstützung bei der Veröffentlichung. Assistant Professor Marlene Walk danke ich für ihre Hilfe bei Übersetzungsarbeiten. Nicht zuletzt gilt mein besonderer Dank meinen Eltern, Rolf und Traudel Eikötter, denen diese Arbeit gewidmet sein soll. Sie haben mich stets über die verschiedenen Ausbildungsstufen hinweg unterstützt und meinen Ausbildungsweg auch in schweren Zeiten wohlwollend begleitet.

Mirko Eikötter
Osnabrück, im Dezember 2016

Inhaltsverzeichnis

Abkürzungsverzeichnis

a. A.	andere(r) Auffassung
AB	Arbeitsbereich
Abs.	Absatz
AEMR	Allgemeine Erklärung der Menschenrechte
a. E.	am Ende
a. F.	alte Fassung
AG	Arbeitsgericht
AGG	Allgemeines Gleichbehandlungsgesetz
Alt.	Alternative
Anm.	Anmerkung(en)
AnwBl	Anwaltsblatt - Zeitschrift
APuZ	Aus Politik und Zeitgeschichte - Beilage zur Wochenzeitung „Das Parlament"
ArbGG	Arbeitsgerichtsgesetz
ArbSchG	Arbeitsschutzgesetz
ArbStättV	Arbeitsstättenverordnung
ArbZG	Arbeitszeitgesetz
Art.	Artikel
ASiG	Gesetz über Betriebsärzte, Sicherheitsingenieure und andere Fachkräfte für Arbeitssicherheit
Aufl.	Auflage
Ausn.	Ausnahmen
AVR	Arbeitsvertragsrichtlinien
BA	Bundesagentur für Arbeit
BAB	Berufsausbildungsbeihilfe
BAföG	Bundesgesetz über individuelle Förderung der Ausbildung (Bundesausbildungsförderungsgesetz)
BAG	Bundesarbeitsgericht oder Bundesarbeitsgemeinschaft
BAR	Bundesarbeitsgemeinschaft für Rehabilitation
BBB	Berufsbildungsbereich
BBiG	Berufsbildungsgesetz
BBW	Berufsbildungswerk
BeamtStG	Beamtenstatusgesetz

BeckOK	Beck'scher Online-Kommentar
BEM	Betriebliches Eingliederungsmanagement
Beschl.	Beschluss
BetrVG	Betriebsverfassungsgesetz
BFW	Berufsförderungswerk
BG	Berufsgenossenschaft
BGG	Behindertengleichstellungsgesetz
BGB	Bürgerliches Gesetzbuch
BGBl.	Bundesgesetzblatt
BGG	Gesetz zur Gleichstellung behinderter Menschen
BIH	Bundesarbeitsgemeinschaft der Integrationsämter und Hauptfürsorgestellen
BMAS	Bundesministerium für Arbeit und Soziales
BMBF	Bundesministerium für Bildung und Forschung
br	Behindertenrecht – Zeitschrift
BSG	Bundessozialgericht
Bsp.	Beispiel
bspw.	beispielsweise
BTHG	Bundesteilhabegesetz
BTZ	Berufliche Trainingszentren
BudgetV	Budgetverordnung
BUrlG	Bundesurlaubsgesetz
BVerfG	Bundesverfassungsgericht
BVerfGE	Entscheidungen des Bundesverfassungsgerichts
BVerwG	Bundesverwaltungsgericht
BVerwGE	Entscheidungen des Bundesverwaltungsgerichts
BVG	Bundesversorgungsgesetz
BW	Baden-Württemberg
CRPD	Convention on the Rights of Persons with Disabilities
Def.	Definition
d. h.	das heißt
DIM	Deutsches Institut für Menschenrechte
DV	Deutscher Verein für öffentliche und private Fürsorge e.V.
ebd.	ebenda
EFZG	Entgeltfortzahlungsgesetz
EinglVO	Eingliederungshilfeverordnung
eLB	erwerbsfähige Leistungsberechtigte

EMRK	Europäische Menschenrechtskonvention
EQ	Einstiegsqualifizierung
EU	Europäische Union
EuGH	Europäischer Gerichtshof
EUR	Euro
EV	Eingangsverfahren
f., ff.	folgende, fortfolgende
FP	Fakultativprotokoll zum Übereinkommen über die Rechte von Menschen mit Behinderungen
GdB	Grad der Behinderung
GE	gemeinsame Empfehlung
GE IFD	„Gemeinsame Empfehlung nach § 113 Abs. 2 SGB IX zur Inanspruchnahme der Integrationsfachdienste durch die Rehabilitationsträger“
gem.	gemäß
GenG	Gesetz betreffend die Erwerbs- und Wirtschaftsgenossenschaften
GewO	Gewerbeordnung
GG	Grundgesetz
GRV	gesetzliche Rentenversicherung
GUV	gesetzliche Unfallversicherung
HK-SGB IX	Handkommentar zum Sozialgesetzbuch IX (Hrsg. Lachwitz u. a., s. Literaturverzeichnis)
h. L.	herrschende Lehre
HS	Halbsatz
HwO	Handwerksordnung
ICF	International Classification of Functioning, Disability and Health
ICIDH-1	Internationale Klassifikation der Funktionsfähigkeit und Behinderung 1 (International Classification of Impairments, Disabilities and Handicaps)
ICIDH-2	Internationale Klassifikation der Funktionsfähigkeit und Behinderung 2 (International Classification of Impairments, Disabilities and Handicaps)
ICESCR	International Covenant on Economic, Social and Cultural Rights
i. d. F.	in der Fassung

i. d. R.	in der Regel
IFD	Integrationsfachdienst
IfSG	Infektionsschutzgesetz
i. H. v.	in Höhe von
ILO-Üb.	ILO-Übereinkommen Nr. 29 v. 28. Juni 1930 über Zwangs- oder Pflichtarbeit
inbeQ	individuelle betriebliche Qualifizierung
insbes.	insbesondere
IPbpR	Internationaler Pakt über bürgerliche und politische Rechte
IPwskR	Internationaler Pakt über wirtschaftliche, soziale und kulturelle Rechte
i. R. d.	im Rahmen der / des
i. S. d.	im Sinne der / des
i. V. m.	in Verbindung mit
JArbSchG	Jugendarbeitsschutzgesetz
JuS	Juristische Schulung – Zeitschrift
KfzHV	Kraftfahrzeughilfe-Verordnung
KSchG	Kündigungsschutzgesetz
LAG	Landesarbeitsgericht
LSG	Landessozialgericht
LTA	Leistungen zur Teilhabe am Arbeitsleben
lit.	litera (Buchstabe)
MiLoG	Mindestlohngesetz
MuSchG	Mutterschutzgesetz
m. w. N.	mit weiteren Nachweisen
NAP	Nationaler Aktionsplan der Bundesregierung zur Umsetzung der UN-Behindertenrechtskonvention
NDV	Nachrichtendienst des Deutschen Vereins für öffentliche und private Fürsorge e.V.
NZA	Neue Zeitschrift für Arbeitsrecht
NZS	Neue Zeitschrift für Sozialrecht
ÖPNV	öffentlicher Personennahverkehr

PB	Persönliches Budget
RdJB	Recht der Jugend und des Bildungswesens
RdLh	Rechtsdienst der Lebenshilfe – Zeitschrift
Rn.	Randnummer
RPK	Rehabilitationseinrichtung für psychisch kranke und behinderte Menschen
RsDE	Beiträge zum Recht der sozialen Dienste und Einrichtungen
SBV	Schwerbehindertenvertretung
SchwbAV	Schwerbehinderten-Ausgleichsabgabeverordnung
SchwbG	Schwerbehindertengesetz
SG	Sozialgericht
SGb	Die Sozialgerichtsbarkeit – Zeitschrift
SGB	Sozialgesetzbuch
SGB I	SGB – Allgemeiner Teil
SGB II	Grundsicherung für Arbeitsuchende
SGB III	Arbeitsförderung
SGB IV	Gemeinsame Vorschriften für die Sozialversicherung
SGB V	Gesetzliche Krankenversicherung
SGB VI	Gesetzliche Rentenversicherung
SGB VII	Gesetzliche Unfallversicherung
SGB VIII	Kinder- und Jugendhilfe
SGB IX	Rehabilitation und Teilhabe behinderter Menschen
SGB X	Sozialverwaltungsverfahren und Sozialdatenschutz
SGB XI	Soziale Pflegeversicherung
SGB XII	Sozialhilfe
SGG	Sozialgerichtsgesetz
sog.	sogenannte (n) / (r) / (s)
SozSich	Soziale Sicherheit – Zeitschrift
SRB	(Handbuch) Sozialrechtsberatung
StGB	Strafgesetzbuch
SVG	Soldatenversorgungsgesetz
TV	Tarifvertrag
TVöD	Tarifvertrag für den öffentlichen Dienst
TzBfG	Teilzeit- und Befristungsgesetz

u. a.	unter anderem, und andere
UN-BRK	Übereinkommen der Vereinten Nationen über die Rechte von Menschen mit Behinderungen (Behindertenrechtskonvention)
Unterabs.	Unterabsatz
Urt.	Urteil
usw.	und so weiter
u. v. m.	und vieles mehr
v.	vom
VA	Verwaltungsakt
VG	Verwaltungsgericht
VGH	Verwaltungsgerichtshof
vgl.	vergleiche
VO	(Rechts-)Verordnung
VwGO	Verwaltungsgerichtsordnung
VwVfG	Verwaltungsverfahrensgesetz
WAK	Internationale Konvention zum Schutz der Rechte aller Wanderarbeitnehmer und ihrer Familienangehörigen v. 18. Dez. 1990 (Wanderarbeitnehmerkonvention)
WfbM	Werkstatt für behinderte Menschen
WHO	Weltgesundheitsorganisation
WSK-Rechte	wirtschaftliche, soziale und kulturelle Menschenrechte
WVK	Wiener Vertragsrechtskonvention
WVO	Werkstättenverordnung
Z.Arb.Wiss.	Zeitschrift für Arbeitswissenschaft
ZESAR	Zeitschrift für europäisches Sozial- und Arbeitsrecht
z. B.	zum Beispiel
ZDG	Zivildienstgesetz
zzgl.	zuzüglich

A. Einleitung[1]

Die UN-Behindertenrechtskonvention[2] (im Folgenden: UN-BRK oder Konvention) hat eine enorme Bedeutung für Menschen mit Behinderungen in Deutschland. Mit Art. 1 Abs. 2 GG bekennt sich das Deutsche Volk zu „[...] unverletzlichen und unveräußerlichen Menschenrechten als Grundlage jeder menschlichen Gemeinschaft [...]". Durch die Ratifizierung der Konvention wird dieses Bekenntnis bekräftigt. Die UN-BRK konkretisiert die allgemeinen Menschenrechte für die Bedürfnisse und Belange von Menschen mit Behinderungen. Sie markiert den „Wechsel von einer Politik der Fürsorge hin zu einer Politik der Rechte".[3] Infolge dessen bildet die Konvention den Rechtsrahmen für das Recht der Menschen mit Behinderungen in Deutschland und dient als Handlungsorientierung für Rechtsprechung und Politik.[4]

Das Ziel und der Zweck des Behindertenrechtes, sowie der Politik für Menschen mit Behinderungen ist die selbstbestimmte Teilhabe an der Gesellschaft. Niemand soll wegen einer Behinderung benachteiligt und daran gehindert werden, selbstbestimmt und gleichberechtigt (vgl. § 1 SGB IX) am gesellschaftlichen Leben teilzunehmen. Dazu gehört ganz wesentlich die Teilhabe am Arbeitsleben. Durch Arbeit erfahren Menschen Sinnstiftung und Anerkennung in der Gesellschaft und sichern ihre Existenz. Das Rehabilitationsrecht in Deutschland sieht eine Vielzahl von Leistungen zur Teilhabe am Arbeitsleben vor. Diese Leistungen sind in unterschiedlichen Leistungsgesetzen und im SGB IX (§§ 33 ff. SGB IX) normiert und werden in Abhängigkeit von der jeweiligen Zuständigkeit und den Anspruchsvor-

---

1 In der vorliegenden Arbeit werden sowohl die weibliche, als auch die männliche Form verwendet. Dort wo nur eine Form benutzt wurde, dient dies ausschließlich der Lesbarkeit und Einfachheit oder basiert auf dem zugrunde liegenden Gesetzestext. Es sind stets Personen des jeweils anderen Geschlechts einbezogen, sofern ausdrücklich nichts anderes bestimmt ist.

2 Übereinkommen über die Rechte von Menschen mit Behinderungen v. 21.12.2008 – BGBl. 2008, Teil II, S. 1419 ff., in Kraft getreten nach Art. 45 Abs. 2 UN-BRK für die Bundesrepublik Deutschland am 26.03.2009 – BGBl. 2009, Teil II, S. 812; Engl.: Convention on the Rights of Persons with Disabilities (CRPD).

3 *Aichele*, in: APuZ 2010, S. 13.

4 *Aichele*, in: APuZ 2010, S. 13.

aussetzungen von unterschiedlichen Leistungsträgern finanziert. Viele der vorgesehenen Leistungen sind nicht als Rechtsanspruch, sondern als Ermessensanspruch ausgestaltet. Daneben gibt es eine Reihe von Vorschriften des sonstigen Sozial- und Arbeitsrechtes, welche die Beschäftigung von Menschen mit Behinderungen determinieren.

Die von Deutschland ratifizierte UN-BRK trägt den Gedanken der Inklusion in das Rehabilitations- und Teilhaberecht hinein. Das deutsche Recht ist nun mit all seinen Regelungen an den Wertungen der Konvention zu messen. Art. 27 UN-BRK bestimmt dabei für den hier interessierenden Bereich der Arbeit und Beschäftigung: „Die Vertragsstaaten anerkennen das gleiche Recht von Menschen mit Behinderungen auf Arbeit; dies beinhaltet das Recht auf die Möglichkeit, den Lebensunterhalt durch Arbeit zu verdienen, die in einem offenen, integrativen und für Menschen mit Behinderungen zugänglichen Arbeitsmarkt und Arbeitsumfeld frei gewählt oder angenommen wird. Die Vertragsstaaten sichern und fördern die Verwirklichung des Rechts auf Arbeit, einschließlich für Menschen, die während der Beschäftigung eine Behinderung erwerben, durch geeignete Schritte, einschließlich des Erlasses von Rechtsvorschriften [...]." Weiterhin beinhaltet Art. 27 UN-BRK eine nicht abschließende Aufzählung von Zielbestimmungen. Diese reichen vom Verbot der Diskriminierung aufgrund von Behinderung im Zusammenhang mit einer Beschäftigung (Art. 27 Abs. 1 lit. a UN-BRK), über die Förderung von Beschäftigungsmöglichkeiten und beruflichem Aufstieg auf dem Arbeitsmarkt (Art. 27 Abs. 1 lit. e UN-BRK) bis hin zur Förderung von Programmen für die berufliche Rehabilitation (Art. 27 Abs. 1 lit. k UN-BRK).

Daran anknüpfend stellt sich die Frage, welche Wirkungen Art. 27 UN-BRK in der deutschen Rechtsordnung entfaltet. Erfüllt Deutschland bereits die Verpflichtungen, die sich aus Art. 27 UN-BRK ergeben oder besteht gesetzgeberischer Handlungsbedarf? Erhalten Menschen mit Behinderungen zusätzliche Rechte, die ihre Teilhabe am Arbeitsleben stärken oder werden lediglich bestehende innerstaatliche Regelungen völkerrechtlich bestätigt? Wie ist es also um die Rechte von Menschen mit Behinderung auf dem Arbeitsmarkt nach Inkrafttreten der UN-BRK in Deutschland bestellt?

B. Die UN-BRK in der deutschen Rechtsordnung

Die UN-BRK und das Fakultativprotokoll zur UN-BRK (FP) wurden von den Vereinten Nationen am 13. Dezember 2006 verabschiedet. Die Bundesrepublik Deutschland hat die Konvention am 30. März 2007 unterzeichnet. Das Zustimmungs- bzw. Vertragsgesetz erging am 21. Dezember 2008. Nach Hinterlegung der Ratifikationsurkunde in New York sind die Konvention gem. Art. 45 Abs. 2 UN-BRK und das Fakultativprotokoll gem. Art. 13 Abs. 2 FP, am 26. März 2009 für die Bundesrepublik Deutschland in Kraft getreten.[5] Zu erwähnen ist an dieser Stelle, dass auch die EU als eigenständiges Völkerrechtssubjekt (vgl. Art. 47 EUV) im Jahr 2011 Vertragspartner der Konvention[6] geworden ist.[7] Für die EU ist die Konvention somit im Rahmen ihrer Zuständigkeiten verbindlich.[8] In Bezug auf Deutschland stellt sich nun zunächst die Frage, inwiefern die UN-BRK Bestandteil der deutschen Rechtsordnung geworden ist und welche rechtlichen Wirkungen die Konvention abstrakt-generell auf das deutsche Recht hat.

I. Verhältnis zwischen Völkerrecht und nationalem Recht

Um das Verhältnis zwischen Völkerrecht und nationalem Recht zu bestimmen, wurde lange Zeit in der Literatur ein dogmatischer Streit geführt. Im Laufe der Diskussion haben sich zwei Extrempositionen entwickelt – der Monismus und der Dualismus.[9] Dabei handelt es sich um deut-

---

5 BGBl. 2008 II, S. 1419 ff.; BGBl. 2009 II, S. 812 ff.; *Schulte*, in: br 2011, S. 41.

6 Beschl. des Rates v. 26.11.2009 über den Abschluss des Übereinkommens der UN über die Rechte von Menschen mit Behinderungen durch die EG, Abl. L 23 v. 27.01.2010, S. 35–61.

7 Vgl. *Suelmann*, Bildung in der Frauenrechtskonvention, der Kinderrechtskonvention und der Behindertenrechtskonvention der Vereinten Nationen, 2013 (Diss.), S. 40; *Althoff*, in: AuR 2013, S. 384 (387).

8 *Althoff*, in: AuR 2013, S. 384 (387).

9 *Herdegen*, Völkerrecht, 12. Aufl. 2013, S. 166 ff.; *Arnauld*, Völkerrecht, 2. Aufl. 2014, S. 203 ff.; *Stein/Buttlar*, Völkerrecht, 13. Aufl. 2012, S. 54 ff.

sche verfassungsrechtliche Varianten zur Systematisierung. Denn das Völkerrecht überlässt den Einzelstaaten die Verhältnisklärung zu ihrem Rechtssystem.[10]

1. Monismus

Die Theorie des Monismus[11] sieht das Völkerrecht und das innerstaatliche Recht als eine einheitliche und zusammenhängende Rechtsordnung.[12] Das höherrangige Recht geht im Rahmen dieser einheitlichen Rechtsordnung dem niederrangigen Recht vor. Innerhalb des Monismus existieren zwei Varianten, von denen heute noch eine vertreten wird. Nicht mehr vertreten wird der Monismus mit Primat des Landesrechts, bei dem das innerstaatliche Recht aufgrund der Souveränität der einzelnen Staaten über dem Völkerrecht steht.[13] Die andere Variante ist der Monismus mit Primat des Völkerrechts, bei der das nationale Recht dem Völkerrecht untergeordnet wird. Im Monismus bilden Völkerrecht und nationales Recht eine Einheit, d. h. es bedarf keiner Umwandlung in innerstaatliche Rechtsnormen.[14] Der Vollzug völkerrechtlicher Regelungen wird im Monismus dadurch erreicht, dass das Völkerrecht in das innerstaatliche Recht ohne weiteren Akt inkorporiert wird (sog. Adoptionstheorie). Das adoptierte Recht ist von den Gerichten und Behörden unmittelbar anzuwenden.[15] Zu dem gleichen Ergebnis gelangt man durch einen innerstaatlichen Vollzugsbefehl (sog. Vollzugslehre, dazu sogleich).[16]

2. Dualismus

Die Theorie des Dualismus[17] geht dagegen davon aus, dass Völkerrecht und innerstaatliches Recht zwei getrennte, voneinander unabhängig existierende

10 *Arnauld*, Völkerrecht, 2. Aufl. 2014, S. 203 ff.

11 Vgl zum Monismus ursprünglich vertreten von *Kelsen*, Reine Rechtslehre, 2. Aufl. 1967, S. 328 ff.

12 *Herdegen*, Völkerrecht, 12. Aufl. 2013, S. 166.

13 *Stein/Buttlar*, Völkerrecht, 13. Aufl. 2012, S. 55.

14 *Stein/Buttlar*, Völkerrecht, 13. Aufl. 2012, S. 55.

15 *Schweitzer*, Staatsrecht III, 10. Aufl. 2010, S. 167.

16 *Schweitzer*, Staatsrecht III, 10. Aufl. 2010, S. 168.

17 Vgl. zum Dualismus ursprünglich vertreten von *Triepel*, Völkerrecht und Landesrecht, 1. Aufl. 1899, S. 111.

Rechtsordnungen darstellen.[18] Der radikale Dualismus negiert jede Verflechtung von nationalem Recht und Völkerrecht, weshalb keine Kollisionen im Rahmen dieser Theorie denkbar sind. Wenn eine innerstaatliche Regelung (z. B. Gesetz oder VA) einer völkerrechtlichen Norm widerspricht, gelten beide weiter und bleiben parallel bestehen.[19] Der radikale Dualismus wird heute kaum noch vertreten.[20]

Die h. L. vertritt einen gemäßigten Dualismus.[21] Dieser beinhaltet die grundsätzliche Trennung der Rechtsordnungen, sieht aber zugleich Überschneidungen, weshalb die Kollision von Völkerrecht und nationalem Recht einer Klärung bedarf.[22] Nach einer Ansicht sind völkerrechtliche Regelungen durch Hoheitsakt in innerstaatliche Normen zu transformieren, um auf nationaler Ebene angewendet werden zu können (sog. Transformationstheorie). Eine Transformation völkerrechtlicher Verträge geschieht regelmäßig durch die Verabschiedung eines mit dem Vertrag inhaltsgleichen Parlamentsgesetzes.[23]

Nach anderer Ansicht bleiben die Normen des Völkerrechts bestehen, werden aber durch einen Überführungsakt mit einem Vollzugsbefehl oder Rechtsanwendungsbefehl ausgestattet (sog. Vollzugstheorie oder Vollzugslehre).[24] Dabei wird die Anwendung des Völkerrechts im innerstaatlichen Recht angeordnet, ohne dass eine Transformation in nationales Recht stattfindet.[25]

3. Entscheidung

In diesem dogmatischen Streit hat sich ein „gemäßigter Dualismus" durchgesetzt, dem hier gefolgt werden soll.[26] Danach besteht grundsätzlich eine Trennung zwischen dem Völkerrecht und den nationalen Rechtsordnungen, weshalb es eines Vollzugsbefehls oder einer Transformation bedarf. Während das BVerwG[27] die Transformationslehre vertritt, legt sich das

---

18 *Herdegen*, Völkerrecht, 12. Aufl. 2013, S. 166.
19 *Schweitzer*, Staatsrecht III, 10. Aufl. 2010, S. 12.
20 *Stein/Buttlar*, Völkerrecht, 13. Aufl. 2012, S. 56.
21 *Schweitzer*, Staatsrecht III, 10. Aufl. 2010, S. 14.
22 *Stein/Buttlar*, Völkerrecht, 13. Aufl. 2012, S. 56 f.
23 *Stein/Buttlar*, Völkerrecht, 13. Aufl. 2012, S. 57.
24 *Arnauld*, Völkerrecht, 2. Aufl. 2014, S. 205.
25 *Schweitzer*, Staatsrecht III, 10. Aufl. 2010, S. 168.
26 *Herdegen*, Völkerrecht, 12. Aufl. 2013, S. 166.
27 *BVerwGE* 95, 42 (49).

BVerfG[28] nicht ausdrücklich fest, lässt aber eine Neigung zur Vollzugslehre erkennen.[29] Der 1. Senat des BSG folgt dem BVerfG, in dem er urteilt, dass das Vertragsgesetz innerstaatlich den Befehl zur Anwendung der UN-BRK erteile und diese in nationales Recht umsetze.[30]

Die Vollzugslehre hat den Vorteil, dass z. B. der mit einem Rechtsanwendungsbefehl ausgestattete völkerrechtliche Vertrag weiterhin dem Völkerrecht zugeordnet bleibt. Das hat zur Folge, dass Änderungen oder gar die Aufhebung einzelner Bestimmungen oder sogar des gesamten Vertrages unmittelbar im innerstaatlichen Recht gelten. Die Transformationstheorie versucht dies umständlich durch eine Erweiterung zu erreichen, indem die Verbindung des transformierten Rechts zum Völkerrecht bestehen bleibt (sog. Gemäßigte Transformationstheorie). Dieses eher umständliche theoretische Konstrukt vermag nicht zu überzeugen.[31] Die Vollzugslehre bietet den Vorteil, dass die Bindung zum Völkerrecht unproblematisch bestehen bleibt. Darüber hinaus lassen sich in nationalen Rechtsstreitigkeiten leichter rechtsvergleichende Argumente (Auslegung anderer Vertragsstaaten, „persuasive authority") beiziehen, die in Verfahren anderer Länder zu einem völkerrechtlichen Vertrag eine Rolle gespielt haben.[32] Insofern wird den nachfolgenden Ausführungen die Vollzugslehre zugrunde gelegt.

II. Zustimmungsakt und Rang

Um Bestandteil der deutschen Rechtsordnung zu werden bedarf ein völkerrechtlicher Vertrag (Staatsvertrag) der Zustimmung von Bundestag und Bundesrat.[33] Denn Art. 59 Abs. 2 S. 1 GG legt fest, dass „Verträge, welche die politischen Beziehungen des Bundes regeln oder sich auf Gegenstände der Bundesgesetzgebung beziehen, [...] der Zustimmung oder der Mitwirkung der jeweils für die Bundesgesetzgebung zuständigen Körperschaften in der Form eines Bundesgesetzes [bedürfen]". Solch ein Bundesgesetz heißt Vertrags- oder Zustimmungsgesetz.[34] Es liegt verfahrenstechnisch zwischen

28 *BVerfGE* 90, 286 (364); 111, 307 ff.; *BVerfG*, NJW 2007, S. 499 (501).

29 *Arnauld*, Völkerrecht, 2012, S. 194; *Herdegen*, Völkerrecht, 12. Aufl. 2013, S. 170; a. A. *Schweitzer*, Staatsrecht III, 10. Aufl. 2010, S. 178, der davon ausgeht, dass das BVerfG auf die Transformationstheorie abstellt.

30 *BSG* Urt. v. 06.03.2012 – B 1 KR 10/11 R (zit. nach juris).

31 Vgl. *Aichele*, in: AnwBl 2011, S. 727 (730).

32 *Arnauld*, Völkerrecht, 2. Aufl. 2014, S. 205.

33 *Arnauld*, Völkerrecht, 2. Aufl. 2014, S. 207; *Ipsen*, Staatsrecht I, 27. Aufl. 2015, S. 299.

34 *Von Bernstorff*, in: RdJB 2011, S. 203 (204).

der Unterzeichnung des Vertrages und der Ratifizierung.[35] Dabei steht der Vertragstext selbst nicht mehr zur Disposition, es geht ausschließlich um Zustimmung oder Ablehnung des Vertrages.[36] Mittels eines Zustimmungsgesetzes wird einerseits die Bundesregierung ermächtigt den völkerrechtlichen Vertrag zu ratifizieren und andererseits der innerstaatliche Vollzugsbefehl/Rechtsanwendungsbefehl erteilt.[37]

Fraglich erscheint zunächst, welchen Rang der inkorporierte Vertrag in der bundesdeutschen Normenhierarchie einnimmt. In der Literatur ist allerdings völlig unstreitig, dass der Rang des völkerrechtlichen Vertrages durch die Art des Zustimmungsaktes vorgegeben wird. Da die UN-BRK mittels eines Parlamentsgesetzes Bestandteil der innerdeutschen Rechtsordnung geworden ist, erhält sie den Rang eines einfachen Bundesgesetzes.[38] Insofern es sich um Normen des allgemeinen Völkerrechtes (Völkergewohnheitsrecht, Allgemeine Grundsätze des Völkerrechtes) handelt, haben diese sogar Vorrang vor den einfachen Gesetzen (vgl. Art. 25 S. 2 GG).[39] Darüber hinaus ist Deutschland als Mitgliedsstaat der EU an die europäische Rechtsordnung gebunden (vgl. Art. 216 Abs. 2 AEUV), zu der auch die UN-BRK gehört.[40] Die Europäische Gemeinschaft hatte bereits am 30.03.2007 die UN-BRK unterzeichnet und damit ist nunmehr die Europäische Union als Rechtsnachfolgerin Vertragspartner geworden.[41]

---

35 *Ipsen*, Staatsrecht I, 27. Aufl. 2015, S. 300.

36 *Ipsen*, Staatsrecht I, 27. Aufl. 2015, S. 300.

37 *Arnauld*, Völkerrecht, 2. Aufl. 2014, S. 208; *Jarass*, in: *Jarass/Pieroth*, GG, 13. Aufl. 2014, Art. 59 Rn. 17.

38 *Jarass*, in: *Jarass/Pieroth*, GG, 13. Aufl. 2014, Art. 59 Rn. 19; *Arnauld*, Völkerrecht, 2. Aufl. 2014, S. 208; *Kotzur/Richter*, in: *Welke*, UN-BRK, 2012, Anm. zur Geltung und Verbindlichkeit der Behindertenrechtskonvention im deutschen Recht, Rn. 6; *von Bernstorff*, in: RdJB 2011, S. 203 (208).

39 *Masuch*, in: Sozialrecht+Praxis 2012, S. 287 (290); *Stein/Buttlar*, Völkerrecht, 13. Aufl. 2012, S. 62.

40 Beschluss des Rates v. 26.11.2009 über den Abschluss des Übereinkommens der Vereinten Nationen über die Rechte von Menschen mit Behinderungen durch die Europäische Gemeinschaft 2010/48/EG, ABl. EU L 23 v. 27. Januar 2010, S. 35; vgl. auch *Althoff*, in: AuR 2013, S. 384–387.

41 Vgl. dazu *Dörschner*, Die Rechtswirkungen der UN-Behindertenrechtskonvention in Deutschland am Beispiel des Rechts auf inklusive Bildung, 2013 (Diss.), S. 20 ff.

III. Verpflichtungen des Staates

Die Verpflichtungen aus der Konvention treffen den Staat, der als Völkerrechtssubjekt den völkerrechtlichen Vertrag abgeschlossen hat.[42] Damit sind alle staatlichen Organe, Gesetzgeber, Verwaltung und Gerichte an die UN-BRK gebunden.[43]

1. Verpflichtung von Bund und Ländern

Bei einem föderalen Staatsaufbau, wie dem der Bundesrepublik Deutschland, sind der Bund, aber auch die Bundesländer und die kommunalen Verwaltungen gebunden.[44] Letzteres erscheint zunächst problematisch. Zwar bestimmt Art. 4 Abs. 5 UN-BRK: „Die Bestimmungen dieses Übereinkommens gelten ohne Einschränkung oder Ausnahme für alle Teile eines Bundesstaats." Allerdings hat der Bund die Konvention abgeschlossen und nicht die Bundesländer. Da die UN-BRK auch ausschließliche Gesetzgebungskompetenzen der Länder betrifft, bedarf es in einigen Bereichen zunächst der Umsetzung in Landesrecht. Der Bund hat gem. Art. 32 Abs. 1 GG grundsätzlich die Abschlusskompetenz für völkerrechtliche Verträge. Der innerstaatliche Vollzug obliegt aber in einigen Bereichen (z. B. Bildung) den Bundesländern mit der Folge, dass der Bund vertragsbrüchig würde, wenn die Bundesländer den entsprechenden Verpflichtungen nicht nachkommen.[45] Dieses Problem wird in der Praxis dadurch gelöst, dass vor der Ratifizierung völkerrechtlicher Verträge das Einverständnis der Bundesländer eingeholt wird.[46] Geregelt ist dies in Ziff. 3 des sog. Lindauer Abkommens.[47] Die Ständige Vertragskommission der Länder wurde zu diesem Zweck eingerichtet und wird im Vorfeld von Vertragsabschlüssen einbezo-

42 *Trenk-Hinterberger*, in: *Kreutz/Lachwitz/Trenk-Hinterberger*, Die UN-Behindertenrechtskonvention in der Praxis, 2013, S. 4.

43 Vgl. *DIM*, Amicus-Curiae-Stellungnahme der Monitoring-Stelle zur UN-Behindertenrechtskonvention in dem Verfahren 6 AZR 190/12 des Bundesarbeitsgerichts (eingereicht am 10.09.2013), www.institut-fuer-menschenrechte.de (letzter Zugriff: 10.05.2016), S. 5 f.

44 *Trenk-Hinterberger*, in: *Kreutz/Lachwitz/Trenk-Hinterberger*, Die UN-Behindertenrechtskonvention in der Praxis, 2013, S. 5.

45 Vgl. *Ipsen*, Staatsrecht I, 27. Aufl. 2015, S. 295.

46 *Ipsen*, Staatsrecht I, 27. Aufl. 2015, S. 297.

47 *Streinz*, in: *Sachs*, GG, 7. Aufl. 2014, Art. 32 Rn. 35.

gen.[48] Nachdem die Bundesländer ihr Einverständnis abgegeben haben, sind sie nach dem Grundsatz der Bundestreue zur Umsetzung verpflichtet.[49]

Durch die UN-BRK ist zunächst der Staat verpflichtet. Dies bedeutet allerdings nicht, dass die Menschenrechte aus der Konvention in Privatrechtsverhältnissen unbeachtlich sind. Der Staat ist dazu angehalten durch rechtliche Maßnahmen (z. B. des Straf- und Zivilrechts) sicherzustellen, dass Menschenrechtsverletzungen durch natürliche und juristische Personen des Privatrechts unterbleiben (vgl. Art. 4 Abs. 1 lit. e UN-BRK). Für den Fall einer Verletzung der Konventionsrechte ist der Staat angehalten Entschädigungs- oder Schadensersatzansprüche für den Beeinträchtigten zu schaffen.[50]

2. Pflichtentrias

Die einzelnen staatlichen Verpflichtungen lassen sich in drei Kategorien einteilen:[51]

- Achtungs- oder Unterlassungsverpflichtungen (obligations to respect) verlangen vom Staat, „den Einzelnen nicht direkt oder indirekt an der Ausübung seiner Menschenrechte zu hindern".[52] Der Staat hat alle Handlungen zu unterlassen, die Menschen mit Behinderungen an der Ausübung der Menschenrechte hindern. Staatliche Eingriffe sind nur mit gesetzlicher Eingriffsermächtigung zulässig.[53]
- Schutzverpflichtungen (obligations to protect) der UN-BRK dienen dazu, „den Einzelnen gegen Eingriffe in seine Rechtspositionen durch

48 *Kotzur/Richter*, in: *Welke* (Hg.), UN-BRK, 2012, Anm. zur Geltung und Verbindlichkeit der Behindertenrechtskonvention im deutschen Recht Rn. 19.

49 *Kotzur/Richter*, in: *Welke* (Hg.), UN-BRK, 2012, Anm. zur Geltung und Verbindlichkeit der Behindertenrechtskonvention im deutschen Recht Rn. 19.

50 Dazu ausführlich *Künzli*, Zwischen Rigidität und Flexibilität: Der Verpflichtungsgrad internationaler Menschenrechte, 2001 (Diss.), S. 210 ff.; Trenk-*Hinterberger*, in: *Kreutz/Lachwitz/Trenk-Hinterberger*, Die UN-Behindertenrechtskonvention in der Praxis, 2013, S. 5 f.

51 *Lachwitz/Trenk-Hinterberger*, in: RdLh 2010, S. 45 (46).

52 *Schneider*, Die Justiziabilität wirtschaftlicher, sozialer und kultureller Menschenrechte, 2004, S. 33.

53 *Trenk-Hinterberger*, in: *Kreutz/Lachwitz/Trenk-Hinterberger*, Die UN-Behindertenrechtskonvention in der Praxis, 2013, S. 7.

Dritte zu schützen".[54] Gemeint ist die Beeinträchtigung der Menschenrechte durch nichtstaatliche Dritte (z. B. Unternehmen im Rahmen eines Arbeitsvertrages). Einen mittelbaren oder unmittelbaren Eingriff in den „Genuss der Menschenrechte" muss der Staat im Rahmen seiner Schutzpflicht durch das Schaffen entsprechender Maßnahmen verhindern.[55]

- Leistungs- oder Erfüllungsverpflichtungen (obligations to fulfil) „verpflichten die Staaten, die Ausübung eines Rechts durch positive Leistungen überhaupt erst zu ermöglichen".[56] Zu diesen Leistungen können „Informations-, Aufklärungs- und Bildungsmaßnahmen bei der Rechteverwirklichung", aber auch echte Leistungsverpflichtungen gehören.[57] Der politische Gestaltungsspielraum des Staates ist hier am größten.[58]

Neben dieser Dreiteilung kann noch eine weitere Kategorisierung nach der Verpflichtung zum Erfolg vorgenommen werden: Einerseits gibt es Rechte, die den Vertragsstaat zur „Erreichung eines konkreten Erfolgs" verpflichten (obligations of result); andererseits gibt es Verpflichtungen aus der Konvention, die lediglich ein bloßes „Verhalten oder Bemühen" verlangen (obligations of conduct).[59]

3. Berichtspflicht

Die Vertragsstaaten sind weiterhin verpflichtet, dem Ausschuss für die Rechte von Menschen mit Behinderungen (im Folgenden: Ausschuss) peri-

54 *Schneider*, Die Justiziabilität wirtschaftlicher, sozialer und kultureller Menschenrechte, 2004, S. 33.

55 *DIM*, Expertise für ein Artikelgesetz zur Umsetzung der UN-Behindertenrechtskonvention im Land Berlin, Kurzdarstellung der Normenprüfung: Grundlagen, Methodik, Leseproben, 2013, S. 14, http://www.institut-fuer-menschenrechte.de (letzter Zugriff: 10.05.2016).

56 *Schneider*, Die Justiziabilität wirtschaftlicher, sozialer und kultureller Menschenrechte, 2004, S. 33.

57 *Riedel*, in: *Deutsches Institut für Menschenrechte*, Die „General Comments" zu den VN-Menschenrechtsverträgen, 2005, S. 169.

58 *DIM*, Expertise für ein Artikelgesetz zur Umsetzung der UN-Behindertenrechtskonvention im Land Berlin, Kurzdarstellung der Normenprüfung: Grundlagen, Methodik, Leseproben, 2013, S. 14, http://www.institut-fuer-menschenrechte.de (letzter Zugriff: 10.05.2016).

59 *Mißling/Ückert*, Inklusive Bildung: Schulgesetze auf dem Prüfstand, Vorabfassung, 2014, S. 10, http://www.institut-fuer-menschenrechte.de (letzter Zugriff: 10.05.2016).

odisch einen Bericht über die Maßnahmen vorzulegen, die der Staat zur Erfüllung seiner Verpflichtungen aus der Konvention getroffen hat und dort auch anzugeben, welche Fortschritte erzielt werden konnten (vgl. Art. 35 Abs. 1 UN-BRK). Der Bericht ist erstmals zwei Jahre nach Inkrafttreten des Übereinkommens (Initial report) für den entsprechenden Staat und anschließend mindestens alle vier Jahre (periodical reports) und darüber hinaus auf Anforderung dem Ausschuss vorzulegen (vgl. Art. 35 Abs. 1 und 2 UN-BRK).[60] Der Erste Staatenbericht der Bundesrepublik Deutschland wurde vom Bundeskabinett am 3. August 2011 beschlossen und ist beim Ausschuss eingereicht worden.[61]

Der Ausschuss prüft im Anschluss die Berichte und leitet diese mit Vorschlägen und allgemeinen Empfehlungen versehen an den entsprechenden Vertragsstaat zurück.[62] Falls erforderlich kann der Ausschuss vorher weitere Angaben über die Durchführung der Konvention erfragen.[63] Im Vorfeld der Prüfung des Ersten Staatenberichtes der Bundesrepublik am 13. April 2015 in Genf, hat der Ausschuss von Deutschland weitere Angaben verlangt. In Bezug auf Art. 27 UN-BRK wollte der Ausschuss Folgendes wissen:

- „Bitte teilen Sie angesichts des anhaltenden Anstiegs der Zahl der Menschen mit Behinderungen, die dauerhaft in den 700 abgesonderten Behindertenwerkstätten beschäftigt sind, mit, durch welche Unterstützungsmaßnahmen Menschen mit Behinderungen die Teilnahme am allgemeinen Arbeitsmarkt ermöglicht wird [...]
- Bitte übermitteln Sie Informationen über die Zahl der Arbeitsstätten, die die Bestimmungen zur Zugänglichkeit (Arbeitsstättenverordnung) umgesetzt haben, sowie die Zahl der Arbeitgeber, die entsprechend dieser Verordnung angemessene Vorkehrungen getroffen haben.“[64]

---

60 Vgl. auch www.institut-fuer-menschenrechte.de.

61 Vgl. http://www.bmas.de/DE/Themen/Teilhabe-behinderter-Menschen/staatenbericht-2011.html (letzter Zugriff: 10.05.2016).

62 Vgl. Art. 36 Abs. 1 UN-BRK.

63 Vgl. Art. 36 Abs. 1 S. 3 UN-BRK.

64 *DIM*, Information der Monitoring-Stelle zur UN-BRK anlässlich der Veröffentlichung der Fragenliste des UN-Ausschusses für die Rechte von Menschen mit Behinderungen im Zusammenhang mit dem ersten Staatenbericht Deutschland, 2014, S. 8 (UN-Dok. CRPD/C/DEU/Q/1 v. 17.04.2014) (deutsche Übersetzung der offiziellen Fragenliste), http://www.institut-fuer-menschenrechte.de (letzter Zugriff: 05.11.2015).

IV. Anwendbarkeit und Rechtswirkungen

Die UN-BRK ist, wie bereits gezeigt, durch Zustimmungsgesetz gem. Art. 59 Abs. 2 S. 1 GG Bestandteil der deutschen Rechtsordnung geworden und somit geltendes Recht.[65] Es stellt sich die Frage, wie die Normen der Konvention grundsätzlich angewendet werden und welche Rechtswirkungen sie entfalten. Im Folgenden soll zwischen drei Varianten unterschieden werden.[66]

1. Anwendung durch Überprüfung und Normsetzung

Zunächst muss der Staat das innerstaatliche Recht an die Normen der Konvention anpassen. Gesetze und Rechtsverordnungen sind auf konventionswidrige Regelungen hin zu überprüfen (Verpflichtung zur Normenprüfung).[67] Wenn die Prüfung eine mit der UN-BRK unvereinbare Norm ergibt[68], ist die betreffende Norm im deutschen Recht entweder zu ändern oder nicht mehr anzuwenden.[69] Darüber hinaus bedarf es weiterer Normsetzung und damit Konkretisierung einzelner Vorschriften der Konvention, wenn die Regelungen „nach Wortlaut, Zweck und Inhalt noch nicht hinreichend bestimmt sind, um wie eine innerstaatliche Vorschrift rechtliche Wirkung zu entfalten".[70] Der Gesetzgeber ist dann dazu verpflichtet, Rechtsvorschriften zu schaffen, die der Konvention entspre-

65 *Aichele*, in: Sozialrecht+Praxis 2012, S. 115.

66 Die nachfolgenden Ausführungen beziehen sich überwiegend auf: *Trenk-Hinterberger*, in: *Kreutz/Lachwitz/Trenk-Hinterberger*, Die UN-Behindertenrechtskonvention in der Praxis, 2013, S. 12 ff.; *v. Bernstorff*, RdJB 2011, S. 203 ff.

67 *DIM*, Expertise für ein Artikelgesetz zur Umsetzung der UN-Behindertenrechtskonvention im Land Berlin, Kurzdarstellung der Normenprüfung: Grundlagen, Methodik, Leseproben, 2013, S. 11 f., http://www.institut-fuer-menschenrechte.de (letzter Zugriff: 05.11.2015).

68 Art. 100 Abs. 2 GG sieht für den Fall, dass in einem Rechtsstreit zweifelhaft ist, ob eine Regel des Völkerrechts Bestandteil des Bundesrechtes ist und ob sie unmittelbare Rechte und Pflichten für den Einzelnen erzeugt die Pflicht des Gerichtes vor, eine Entscheidung des BVerfG einzuholen. Allerdings gilt dies nicht für das Völkervertragsrecht, so dass dieses der Anwendung und Auslegung der Fachgerichte überlassen bleibt. *Detterbeck*, in: *Sachs*, GG, 7. Aufl. 2014, Art. 100 Rn. 25.

69 *Trenk-Hinterberger*, in: *Kreutz/Lachwitz/Trenk-Hinterberger*, Die UN-Behindertenrechtskonvention in der Praxis, 2013, S. 12.

70 *Trenk-Hinterberger*, in: *Kreutz/Lachwitz/Trenk-Hinterberger*, Die UN-Behindertenrechtskonvention in der Praxis, 2013, S. 12.

chen.[71] Darüber hinaus verpflichtet die UN-BRK den Staat neben den gesetzgeberischen Maßnahmen zu weiteren Maßnahmen (z. B. in Art. 4 Abs. 1 lit. b UN-BRK „[…] alle geeigneten Maßnahmen einschließlich gesetzgeberischer Maßnahmen zur Änderung oder Aufhebung bestehender Gesetze, Verordnungen […]"), damit Menschen mit Behinderungen ihre Rechte aus der Konvention verwirklichen können.[72]

2. Unmittelbare Anwendung

Das Zustimmungsgesetz bewirkt zwar, dass der völkerrechtliche Vertrag Bestandteil der deutschen Rechtsordnung wird und damit Geltung erlangt, führt aber nicht zwingend zur unmittelbaren Anwendbarkeit.[73] Bestimmte Regelungen der Konvention bedürfen zunächst der weiteren rechtlichen Ausgestaltung (Normsetzung). Solche Vorschriften werden als „non self-executing-norms" bezeichnet.[74] Andere Normen des Völkerrechts wirken für und gegen den Einzelnen und sind unmittelbar anwendbar. Eine unmittelbare Anwendbarkeit wird dem „Diskriminierungsverbot in Art. 5 Abs. 2 UN-BRK" und der „Anerkennung und Unterstützung der spezifischen kulturellen und sprachlichen Identität" zugeschrieben.[75] Behörden und Gerichte können diese Regelungen direkt anwenden und Rechtsfolgen für den Einzelfall ableiten.[76] Solche Normen heißen „self-executing-norms".[77] Damit muss allerdings nicht in jedem Fall ein subjektives, einklagbares Recht verbunden sein.[78] Insofern ist zu differenzieren zwischen unmittelbarer Anwendbarkeit und zusätzlich der Vermittlung eines subjek-

71 Vgl. Art. 4 Abs. 1 S. 2 lit. a UN-BRK.

72 *Trenk-Hinterberger*, in: *Kreutz/Lachwitz/Trenk-Hinterberger*, Die UN-Behindertenrechtskonvention in der Praxis, 2013, S. 13.

73 *Schweitzer*, Staatsrecht III, 10. Aufl. 2010, S. 173.

74 *Kotzur/Richter*, in: *Welke*, UN-BRK, 2012, Anm. zur Geltung und Verbindlichkeit der Behindertenrechtskonvention im deutschen Recht Rn. 7.

75 Vgl. *Luthe*, in: br 2014, S. 89 ff.; *Aichele/Althoff*, in: *Welke*, UN-BRK, 2012, Nicht-Diskriminierung und angemessene Vorkehrungen in der UN-Behindertenrechtskonvention, Rn. 66 ff.

76 *Stein/Buttlar*, Völkerrecht, 13. Aufl. 2012, S. 58.

77 *Kotzur/Richter*, in: *Welke*, UN-BRK, 2012, Anm. zur Geltung und Verbindlichkeit der Behindertenrechtskonvention im deutschen Recht Rn. 7.

78 *Stein/Buttlar*, Völkerrecht, 13. Aufl. 2012, S. 58; *Lachwitz/Trenk-Hinterberger*, in: RdLH 2010, S. 45 (47).

tiven Rechts.[79] Ob ein Menschenrecht unmittelbar anwendbar und zusätzlich für den Einzelnen einklagbar ist, muss gesondert festgestellt werden.[80] Eine Völkerrechtsnorm ist unmittelbar anwendbar, wenn sie „nach Wortlaut, Zweck und Inhalt „geeignet und hinreichend bestimmt ist“, eine rechtliche Wirkung im konkreten Fall zu entfalten“.[81] Die konkrete Norm muss selbstvollziehend und entscheidungserheblich sein, so dass sich konkrete Rechtsfolgen ableiten lassen.[82] Ein subjektives öffentliches Recht verbunden mit einem Rechtsanspruch gibt dem Einzelnen darüber hinaus die Möglichkeit, vom Staat ein bestimmtes Verhalten zu verlangen, ist also mit einer Rechtsmacht zur Rechtsdurchsetzung verbunden.[83] Folgende Voraussetzungen müssen kumulativ vorliegen:[84]

1. Es ist keine weitere Umsetzung in innerstaatliches Recht erforderlich,
2. die Regelung ist inhaltlich klar und ausreichend bestimmt und
3. ein Einzelner ist entweder berechtigt oder verpflichtet.

Bisher ist allerdings keine Entscheidung bekannt, in der eine unmittelbare Anwendbarkeit angenommen wird.[85] Ob bestimmte unmittelbar anwendbare Normen der Konvention lediglich eine objektive Rechtsverpflichtung des Staates darstellen, oder ob sie gleichzeitig ein subjektives Recht beinhalten (s. dazu D. I.), ist im konkreten Einzelfall durch Auslegung zu ermitteln.[86]

Der 3. Senat des BSG lehnte bspw. die Versorgung eines Versicherten der Gesetzlichen Krankenversicherung (GKV) mit einer zusätzlichen speziellen Unterschenkel-Sportprothese zum Badminton spielen ab. Der Versicherte könne aus der UN-BRK[87] kein subjektiv-öffentliches Recht auf das begehrte Hilfsmittel ableiten. Das

---

79 Vgl. *Dörschner*, Die Rechtswirkungen der UN-Behindertenrechtskonvention in Deutschland am Beispiel des Rechts auf inklusive Bildung, 2014, S. 111 ff.

80 *Heinz*, in: Sozialrecht aktuell 2014, S. 189 (192).

81 *v. Bernstorff*, in: RdJB 2011, S. 203 (210).

82 *Dörschner*, Die Rechtswirkungen der UN-Behindertenrechtskonvention in Deutschland am Beispiel des Rechts auf inklusive Bildung, 2014, S. 111.

83 *Dörschner*, Die Rechtswirkungen der UN-Behindertenrechtskonvention in Deutschland am Beispiel des Rechts auf inklusive Bildung, 2014, S. 113.

84 *Stein/Buttlar*, Völkerrecht, 13. Aufl. 2012, S. 58; BVerfGE 29, 348 (360).

85 So bezweifelt die Präsidentin des Deutschen Sozialgerichtstages *Paulat*, „dass eine Norm als unmittelbar anwendbar zu qualifizieren“ ist, *Giese*, in: Forum D, Beitrag D18-2015 unter www.reha-recht.de; 12.06.2015.

86 *Papenheim/Baltes/Dern/Palsherm*, Verwaltungsrecht für die soziale Praxis, 24. Aufl. 2013, S. 133.

87 Im konkreten Fall: Art. 20 UN-BRK.

Gericht stellt fest: „Die Bundesrepublik Deutschland trägt dem von der UN-Konvention angestrebten Zweck [...] ausreichend durch das gegliederte Leistungssystem Rechnung. Weitergehende Einzelansprüche werden – zumindest für den Bereich der GKV – durch die UN-Konvention nicht begründet [...].“[88]

Bisher wurde den wirtschaftlichen, sozialen und kulturellen Menschenrechten (WSK-Rechte) – zu denen auch das Recht auf Arbeit[89] gehört – die Einklagbarkeit abgesprochen. Dem lag die Annahme zugrunde, dass die WSK-Rechte politischen Programmsätzen oder Staatszielbestimmungen entsprächen, die erst sukzessiv von den Vertragsstaaten umzusetzen seien.[90] Diese Sichtweise hat sich im Laufe der Zeit verändert. Nun wird grundsätzlich auch diesen Menschenrechten zugestanden, im Einzelfall einen subjektiv-rechtlichen Inhalt haben zu können. Erstmals kodifiziert wurde dies in Art. 4 Abs. 2 a. E. UN-BRK, der bestimmt: „Hinsichtlich der wirtschaftlichen, sozialen und kulturellen Rechte verpflichtet sich jeder Vertragsstaat, unter Ausschöpfung seiner verfügbaren Mittel und erforderlichenfalls im Rahmen der internationalen Zusammenarbeit Maßnahmen zu treffen, um nach und nach die volle Verwirklichung dieser Rechte zu erreichen, **unbeschadet derjenigen Verpflichtungen aus diesem Übereinkommen, die nach dem Völkerrecht sofort anwendbar sind** [Hervorhebung durch den Verfasser].“ Letztendlich obliegt es den deutschen Gerichten festzustellen, welche WSK-Rechte der UN-BRK unmittelbar anwendbar sind und welche mit einem subjektiven Recht verknüpft sind. Wichtige Anhaltspunkte können hier die sog. General Comments geben.[91]

3. Völkerrechtskonforme Auslegung

Weiterhin sind die Bestimmungen der UN-BRK bei der Auslegung innerstaatlicher Rechtsnormen zu berücksichtigen (menschenrechtskonforme Auslegung).[92] Behörden und Gerichte müssen bei der Anwendung und Auslegung des geltenden Rechts die Konvention als Auslegungshilfe heranziehen und eine konventionskonforme Entscheidung treffen.[93] Damit hat die UN-BRK „Ausstrahlungswirkung auf Normen des >rein< nationalen

88 *BSG* Urt. v. 21.03.2013 – B 3 KR 3/12 R (zit. nach juris).
89 Vgl. u. a. Art. 23 AEMR; Art. 6, 7 und 8 IPwskR und Art. 27 UN-BRK.
90 *Lachwitz/Trenk-Hinterberger*, in: RdLH 2010, S. 45 (46).
91 *Lachwitz/Trenk-Hinterberger*, in: RdLH 2010, S. 45 (48).
92 *Althoff*, in: AuR 2013, S. 384.
93 *Aichele*, in: AnwBl 2011, S. 727 (728).

(deutschen) Rechts".[94] Daraus folgt, dass die UN-BRK bei der Auslegung und Interpretation von Gesetzen und Rechtsverordnungen heranzuziehen ist. Sie dient der Auslegung unbestimmter Rechtsbegriffe und der Konkretisierung von Generalklauseln und Ermessensnormen.[95] Verstößt eine innerstaatliche Norm gegen die Konvention, so ist zunächst eine „konventionskonforme Auslegung" zu probieren.[96] Möglicherweise ist aber konventionswidriges Recht nach entsprechender Prüfung nicht mehr anzuwenden. Die UN-BRK gilt als Auslegungs-Maßstab sowohl für das Bundesrecht als auch für das Recht der einzelnen Bundesländer.[97] Im Verhältnis von Verfassungsrecht (Auslegung der Grundrechte) und völkerrechtlichen Verträgen gilt die sog. Völkerrechtsfreundlichkeit. Der Grundsatz der völkerrechtsfreundlichen Auslegung besagt, dass bei mehreren möglichen Interpretationen eines Verfassungsbegriffes diejenige zu wählen ist, die dem Völkerrecht am besten entspricht.[98]

4. Prüfung

In einer instruktiven Entscheidung aus dem Jahr 2012 hat das BSG[99] lehrbuchartig die Prüfung der Anwendbarkeit einer Norm der UN-BRK im Sozialrecht vorgeführt.[100] Im vorliegenden Fall ging es um einen an Multipler Sklerose erkrankten Kläger, der an einer erektilen Dysfunktion leidet. Er verlangte von seiner Krankenkasse die Kostenübernahme für das von ihm auf eigene Kosten zur Behandlung der Dysfunktion erworbene Medikament Cialis. Dabei berief er sich u. a. auf Art. 25 UN-BRK. Bei der Prüfung ging der 1. Senat des BSG folgendermaßen vor:[101]

---

94 *Trenk-Hinterberger*, in: *Kreutz/Lachwitz/Trenk-Hinterberger*, Die UN-Behindertenrechtskonvention in der Praxis, 2013, S. 18.

95 *Schweitzer*, Staatsrecht III, 10. Aufl. 2010, S. 176; *Althoff*, in: AuR 2013, S. 384; *Luik*, in: *Schlegel/Voelzke*, SGB IX, 2. Aufl. 2015, § 33 Rn. 37.

96 *Trenk-Hinterberger*, in: *Kreutz/Lachwitz/Trenk-Hinterberger*, Die UN-Behindertenrechtskonvention in der Praxis, 2013, S. 18.

97 *Trenk-Hinterberger*, in: *Kreutz/Lachwitz/Trenk-Hinterberger*, Die UN-Behindertenrechtskonvention in der Praxis, 2013, S. 18.

98 *Stein/Buttlar*, Völkerrecht, 13. Aufl. 2012, S. 60.

99 *BSG*, Urt. v. 06.03.2012 – B 1 KR 10/11 R (zit. nach juris).

100 Vgl. *Tolmein*, Gleichbehandlung und die UN-Behindertenrechtskonvention in der sozialrechtlichen Praxis. Handreichung, Sept. 2014, S. 7 (http://www.institut-fuer-menschenrechte.de).

101 *BSG*, Urt. v. 06.03.2012 – B 1 KR 10/11 R – Rn. 16 ff. (zit. nach juris).

- Das Gericht prüft zuerst, ob sich ein Anspruch auf das Medikament unmittelbar aus Art. 25 UN-BRK ableiten lässt. Der 1. Senat kommt zu dem Ergebnis, dass Art. 25 S. 3 i. V. m. S. 1 und 2 UN-BRK keine eigenständige Rechtsgrundlage begründet (non-self-executing).
- Sodann prüft das BSG, ob Art. 25 S. 3 lit. b UN-BRK als ranggleiches später erlassenes Bundesrecht den Leistungsausschluss in § 34 Abs. 1 S. 7 bis 9 SGB V nach der Kollisionsregel „lex posterior derogat legi priori“ verdrängt. Dies wird vom BSG verneint, da „einem theoretisch denkbaren Vorrang von Völkervertragsrecht nach § 30 Abs. 2 SGB I [...] der Anwendungsvorrang des SGB V [...] [entgegensteht], vgl. § 37 S. 1 und 2 SGB I [...].“[102] Darüber hinaus bestünde ein Anwendungsvorrang des Art. 25 UN-BRK, wenn diese Norm den Rang völkerrechtlichen Gewohnheitsrechtes erlangt hätte (vgl. Art. 25 GG), was im Ergebnis ebenfalls verneint wird.[103] Auch über die Tatsache, dass die EU die UN-BRK ratifiziert hat, lasse sich kein Vorrang herleiten, da die Kompetenz der EU nicht die Festlegung der Leistungskataloge der nationalen Krankenversicherungssysteme umfasse (vgl. Art. 168 Abs. 7 AEUV).[104]
- Die völkerrechtskonforme Auslegung des SGB V sei grundsätzlich möglich, im vorliegenden Fall aber nicht erfolgversprechend.
- Abschließend prüft das BSG, ob über das Diskriminierungsverbot des Art. 5 Abs. 2 UN-BRK, das self-executing ist, ein Anspruch abgeleitet werden kann. Doch auch diese Prüfung führt nicht zum Erfolg des Klägers.

Allerdings hat eine Untersuchung zur Rezeption der UN-BRK in der Rechtsprechung gezeigt, dass Richterinnen und Richter in den Jahren 2009 bis 2014 äußerst zurückhaltend auf die Konvention Bezug nehmen. In diesem Zeitraum wurden 227 gerichtliche Entscheidungen (denen 203 Sachverhalte zugrunde lagen)[105] veröffentlicht, die explizit auf die UN-BRK eingehen – allerdings überwiegend erfolglos.

102 *BSG*, Urt. v. 06.03.2012 – B 1 KR 10/11 R – Rn. 20 (zit. nach juris).

103 *BSG*, Urt. v. 06.03.2012 – B 1 KR 10/11 R – Rn. 20 f. (zit. nach juris).

104 *BSG*, Urt. v. 06.03.2012 – B 1 KR 10/11 R – Rn. 22 (zit. nach juris).

105 davon betrafen 40 % verwaltungsgerichtliche und 47 % sozialgerichtliche Entscheidungen, vgl. *Aichele/Scherr*, Zusammenfassung der Expertise von Dr. Luise Buschmann „Zur Rezeption der UN-Behindertenrechtskonvention: Eine Analyse der deutschen Rechtsprechung von 2009–2014“, 2015 (www.institut-fuer-menschenrechte.de), S. 3.

V. Auslegung völkerrechtlicher Normen

Um völkerrechtliche Normen anwenden zu können, ist zunächst der Norminhalt durch Auslegung zu ermitteln. Dabei sind die in Art. 50 UN-BRK festgelegten rechtsverbindlichen Sprachfassungen in gleicher Weise maßgebend, zu denen die deutsche Übersetzung nicht gehört.[106] „Bei zwei oder mehr authentischen Vertragssprachen ist jeder der in einer dieser Sprachen abgefassten Texte gleichermaßen verbindlich. Doch kann der Rechtsanwender zunächst von einer einzigen Sprachfassung ausgehen."[107] Grundlage für die Interpretation der UN-BRK-Normen soll in dieser Arbeit die englische Sprachfassung sein. Durch Auslegung werden die Rechte und Pflichten der Vertragsparteien eines (völkerrechtlichen) Vertrages anhand des Vertragsinhalts ermittelt.[108] Es stellt sich zunächst die Frage, ob dabei der innere Wille der Vertragsparteien (subjektiver Ansatz) oder der objektive Vertragstext (objektiver Ansatz) maßgeblich ist.[109] Der subjektive Ansatz rückt den historischen Parteiwillen in den Vordergrund, während der objektive Ansatz den Vertragstext in den Fokus der Auslegung rückt. Mit Unterzeichnung der Wiener Vertragsrechtskonvention (WVK)[110] hat sich der objektive Ansatz („objective" oder „textual approach") durchgesetzt.[111] Die Normen der Konvention werden nach völkerrechtlichen Regeln (vgl. Artt. 31 ff. WVK) ausgelegt.[112]

1. Auslegungsmethoden

Gem. Art. 31 WVK ist ein Vertrag „nach Treu und Glauben in Übereinstimmung mit der gewöhnlichen, seinen Bestimmungen in ihrem Zusammenhang zukommenden Bedeutung und im Lichte seines Zieles und Zweckes auszulegen". Demnach kommen im Völkerrecht die aus dem deutschen Recht bekannten Auslegungsmethoden zur Anwendung.[113] Zu nennen sind die wörtliche, systematische und teleologische Auslegung, wobei

106 *Aichele*, in: Sozialrecht+Praxis 2012, S. 115 (116 f.); *Kempen/Hillgruber*, Völkerrecht, 2. Aufl. 2012, S. 75.

107 *Geiger*, Grundgesetz und Völkerrecht, 5. Aufl. 2010, S. 101.

108 *Kempen/Hillgruber*, Völkerrecht, 2. Aufl. 2012, S. 72.

109 *Kempen/Hillgruber*, Völkerrecht, 2. Aufl. 2012, S. 72.

110 Wiener Übereinkommen über das Recht der Verträge v. 23.05.1969, BGBl. 1985 II, S. 926.

111 *Kempen/Hillgruber*, Völkerrecht, 2. Aufl. 2012, S. 72.

112 *Arnauld*, Völkerrecht, 2. Aufl. 2014, S. 92.

113 *Kempen/Hillgruber*, Völkerrecht, 2. Aufl. 2012, S. 72.

der historischen Auslegungsmethode eine eher untergeordnete Rolle zukommt:[114]

- Die wörtliche Auslegung (ordinary meaning rule) basiert auf der gewöhnlichen Wortbedeutung.[115]
- Die systematische Auslegung stellt auf den Regelungszusammenhang des Vertrages ab und bezieht neben dem Vertragstext und der Präambel, Anlagen, Protokolle, sowie sonstige Urkunden und Übereinkünfte, die anlässlich des Vertragsabschlusses vereinbart wurden, mit ein (vgl. Art. 31 Abs. 2 WVK).[116] Neben diesem „Zusammenhang" sind nach Art. 31 Abs. 3 WVK ausdrücklich zu berücksichtigen:
  (a) „jede spätere Übereinkunft zwischen den Vertragsparteien über die Auslegung des Vertrags oder die Anwendung seiner Bestimmungen",
  (b) „jede spätere Übung bei der Anwendung des Vertrags, aus der die Übereinstimmung der Vertragsparteien über seine Auslegung hervorgeht" und
  (c) „jeder in den Beziehungen zwischen den Vertragsparteien anwendbare einschlägige Völkerrechtssatz".
- Die teleologische Auslegung berücksichtigt das Ziel und den Zweck des Vertrages.[117] Aus dieser Methode hat sich im Völkerrecht der sog. Effektivitätsgrundsatz entwickelt, „wonach ein Vertrag so auszulegen ist, dass sein Ziel und Zweck bestmöglich erreicht werden und dass der beabsichtigte Nutzeffekt (effet utile) eintritt".[118] Dem liegt eine „dynamische Auslegung völkerrechtlicher Verträge" zu Grunde („living instruments"), bei der in bestimmten Fällen eine zeitgemäße Fortentwicklung des Vertrages stattfindet, ohne dass es eines lang andauernden und umständlichen Vertragsänderungsverfahrens bedarf.[119] Neben dem „effet utile" ist im Rahmen der teleologischen (dynamischen) Auslegung auch der Grundsatz der „necessary implication" zu erwähnen, „wonach auch nicht ausdrücklich garantierte Rechte im Vertrag enthalten sind, wenn diese zur Erreichung des Regelungsziels notwendig sind".[120]

---

114 *Arnauld*, Völkerrecht, 2. Aufl. 2014, S. 92 f.

115 *Kempen/Hillgruber*, Völkerrecht, 2. Aufl. 2012, S. 73.

116 *Arnauld*, Völkerrecht, 2. Aufl. 2014, S. 92 f.

117 *Arnauld*, Völkerrecht, 2. Aufl. 2014, S. 93.

118 *Kempen/Hillgruber*, Völkerrecht, 2. Aufl. 2012, S. 74.

119 Vgl. *Arnauld*, Völkerrecht, 2012, S. 87 f.; *Stein/Buttlar*, Völkerrecht, 13. Aufl. 2012, S. 67; *Kempen/Hillgruber*, Völkerrecht, 2. Aufl. 2012, S. 75.

120 *Arnauld*, Völkerrecht, 2. Aufl. 2014, S. 93.

Die wörtliche Auslegung hat keinen Vorrang im Verhältnis zu der systematischen oder teleologischen Methode. Vielmehr kommt es im Regelfall zur gleichberechtigten Anwendung der drei Methoden, um ein objektives am Vertragstext orientiertes Auslegungsergebnis zu erzielen.[121] Abschließend sei hier noch die historische Auslegung erwähnt, die allerdings nur hilfsweise anzuwenden ist: Nach Art. 32 WVK dienen die „vorbereitenden Arbeiten und die Umstände des Vertragsabschlusses" nur der ergänzenden Auslegung.

2. General Comments

Bei der Auslegung völkerrechtlicher Verträge können die sog. „Allgemeinen Bemerkungen" (general comments) zusätzlich herangezogen werden. Diese werden zu einzelnen Artikeln oder themenübergreifenden Fragestellungen verfasst und unterstützen die Vertragsstaaten bei der „Erfüllung ihrer Menschenrechtsverpflichtungen" und sind gleichzeitig „Interpretationshilfe".[122] Sie dienen der Konkretisierung der häufig abstrakt-generell formulierten Rechte, sowie dem Aufzeigen der (völkergewohnheitsrechtlichen) Entwicklung der Menschenrechte. Der Ausschuss für Wirtschaftliche, Soziale und Kulturelle Rechte der Vereinten Nationen hat zwar darauf hingewiesen, dass es sich bei den general comments um rechtlich unverbindliche Auslegungshilfen handelt. Dennoch haben die „Allgemeinen Bemerkungen" in der Praxis hohe Akzeptanz gefunden und werden von den Vertragsstaaten ganz überwiegend befolgt.[123]

Soweit ersichtlich, liegen zur Zeit der Abfassung dieser Arbeit noch keine „general comments" in Bezug auf Art. 27 UN-BRK vor.[124] Dennoch können vorhandene „Allgemeine Bemerkungen" älterer Menschenrechts-

121 *Kempen/Hillgruber*, Völkerrecht, 2. Aufl. 2012, S. 73.

122 *Riedel*, in: *Deutsches Institut für Menschenrechte*, Die „General Comments" zu den VN-Menschenrechtsverträgen, 2005, S. 160 ff.

123 Vgl. *Riedel*, in: *Deutsches Institut für Menschenrechte*, Die „General Comments" zu den VN-Menschenrechtsverträgen, 2005, S. 164 f.

124 Zur UN-BRK wurden bisher zwei General Comments veröffentlicht: „General Comment No 1: Equal recognition before the law (Art. 12)" und „General Comment No 2: Accessibility (Art. 9)" (Stand: Mai 2015), vgl. http://www.institut-fuer-menschenrechte.de/menschenrechtsinstrumente/vereinte-nationen/menschenrechtsabkommen/behindertenrechtskonvention-crpd/#c1925.

pakte, insbesondere zum Recht auf Arbeit gem. Art. 6 IPwskR, zur Auslegung des Art. 27 UN-BRK herangezogen werden.[125]

VI. Kollisionsregeln

Wenn sich eine Rechtsnorm im konkreten Einzelfall nicht konventionskonform auslegen lässt oder Normen konkurrieren, so ist der Rechtsanwender gehalten, die bestehenden Kollisionsregeln anzuwenden.[126] Zu nennen sind folgende Regeln: Die später erlassene Norm geht der früher erlassenen Norm vor (Lex posterior derogat legi priori).[127] Dies bedeutet, dass die später erlassene Regelung der UN-BRK der früher erlassenen konventionswidrigen Norm vorgeht.[128] Zudem hat die speziellere Regelung Vorrang vor der allgemeinen Regelung (Lex specialis derogat legi generali).[129] Daraus folgt, dass die speziell auf Menschen mit Behinderungen ausgerichteten Vorschriften der UN-BRK Vorrang vor anderen Vorschriften genießen.[130] Die Anwendung dieser Kollisionsregeln führt regelmäßig zu dem Ergebnis, dass eine Norm, die der UN-BRK widerspricht, nicht mehr anzuwenden ist. An dieser Stelle ist aber auf eine Einschränkung der lex-posterior-Regel hinzuweisen: Falls später erlassene innerstaatliche Rechtsnormen im Widerspruch zur Konvention stehen, ist nicht nach der lex-posterior-Regel zu verfahren. Es ist vielmehr davon auszugehen, dass der Gesetzgeber eine völkerrechtskonforme Auslegung wollte.[131] Insofern geht auch in diesem Fall eine Regelung der Konvention vor.

Problematisch ist weiterhin das Verhältnis der UN-BRK zum GG. Da die Konvention den Rang eines einfachen Bundesgesetzes besitzt, erscheint

---

125 Vgl. *Committee on economic, social and cultural* rights, General Comment No. 18, The right to work (Art. 6 ICESCR), Adopted on 24 November 2005, www.unhchr.ch/tbs/doc.nsf/(Symbol)/E.C.12.GC.18.En?OpenDocument (letzter Zugriff: 27.02.2014).

126 *Trenk-Hinterberger*, in: *Kreutz/Lachwitz/Trenk-Hinterberger*, Die UN-Behindertenrechtskonvention in der Praxis, 2013, S. 16.

127 *Creifelds*, Rechtswörterbuch, 21. Aufl. 2014, S. 818; m. w. N. *Beaucamp/Treder*, Methoden und Technik der Rechtsanwendung, 2. Aufl. 2011, S. 62.

128 *Trenk-Hinterberger*, in: *Kreutz/Lachwitz/Trenk-Hinterberger*, Die UN-Behindertenrechtskonvention in der Praxis, 2013, S. 16.

129 *Zippelius*, Juristische Methodenlehre, 9. Aufl. 2005, S. 39; *Rüthers*, Rechtstheorie, 2. Aufl. 2005, S. 493; *Creifelds*, Rechtswörterbuch, 21. Aufl. 2014, S. 818; m. w. N. *Beaucamp/Treder*, Methoden und Technik der Rechtsanwendung, 2. Aufl. 2011, S. 62.

130 *Trenk-Hinterberger*, in: *Kreutz/Lachwitz/Trenk-Hinterberger*, Die UN-Behindertenrechtskonvention in der Praxis, 2013, S. 16.

131 *Schweitzer*, Staatsrecht III, 10. Aufl. 2010, S. 176.

fraglich, ob sie bei der Auslegung höherrangigen Rechtes berücksichtigt werden darf. Das GG zeichnet sich zunächst durch seine Völkerrechtsfreundlichkeit aus, die in unterschiedlichen Artikeln zum Ausdruck kommt (vgl. Art. 9, 24, 25, 26 GG).[132] In der Präambel zeigt Deutschland den Willen, „in einem vereinten Europa dem Frieden der Welt zu dienen". In Art. 1 Abs. 2 GG bekennt sich das deutsche Volk „zu unverletzlichen und unveräußerlichen Menschenrechten".[133] Die in diesen Artikeln zum Ausdruck kommende Völkerrechtsfreundlichkeit des GG führte in der Rechtsprechung des BVerfG zum „Grundsatz der völkerrechtsfreundlichen Auslegung", „demzufolge bei mehreren möglichen Interpretationen von deutschen Rechtsnormen im Zweifel diejenige gewählt werden muss, die den Anforderungen des Völkerrechts am besten Rechnung trägt".[134] Bei einer Entscheidung zur EMRK hat das BVerfG diesen Grundsatz auch auf das GG selbst bezogen[135]: „Bei der Auslegung des Grundgesetzes sind auch Inhalt und Entwicklungsstand der Europäischen Menschenrechtskonvention in Betracht zu ziehen, sofern dies nicht zu einer Einschränkung oder Minderung des Grundrechtsschutzes nach dem Grundgesetz führt [...]."[136]

Zusammenfassend lässt sich also konstatieren, dass bei Normenkollisionen die Vermutung gilt, dass sich der Gesetzgeber nicht in Widerspruch zu völkerrechtlichen Vereinbarungen setzen wollte. Es gilt der Grundsatz der völkerrechtskonformen Interpretation, den das BVerfG auch auf Artikel des GG anwendet.[137]

VII. Inhalt der UN-BRK (einschl. Fakultativprotokoll)

Der wesentliche Inhalt der UN-BRK besteht darin, den vollen Genuss der Menschenrechte durch Menschen mit Behinderungen sicherzustellen.[138] Die Regelungen zielen darauf ab, Menschen mit Behinderungen vom Rand der Gesellschaft in die Mitte der Gesellschaft zu holen, damit sie selbstbestimmt teilhaben können. Voraussetzung dafür ist der Abbau von Barrieren, der Schutz vor Diskriminierung und die Umsetzung der Selbstbestim-

132 *Stein/Buttlar*, Völkerrecht, 13. Aufl. 2012, S. 60.
133 *Herdegen*, Völkerrecht, 12. Aufl. 2013, S. 172.
134 *Stein/Buttlar*, Völkerrecht, 13. Aufl. 2012, S. 60.
135 *Herdegen*, Völkerrecht, 12. Aufl. 2013, S. 173.
136 BVerfGE 74, 358 (370).
137 *Arnauld*, Völkerrecht, 2. Aufl. 2014, S. 211.
138 Vgl. Art. 1 UN-BRK.

mung und Inklusion.[139] Das Fakultativprotokoll (FP) ist ein zusätzlicher völkerrechtlicher Vertrag, der Verfahren zur Umsetzung und Überwachung der Konvention beinhaltet.[140]

1. Systematik

Die UN-BRK besteht aus 50 Artikeln, die sich drei ungeschriebenen Teilbereichen der Konvention zuordnen lassen:[141]

- Allgemeiner Teil: Dieser Teil der Konvention umfasst die Art. 1–9 UN-BRK. Dort sind Regelungen allgemeiner Art zu finden, die wie vor die Klammer gezogen wurden und Bedeutung haben für alle nachfolgenden Regelungen.
- Besonderer Teil: Die Art. 10–30 UN-BRK bilden den Kern des Abkommens. Hier sind die einzelnen Menschenrechte niedergelegt, u. a. das Recht auf Arbeit (Art. 27 UN-BRK).
- Implementierungsteil: In den Art. 31–50 UN-BRK sind Bestimmungen zu finden, welche u. a. die Implementierung und Überwachung der Konvention, sowie das Berichtswesen regeln.

2. Zweck und Grundsätze der Konvention

Die UN-BRK konkretisiert die bestehenden Menschenrechte für die Lebenssituation von Menschen mit Behinderungen. Vorlage sind die „Allgemeine Erklärung der Menschenrechte" von 1948 (AEMR), der „Internationale Pakt über bürgerliche und politische Rechte" von 1966 (IPbpR) und der „Internationale Pakt über wirtschaftliche, soziale und kulturelle Rechte" von 1966 (IPwskR).[142] Daran anknüpfend ist der Zweck der Konvention, „den vollen und gleichberechtigten Genuss aller Menschenrechte und Grundfreiheiten durch alle Menschen mit Behinderungen zu fördern, zu schützen und zu gewährleisten und die Achtung der ihnen innewohnenden Würde zu fördern".[143] Damit wurde für Menschen mit Behinderungen eine

139 *Schulte*, in: br 2012, S. 34.
140 Vgl. *Schulte*, in: ZESAR 2012, S. 69 (70).
141 Einteilung nach *Degener*, in: RdJB 2009, S. 200 (203)
142 *Aichele*, in: APuZ 2010, S. 13 (14 f.).
143 Art. 1 UN-BRK.

eigene Konvention geschaffen. Grund dafür war, dass die Lebenslage „Behinderung" in der AEMR und den Pakten von 1966 nicht ausdrücklich und ausreichend Berücksichtigung fand, wenngleich die (allgemeinen) Menschenrechte selbstredend und ohne Einschränkung für alle Menschen gelten.[144]

Um den genannten Zweck zu erfüllen, werden der UN-BRK allgemeine Grundsätze vorangestellt, die sich wie ein roter Faden durch die gesamte Konvention ziehen. Zu nennen sind u. a.:

- die Achtung der dem Menschen innewohnenden Würde, seiner individuellen Autonomie, einschließlich der Freiheit, eigene Entscheidungen zu treffen, sowie seiner Unabhängigkeit (Art. 3 lit. a UN-BRK)
- die Nichtdiskriminierung (Art. 3 lit. b UN-BRK)
- die volle und wirksame Teilhabe an der Gesellschaft und Einbeziehung in die Gesellschaft (Art. 3 lit. c UN-BRK)
- die Achtung vor der Unterschiedlichkeit von Menschen mit Behinderungen und die Akzeptanz dieser Menschen als Teil der menschlichen Vielfalt und der Menschheit (Art. 3 lit. d UN-BRK)
- die Chancengleichheit (Art. 3 lit. e UN-BRK)
- die Zugänglichkeit (Art. 3 lit. f UN-BRK)
- die Gleichberechtigung von Mann und Frau (Art. 3 lit. g UN-BRK).

Diese Grundsätze sind bei der Anwendung und Auslegung der einzelnen Menschenrechtsartikel stets zu berücksichtigen und sie geben die Ziele vor, die mit der UN-BRK erreicht werden sollen.[145]

3. Begriffsbestimmungen

Im Folgenden werden ausgewählte Begriffe der UN-BRK, die für die gesamte Konvention von eminenter Bedeutung sind, dargestellt und erörtert.

a) Inklusion

Einer der zentralen Schlüsselbegriffe der UN-BRK ist „Inklusion". Er gehört zu den Grundsätzen des Übereinkommens und findet sich zunächst in

---

144 *Aichele*, in: APuZ 2010, S. 13 (15 ff.).

145 *Lachwitz*, in: *Kreutz/Lachwitz/Trenk-Hinterberger*, Die UN-Behindertenrechtskonvention in der Praxis, 2013, S. 79.

Art. 3 lit. c UN-BRK wieder. Dort heißt es in der rechtsverbindlichen englischen Fassung (Vgl. Art. 50 UN-BRK): „The principles of the present Convention shall be [...] Full and effective participation and inclusion in society". Hiermit ist zunächst einmal die Einbeziehung von Menschen mit Behinderungen in die Gesellschaft gemeint.[146] Dieser Grundsatz liegt der gesamten Konvention zugrunde. Während jedoch in der deutschen Übersetzung von Teilhabe und Integration die Rede ist, stellt die rechtsverbindliche englische Sprachfassung auf den Begriff Inklusion („inclusion") ab, der einen anderen Bedeutungsinhalt hat.[147]

aa) Integration versus Inklusion

Grundsätzlich steht der Begriff Integration für eine Assimilation der Menschen mit Behinderungen an das jeweilige Gesellschaftssystem (z. B. an die Anforderungen des Allgemeinen Arbeitsmarktes). Im Gegensatz dazu fordert das gesellschaftswissenschaftliche Konzept der Inklusion eine Anpassung der Systeme an die Belange und Bedürfnisse der Menschen mit Behinderungen.[148]

„Der Konvention liegt also ein Verständnis von Behinderung bzw. Beeinträchtigung zugrunde, das diese nicht von vornherein defizitär bzw. negativ betrachtet, sondern als normalen Bestandteil menschlichen Lebens und menschlicher Gesellschaft ausdrücklich bejaht. Das Leben mit Behinderungen wird als Ausdruck gesellschaftlicher Vielfalt wertgeschätzt [...]."[149]

(1) Meinungsstreit

In der Literatur ist umstritten, ob der Begriff „inclusion" etwas anderes meint, als die deutsche Übersetzung mit „Integration". Nach einer Ansicht ergibt sich aus der UN-BRK keine Abweichung zu dem deutschen Begriff Integration; denn in der deutschen Fassung werde der Inklusions-Begriff nicht verwendet.[150] Selbst wenn die gem. Art. 50 UN-BRK rechtsverbindliche englische Sprachfassung und damit der Inklusionsbegriff zugrunde

---

146 Vgl. *Stein, A-D*, in: NDV 2013, S. 52 (54).

147 Vgl. *Kotzur/Richter*, in: *Welke* (Hg.), UN-BRK mit rechtlichen Erläuterungen, 2012, Anm. zur Geltung und Verbindlichkeit der Behindertenrechtskonvention im deutschen Recht Rn. 14.

148 Vgl. für den Schulbereich stellvertr. *Krajewski/Bernhard*, in: *Welke* (Hg.), UN-BRK mit rechtlichen Erläuterungen, 2012, Art. 24 Rn. 12.; kritisch zum Inklusionsbegriff vgl. *Luthe*, in: SGb 2013, S. 391 f.

149 *Wabnitz*, in: ZKJ 2013, S. 52 (55).

150 *Luthe*, in: SGb 2013, S. 391 (392); *Luthe*, in: JM 5/2015, S. 190 (191).

gelegt würde, sei der Inhalt völlig unklar: „Der englische Sprachraum verwendet den Inklusions- bzw. Exklusionsbegriff nämlich ganz allgemein für Phänomene des gesellschaftlichen Ein- und Ausgeschlossenseins [...] Der engere deutsche Inklusionsbegriff ist dagegen im Kern eine reine Zweckschöpfung der Behindertenpädagogik und stimmt noch nicht einmal mit der älteren und theoretisch übergeordneten soziologischen Verwendungsweise von Inklusion überein.“[151]

Daraus folge, dass die UN-BRK in ihrer rechtlichen Bedeutung überschätzt werde.[152] Nach anderer Ansicht sind ausschließlich die in Art. 50 UN-BRK genannten Sprachfassungen verbindlich; daran ändere auch die Tatsache nichts, dass vor der Ratifikation eine deutsche Übersetzung mit den Begriffen „Integration“ und „integrativ“ erstellt wurde.[153] Zudem sei dem Begriff der Inklusion schon deshalb eine andere Bedeutung zuzumessen, als das in der englischen Fassung ausdrücklich die Begriffe „integration“ und „integrative“ hätten verwendet werden können, was nachweislich nicht geschehen sei.[154] Deshalb sei es ein Fehler die UN-BRK in ihrer Bedeutung zu unterschätzen. Die Konvention habe auch in Deutschland nicht unerhebliche Auswirkungen und verlange ein konsequentes Umdenken.[155]

(2) Ergebnis

Im Ergebnis vermag die letztgenannte Ansicht mehr zu überzeugen: Die rechtsverbindliche Sprachfassung beinhaltet zweifelsohne die Begriffe „inclusion“ und „inclusive“, so z. B. für den Bereich Arbeit und Beschäftigung in Art. 27 Abs. 1 UN-BRK. Es hätten problemlos die englischen Begriffe „integration“ und „integrative“ verwendet werden können. Insofern ist auch davon auszugehen, dass die UN-BRK einen Paradigmenwechsel will und grundsätzlich entsprechende Auswirkungen auf die Gesellschaft haben soll, indem sich die Gesellschaft an die Bedürfnisse von Menschen mit Behinderung anpasst und nicht umgekehrt. Dies bedeutet bspw. auch, dass ein inklusiver Arbeitsmarkt von den Vertragsstaaten vereinbart wurde; wobei sich die Frage stellt, was darunter genau zu verstehen ist.

151 *Luthe*, in: SGb 2013, S. 391 (392).
152 *Luthe*, in: SGb 2013, S. 391 (395).
153 *Schulte*, in: SGb 2013, S. 691 f.
154 *Schulte*, in: SGb 2013, S. 691.
155 *Schulte*, in: SGb 2013, S. 691 (693).

bb) Inklusion und Gesellschaft

In der UN-BRK ist keine Legaldefinition von Inklusion zu finden. Es handelt sich vielmehr um einen Begriff der im Zusammenhang mit den Grundprinzipien und der gesamten Konvention gesehen werden muss. Insofern ist seine Bestimmung nicht abgeschlossen und für Interpretationen offen.[156] Daran anknüpfend lässt sich Inklusion beschreiben als „[...] ein Grundprinzip sozialen Zusammenlebens, das allen Menschen auf der Basis gleicher Rechte die volle und wirksame Teilhabe an der Gesellschaft ermöglichen soll.“[157]

Nach der sozialwissenschaftlichen Theorie der funktionalen Differenzierung ist Inklusion in die (Gesamt-) Gesellschaft nicht denkbar. Gesellschaft ist dieser Theorie folgend kein einheitliches Gebilde, sondern setzt sich zusammen aus Teilsystemen, „die jeweils einen spezifischen, funktionalen Beitrag zur Aufrechterhaltung von Gesellschaft leisten“.[158] Zu diesen Teilsystemen zählen z. B. das Bildungs-, Wirtschafts-, Wissenschafts-, Religions-, Politik-, Rechts- und Gesundheitssystem.

Ausgehend von diesem Theoriekern ist eine Gesamtinklusion durch Zugehörigkeit oder Einbeziehung zu allen sozialen Gruppen nicht möglich. Inklusion bedeutet vielmehr die Einbeziehung in unterschiedliche Funktionssysteme.[159] Dieser Sichtweise und diesem Verständnis soll hier gefolgt werden. Demnach geht es in der vorliegenden Arbeit um die Inklusion von Menschen mit Behinderungen in das Funktionssystem Wirtschaft bzw. Arbeit, zu dem wiederum diverse Akteure (z. B. Unternehmen, Bewerber und Bewerberinnen, einzelne Rehabilitationsträger usw.) gehören, die sich in unterschiedlichen Arenen begegnen (z. B. allgemeiner Arbeitsmarkt).

cc) Inklusiver Arbeitsmarkt

In Bezug auf den Bereich Arbeit und Beschäftigung fordert die UN-BRK einen offenen und inklusiven und für Menschen mit Behinderungen zugänglichen Arbeitsmarkt („a labour market and work environment that is

156 *Wansing*, in: *Welke* (Hg.), UN-BRK mit rechtlichen Erläuterungen, 2012, Der Inklusionsbegriff in der Behindertenrechtskonvention Rn. 6.

157 *Wansing*, in: *Welke* (Hg.), UN-BRK mit rechtlichen Erläuterungen, 2012, Der Inklusionsbegriff in der Behindertenrechtskonvention Rn. 6.

158 Prominenter Vertreter dieser Sichtweise ist Niklas Luhmann mit der Systemtheorie. *Wansing*, in: BHP 2012, S. 381 (382).

159 *Wansing*, in: BHP 2012, S. 381 (382).

open, inclusive and accessible to persons with disabilities“).[160] Auch hier lassen sich Interpretationsspielräume ausmachen. Politisch motivierte Forderungen sehen z. B. (unabhängig von einer Behinderung i. S. der UN-BRK oder des § 2 SGB IX – dazu sogleich) eine inklusive Arbeitsgesellschaft als erreicht, wenn Teilhabe auf folgenden Zieldimensionen ermöglicht wird:[161]

- Befähigung zu eigenständiger ökonomischer Existenzsicherung und entsprechende Gestaltung der Zugangswege zum Arbeitsmarkt,
- Chance zum beruflichen Aufstieg durch Qualifizierung,
- Beziehungsnetzwerke, die Teilhabe (auf dem Arbeitsmarkt) erst ermöglichen.

Nur wann ist Inklusion von Menschen mit Behinderungen auf dem Arbeitsmarkt gegeben? Es stellt sich die Frage, ob bspw. Werkstätten für behinderte Menschen (WfbM) Institutionen eines inklusiven oder exklusiven (i. S. eines ausschließenden) Arbeitsmarktes sind.[162] Dem Recht von Menschen mit Behinderungen auf Arbeit gem. Art. 27 Abs. 1 UN-BRK wird zumindest entnommen, dass es möglichst wenig Sonderarbeitswelten geben soll und dass die ausschließliche Beschäftigung in WfbMs eine Verletzung des genannten Rechtes darstellt.[163]

Inklusion auf dem allgemeinen Arbeitsmarkt ist aber nur dann gegeben, wenn Organisationen personalwirtschaftliche Selektionsentscheidungen treffen, die unabhängig von einer Behinderung sind. Denn Organisationen sind es überwiegend, die über ökonomische Partizipation und Teilhabe am Arbeitsmarkt durch Personalauswahl und den Abschluss von Arbeitsverträgen entscheiden.[164] Als wesentliche Bedingung für Inklusion auf dem Allgemeinen Arbeitsmarkt kommt hinzu, dass eine Anpassung des Systems an die Bedürfnisse der Menschen mit Behinderungen stattfindet, bspw. durch Leistungen zur Teilhabe am Arbeitsleben.[165] Ein weiterer Aspekt von Inklusion ist z. B. die Arbeitsgestaltung, die sich an den Bedarfen beeinträchtigter Personen orientieren muss (z. B. verständnisvolle und geschulte Führungs-

160 Vgl. Art. 27 Abs. 1 UN-BRK.

161 *Schroeder*, Vorsorge und Inklusion, 2012, S. 53.

162 Vgl. *Doose*, in: impulse 2009, S. 6 ff.

163 Vgl. *Trenk-Hinterberger*, in: *Welke* (Hg.), UN-BRK mit rechtlichen Erläuterungen, 2012, Art. 27 Rn. 11 f.

164 *Stein, A-D*, in: NDV 2013, S. 52 (54).

165 Vgl. §§ 33 SGB IX.

kräfte und Kollegen, Arbeitsplatzgestaltung bei körperlichen Einschränkungen, Minimierung psychischer Belastungen usw.).[166]

dd) Zusammenfassung

Das Prinzip der Inklusion ist rechtsverbindlich für die in der UN-BRK kodifizierten Menschenrechte. Dies ergibt sich aus den verbindlichen Sprachfassungen (Art. 50 UN-BRK). Die Ausführungen zeigen jedoch, dass die UN-BRK keine abschließende Definition für den Inklusionsbegriff, insbesondere im Zusammenhang mit der Teilhabe am Arbeitsleben liefert. Summa summarum geht es um die Einbeziehung und die Teilhabe von Menschen mit Behinderungen in die Teilsysteme der Gesellschaft und damit auch in das Arbeitsleben. Dazu muss sich u. a. das Wirtschafts-System an die Einschränkungen der Betroffenen anpassen, um nicht zu „behindern". Was das konkret bedeutet, welche Rechte und Pflichten aus der UN-BRK damit für den Staat und Privatpersonen abzuleiten sind, bedarf der Auslegung. Wichtige Anhaltspunkte liefert Art. 27 UN-BRK.

b) Behinderung

Die UN-BRK findet Anwendung auf Menschen mit Behinderungen. Es stellt sich deshalb die Frage, welcher Behinderungsbegriff der Konvention zu Grunde liegt und ob dieser mit dem Behinderungsbegriff des SGB IX übereinstimmt.

aa) Behinderungsbegriff der UN-BRK

Die UN-BRK selbst enthält keine ausgewiesene Definition von Behinderung.[167] Während der Vertragsverhandlungen war die Frage nach einer Definition heftig umstritten. Befürworter wollten den geschützten Personenkreis eindeutig festlegen. Die Gegner befürchteten einen unnötigen Ausschluss bestimmter Personengruppen. Geeinigt hat man sich auf ein weites Verständnis von Behinderung, das auch zukünftige Entwicklungen mit einbezieht.[168] In Art. 1 Unterabs. 2 UN-BRK wird nun beschrieben, wer zu den Menschen mit Behinderungen zählt, nämlich „Menschen, die langfristige körperliche, seelische, geistige oder Sinnesbeeinträchtigungen haben, welche sie in Wechselwirkung mit verschiedenen Barrieren an der

166 Vgl. *Kubek*, in: Z. Arb. Wiss. 2011, S. 277 ff.

167 Dies folgt im Umkehrschluss aus Art. 2 UN-BRK, in dem keine Definition des Behinderungsbegriffes zu finden ist. *Banafsche*, in: SGb 2012, S. 373 (374).

168 Vgl. *v. Bernstorff*, in: ZaöRV 2007, S. 1041 (1047).

vollen, wirksamen und gleichberechtigten Teilhabe an der Gesellschaft hindern können". In der Präambel wird diese Begriffsbeschreibung ergänzt und darauf hingewiesen, dass sich das Verständnis von Behinderung ständig weiterentwickelt. Behinderung entstehe „aus der Wechselwirkung zwischen Menschen mit Beeinträchtigungen und einstellungs- und umweltbedingten Barrieren [...], die sie an der vollen, wirksamen und gleichberechtigten Teilhabe an der Gesellschaft hindern" (Präambel lit. e UN-BRK). Damit wird ein grundsätzlicher Perspektivwechsel vorgenommen, von der medizinischen / defizitorientierten hin zur sozialen / barriere-orientierten Sichtweise.[169] Behinderung wird hier nicht (ausschließlich) als ein Wesensmerkmal einer Person verstanden, sondern vor allem als Ergebnis einstellungs- und umweltbedingter Barrieren.[170] Einstellungsbedingte Barrieren liegen gem. Art. 8 Abs. 1 lit. b UN-BRK vor, wenn Menschen mit Behinderungen Klischees, Vorurteilen und schädlichen Praktiken ausgesetzt sind. Zudem ist der Schutzbereich der UN-BRK bereits dann eröffnet, wenn eine individuelle Beeinträchtigung in Wechselwirkung mit den genannten Barrieren potenziell zu einer Beschränkung der Teilhabe an der Gesellschaft führen könnte, d. h. eine „faktisch bestehende Behinderung" muss noch nicht eingetreten sein.[171] Weiterhin kommt es nicht auf einen bestimmten Grad der Behinderung (GdB) an. Selbst „geringfügige Beeinträchtigungen" und chronische Krankheiten können nach der UN-BRK eine Behinderung darstellen.[172]

bb) Behinderungsbegriff des SGB IX

§ 2 Abs. 1 SGB IX enthält eine Legaldefinition des Begriffs Behinderung[173]: „Menschen sind behindert, wenn ihre körperliche Funktion, geistige Fähigkeit oder seelische Gesundheit mit hoher Wahrscheinlichkeit länger als sechs Monate von dem für das Lebensalter typischen Zustand abweichen und daher ihre Teilhabe am Leben in der Gesellschaft beeinträchtigt ist. Sie sind von Behinderung bedroht, wenn die Beeinträchtigung zu erwarten ist."

---

169 *Lachwitz*, in: *Kreutz/Lachwitz/Trenk-Hinterberger*, Die UN-Behindertenrechtskonvention in der Praxis, 2013, S. 66.

170 Vgl. Präambel lit. e UN-BRK.

171 Vgl. *DIM*, Amicus-Curiae-Stellungnahme der Monitoring-Stelle zur UN-Behindertenrechtskonvention in dem Verfahren 6 AZR 190/12 des Bundesarbeitsgerichts (eingereicht am 10.09.2013), S. 7 f.

172 Vgl. *DIM*, Amicus-Curiae-Stellungnahme der Monitoring-Stelle zur UN-Behindertenrechtskonvention in dem Verfahren 6 AZR 190/12 des Bundesarbeitsgerichts (eingereicht am 10.09.2013), S. 8.

173 Vgl. auch die gleichlautende Def. in § 3 BGG

(1) Behinderung

§ 2 Abs. 1 S. 1 SGB IX beinhaltet eine zweistufige Prüfung: Erstens muss eine längerfristige (wahrscheinlich länger als sechs Monate dauernde) Abweichung vom alterstypischen Zustand in körperlicher, geistiger oder seelischer Hinsicht vorliegen.[174] Zu den geforderten körperlichen Einschränkungen gehören z. B. orthopädische Krankheitsbilder, Amputationen oder Blindheit. Zu den geistigen Beeinträchtigungen zählen z. B. Demenz oder Hirnschädigungen. Seelische Erkrankungen, die zu einer Behinderung führen können, sind z. B. Schizophrenie oder Persönlichkeitsstörungen.[175] Erforderlich ist weiterhin ein regelwidriger Zustand, der nicht typisch für das Lebensalter ist. Damit hat der Gesetzgeber festgelegt, dass eine typische Einschränkung der Leistungsfähigkeit im jugendlichen oder höheren Alter de jure keine Behinderung darstellt.[176] Zweitens muss aufgrund dieser Abweichung eine Teilhabebeeinträchtigung gegeben sein. Diese Beeinträchtigung kann z. B. darin bestehen, dass die Fähigkeit eingeschränkt ist, einer beruflichen Tätigkeit nachzugehen.[177]

(2) Drohende Behinderung

§ 2 Abs. 1 S. 2 SGB IX definiert, wann eine drohende Behinderung vorliegt. Die alterstypische Abweichung und Teilhabebeeinträchtigung und damit eine Behinderung droht, „wenn ihr Eintritt entsprechend einer allgemeinen oder fachlichen Erkenntnis mit hoher Wahrscheinlichkeit zu erwarten ist".[178] Im Übrigen können im Rahmen der Prüfung der Leistungsvoraussetzungen durch die jeweiligen Rehabilitationsträger weitere Regelungen einschlägig sein (z. B. § 19 SGB III, § 53 SGB XII).[179]

(3) Schwerbehinderung und Gleichstellung

Darüber hinaus sind Menschen schwerbehindert, wenn bei ihnen ein Grad der Behinderung (GdB) von wenigstens 50 festgestellt wurde und sie ihren Wohnsitz, gewöhnlichen Aufenthalt oder ihre Beschäftigung im Geltungsbereich des SGB IX haben (§ 2 Abs. 2 SGB IX). Für schwerbehinderte Menschen gelten die Regelungen des Schwerbehindertenrechts gem. §§ 68 ff.

174 *Joussen*, in: *Dau/Düwell/Joussen*, LPK-SGB IX, 4. Aufl. 2014, § 2 Rn. 5 ff.

175 Vgl. *Jabben*, in: BeckOK SGB IX, § 2 Rn. 4 (Stand: 01.09.2015).

176 *Neumann*, in: *Neumann/Pahlen/Majerski-Pahlen*, SGB IX Kommentar, 12. Aufl. 2010, § 2 Rn. 14.

177 *Joussen*, in: *Dau/Düwell/Joussen*, LPK-SGB IX, 4. Aufl. 2014, § 2 Rn. 5 ff.

178 *Joussen*, in: *Dau/Düwell/Joussen*, LPK-SGB IX, 4. Aufl. 2014, § 2 Rn. 13.

179 *Joussen*, in: *Dau/Düwell/Joussen*, LPK-SGB IX, 4. Aufl. 2014, § 2 Rn. 15.

SGB IX. Unter den Voraussetzungen des § 2 Abs. 3 SGB IX sollen Menschen mit einfacher Behinderung schwerbehinderten Menschen gleichgestellt werden, wenn sie einen GdB von weniger als 50, aber wenigstens 30 haben und ohne die Gleichstellung einen geeigneten Arbeitsplatz nicht erlangen oder nicht behalten können. Die Gleichstellung erfolgt auf Antrag des Menschen mit Behinderung durch die Bundesagentur für Arbeit (vgl. § 68 Abs. 2 SGB IX).[180]

In einem Fall wurde der Antrag auf Gleichstellung einer Frau mit einer chronisch-entzündlichen Darmerkrankung (Colitis ulcerosa) mit einem festgestellten GdB von 30 durch die Agentur für Arbeit abgelehnt. Die Frau befand sich zum Antragszeitpunkt in einem unbefristeten und ungekündigten Beschäftigungsverhältnis, wollte aber durch die Gleichstellung die Vermittlungschancen für einen neuen Ausbildungsplatz verbessern. Die Agentur für Arbeit begründete die Ablehnung (ablehnender Widerspruchsbescheid) u. a. damit, dass der Wunsch nach beruflichem Aufstieg nicht unter das „Erlangen“ eines geeigneten Arbeitsplatzes falle. Die Antragstellerin verwies auf Art. 27 Abs. 1 S. 2 lit. e und lit. g UN-BRK, wonach sie als behinderter Mensch im Hinblick auf den Beruf und damit verbundene Aufstiegschancen (hier: vom mittleren in den gehobenen Dienst) ein Wahlrecht habe. Die Revision der Bundesagentur für Arbeit vor dem BSG wurde als unbegründet zurückgewiesen. Das BSG gab der Frau Recht und führt u. a. aus: „Auch Art. 27 Abs. 1 S. 2 Lit a und e UN-BRK [...] geben [...] Hinweise zur Auslegung des § 2 Abs. 3 SGB IX, denn nach diesen völkerrechtlichen [...] Normen ist ein diskriminierungsfreier Zustand anzustreben. Dieser ist nicht bereits dadurch hergestellt, dass ein behinderter Mensch in irgendeiner Weise eine Tätigkeit ausüben kann, vielmehr muss auch der Zugang zu anderen bzw der Wechsel von Berufsfeldern diskriminierungsfrei ermöglicht werden [...].“[181]

cc) Behinderung im Europarecht

Der EuGH hat in seiner sog. „Chacón Navas“ Entscheidung den Begriff „Behinderung“ der Antidiskriminierungsrichtlinie 2000/78/EG[182] ausgelegt. Demnach ist eine Behinderung eine Einschränkung, „die insbesondere auf physische, geistige oder psychische Beeinträchtigungen zurückzuführen ist und die ein Hindernis für die Teilhabe des betreffenden am Berufsleben bildet“ und die wahrscheinlich von langer Dauer ist.[183] Im Gegensatz zum

180 Vgl. *Jabben*, in: BeckOK SGB IX, § 2 Rn. 10 f. (Stand: 01.09.2015).

181 *BSG*, Urt. v. 06.08.2014 – B 11 AL 5/14 R – Rn. 21 (zit. nach juris).

182 Richtlinie 2000/78/EG des Rates v. 27. November 2000 zur Festlegung eines allgemeinen Rahmens für die Verwirklichung der Gleichbehandlung in Beschäftigung und Beruf, ABl. EU L 303 v. 02.12.2000, S. 16.

183 EuGH, Urteil v. 11.07.2006, Rs. C-13/05 – Chacón Navas (zit. nach juris).

Behinderungsbegriff des § 2 Abs. 1 SGB IX fehlt es an einer konkreten Vorgabe der zeitlichen Dauer und an dem Kriterium der „Abweichung von dem für das Lebensalter typischen Zustand".[184] Der EuGH hat zudem die Auslegung auf die Teilhabe am Berufsleben im Rahmen der Antidiskriminierungsrichtlinie beschränkt.

In einer weiteren Entscheidung („Ring, Skouboe Werge") vom 11.04.2013 hatte sich der EuGH mit der Frage auseinanderzusetzen, wer genau vom Begriff der Behinderung i. S. d. Richtlinie 2000/78/EG umfasst ist. Zu den entscheidungsrelevanten Fragen gehörte u. a., ob eine heilbare oder unheilbare Krankheit oder ein Zustand, der eine Ausübung der Arbeit nicht oder nur in begrenztem Umfang zulässt eine Behinderung i. S. d. Richtlinie darstellen kann.[185] Zunächst hat das Gericht darauf hingewiesen, dass die EU an völkerrechtliche Verträge gebunden ist, die sie abgeschlossen hat. Internationale Abkommen haben insoweit Vorrang vor EU-Recht; demzufolge ist europäisches Recht in Übereinstimmung mit den geltenden völkerrechtlichen Verträgen auszulegen. Da die EU die UN-BRK ratifiziert hat[186], ist auch die Richtlinie 2000/78/EG in Übereinstimmung mit der Konvention auszulegen.[187] Der EuGH kommt daran anknüpfend in seinem Urteil zu folgender Begriffsdefinition:

> „Der Begriff „Behinderung" im Sinne der Richtlinie 2000/78/EG [...] zur Festlegung eines allgemeinen Rahmens für die Verwirklichung der Gleichbehandlung in Beschäftigung und Beruf ist dahin auszulegen, dass er einen Zustand einschließt, der durch eine ärztlich diagnostizierte heilbare oder unheilbare Krankheit verursacht wird, wenn diese Krankheit eine Einschränkung mit sich bringt, die insbesondere auf physische, geistige oder psychische Beeinträchtigungen zurückzuführen ist, die in Wechselwirkung mit verschiedenen Barrieren den Betreffenden an der vollen und wirksamen Teilhabe am Berufsleben, gleichberechtigt mit den anderen Arbeitnehmern, hindern können, und wenn diese Einschränkung von langer Dauer ist."[188]

---

184 *Winkler*, Die Teilhabe behinderter Menschen am Arbeitsleben, 2010 (Diss.), S. 21 f.

185 *EuGH*, Urteil v. 11.04.2013, Rs. C-335/11 und C-337/11 – Ring, Skouboe Werge (zit. nach juris).

186 Beschluss des Rates v. 26.11.2009 über den Abschluss des Übereinkommens der Vereinten Nationen über die Rechte von Menschen mit Behinderungen durch die Europäische Gemeinschaft 2010/48/EG, ABl. EU L 23 v. 27. Januar 2010, S. 35.

187 *Stähler*, in: ZFSH SGB 2013, S. 465 (467).

188 *EuGH*, Urteil v. 11.04.2013, Rs. C-335/11 und C-337/11 – Ring, Skouboe Werge (zit. nach juris).

Besondere Bedeutung erlangt das EuGH-Urteil v. 11.04.2013 auch deshalb, weil chronisch Kranke[189] nun ihre Krankheit als Behinderung i. S. d. Antidiskriminierungsrichtlinie anerkennen lassen können. Sie unterliegen damit dem Diskriminierungsschutz und dürfen nicht benachteiligt werden.[190]

Die Auslegung des Begriffes Behinderung wurde in einem weiteren Urteil des EuGH grundsätzlich auch auf adipöse Menschen im Sinne der „Internationalen statistischen Klassifikation der Krankheiten und verwandter Gesundheitsprobleme“ der WHO (ICD 10, E66) ausgeweitet.[191] Im von einem dänischen Gericht vorgelegten Fall wurde einem Tagesvater, der Kinder im eigenen Heim betreut, von der Kommune Billund nach etwa 15-jähriger Tätigkeit gekündigt. Dabei war streitig, ob die Adipositas des Kinderbetreuers zur Entlassung geführt hat.[192] Der EuGH führt unter Verweis auf die UN-BRK und die Richtlinie 2000/78/EG aus:

> „Dagegen fällt die Adipositas eines Arbeitnehmers, wenn sie unter bestimmten Umständen eine Einschränkung mit sich bringt, die insbesondere auf physische, geistige oder psychische Beeinträchtigungen zurückzuführen ist, die ihn in Wechselwirkung mit verschiedenen Barrieren an der vollen und wirksamen Teilhabe am Berufsleben, gleichberechtigt mit den anderen Arbeitnehmern, hindern können, und wenn diese Einschränkung von langer Dauer ist, unter den Begriff „Behinderung“ [...]. Dies wäre insbesondere dann der Fall, wenn der Arbeitnehmer aufgrund seiner Adipositas an der vollen und wirksamen Teilhabe am Berufsleben, gleichberechtigt mit den anderen Arbeitnehmern, gehindert wäre, und zwar aufgrund eingeschränkter Mobilität oder dem Auftreten von Krankheitsbildern, die ihn an der Verrichtung seiner Arbeit hindern oder zu einer Beeinträchtigung der Ausübung seiner beruflichen Tätigkeit führen.“[193]

Der EuGH führt zudem aus, dass es für den Anwendungsbereich der Richtlinie nicht auf die Ursache der Behinderung ankommt, denn dies würde dem Gleichbehandlungsziel widersprechen; d. h. für die Erfüllung des Be-

---

189 Was eine schwerwiegende chronische Erkrankung ist, kann § 2 der „Richtlinie des Gemeinsamen Bundesausschusses zur Umsetzung der Regelung in § 62 für schwerwiegend chronisch Erkrankte („Chroniker-Richtlinie“)“ i. d. F. v. 22.01.2004, zuletzt geändert am 19.06.2008, in Kraft getreten am 20.08.2008, entnommen werden; vgl. http://www.g-ba.de/downloads/62-492-278/Chr-RL_2008-06-19.pdf (letzter Zugriff: 10.05.2016)

190 *Stähler*, in: ZFSH SGB 2013, S. 465 (470).

191 Vgl. *EuGH*, Urteil v. 18.12.2014, Rs. C-354/13 – FOA (zit. nach juris).

192 Vgl. *EuGH*, Urteil v. 18.12.2014, Rs. C-354/13 – FOA Rn. 16 ff. (zit. nach juris).

193 *EuGH*, Urteil v. 18.12.2014, Rs. C-354/13 – FOA Rn. 59 f. (zit. nach juris).

hinderungsbegriffes ist ein Zutun des Betroffenen unbeachtlich.[194] Insofern kann auch eine Adipositas grundsätzlich eine Behinderung darstellen, wobei der EuGH offen gelassen hat, ab wann das Übergewicht oder die Fettleibigkeit eine Behinderung ist – das Urteil enthält keine Bezugnahme auf eine Grenze des Body-Mass-Index.[195]

dd) Prüfung der Vereinbarkeit der Behinderungsbegriffe

Zunächst ist festzustellen, dass der Behinderungsbegriff der UN-BRK offen ist für Weiterentwicklungen. Es handelt sich hier nicht um eine Legaldefinition. Letzteres ergibt sich aus dem Umstand, dass Behinderung nicht in Art. 2 UN-BRK bei den Begriffsbestimmungen aufgeführt ist. Das Behinderungsverständnis der UN-BRK ist weit gefasst, um möglichst alle Menschen mit entsprechenden Gesundheitsbeeinträchtigungen in den Schutzbereich der Konvention einzubeziehen.[196] Betrachtet man nun § 2 Abs. 1 S. 1 SGB IX im Lichte des Art. 1 Unterabs. 2 UN-BRK ergeben sich teils gravierende Unterschiede, die im Folgenden stichwortartig aufgeführt werden[197]:

- Teilhabe am Leben in der Gesellschaft ist beeinträchtigt (SGB IX)[198] versus Möglichkeit der Teilhabebeeinträchtigung (UN-BRK)
- Regelwidrige Funktionsbeeinträchtigung und daher Teilhabebeeinträchtigung (SGB IX) versus Wechselwirkung zwischen Funktionsbeeinträchtigung und verschiedenen Barrieren (UN-BRK)
- Dauer der Funktionsbeeinträchtigung beträgt mit hoher Wahrscheinlichkeit mehr als sechs Monate (SGB IX) und langfristige Beeinträchtigungen (UN-BRK)
- Ausschluss alterstypischer Abweichungen (SGB IX) versus kein Ausschluss (UN-BRK)

Hier wird deutlich, dass der Behinderungsbegriff des § 2 Abs. 1 S. 1 SGB IX wesentlich restriktiver ist. Denn der Sinn und Zweck der Regelung besteht u. a. darin, dass bestimmte Leistungen nur unter engen Voraussetzungen erbracht werden sollen. Im Gesetzentwurf zum SGB IX wird darauf verwiesen, dass z. B. eine „generelle Gleichstellung der von Behinderung bedroh-

---

194 Vgl. *EuGH*, Urteil v. 18.12.2014, Rs. C-354/13 – FOA Rn. 55 f. (zit. nach juris).

195 Vgl. *Papadopoulou*, in: Forum B, Beitrag B9-2015 unter www.reha-recht.de; 10.07.2015, S. 6.

196 Vgl. *Degener*, in: RdJB 2009, S. 200 (203 f.).

197 Vgl. zu folgender Aufzählung *Banafsche*, in: SGb 2012, S. 373 (374 f.).

198 Vgl. aber zur drohenden Behinderung § 2 Abs. 1 S. 2 SGB IX.

te[n] mit den behinderten Menschen [...] im Rahmen des Neunten Buches nicht möglich [ist], da eine Reihe von Leistungen und sonstigen Hilfen nur bei eingetretener Behinderung erbracht werden".[199] Demgegenüber besteht der Sinn und Zweck der Regelung des Art. 1 Unterabs. 2 UN-BRK darin, möglichst alle Menschen mit Behinderungen einzubeziehen. Wesentlich für die Konvention ist dabei das „dynamische Konzept" von Behinderung, bei dem der Begriff für zukünftige gesellschaftliche Entwicklungen offen gehalten werden soll.[200]

In § 2 SGB IX wurde zwar der Wandel von der Defizitorientierung hin zur Teilhabeorientierung vollzogen.[201] In der Literatur wird allerdings kritisiert, dass dieser Schritt in der Praxis nicht stattgefunden hat und die Art und Schwere der Gesundheitsbeeinträchtigung immer noch maßgeblich ist für die Leistungsgewährung, während die Teilhabebeeinträchtigung kaum eine Rolle spielt.[202] Es fehlt die Einbeziehung der Wechselwirkung zwischen Funktionsbeeinträchtigung und den verschiedenen (einstellungs- und umweltbedingten) Barrieren, die Menschen mit Behinderungen an der vollen, wirksamen und gleichberechtigten Teilhabe hindern können.[203] Diese Wechselwirkung zwischen Gesundheitsstörung und Gesellschaft wurde bereits durch die „International Classification of Functioning, Disability and Health" (ICF) postuliert, ist aber vom Gesetzgeber trotz bekundeter Absicht nicht im SGB IX umgesetzt worden.[204] § 2 SGB IX basiert weiterhin auf einem Kausalzusammenhang zwischen Abweichung und einer daraus folgenden Beeinträchtigung. Bei der UN-BRK führt aber nicht jede Funktionsbeeinträchtigung automatisch zu einer Behinderung, sondern nur in Wechselwirkung mit vorhandenen Barrieren.[205]

---

199 BT-Drucks. 14/5074, S. 98; Vgl. auch *Banafsche*, in: SGb 2012, S. 373 (375).

200 *Schulte*, in: ZESAR 2012, S. 69 (71).

201 Dieser Wandel geht zurück auf die Weiterentwicklung der „Internationalen Klassifikation" (ICIDH-1) zur „Internationalen Klassifikation der Funktionsfähigkeit und Behinderung" (ICIDH-2) durch die Weltgesundheitsorganisation (WHO). Vgl. BT-Drucks. 14/5074, S. 98.

202 *Fuchs*, in: SozSich 2010, S. 329 (330).

203 Vgl. *Luthe*, in: SGb 2009, S. 569 (572); vgl. Präambel lit. e UN-BRK und Art. 1 Unterabs. 2 UN-BRK.

204 *Luthe*, in: SGb 2009, S. 569 (570). In der Gemeinsamen Empfehlung „Begutachtung" der Bundesarbeitsgemeinschaft für Rehabilitation (BAR) ist der Behinderungsbegriff an der ICF orientiert und damit wesentlich weiter gefasst, als in § 2 SGB IX. Vgl. BAR, „Gemeinsame Empfehlung „Begutachtung" v. 22.03.2004, 3.2 (www.bar-frankfurt.de); Vgl. auch *Luthe*, in: *Luthe* (Hg.), Rehabilitationsrecht, 2015, S. 119 ff.

205 Vgl. *DV*, in: NDV 2013, S. 246 (247 f.).

ee) Ergebnis

Der Behinderungsbegriff des SGB IX stimmt nur partiell mit dem Behinderungsbegriff der UN-BRK überein. Die gem. § 2 Abs. 1 S. 1 SGB IX geforderte Kausalbeziehung zwischen Gesundheitsstörung und Teilhabebeeinträchtigung ist in Art. 1 Unterabs. 2 UN-BRK nicht zu finden. Allerdings ist für eine konventionskonforme Auslegung des § 2 Abs. 1 S. 1 SGB IX durch Behörden und Gerichte aufgrund des eindeutigen Wortlauts kein Spielraum gegeben.[206] Zudem fehlt der für „die unmittelbare Geltung erforderliche klare Anweisungsgehalt".[207]

Insofern bleibt lediglich zu empfehlen, § 2 SGB IX an Art. 1 Unterabs. 2 UN-BRK anzupassen. Dabei ist insbesondere die gerade angesprochene Wechselwirkung zwischen Funktionsbeeinträchtigung und Barrieren in die Definition von Behinderung des § 2 SGB IX aufzunehmen. Zudem ist der Ausschluss alterstypischer Funktionsbeeinträchtigungen mit Sinn und Zweck der UN-BRK unvereinbar. Eine Behinderung liegt im Sinne der UN-BRK nämlich auch dann vor, wenn alterstypische Einschränkungen in Wechselwirkung mit einstellungs- und umweltbedingten Barrieren, Menschen behindern. Die entscheidende Frage ist, ob hier Leistungen vom Sozialstaat zu erbringen sind, um diesen Zustand zu ändern. Diese Frage wird durch das konkrete Leistungsrecht beantwortet und sollte getrennt von der Definitionsfrage diskutiert werden.

c) Nichtdiskriminierung

Zu den allgemeinen Grundsätzen der UN-BRK gehört die Nichtdiskriminierung (Art. 3 lit. b UN-BRK). Die Vertragsstaaten verbieten jede Form der Diskriminierung von Menschen mit Behinderung (Art. 5 Abs. 2 UN-BRK). Das Verbot bildet den Kern der Konvention und zieht sich durch den gesamten Vertragstext.[208] Die UN-BRK definiert eine Diskriminierung wegen einer Behinderung als „jede Unterscheidung, Ausschließung oder Beschränkung aufgrund von Behinderung, die zum Ziel oder zur Folge hat, dass das auf die Gleichberechtigung mit anderen gegründete Anerkennen, Genießen oder Ausüben aller Menschenrechte und Grundfreiheiten im

---

206 Str. dazu *Luthe*, in: SGb 2013, S. 391 (394); a. A. *Groskreutz/Welti*, Der EuGH zum Verhältnis von Krankheit und Behinderung – Anmerkung zum Urteil des EuGH vom 11.04.2013, C-335/11 und C-337/11 (Rs. Ring und Skouboe Werge); Forum B, Beitrag B8-2013 v. 19.12.2013, unter www.reha-recht.de (letzter Zugriff: 10.05.2016).

207 *Luthe*, in: JM 2015, S. 190 (193).

208 *Degener*, in: RdJB 2009, S. 200 (205).

politischen, wirtschaftlichen, sozialen, kulturellen, bürgerlichen oder jedem anderen Bereich beeinträchtigt oder vereitelt wird [...] Sie umfasst alle Formen der Diskriminierung, einschließlich der Versagung angemessener Vorkehrungen."[209]

aa) Formen der Diskriminierung

Es kann grds. zwischen zwei Formen der Diskriminierung unterschieden werden: Die unmittelbare Diskriminierung erfolgt direkt aufgrund des Merkmals „Behinderung".[210] Dies wäre z. B. der Fall, wenn der Staat als öffentlicher Arbeitgeber ohne Rechtfertigungsgrund einen Bewerber oder eine Bewerberin ablehnt, weil dieser oder diese eine Behinderung hat. Mittelbare Diskriminierungen zeichnen sich dadurch aus, dass Maßnahmen scheinbar neutral sind, aber tatsächlich Menschen mit Behinderungen benachteiligen.[211] Davon wäre bspw. auszugehen, wenn ein Gesetz bestimmt, dass Arbeitsverträge nur wirksam sind, wenn sie handschriftlich unterschrieben werden. Dann wären Ohnhänder faktisch vom Abschluss eines Arbeitsvertrages ausgeschlossen.

bb) Angemessene Vorkehrungen

Ebenso kann die Versagung angemessener Vorkehrungen zu einer Diskriminierung führen. Die Gewährung angemessener Vorkehrungen ermöglicht häufig erst die Wahrnehmung von Menschenrechten, z. B. das Recht auf Arbeit (Art. 27 UN-BRK). Wenn Menschen mit einer Behinderung die zur Teilhabe am Arbeitsleben notwendigen Anpassungen erhalten (z. B. Rampen, Gebärdendolmetscher oder flexible Arbeitszeiten), sind sie genauso wie Menschen ohne Behinderung in der Lage bestimmte Tätigkeiten auszuüben.[212] Die Versagung solcher Anpassungen kann eine Diskriminierung darstellen. Das Verbot der Diskriminierung gem. Art. 5 Abs. 2 UN-BRK ist unmittelbar anwendbar und damit self-executing.[213]

Was angemessene Vorkehrungen sind, definiert die UN-BRK wie folgt: Darunter fallen „notwendige und geeignete Änderungen und Anpassungen, die keine unverhältnismäßige oder unbillige Belastung darstellen und die,

209 Art. 2 Unterabs. 3 UN-BRK.

210 *Aichele/Althoff*, in: *Welke*, UN-BRK, 2012, Nicht-Diskriminierung und angemessene Vorkehrungen in der UN-Behindertenrechtskonvention, Rn. 13.

211 *Aichele/Althoff*, in: *Welke*, UN-BRK, 2012, Nicht-Diskriminierung und angemessene Vorkehrungen in der UN-Behindertenrechtskonvention, Rn. 13.

212 *Degener*, in: RdJB 2009, S. 200 (205).

213 Vgl. *BSG* Urteil v. 06.03.2012 – B 1 KR 10/11 R, Rn. 29 (zit. nach juris).

wenn sie in einem bestimmten Fall erforderlich sind, vorgenommen werden, um zu gewährleisten, dass Menschen mit Behinderungen gleichberechtigt mit anderen alle Menschenrechte und Grundfreiheiten genießen oder ausüben können" (Art. 2 Unterabs. 4 UN-BRK). Im Einzelnen ist das Erfordernis der angemessenen Vorkehrungen durch drei Merkmale charakterisiert:

(1) Einzelfall

Zunächst müssen die Vorkehrungen im Einzelfall erforderlich sein. Es besteht also keine generelle Verpflichtung umfassende Vorkehrungen zu treffen. Sondern es sollen in Abhängigkeit von einzelnen Personen, diejenigen Maßnahmen ergriffen werden, die in der konkreten Situation die betroffenen Menschen mit Behinderung befähigen, gleichberechtigt ihre Menschenrechte wahrzunehmen. Durch dieses Merkmal findet eine Abgrenzung zur Barrierefreiheit statt, die bspw. in Art. 3 lit. f und Art. 9 UN-BRK zu finden ist. Bei der Barrierefreiheit („Accessibility"; in deutscher Sprache auch mit Zugänglichkeit übersetzt) geht es um „die umfassende Vermeidung von Barrieren in einer unbestimmbaren Vielzahl von Fällen", während es bei den angemessenen Vorkehrungen („reasonable accommodation") um im Einzelfall zu überwindende Barrieren geht.[214]

(2) Geeignetheit und Notwendigkeit

Die Änderungen und Anpassungen müssen geeignet und notwendig sein. Geeignet sind die Vorkehrungen nach dem Wortlaut und Sinn und Zweck der Regelung dann, wenn sie dazu führen, „dass Menschen mit Behinderungen gleichberechtigt mit anderen alle Menschenrechte und Grundfreiheiten genießen oder ausüben können". Darüber hinaus sind die angemessenen Vorkehrungen auch notwendig, wenn „die betroffene Person ohne entsprechende Vorkehrungen im Vergleich zu nichtbehinderten Menschen eine Benachteiligung bei der Wahrnehmung ihrer Rechte hinnehmen müsste".[215]

(3) Keine unverhältnismäßige oder unbillige Belastung

Die angemessenen Vorkehrungen dürfen für den Verpflichteten keine unverhältnismäßige oder unbillige Belastung darstellen. Wann eine solche

214 *Aichele/Althoff*, in: *Welke*, UN-BRK, 2012, Nicht-Diskriminierung und angemessene Vorkehrungen, Rn. 43 ff.

215 *Aichele/Althoff*, in: *Welke*, UN-BRK, 2012, Nicht-Diskriminierung und angemessene Vorkehrungen, Rn. 56.

Belastung vorliegt, muss im Einzelfall ermittelt werden.[216] In Bezug auf Arbeitsverhältnisse von Menschen mit Behinderungen stellt das BAG unter Rückgriff auf den EuGH folgende Grundsätze auf:

> „Ob solche Vorkehrungen den jeweiligen Arbeitgeber unverhältnismäßig belasten, haben die nationalen Gerichte festzustellen, wobei sie insbesondere den damit verbundenen finanziellen und sonstigen Aufwand unter Berücksichtigung der Größe und der Finanzkraft des Arbeitgebers sowie der Möglichkeit, öffentliche Mittel oder andere Unterstützungen in Anspruch zu nehmen, in die Abwägung einzubeziehen haben (EuGH 11. April 2013 – C-335/11 u. a. – [Ring] Rn. 59 f.).“[217]

4. Fakultativprotokoll

Das Fakultativprotokoll (FP) regelt zum einen die Kompetenzen des Ausschusses für Menschen mit Behinderungen und zum anderen zwei Verfahren, die der Überwachung und Umsetzung der Konvention dienen, nämlich das Untersuchungsverfahren und die Individualbeschwerde.[218]

a) Untersuchungsverfahren

Der Ausschuss für die Rechte von Menschen mit Behinderungen wird tätig, wenn er Angaben erhält, die auf schwerwiegende oder systematische Verletzungen der Konventionsrechte durch einen Vertragsstaat hinweisen. Der Ausschuss fordert den Staat in diesem Fall zur Mitwirkung und Stellungnahme auf (Art. 6 Abs. 1 FP). Der Ausschuss kann unter Berücksichtigung aller zur Verfügung stehenden zuverlässigen Angaben ein Untersuchungsverfahren einleiten (Art. 6 Abs. 2 FP). Nach Prüfung der Untersuchungsergebnisse übermittelt der Ausschuss diese dem jeweiligen Vertragsstaat, einschließlich vorhandener Bemerkungen und Empfehlungen (Art. 6 Abs. 3 FP).

b) Individualbeschwerde

Einzelpersonen oder Personengruppen können, wenn sie behaupten, Opfer einer Konventionsverletzung durch einen Vertragsstaat, der das Fakultativprotokoll unterzeichnet hat, zu sein, Mitteilung an den Ausschuss machen

---

216 *Aichele/Althoff*, in: *Welke*, UN-BRK, 2012, Nicht-Diskriminierung und angemessene Vorkehrungen, Rn. 44.

217 *BAG*, Urt. v. 19.12.2013 - 6 AZR 190/12, Rn. 52 (zit. nach juris).

218 *Schulte*, in: ZESAR 2012, S. 69 (70).

(Individualbeschwerde) (Art. 1 Abs. 1 FP). Das Individualbeschwerdeverfahren setzt sich aus drei Phasen zusammen und läuft i. d. R. schriftlich und damit ohne mündliche Anhörung vor dem Ausschuss ab.[219] Das Vorverfahren (Phase 1) beginnt mit der Einreichung der Mitteilung beim Ausschusssekretariat des Hochkommissariates für Menschenrechte: Dieser leitet nach Prüfung der formalen Voraussetzungen (z. B. Ausschöpfung des nationalen Rechtsweges) und Registrierung die Mitteilung an den UN-BRK Ausschuss weiter. Im Anschluss folgt die Prüfungsphase (Phase 2), in der der Ausschuss Stellungnahmen einholt, mindestens vom betroffenen Vertragsstaat, möglicherweise auch von dem Opfer bzw. den Opfern. Es findet eine Zulässigkeits- und Begründetheitsprüfung statt. Der Ausschuss für die Rechte von Menschen mit Behinderungen kann bereits in dieser Phase den Vertragsstaat zu vorläufigen Maßnahmen auffordern, „die gegebenenfalls erforderlich sind, um einen möglichen nicht wiedergutzumachenden Schaden für das oder die Opfer der behaupteten Verletzung abzuwenden“ (Art. 4 Abs. 1 FP). In der Entscheidungsphase (Phase 3) übermittelt der Ausschuss nach positiver Prüfung die Entscheidung den Beteiligten. Die Umsetzung etwaiger Empfehlungen und Rügen an den betroffen Vertragsstaat werden in einem „Follow-Up-Verfahren“ vom Ausschuss überprüft.

VIII. Zusammenfassung

Die UN-BRK wurde von Deutschland ratifiziert und ist Bestandteil der deutschen Rechtsordnung geworden. Innerhalb der Normenhierarchie nimmt die Konvention den Rang eines Bundesgesetzes ein. Der Staat, Gerichte und Behörden sind verpflichtet, den Inhalt der UN-BRK bei der Schaffung von Normen und bei der Auslegung und Anwendung bestehender Rechtsvorschriften zu beachten. In Bezug auf das Recht von Menschen mit Behinderungen am Arbeitsleben teilzuhaben, stellt sich die Frage, welche Auswirkungen die Konvention auf das deutsche Recht hat. Dies hängt maßgeblich von der Qualität der Rechtsbindung und Ausgestaltung der Konventionsvorschriften, aber auch von den nationalen Regelungen ab. Zunächst stellt sich ganz allgemein die Frage, welche Formen der Rechtsbindung existieren.

219 Die im Folgenden gemachten Angaben zum Individualbeschwerdeverfahren sind der Internetseite http://www.aktiv-gegen-diskriminierung.de/internationale-rechtsdurchsetzung/vereinte-nationen/individualbeschwerdeverfahren/ablauf-des-beschwerdeverfahrens.html entnommen (letzter Zugriff: 10.05.2016).

C. Rechtsbindung staatlicher Rechtsanwendungsorgane

Staatliche Rechtsanwendungsorgane (Behörden und Gerichte) unterliegen in Bezug auf Rechtsnormen einer differenziert ausgestalteten Rechtsbindung. Die Durchsetzung der Rechte von Menschen mit Behinderungen hängt wesentlich von der vorgegebenen Rechtsbindung ab. Häufig schreiben Rechtsnormen bei gegebenen Tatbestandsvoraussetzungen eine bestimmte Rechtsfolge vor (Muss-Normen).[220] Die Verwaltung ist dann rechtlich gebunden, so dass bei gegebenen Voraussetzungen die Rechtsfolge zwingend eintritt.

Um jedoch der Vielfalt von Lebenssachverhalten von Menschen mit Behinderungen gerecht werden zu können, räumt der Gesetzgeber den Behörden Handlungsspielräume ein. Diese können durch unbestimmte Rechtsbegriffe (z. B. „wichtiger Grund", „öffentliches Interesse", „zumutbar") und durch die Gewährung von Ermessen (Kann- bzw. Soll-Vorschriften) zum Ausdruck kommen.[221] Soll-Vorschriften stehen allerdings zwischen Kann- und Mussvorschriften und bilden „die schwächste Form der Einräumung von Ermessen".[222] Subjektive Rechte – dazu gehören Rechts-, Regel- und Ermessensansprüche – verleihen Menschen mit Behinderungen gerichtlich einklagbare Rechtspositionen – und sichern damit die Beachtung der Rechtsbindung durch die Verwaltung.[223]

I. Subjektive Rechte

Ein subjektives Recht verleiht einem Rechtssubjekt die Rechtsmacht, von einem anderen ein bestimmtes Tun, Dulden oder Unterlassen verlangen zu

220 *Schmidt*, Allgemeines Verwaltungsrecht, 19. Aufl. 2016, S. 113.

221 *Schmidt*, Allgemeines Verwaltungsrecht, 19. Aufl. 2016, S. 109 f.; *Peine*, Allgemeines Verwaltungsrecht, 11. Aufl. 2014, S. 52.

222 *Peine*, Allgemeines Verwaltungsrecht, 11. Aufl. 2014, S. 49.

223 Vgl. § 194 Abs. 1 BGB; *Maurer*, Allgemeines Verwaltungsrecht, 18. Aufl. 2011, S. 72 ff.

können (Anspruch, § 194 BGB).[224] Subjektive Rechte können sowohl dem Privatrecht als auch dem öffentlichen Recht entstammen. Ein subjektiv-öffentliches Recht liegt vor, wenn der Bürger vom Staat – oder umgekehrt – kraft öffentlichen Rechts ein bestimmtes Verhalten verlangen kann (z. B. Gewährung einer Sozialleistung oder die pflichtgemäße Ausübung des Ermessens).[225]

Das subjektive Recht ist vom objektiven Recht zu unterscheiden. Verkürzt handelt es sich beim objektiven Recht um die Summe aller Rechtssätze.[226] Eine Rechtsnorm kann eine objektive Rechtspflicht begründen, ohne zugleich einem Rechtssubjekt ein subjektives Recht zu verleihen. Im Privatrecht steht einer Rechtspflicht regelmäßig ein Rechtsanspruch gegenüber. Im öffentlichen Recht verhält es sich etwas schwieriger. Nach der sog. Schutznormtheorie liegt ein subjektives öffentliches Recht dann vor, wenn das Recht eine objektive Verhaltenspflicht begründet, die Rechtsnorm nicht lediglich dem öffentlichen Interesse, sondern zugleich auch dem Schutz und Interesse einzelner Bürger dient und diesem die Rechtsmacht einräumt, die normgeschützten Interessen gegenüber dem Verpflichteten durchzusetzen.[227] Die Prüfung, ob eine öffentliche Rechtsnorm zugleich ein subjektives Recht beinhaltet, ist demnach durch zwei Fragen gekennzeichnet[228]:

1. Verpflichtet die Rechtsnorm die Verwaltung zu einem bestimmten Tun, Dulden oder Unterlassen?
2. Dient die Rechtsnorm – zumindest auch – dem Schutz und Interesse einzelner Bürger?

Können diese Fragen bejaht werden, ist die Behörde zu einem bestimmten Verhalten verpflichtet und der Einzelne hat im Regelfall die Rechtsmacht, sein Recht vor Gericht durchzusetzen (Art. 19 Abs. 4 GG), falls die Behörde nicht vorschriftsgemäß handelt.[229]

---

224 *Maurer*, Allgemeines Verwaltungsrecht, 18. Aufl. 2011, S. 173; vgl. auch § 194 Abs. 1 BGB.

225 *Maurer*, Allgemeines Verwaltungsrecht, 18. Aufl. 2011, S. 173.

226 *Maurer*, Allgemeines Verwaltungsrecht, 18. Aufl. 2011, S. 173.

227 *Scherzberg*, in: *Ehlers/Pünder*, Allgemeines Verwaltungsrecht, 15. Aufl. 2016, S. 378 f.

228 Vgl. *Maurer*, Allgemeines Verwaltungsrecht, 18. Aufl. 2011, S. 176.

229 *Papenheim/Baltes/Dern/Palsherm*, Verwaltungsrecht für die soziale Praxis, 24. Aufl. 2013, S. 133.

II. Unbestimmte Rechtsbegriffe

In Rechtsnormen verwendet der Gesetzgeber häufig unbestimmte Rechtsbegriffe. Diese sind auslegungsbedürftig. Die Auslegung ist Aufgabe der Verwaltungsbehörden und Gerichte.[230] Der Verwaltung soll es ermöglicht werden auf unvorhersehbare und atypische Fallkonstellationen adäquat reagieren zu können.[231] Dabei unterliegt die Verwaltung der gerichtlichen Kontrolle, so dass Gerichte grundsätzlich darüber entscheiden, was unter einem unbestimmten Rechtsbegriff zu verstehen ist.[232] Definieren lassen sich unbestimmte Rechtsbegriffe als „Gesetzesbegriffe, die auf der Tatbestandsseite einer Norm stehen und bei der Rechtsanwendung des einschlägigen Tatbestands im Einzelfall einer Auslegung bedürfen".[233]

Bei der Auslegung unbestimmter Rechtsbegriffe sind zunächst die herkömmlichen Auslegungsmethoden anzuwenden. Zu nennen sind die grammatische, die systematische, die teleologische und die historische Auslegung.[234] Daneben müssen Gesetze mit der Verfassung und EU-Recht im Einklang stehen. Insofern sind unbestimmte Rechtsbegriffe grundsätzlich einer verfassungskonformen und europarechtskonformen Auslegung zu unterziehen.[235] Eine weitere Methode ist die völkerrechtskonforme Auslegung. Daneben kann eine Konkretisierung unbestimmter Rechtsbegriffe auch mit Hilfe von Legaldefinitionen, Rechtsverordnungen, Verwaltungsvorschriften, Rechtsprechung, Literatur und sogar außerrechtlichen Normen (z. B. DIN) vorgenommen werden. I. d. R. führt nicht eine Methode, sondern die Gesamtschau der Anwendungsergebnisse unterschiedlicher Auslegungsmethoden zum rechtmäßigen Ergebnis.[236]

Unbestimmte Rechtsbegriffe können einen Beurteilungsspielraum beinhalten. Dies ist dann der Fall, wenn es um die „Wertung eines nicht wiederholbaren oder sehr komplexen Sachverhalts" geht (z. B. Bewertung einer Masterarbeit) oder um „prognostische Entscheidungen über künftige Risi-

230 Vgl. *Ipsen*, Allgemeines Verwaltungsrecht, 8. Aufl. 2012, S. 117 f.
231 *Schmidt*, Allgemeines Verwaltungsrecht, 19. Aufl. 2016, S. 96.
232 *Papenheim/Baltes/Dern/Palsherm*, Verwaltungsrecht für die soziale Praxis, 24. Aufl. 2013, S. 134.
233 *Schmidt*, Allgemeines Verwaltungsrecht, 19. Aufl. 2016, S. 96.
234 Vgl. dazu *Schmidt*, Allgemeines Verwaltungsrecht, 19. Aufl. 2016, S. 97 f.
235 *Schmidt*, Allgemeines Verwaltungsrecht, 19. Aufl. 2016, S. 97 ff.
236 *Schmidt*, Allgemeines Verwaltungsrecht, 19. Aufl. 2016, S. 101.

ken".[237] Unbestimmte Rechtsbegriffe mit Beurteilungsermächtigung sind nur eingeschränkt gerichtlich nachprüfbar.[238]

Umstritten ist, ob durch die Verwendung unbestimmter Rechtsbegriffe der Verwaltung regelmäßig ein Beurteilungsspielraum eingeräumt wird. Dies wird von Teilen der Literatur bejaht, während das Bundesverfassungsgericht und das Bundesverwaltungsgericht einen Beurteilungsspielraum der Verwaltung bei unbestimmten Rechtsbegriffen nur in Ausnahmefällen annehmen, mit der Folge, dass unbestimmte Rechtsbegriffe regelmäßig durch die Gerichte vollständig überprüfbar sind.[239]

III. Ermessen

Hat der Gesetzgeber bei gegebenen Tatbestandsvoraussetzungen auf der Rechtsfolgenseite nur eine mögliche Rechtsfolge vorgesehen (Muss-Norm), so trifft die Behörde eine gebundene Verwaltungsentscheidung; sie hat in diesen Fällen keinen Ermessensspielraum.[240] Viele Rechtsnormen des Rehabilitations- und Teilhaberechts geben der Sozialverwaltung indes Handlungsspielräume. Auf der Rechtsfolgenseite einer Norm wird dann keine bestimmte Rechtsfolge zwingend angeordnet. Der Behörde wird vielmehr ein gewisser Entscheidungsspielraum, das sog. Ermessen eingeräumt (§ 40 VwVfG, vgl. auch § 39 Abs. 1 S. 1 SGB I).[241] Das Einräumen von Ermessen durch den Gesetzgeber lässt sich u. a. an Formulierungen wie „nach pflichtgemäßem Ermessen", „kann", „darf", „ist befugt" usw. erkennen.[242] Neben diesem „pflichtgemäßen Ermessen" hat der Gesetzgeber die Möglichkeit, durch sog. „Soll-Vorschriften", der Verwaltung ein „rechtlich gebundenes Ermessen" zu verleihen. Grundsätzlich muss die Behörde bei gegebenen Voraussetzungen der Soll-Vorschrift („die Behörde soll" oder „grundsätzlich ist") folgen („Regelrechtsanspruch"), darf aber in atypischen Situationen von der Rechtsfolge abweichen.[243]

Den weiteren Ausführungen soll folgende Definition zugrunde gelegt werden: „Ermessen ist ein der Verwaltung auf der Rechtsfolgeseite einer

237 *Papenheim/Baltes/Dern/Palsherm*, Verwaltungsrecht für die soziale Praxis, 24. Aufl. 2013, S. 135.

238 *Dörr/Francke*, Sozialverwaltungsrecht, 3. Aufl. 2012, S. 80.

239 m. w. N. *Heinz*, in: Sozialrecht aktuell 2014, S. 189 (191).

240 *Kievel/Knösel/Marx*, Recht für soziale Berufe, 7. Aufl. 2013, S. 56.

241 *Erbguth*, Allgemeines Verwaltungsrecht, 8. Aufl. 2016, S. 220 f.

242 *Schmidt*, Allgemeines Verwaltungsrecht, 19. Aufl. 2016, S. 109.

243 *Schmidt*, Allgemeines Verwaltungsrecht, 19. Aufl. 2016, S. 111.

Norm hinsichtlich des „Ob“ (Entschließungsermessen) und/oder des „Wie“ (Auswahlermessen) eingeräumter Entscheidungsspielraum, der gerichtlich beschränkt [...] überprüfbar ist.“[244]

Der Sinn von Ermessensspielräumen besteht darin, dass die Verwaltung ermächtigt wird, sachgerechte Einzelfall-Entscheidungen zu treffen (individuelle Ermessensausübung).[245] Um eine Vereinheitlichung des Behördenhandelns sicherzustellen, kann die vorgesetzte Behörde Verwaltungsrichtlinien bzw. Ermessensrichtlinien erlassen.[246]

1. Ausübung von Ermessen

Bei der Ausübung von Ermessen ist zwischen dem Entschließungs- und Auswahlermessen zu unterscheiden.[247] Im Rahmen des Entschließungsermessens entscheidet die Verwaltung darüber, ob sie überhaupt tätig wird und von ihrer Ermessensbefugnis Gebrauch macht. Das Auswahlermessen verleiht der Behörde das Recht, aus mehreren zulässigen Rechtsfolgen diejenige zu wählen, die dem Lebenssachverhalt am besten entspricht.[248] Die Behörde ist bei Ermessensentscheidungen insofern rechtlich gebunden, als das sie „ihr Ermessen entsprechend dem Zweck der Ermächtigung auszuüben und die gesetzlichen Grenzen des Ermessens einzuhalten“ hat (§ 40 VwVfG, vgl. auch § 39 Abs. 1 S. 1 SGB I).[249] „Auf pflichtgemäße Ausübung des Ermessens besteht ein Anspruch“ (§ 39 Abs. 1 S. 2 SGB I) (Ermessensanspruch).

In bestimmten Fallkonstellationen darf die Behörde weder vom Entschließungs- noch vom Auswahlermessen Gebrauch machen, nämlich dann, wenn nur eine rechtsfehlerfreie Entscheidung zulässig ist (sog. Ermessensreduzierung oder Ermessensschrumpfung auf null).[250] In dieser Konstella-

244 *Schmidt*, Allgemeines Verwaltungsrecht, 19. Aufl. 2016, S. 110.

245 Voßkuhle, in: JuS 2008, S. 117 (118).

246 Voßkuhle, in: JuS 2008, S. 117 (118).

247 Daneben hat die Rechtsprechung das sog. „intendierte Ermessen“ geschaffen, bei dem „Kann-Normen“ in „Soll-Normen“ umgedeutet werden, weil angenommen wird, dass der Gesetzgeber trotz der Formulierung „kann“ eine bestimmte Rechtsfolge intendiert hat. Das „intendierte Ermessen“ ist umstritten. BVerwGE 72, 1, 6; Vgl. *Schmidt*, Allgemeines Verwaltungsrecht, 19. Aufl. 2016, S. 116 f.

248 *Dörr/Francke*, Sozialverwaltungsrecht, 3. Aufl. 2012, S. 69.

249 Voßkuhle, in: JuS 2008, S. 117 (118).

250 *Dörr/Francke*, Sozialverwaltungsrecht, 3. Aufl. 2012, S. 70.

tion hat der Einzelne ein subjektiv-öffentliches Recht auf eine bestimmte Entscheidung.[251]

2. Ermessensfehler

Die Ausübung des Ermessens unterliegt der gerichtlichen Kontrolle (vgl. § 114 S. 1 VwGO und § 54 Abs. 2 S. 2 SGG). Gem. § 54 Abs. 2 SGG ist ein Verwaltungsakt oder die Ablehnung oder Unterlassung eines Verwaltungsakts einer Behörde, Körperschaft oder Anstalt des öffentlichen Rechts dann rechtswidrig, wenn die gesetzlichen Grenzen des Ermessens überschritten sind oder von dem erteilten Ermessen in einer dem Zweck der Ermächtigung nicht entsprechenden Weise Gebrauch gemacht wurde. Um die Rechtswidrigkeit einer Ermessensentscheidung festzustellen, wendet die Rechtsprechung die Ermessensfehlerlehre an.[252] Danach ist zwischen drei Arten von Ermessensfehlern zu unterscheiden:

- **Ermessensnichtgebrauch:** Die Verwaltung übt kein Ermessen aus, weil sie z. B. annimmt, die Tatbestandsvoraussetzungen seien nicht erfüllt, oder weil sie in irriger Weise davon ausgeht, dass das Gesetz ihr keine Ermessensbefugnis eingeräumt hat.[253]
- **Ermessensfehlgebrauch:** Die Verwaltung macht zwar von ihrem Ermessen Gebrauch, jedoch gegen den Zweck des gesetzlich vorgesehenen Ermessens. Dieses ist auch bei der Verletzung sonstiger Rechtsgrundsätze (z. B. allgemeiner Gleichheitssatz gem. Art. 3 Abs. 1 GG oder Grundsatz der Verhältnismäßigkeit) anzunehmen.[254]
- **Ermessensüberschreitung:** Die Behörde trifft eine Entscheidung oder ordnet eine Maßnahme an, die von der entsprechenden Norm nicht mehr umfasst ist.[255]

---

251 *Papenheim/Baltes/Dern/Palsherm*, Verwaltungsrecht für die soziale Praxis, 24. Aufl. 2013, S. 140.

252 Voßkuhle, in: JuS 2008, S. 117 (118).

253 *Dörr/Francke*, Sozialverwaltungsrecht, 3. Aufl. 2012, S. 73.

254 Die sog. Ermessensunterschreitung beschreiben *Dörr/*Francke als Unterfall des Ermessensfehlgebrauchs, der dann vorliegen soll, wenn nur unzureichende Ermessenserwägungen vorgenommen wurden. Vgl. *Dörr/Francke*, Sozialverwaltungsrecht, 3. Aufl. 2012, S. 74.

255 Voßkuhle, in: JuS 2008, S. 117 (118).

Ergibt die Überprüfung eines Verwaltungsaktes durch die Verwaltungs- oder Sozialgerichtsbarkeit Rechtsmängel bei der Ermessensausübung, so ist der Verwaltungsakt materiell rechtswidrig.[256] Dann wird die Behörde verpflichtet, erneut eine Ermessensentscheidung zu fällen; nur ausnahmsweise kann das Gericht ein Verpflichtungsurteil sprechen, nämlich im Fall einer „Ermessensreduzierung auf null".[257] In allen anderen Fällen darf nur die Verwaltung das eingeräumte Ermessen ausüben und hat in dieser Hinsicht das Letztentscheidungsrecht.[258]

IV. Zusammenfassung

Ob und wie Menschen mit Behinderungen Leistungen zur Teilhabe am Arbeitsleben erhalten, hängt maßgeblich von der Rechtsbindung und den Voraussetzungen der leistungsrechtlichen Vorschriften ab. Behörden müssen Leistungen gewähren, wenn Menschen mit Behinderungen ein subjektiv-öffentliches Recht verbunden mit einem (Regel-) Rechtsanspruch auf die begehrte Leistung haben und die Leistungsvoraussetzungen der einschlägigen Muss- oder Soll-Normen vorliegen und bei Soll-Vorschriften zudem keine atypischen Verhältnisse gegeben sind. Behörden haben Entscheidungs- und Handlungsspielräume, wenn unbestimmte Rechtsbegriffe auf der Tatbestandsseite diese gewähren oder ein Entschließungs- oder Auswahlermessen auf der Rechtsfolgenseite eingeräumt ist. Wenn das Entschließungs- und/oder Auswahlermessen mit einem subjektiven Recht verbunden ist, besteht ein Ermessensanspruch, d. h. der Leistungsbegehrende hat einen Anspruch auf pflichtgemäße Ausübung des Ermessens (Ermessensanspruch, vgl. § 39 Abs. 1 S. 2 SGB I).

Bevor die leistungsrechtlichen Auswirkungen der UN-BRK auf Behörden und Gerichtsentscheidungen untersucht werden, stellt sich zunächst die Frage, welche Behörden bzw. Rechtssubjekte im Bereich der beruflichen Teilhabe Entscheidungsmacht haben und wie das System der Teilhabeleistungen in Deutschland aufgebaut ist.

256 *Dörr/Francke*, Sozialverwaltungsrecht, 3. Aufl. 2012, S. 73.

257 *Papenheim/Baltes/Dern/Palsherm*, Verwaltungsrecht für die soziale Praxis, 24. Aufl. 2013, S. 140.

258 *Dörr/Francke*, Sozialverwaltungsrecht, 3. Aufl. 2012, S. 63.

D. Das Recht der Teilhabeleistungen im gegliederten Sozialleistungssystem

Das „Sozialgesetzbuch (SGB) Neuntes Buch (IX) – Rehabilitation und Teilhabe behinderter Menschen" (SGB IX) ist 2001 in Kraft getreten.[259] Nach dem Willen des Gesetzgebers sollte durch die Regelungen des SGB IX eine einheitliche Erbringung von Rehabilitationsleistungen durch Koordination und Kooperation erreicht werden. Die grundsätzliche Zuständigkeit der unterschiedlichen Rehabilitationsträger und die Geltung der in den jeweiligen Leistungsgesetzen verankerten Leistungsvoraussetzungen wurden jedoch nicht angetastet (vgl. § 7 SGB IX).[260] Insofern ist das gegliederte System der Teilhabeleistungen bestehen geblieben, allerdings mit nicht unerheblichen Auswirkungen des SGB IX auf die einzelnen Leistungsgesetze.

I. Begriffsbestimmung Rehabilitation und Teilhabe

Rehabilitation lässt sich beschreiben als „der koordinierte Einsatz medizinischer, sozialer, beruflicher, pädagogischer [, psychologischer; Erg. des Verfassers] und technischer Maßnahmen sowie die Einflussnahme auf das physische [, psychische; Erg. des Verfassers] und soziale Umfeld zum Erreichen einer größtmöglichen Eigenaktivität und zur weitestgehenden Partizipation in allen Lebensbereichen".[261] Ziel ist es, eine Zustandsänderung oder -erhaltung zu erreichen – z. B. eine Verbesserung der beruflichen Fähigkeiten und Fertigkeiten.[262] Der Begriff Rehabilitation[263] unterscheidet sich vom Begriff der Teilhabe, wobei die Übergänge fließend sind.[264]

---

259 Vgl. BGBl. I, S. 1046.

260 Vgl. *Castendiek/Hoffmann*, in: Das Recht der behinderten Menschen, 3. Aufl. 2009, S. 25.

261 *Minninger/Hinterholz/Westermann*, Rechte behinderter Menschen, 3. Aufl. 2013, S. 190.

262 *Castendiek*, in: *Deinert/Neumann*, Handbuch SGB IX, 2. Aufl. 2009, S. 133.

263 Der Begriff Rehabilitation ist weiterhin abzugrenzen vom Begriff der *Habilitation*. Letzterer umfasst das erstmalige Erlernen von basalen Kompetenzen bei Kindern mit Entwick-

Unter Teilhabe ist i. R. d. SGB IX das gesellschaftliche „Einbezogen sein" oder „Beteiligt sein" zu verstehen.[265] Behinderte und von Behinderung bedrohte Menschen erhalten Leistungen, um ihre gleichberechtigte Teilhabe am Leben in der Gesellschaft zu fördern (vgl. § 1 S. 1 SGB IX). Mit dem Begriff der Teilhabe hat das SGB IX ganz i. S. d. ICF eine Abkehr vom Prinzip der „Fürsorge" und „Versorgung" hin zur Selbstbestimmung und gleichberechtigten Teilhabe vollzogen.[266] Es handelt sich folglich um den Gegenbegriff zu „Ausschluss" und „Ausgrenzung". Teilhabe meint sowohl die rechtliche Einbeziehung, als auch das tatsächliche Dabeisein, also die Teilnahme, z. B. am Arbeitsleben.[267] Der Sozialstaat erbringt daher Leistungen zur Teilhabe, um u. a. die Teilhabe am Arbeitsleben entsprechend den Neigungen und Fähigkeiten dauerhaft zu sichern (§ 4 Abs. 1 Nr. 3 SGB IX). Der Begriff der Teilhabe basiert auf einer verfassungsrechtlichen Diskussion, in der die Grundrechte nicht nur als Abwehrrechte gegenüber dem Staat gesehen werden. Vielmehr soll der Staat diskriminierungsfreie (Art. 3 GG) Teilhabe (z. B. am Berufsleben, Art. 12 Abs. 1 GG) ermöglichen; wobei der Gesetzgeber einen großen Spielraum hat.[268]

II. Rehabilitationsträger

Die Leistungen zur Rehabilitation und Teilhabe werden im gegliederten Sozialleistungssystem von unterschiedlichen Rehabilitationsträgern (= Träger der Leistungen zur Teilhabe) erbracht (Vgl. § 6 Abs. 1 SGB IX):

- die gesetzlichen Krankenkassen (§ 6 Abs. 1 Nr. 1 SGB IX)
- die Bundesagentur für Arbeit (§ 6 Abs. 1 Nr. 2 SGB IX)
- die Träger der gesetzlichen Unfallversicherung (§ 6 Abs. 1 Nr. 3 SGB IX)
- die Träger der Rentenversicherung / Alterssicherung der Landwirte (§ 6 Abs. 1 Nr. 4 SGB IX)
- die Träger der Kriegsopferversorgung / Sozialen Entschädigung (§ 6 Abs. 1 Nr. 5 SGB IX)

---

lungsstörungen und/oder Erkrankungen. Demgegenüber geht es bei der Rehabilitation um die Wiederherstellung von bereits vor der Schädigung vorhandenen Kompetenzen. Vgl. *Fuchs*, in: Soziale Sicherheit 2010, S. 329 (333).

264 *Castendiek*, in: *Deinert/Neumann*, Handbuch SGB IX, 2. Aufl. 2009, S. 133.

265 Vgl. *Jabben/Kreikebohm/Rodewald*, in: NZS 2012, S. 681 (682).

266 Vgl. *Jabben/Kreikebohm/Rodewald*, in: NZS 2012, S. 681 (682).

267 Joussen, in: Dau/*Düwell/Joussen*, LPK-SGB IX, 4. Aufl. 2014, § 1 Rn. 10.

268 *Igl/Welti*, Sozialrecht, 8. Aufl. 2007, S. 344 f.

- die Träger der öffentlichen Jugendhilfe (§ 6 Abs. 1 Nr. 6 SGB IX)
- die Träger der Sozialhilfe (§ 6 Abs. 1 Nr. 7 SGB IX)

Für behinderte erwerbsfähige Leistungsberechtigte im Sinne des SGB II ist die Bundesagentur für Arbeit (BA) Rehabilitationsträger hinsichtlich der Leistungen zur Teilhabe am Arbeitsleben, sofern nicht ein anderer Rehabilitationsträger zuständig ist (vgl. § 6 a S. 1 SGB IX). Die BA stellt den Rehabilitationsbedarf fest und unterbreitet einen Eingliederungsvorschlag. Im Anschluss entscheidet die Arbeitsgemeinschaft bzw. der zuständige kommunale Träger (= Jobcenter, vgl. § 6d SGB II) innerhalb von drei Wochen über die Leistungen zur beruflichen Teilhabe (vgl. § 6 a S. 4 SGB IX).

III. Rehabilitationsleistungen und Zuständigkeit

Leistungen zur Teilhabe lassen sich gem. § 5 SGB IX allgemein folgenden Leistungsgruppen zuordnen:

- Leistungen zur medizinischen Rehabilitation (§ 5 Nr. 1 SGB IX)
- Leistungen zur Teilhabe am Arbeitsleben (§ 5 Nr. 2 SGB IX)
- Unterhaltssichernde und andere ergänzende Leistungen (§ 5 Nr. 3 SGB IX)
- Leistungen zur Teilhabe am Leben in der Gemeinschaft (§ 5 Nr. 4 SGB IX)

Die hier interessierenden Leistungen zur Teilhabe am Arbeitsleben (im Folgenden: LTA) sind in den §§ 33 bis 43 SGB IX geregelt. Dazu gehören u. a. Leistungen an Arbeitnehmer (vgl. § 33 SGB IX), Leistungen an Arbeitgeber (vgl. § 34 SGB IX) und Leistungen in Werkstätten für behinderte Menschen (vgl. §§ 39 ff. SGB IX). Mit Ausnahme der Krankenkassen können grundsätzlich alle in § 6 Abs. 1 SGB IX genannten Rehabilitationsträger Leistungen zur Teilhabe am Arbeitsleben erbringen.

Die Zuständigkeit und Voraussetzungen der einzelnen Leistungen zur Teilhabe richten sich gem. § 7 S. 2 SGB IX nach den für die unterschiedlichen Rehabilitationsträger geltenden Leistungsgesetzen. Insofern begründet das SGB IX grundsätzlich keine Leistungsansprüche. Die Anspruchsgrundlagen sind in den einzelnen Leistungsgesetzen zu finden („Leistungs-Anspruchsgesetze"), während das SGB IX die Ansprüche konkretisiert und damit als „Leistungs-Inhaltsgesetz" und „Leistungsverfahrensgesetz" bezeichnet werden kann.[269] Vorrang- und Nachrang-Regelungen innerhalb der einzelnen Leistungsgesetze normieren das Verhältnis der Gesetze und damit die Zuständigkeit der Rehabilitationsträger untereinander (z. B. § 10 SGB VIII, § 22 Abs. 2 SGB III oder § 2 SGB XII).[270] Im Verhältnis zum SGB IX haben die Leistungsgesetze keinen generellen Vorrang, d. h. es gilt das SGB IX, wenn in den anderen Büchern des SGB nichts Abweichendes geregelt ist.[271] Für die Zuständigkeit der einzelnen Rehabilitationsträger gelten nachfolgende Besonderheiten.

1. Arbeitsförderung

Die BA erbringt allgemeine und besondere Leistungen zur Teilhabe am Arbeitsleben (vgl. §§ 115 ff. SGB III und § 6 Abs. 1 Nr. 2 i. V. m. § 5 SGB IX). Dies gilt allerdings nur dann, wenn kein anderer Rehabilitationsträger zuständig ist (vgl. § 22 Abs. 2 SGB III). Insofern besteht Nachrangigkeit bspw. gegenüber der gesetzlichen Renten- oder Unfallversicherung (vgl. § 22 Abs. 2 SGB III), allerdings nicht gegenüber der Sozialhilfe, als dem letzten Auffangnetz im Sozialstaat (vgl. § 2 SGB XII).[272] Die BA hat als Träger für die Erbringung von Leistungen zur Teilhabe am Arbeitsleben eine exponierte Stellung. Insbesondere junge Menschen mit Behinderungen, welche die langen Wartezeiten der gesetzlichen Rentenversicherung (GRV) nicht erfüllen (vgl. § 11 SGB VI), erhalten Leistungen der beruflichen Rehabilitation von der BA.[273]

2. Unfallversicherung

Tritt ein Versicherungsfall nach dem SGB VII ein, erbringt der zuständige Träger der gesetzlichen Unfallversicherung (GUV) u. a. Leistungen zur Teilhabe am Arbeitsleben von Amts wegen (vgl. § 35 SGB VII, § 19 S. 2 SGB IV). Versicherungsfälle i. S. d. SGB VII sind Arbeitsunfälle, zu denen

269 *Welti*, in: *Welti*, Das Rehabilitationsrecht in der Praxis der Sozialleistungsträger, 2009, S. 22.
270 *Zabre*, in: SGb 2005, S. 566 (568).
271 *Welti*, in: *Welti*, Das Rehabilitationsrecht in der Praxis der Sozialleistungsträger, 2009, S. 21.
272 *Kirchhoff*, in: *Luthe*, Rehabilitationsrecht, 2015, S. 394 f.
273 *Winkler*, Die Teilhabe behinderter Menschen am Arbeitsleben, 2010, S. 52.

auch Wegeunfälle gehören, sowie Berufskrankheiten (vgl. § 7 Abs. 1 SGB VII) (vgl. §§ 8, 9 SGB VII). Die Leistungen zur Teilhabe am Arbeitsleben sind in § 35 SGB VII geregelt, der hinsichtlich des Leistungsinhalts und -umfangs auf die §§ 33 ff. SGB IX verweist.

3. Rentenversicherung

Die gesetzliche Rentenversicherung (GRV) erbringt grundsätzlich Leistungen zur Teilhabe am Arbeitsleben gem. § 16 SGB VI i. V. m. §§ 33 bis 38 SGB IX sowie Leistungen im Eingangsverfahren (EV) und im Berufsbildungsbereich (BBB) der WfbMs nach § 40 SGB IX.[274] Die Träger der Alterssicherung der Landwirte hingegen erbringen keine Leistungen zur Teilhabe am Arbeitsleben (vgl. § 6 Abs. 1 Nr. 4 SGB IX i. V. m. § 5 Nr. 2 SGB IX). Damit Menschen mit Behinderungen Teilhabeleistungen nach dem SGB VI beziehen können, müssen – neben den speziellen Leistungsvoraussetzungen der einzelnen Teilhabeleistungen – die versicherungsrechtlichen (§ 11 SGB VI) und persönlichen Voraussetzungen (§ 10 SGB VI) vorliegen und es darf kein Ausschlussgrund (§ 12 SGB VI) gegeben sein. Liegen diese Voraussetzungen vor, ist der Träger der GRV grundsätzlich vorrangig und umfassend zuständig (Ausnahme z. B.: Versicherungsfall in der GUV).[275]

4. Kriegsopferversorgung und -fürsorge / Soziale Entschädigung

Die Träger der Kriegsopferversorgung und -fürsorge, sowie der Sozialen Entschädigung erbringen Leistungen zur Teilhabe am Arbeitsleben gem. § 26 Abs. 1 BVG i. V. m. §§ 33–38 a SGB IX und § 40 SGB IX, und gem. den Gesetzen des sozialen Entschädigungsrechtes, die im Regelfall auf das BVG verweisen.[276] Die Träger sind umfassend zuständig, wenn ein entsprechen-

---

274 Vgl. dazu den Überblick v. *Müller*, in: Nachrichten der Deutschen Rentenversicherung Hessen Nr. 2 / April – Juni 2013, S. 30 ff.

275 *Luthe*, in: *Luthe*, Rehabilitationsrecht, 2009, S. 96.

276 Zu diesen sog. Nebengesetzen gehören: Opferentschädigungsgesetz (OEG), Zivildienstgesetz (ZDG), Soldatenversorgungsgesetz (SVG), Infektionsschutzgesetz (IfSG), Häftlingshilfegesetz (HHG), Strafrechtliches Rehabilitierungsgesetz (StrRehaG), Verwaltungsrechtliches Rehabilitierungsgesetz (VwRehaG), Bundesgrenzschutzgesetz (BGSG); vgl.

der Schädigungsfall vorliegt (z. B. Militärunfall, Impfschaden, Häftlingsschaden, Schädigung eines Opfers etc.).[277]

5. Jugendhilfe

Die Träger der Jugendhilfe erbringen Leistungen zur Teilhabe am Arbeitsleben (z. B. Berufsvorbereitung oder Ausbildung) gem. § 35a SGB VIII für seelisch behinderte Kinder und Jugendliche.[278] Der Leistungsumfang richtet sich nach den Regelungen der sozialhilferechtlichen Eingliederungshilfe gem. §§ 53 ff. SGB XII (vgl. § 35a Abs. 3 SGB VIII). Die Eingliederungshilfe des SGB VIII unterliegt grundsätzlich einem Nachrang gegenüber den Rehabilitationsträgern anderer Sozialleistungen (§ 10 Abs. 1 SGB VIII).[279] Vorrang der Jugendhilfe besteht z. B. gegenüber den Leistungen der Sozialhilfe, mit Ausnahme der Eingliederungshilfe für körperlich und geistig behinderte Kinder und Jugendliche (vgl. § 10 Abs. 4 SGB VIII). Letzteres wird seit langem kritisiert und es wird im Zusammenhang mit der Debatte um Inklusion gefordert, die Eingliederungshilfe für seelisch, körperlich und geistig behinderte Kinder und Jugendliche zusammen zu führen.[280]

6. Sozialhilfe

Der Träger der Sozialhilfe ist zuständig für Leistungen zur Teilhabe am Arbeitsleben gem. §§ 53 ff. SGB XII. Es gilt der Nachranggrundsatz (vgl. § 2 SGB XII); die Sozialhilfe greift nicht, wenn ein anderer Rehabilitationsträger zuständig ist und die erforderlichen Leistungen erbringt oder keine Bedürftigkeit vorliegt.[281] Hinsichtlich des Leistungsumfangs verweist § 54 Abs. 1 SGB XII u. a. auf die Leistungen zur Teilhabe am Arbeitsleben gem. §§ 33, 41 SGB IX. Gerade im Arbeitsbereich (AB) von WfbMs ist der zuständige Leistungsträger meist der Träger der Sozialhilfe (vgl. § 42 Abs. 2

BAR, Handbuch für Mitarbeiterinnen und Mitarbeiter in der Gemeinsamen Servicestelle für Rehabilitation, 2. Aufl. 2009, S. 113 f.

277 *Luthe*, in: *Luthe*, Rehabilitationsrecht, 2009, S. 98.

278 *BIH*, ZB info Wegweiser Rehabilitationsträger, 2011, S. 10.

279 *Wiesner*, in: *Luthe*, Rehabilitationsrecht, 2. Aufl. 2015, S. 570.

280 Zu Einzelheiten vgl. *Kunkel*, in: ZFSH SGB 2012, S. 648; *Gerlach/Hinrichs*, in: ZKJ 2012, S. 86; *Gerlach/Hinrichs*, in: ZKJ 2012, S. 130; *Leonhard*, in: RdLH 2012, S. 53; *Wabnitz*, in: ZKJ 2013, S. 52.

281 *Edtbauer/Kievel*, Grundsicherungs- und Sozialhilferecht, 2. Aufl. 2011, S. 252.

SGB IX), da die anderen Rehabilitationsträger (Unfallversicherung / Kriegsopferversorgung/ Soziale Entschädigung und Jugendhilfe) selten in Betracht kommen.[282]

Die nachfolgende Übersicht zeigt zusammenfassend die Rehabilitationsträger und die jeweiligen Anspruchsgrundlagen der Leistungen zur Teilhabe am Arbeitsleben (LTA) und die einzelnen Regelungen, die eine Entscheidung über den Vorrang und Nachrang der Leistungen ermöglichen:

Tabelle: Eigene Darstellung

Rehabilitationsträger	Anspruchsgrundlage	Vorrang/Nachrang
Bundesagentur für Arbeit	§§ 112 ff. SGB III / §§ 33 ff. SGB IX	§ 22 SGB III
Unfallversicherung	§§ 26, 35 SGB VII i. V. m. §§ 33–38a, 40, 41 SGB IX	–
Rentenversicherung	§§ 9 ff., 16 SGB VI i. V. m. §§ 33–38a Abs. 2, 40 SGB IX	Nachrang gegenüber der UV
Soziale Entschädigung	§ 26 Abs. 1 BVG i. V. m. §§ 33–38a, 40 SGB IX	–
Jugendhilfe	§§ 35a, 41 SGB VIII i. V. m. §§ 54, 56 SGB XII und §§ 33, 41 und 55 SGB IX	§ 10 SGB VIII
Sozialhilfe	§§ 53 ff. SGB XII und EinglVO i. V. m. §§ 33, 41 SGB IX	§ 2 SGB XII

IV. Sonstige Einrichtungen

Neben den benannten Trägern gibt es weitere Einrichtungen, die an der Beantragung, Prüfung und Gewährung von Leistungen zur Teilhabe am Arbeitsleben beteiligt sind, die aber keine Rehabilitationsträger i. S. d. § 6 SGB IX darstellen. Zu nennen sind die Gemeinsamen Servicestellen, die Integrationsämter sowie die bereits vorgestellten Jobcenter.[283]

1. Gemeinsame Servicestellen

Die Gemeinsamen örtlichen Servicestellen sollen trägerübergreifend behinderten und von Behinderung bedrohten Menschen Beratung und Unter-

282 *Edtbauer/Kievel*, Grundsicherungs- und Sozialhilferecht, 2. Aufl. 2011, S. 254 ff.
283 Vgl. D. II.

stützung anbieten (§ 22 Abs. 1 SGB IX). Dazu gehört z. B. über Leistungen der Rehabilitationsträger, über besondere Hilfen im Arbeitsleben, die Leistungsvoraussetzungen und die Verwaltungsabläufe zu informieren, sowie den zuständigen Rehabilitationsträger einzuschalten (§ 22 Abs. 1 S. 2 Nr. 1 und 3 SGB IX).[284] Die Beratung umfasst auch Angelegenheiten des Schwerbehindertenrechts, also des 2. Teils des SGB IX (§ 22 Abs. 1 S. 3 SGB IX). Behinderte und von einer Behinderung bedrohte Menschen haben gegenüber der Gemeinsamen Servicestelle einen Rechtsanspruch auf Beratung und Unterstützung, aus der bei unterbliebener oder pflichtwidriger und fehlerhafter Beratung ein sozialrechtlicher Herstellungsanspruch folgen kann.[285] Mit Einrichtung der Gemeinsamen Servicestellen sollten die allgemeinen Vorschriften über die Beratung (§ 14 SGB I) und Auskunft (§ 15 SGB I) präzisiert werden. Die Nachteile eines gegliederten Sozialleistungssystems sollten durch die Schaffung einer einzigen Anlaufstelle, wohnortnah und zuständigkeitsübergreifend, i. S. d. Antragstellerinnen und Antragsteller überwunden werden.[286] Der Betrieb der Gemeinsamen Servicestelle ist Aufgabe aller Rehabilitationsträger, wobei ein Träger die Servicestelle betreibt und Mitarbeiter für die Beratung zur Verfügung stellt (front-office). Die übrigen Träger benennen Ansprechpartner (back-office).[287] Die Rehabilitationsträger nutzen also bestehende Strukturen. Sie stellen sicher, dass in allen Landkreisen und kreisfreien Städten Gemeinsame Servicestellen bestehen (§ 23 Abs. 1 S. 1 SGB IX). Dieser Gesetzesauftrag wurde weitgehend umgesetzt.[288] Allerdings haben die Gemeinsamen Servicestellen in der Praxis nicht den erwarteten Erfolg gebracht. Die Nachfrage nach Beratungsleistungen der Servicestellen durch Menschen mit Behinderungen ist „relativ gering".[289] Hier zeigt sich Reformbedarf, um den Zweck der Gemeinsamen Servicestellen, zentrale Anlaufstelle zu sein, umzusetzen. Die Servicestellen sind zwar auch Beratungsdienstleister für Arbeitgeber im Rahmen des betrieblichen Eingliederungsmanagements (§ 84 Abs. 2 S. 4 SGB IX).[290] In der Literatur wird aber eine Ausweitung des Beratungsange-

---

284 Vgl. auch *Hlava*, in: Forum A, Beitrag A16-2012 unter www.reha-recht.de; 28.06.2012 (letzter Zugriff: 31.07.2015).

285 *Kainz*, in: ZFSH/SGB 2015, S. 128 (136).

286 *Neumann/Pahlen/Majerski-Pahlen*, SGB IX Kommentar, 12. Aufl. 2010, § 22 Rn. 1 ff.

287 Vgl. *BAR*, Handbuch für Mitarbeiterinnen und Mitarbeiter in der Gemeinsamen Servicestelle für Rehabilitation, 2. Aufl. 2009, S. 23.

288 Vgl. *Neumann/Pahlen/Majerski-Pahlen*, SGB IX Kommentar, 12. Aufl. 2010, § 23 Rn. 5.

289 *Jabben/Kreikebohm/Rodewald*, in: NZS 2012, S. 727 (728 f.).

290 Vgl. *Hlava*, in: Forum A, Beitrag A16-2012, S. 3, unter www.reha-recht.de; 28.06.2012 (letzter Zugriff: 10.05.2016).

botes auf Arbeitgeber gefordert. Durch einen Arbeitgeberservice in jeder Servicestelle könnte Unternehmen der Zugang zu Leistungen zur Teilhabe am Arbeitsleben erleichtert werden (Koordinations- und Lotsenfunktion).[291]

2. Integrationsamt

Das Integrationsamt nimmt Aufgaben im Zusammenhang mit dem Schwerbehindertenrecht wahr. „Zielsetzung der Arbeit der Integrationsämter ist es, möglichst vielen schwerbehinderten und gleichgestellten behinderten Menschen die Teilhabe am Arbeitsleben zu ermöglichen durch Schaffung von sozialversicherungspflichtigen Arbeitsplätzen auf dem allgemeinen Arbeitsmarkt und deren möglichst dauerhafte Sicherung."[292] Gem. § 102 Abs. 1 SGB IX gehören zu den maßgeblichen Aufgaben:

- die Erhebung und Verwendung der Ausgleichsabgabe,[293]
- die Umsetzung des besonderen Kündigungsschutzes,
- die begleitende Hilfe im Arbeitsleben,
- die zeitweilige Entziehung der besonderen Hilfen für schwerbehinderte Menschen gem. § 117 SGB IX.

Die begleitende Hilfe im Arbeitsleben umfasst die fachliche Beratung und Betreuung von schwerbehinderten Beschäftigten, aber auch von Arbeitgebern im Zusammenhang mit der Beschäftigung (z. B. finanzielle Förderung, behinderungsgerechte Gestaltung von Arbeitsplätzen usw.).[294] Der konkrete Leistungskatalog ist in § 102 Abs. 3 und 4 SGB IX verankert. Die begleitenden Hilfen im Arbeitsleben sind subsidiär gegenüber den Leistungen zur Teilhabe am Arbeitsleben der Rehabilitationsträger; eine Aufstockung durch das Integrationsamt ist ausdrücklich untersagt (vgl. § 102 Abs. 5 SGB IX).[295] Für die Ausführung der Aufgaben können externe Dienste herangezogen werden – z. B. Integrationsfachdienste (IFD).[296]

---

291 *Stähler*, in: *Stähler*, Inklusion behinderter Arbeitnehmer, 2013, S. 306.

292 *Stähler*, in: *Stähler*, Inklusion behinderter Arbeitnehmer, 2013, S. 309.

293 Vgl. auch die Regelungen der Schwerbehinderten-Ausgleichsabgabeverordnung (SchwbAV).

294 *BIH*, ABC Behinderung & Beruf, Handbuch für die betriebliche Praxis, 4. Aufl. 2011, S. 279.

295 *Bieritz-Harder*, in: *Deinert/Neumann*, Handbuch SGB IX, 2. Aufl. 2009, § 15 Rn. 11 ff.

296 *BIH*, ABC Behinderung & Beruf, Handbuch für die betriebliche Praxis, 4. Aufl. 2011, S. 279.

Neben den Aufgaben des § 102 SGB IX gibt es im Schwerbehindertenrecht weitere Aufgabenzuweisungsnormen. Die Integrationsämter haben u. a. die Befugnis, Arbeitgeber zu überprüfen, ob sie ihrer Pflicht zur Beschäftigung schwerbehinderter Menschen nachkommen.[297] Zu diesem Zweck haben Arbeitgeber auf Verlangen Auskünfte zu Erteilen oder Einblick in ihren Betrieb oder ihre Dienststelle zu geben (§ 80 Abs. 5 und 7 SGB IX). Die Integrationsämter sollen Arbeitgeber auch bei der Wahrnehmung ihrer Pflichten nach § 81 Abs. 4 SGB IX unterstützen (z. B. bei der Ausstattung von Arbeitsplätzen mit den erforderlichen technischen Arbeitshilfen) (§ 81 Abs. 4 S. 2 SGB IX). Zudem hat das Integrationsamt Aufgaben im Zusammenhang mit der Wahl zur Schwerbehindertenvertretung (vgl. § 94 Abs. 1 S. 5 und Abs. 6 S. 4 SGB IX) und die Pflicht zur Stellungnahme, falls ein Beamter oder eine Beamtin mit Behinderung vorzeitig in den Ruhestand versetzt oder entlassen werden soll (vgl. § 128 SGB IX).[298] Weitere beratende und unterstützende Aufgaben des Integrationsamtes ergeben sich aus § 84 SGB IX, z. B. das betriebliche Eingliederungsmanagement (BEM).

V. Verfahrensregeln und Koordinierung der Leistungen

Der Gesetzgeber hat durch Schaffung des SGB IX den Versuch unternommen, das gegliederte Sozialleistungssystem für das Rehabilitations- und Teilhaberecht zusammenzuführen. Ganz wesentlich für dieses Ziel sind die Grundsätze der Koordination, Kooperation und Konvergenz. Durch diese Grundsätze und abgestimmte Verfahrensregeln sollten ein gemeinsames Rehabilitationsrecht und eine einheitliche Praxis der Gewährung von Rehabilitationsleistungen hergestellt werden, in dem Menschen mit Behinderungen im Idealfall Leistungen „wie aus einer Hand" erhalten.[299]

1. Gemeinsame Empfehlungen

Ein zentrales Anliegen des SGB IX ist folglich die Koordination der Leistungen und die Kooperation der Rehabilitationsträger.[300] Die Träger sind

297 *Bieritz-Harder*, in: *Deinert/Neumann*, Handbuch SGB IX, 2. Aufl. 2009, § 15 Rn. 8.
298 *Bieritz-Harder*, in: *Deinert/Neumann*, Handbuch SGB IX, 2. Aufl. 2009, § 15 Rn. 8.
299 *Mrozynski*, SGB IX, 2002, § 10 Rn. 1.
300 *Götze*, in: *Hauck/Noftz*, SGB IX, § 13 Rn. 2 (Stand: 6. Erg-Lfg. XII/03).

gem. § 12 Abs. 1 SGB IX u. a. dafür verantwortlich, dass die im Einzelfall erforderlichen Leistungen zur Teilhabe nahtlos, zügig und einheitlich erbracht werden und dass Abgrenzungsfragen einvernehmlich geklärt werden. Zur Sicherung der Zusammenarbeit nach § 12 Abs. 1 SGB IX vereinbaren die in § 6 Abs. 1 Nr. 1 bis 5 SGB IX genannten Rehabilitationsträger gemeinsame Empfehlungen (GE).[301] Unter dem Dach der Bundesarbeitsgemeinschaft für Rehabilitation (BAR) sind bisher über zehn GE verabschiedet worden, die zur besseren Koordination und zu einer reibungslosen Leistungserbringung beitragen sollen.[302] Die Rechtsqualität - der untergesetzlichen GE - ist noch nicht abschließend geklärt. Unstreitig ist allerdings, dass sie eine Selbstbindung der Verwaltung bewirken.[303]

2. Koordinierung und Zusammenwirken der Leistungen

Die soeben erwähnten §§ 12, 13 SGB IX regeln das generelle Zusammenwirken der Rehabilitationsträger, während die §§ 10, 11 SGB IX die Koordinierung und das Zusammenwirken im Einzelfall zum Inhalt haben.[304] Gem. § 10 Abs. 1 SGB IX soll eine Koordinierung stattfinden, sobald Leistungen verschiedener Leistungsgruppen (vgl. § 5 SGB IX) oder mehrerer Leistungsträger (vgl. § 6 Abs. 1 SGB IX) erforderlich sind. Explizit erwähnt werden auch die Integrationsämter, die nicht zu den Rehabilitationsträgern gehören.[305] Trotzdem sind die Integrationsämter und die einzelnen Träger wechselseitig zur Koordination verpflichtet, sobald Leistungen für schwerbehinderte Menschen in Frage kommen bzw. zu erbringen sind (vgl. § 10

301 § 13 Abs. 1 SGB IX.

302 *Palsherm*, in: WzS 2011, S. 135 (139); die gemeinsamen Empfehlungen können unter www.bar-frankfurt.de abgerufen werden: GE „Einrichtungen für Leistungen zur Teilhabe am Arbeitsleben" nach § 35 SGB IX; GE „Integrationsfachdienste"; GE „Unterstützte Beschäftigung"; GE über die Ausgestaltung des in § 14 SGB IX bestimmten Verfahrens - GE zur Zuständigkeitsklärung; GE zur „Förderung der Selbsthilfe gem. § 13 Abs. 2 Nr. 6 SGB IX in der Fassung vom 23. Februar 2012"; GE „Einheitlichkeit/Nahtlosigkeit"; GE „Frühzeitige Bedarfserkennung"; GE „Prävention nach § 3 SGB IX"; GE „Sozialdienste"; GE „Teilhabeplan"; GE nach § 13 Abs. 1 i. V. m. § 12 Abs. 1 Nr. 4 SGB IX für die Durchführung von Begutachtungen möglichst nach einheitlichen Grundsätzen vom 22. März 2004; GE Qualitätssicherung nach § 20 Abs. 1 SGB IX; GE Empfehlung zur Verbesserung der gegenseitigen Information und Kooperation aller beteiligten Akteure.

303 *Löschau*, in: *Großmann*, GK-SGB IX, § 13 Rn. 4 f. (Stand: Oktober 2009); *Palsherm*, in: WzS 2011, S. 135 (139).

304 *Castendiek*, in: *Deinert/Neumann*, Handbuch SGB IX, 2. Aufl. 2009, § 8 Rn. 11.

305 Umkehrschluss aus § 6 SGB IX.

Abs. 2 SGB IX).[306] Außerdem ist die BA zu beteiligen (§ 11 Abs. 1 S. 2 SGB IX).

Der nach § 14 SGB IX zuständige Rehabilitationsträger ist gem. § 10 Abs. 1 S. 1 SGB IX dafür verantwortlich, dass die beteiligten Träger im Benehmen miteinander und in Abstimmung mit den Leistungsberechtigten die nach dem individuellen Bedarf voraussichtlich erforderlichen Leistungen funktionsbezogen feststellen und schriftlich so zusammenstellen, dass sie nahtlos ineinander greifen. In der Praxis verfassen die Träger einen Rehabilitationsplan, in dem die individuell voraussichtlich erforderlichen Leistungen schriftlich zusammengefasst werden. Dieser Plan stellt allerdings noch keinen VA dar, sondern lediglich eine Absichtserklärung.[307]

§ 11 SGB IX ist eine Konkretisierung der Verpflichtung aus § 10 Abs. 1 SGB IX, indem Trägern von medizinischen Rehabilitationsleistungen eine Prüfpflicht auferlegt wird.[308] Sie sollen mit der Einleitung von medizinischen Reha-Maßnahmen prüfen, ob während der Ausführung oder im Anschluss Leistungen zur Teilhabe am Arbeitsleben notwendig sind. Dabei können zwei Fallgruppen unterschieden werden[309]:

- Die Erwerbsfähigkeit soll erhalten, gebessert oder wiederhergestellt werden (§ 11 Abs. 1 SGB IX).
- Die Gefährdung des bisherigen Arbeitsplatzes soll abgewendet werden (§ 11 Abs. 2 SGB IX).

Unter Erwerbsfähigkeit ist ganz allgemein die Fähigkeit zu verstehen, durch eine Tätigkeit auf dem allgemeinen Arbeitsmarkt Einkünfte zu erzielen. Die Erwerbsfähigkeit ist i. d. R. ausgeschlossen, wenn Menschen mit Behinderung auf dem besonderen Arbeitsmarkt einer beschützenden Werkstatt tätig sind. Der Träger der medizinischen Rehabilitation hat zu prüfen, ob die Erwerbsfähigkeit durch Leistungen zur Teilhabe am Arbeitsleben erhalten oder verbessert werden kann, falls noch berufliche Fertigkeiten vorhanden sind oder, falls die Berufsfertigkeiten verloren gegangen sind, die Erwerbsfähigkeit wiederhergestellt werden kann.[310] Ist während der medizinischen Rehabilitation erkennbar, dass der alte Arbeitsplatz gefähr-

306 *Welti*, in: *Lachwitz/Schellhorn/Welti*, HK-SGB IX, 2002, § 10 Rn. 18.
307 *Castendiek*, in: *Deinert/Neumann*, Handbuch SGB IX, 2. Aufl. 2009, § 8 Rn. 13 ff.
308 *Welti*, in: *Lachwitz/Schellhorn/Welti*, HK-SGB IX, 2002, § 11 Rn. 1 ff.
309 *Löschau*, in: *Großmann*, GK-SGB IX, § 11 Rn. 7 (Stand: Oktober 2009).
310 *Löschau*, in: *Großmann*, GK-SGB IX, § 11 Rn. 11 ff. (Stand: Oktober 2009).

det ist, sollen die erforderlichen beruflichen Teilhabeleistungen zeitnah geprüft werden.[311]

3. Zuständigkeitsklärung

Mit dem Verfahren der Zuständigkeitsklärung gem. § 14 SGB IX wird der Zweck verfolgt, die Verfahrensdauer zu verkürzen und Antragstellerinnen und Antragstellern von Teilhabeleistungen möglichst frühzeitig Rechtssicherheit darüber zu geben, wer der zuständige Leistungsträger ist und ob dieser einen Leistungsbedarf feststellt und erfüllt.[312] Der Rehabilitationsträger, bei dem ein Antrag[313] gestellt wird, ist der erstangegangene Träger und hat innerhalb von zwei Wochen nach Eingang des Antrages zu prüfen, ob er für die begehrte Leistung zuständig ist (§ 14 Abs. 1 S. 1 SGB IX). Stellt er dabei fest, dass er nicht zuständig ist, so leitet er den Antrag unverzüglich (d. h. ohne schuldhaftes Zögern, § 121 BGB) dem nach seiner Auffassung zuständigen Rehabilitationsträger zu (§ 14 Abs. 1 S. 2 SGB IX).

Muss der zuerst angegangene Träger für die Klärung seiner Zuständigkeit die Ursache der Behinderung ermitteln (z. B. Arbeitsunfall oder Berufskrankheit nach §§ 8, 9 SGB VII) und ist dies innerhalb der Frist von zwei Wochen nicht möglich, so leitet er den Antrag unverzüglich dem Rehabilitationsträger zu, der die Leistung ohne Rücksicht auf die Ursache erbringt (vgl. § 14 Abs. 1 S. 3 SGB IX).[314] Der zweitangegangene Rehabilitationsträger wird im Außenverhältnis rechtsverbindlich zuständig, selbst wenn er materiell-rechtlich tatsächlich unzuständig sein sollte. Damit hat der Gesetzgeber die Interessen der Antragsteller gestärkt.[315]

---

311 *Götze*, in: *Hauck/Noftz*, SGB IX, § 11 Rn. 9 (Stand: 24. Erg-Lfg. XII/12).

312 Vgl. *Oberscheven*, in: DRV 2005, S. 140.

313 Das Sozialverwaltungsverfahren und die Prüfung von Rehabilitationsleistungen kann ausnahmsweise auch von Amts wegen eingeleitet werden, z. B. in der GUV (vgl. § 19 S. 2 SGB IV) und in der Sozialhilfe (vgl. § 18 SGB XII). Vgl. *Welti*, in: SchlHA 2012, S. 442 (443).

314 *Götze*, in: *Hauck/Noftz*, SGB IX, § 14 Rn. 10 (Stand: 24. Erg.-Lfg. XII/12); Vgl. auch § 4 GE „Zuständigkeitsklärung".

315 *Kern*, in: ZFSH/SGB 2010, S. 397. Eine Ausnahme besteht, wenn der zweitangegangene Träger für die beantragte Leistung nicht Rehabilitationsträger gem. §§ 5, 6 SGB IX sein kann. Dann klärt er unverzüglich mit dem nach seiner Auffassung zuständigen Träger, von wem und in welcher Weise über den Antrag innerhalb der Fristen entschieden wird (§ 14 Abs. 2 S. 5 SGB IX). Allerdings bleibt der zweitangegangene Träger zunächst zuständig und darf den Antrag nicht einfach weiterleiten. Vgl. *Welti*, in: SchlHA 2012, S. 442 (446).

Der gem. § 14 SGB IX zuständige Rehabilitationsträger hat innerhalb von drei Wochen nach Antragseingang eine Entscheidung über den Rehabilitationsbedarf zu treffen (Vgl. § 14 Abs. 2 S. 2 und 3 SGB IX). Ist für diese Entscheidung das Gutachten eines Sachverständigen erforderlich, so verlängert sich die Entscheidungsfrist. Der Rehabilitationsträger hat dann innerhalb von zwei Wochen nach Vorliegen des Gutachtens eine Entscheidung zu treffen (Vgl. § 14 Abs. 2 S. 4 SGB IX).

Hat ein Rehabilitationsträger geleistet, ohne materiell-rechtlich zuständig gewesen zu sein, kann er grundsätzlich einen Erstattungsanspruch geltend machen.[316] Dieser Anspruch besteht dann nicht, wenn der erstangegangene Träger in Kenntnis seiner Unzuständigkeit geleistet hat.[317] In ähnlicher Weise können Leistungsberechtigte unter den Voraussetzungen des § 15 Abs. 1 SGB IX einen Erstattungsanspruch haben, wenn sie sich Leistungen selbst beschafft haben.[318]

4. Wunsch- und Wahlrecht

Zu den Verfahrensregeln des Rehabilitationsrechts gehört auch das Wunsch- und Wahlrecht der Leistungsberechtigten. Ihren berechtigten Wünschen hinsichtlich des „Wie" wird bei der Entscheidung über die Leistungen und bei der Ausführung der Leistungen zur Teilhabe entsprochen (§ 9 Abs. 1 S. 1 SGB IX). Sind Rehabilitationsträger zur Ausübung pflichtgemäßen Ermessens nach ihrem Leistungsgesetz verpflichtet (Art, Dauer, Umfang, Beginn und Ausführung), müssen sie den Wünschen der Leistungsbegehrenden nur dann nachkommen, wenn diese berechtigt sind; im Übrigen bleibt der zuständige Rehabilitationsträger frei in der Ausübung des Ermessens.[319] Zu den berechtigten Wünschen sind solche zu zählen, „denen keine Rechtsvorschrift entgegensteht und die sich innerhalb des –

316 Der zweitangegangene Träger kann unter den Voraussetzungen des § 14 Abs. 4 S. 1 SGB IX einen Erstattungsanspruch haben. Erstattungsansprüche des zuerst angegangenen Rehabilitationsträgers können sich grundsätzlich aus §§ 102 oder 103 oder 104 SGB X ergeben. Vgl. § 5 GE „Zuständigkeitsklärung".

317 Vgl. § 5 Abs. 1 S. 3 GE „Zuständigkeitsklärung".

318 Zu weiteren Einzelheiten des Verfahrens der Zuständigkeitsklärung und der Erstattungsansprüche vgl. *Oberscheven*, in: DRV 2005, S. 140; *Zabre*, in: SGb 2005, S. 566; *Ulrich*, in: SGb 2008, S. 452; *Heinz*, in: WzS 2009, S. 129; *Kern*, in: ZFSH SGB 2010, S. 397; *Welti*, in: SchlHA 2012, S. 442; *Palsherm*, in: WzS 2011, S. 135; *Marburger*, in: br 2008, S. 1; *Götz*, in: DRV 2003, S. 632.

319 *Löschau*, in: *Großmann*, GK-SGB IX, § 9 Rn. 16 (Stand: Oktober 2009).

für den jeweiligen Rehabilitationsträger geltenden – gesetzlichen Leistungsrechts bewegen".[320] Einen Mehrkostenvorbehalt kennt § 9 SGB IX nicht. Dies bedeutet allerdings nicht, dass Kostenaspekte bei der Prüfung der berechtigen Wünsche unberücksichtigt bleiben.[321]

5. Persönliches Budget

Die Wahlfreiheit von Menschen mit Behinderungen soll auch durch die Leistungsform des Persönlichen Budgets (PB) gestärkt werden.[322] Anstatt der üblichen Dienst- und Sachleistungen erhält der Budgetnehmer oder die Budgetnehmerin eine Geldleistung (in Ausnahmefällen Gutscheine), um selbstbestimmt die notwendigen Leistungen am Markt einkaufen zu können.[323] Das PB ist in § 17 Abs. 2 bis 4 SGB IX und in der BudgetV geregelt. Seit dem 01.01.2008 besteht ein Rechtsanspruch auf die Gewährung eines PB, wenn die entsprechenden Voraussetzungen vorliegen (vgl. § 159 Abs. 5 SGB IX).[324] Zu diesen Voraussetzungen gehören u. a., dass der oder die Betroffene einen Antrag stellt und dass ein Rechtsanspruch auf eine oder mehrere Teilhabeleistungen besteht.

Beim PB handelt es sich um keine eigenständige Sozialleistung, sondern um eine spezielle Form der Leistungserbringung. Grundsätzlich sind alle Leistungen zur Teilhabe budgetfähig, solange die spezifischen Voraussetzungen der einzelnen Leistungsgesetze erfüllt sind. Dies gilt auch für die Leistungen zur Teilhabe am Arbeitsleben (LTA), die durch die unterschiedlichen Rehabilitationsträger finanziert werden. Ebenso sind die begleitenden Hilfen im Arbeitsleben, die durch das Integrationsamt erbracht werden, budgetfähig (§ 17 Abs. 2 S. 1 SGB IX und § 102 Abs. 7 SGB IX).[325]

Es lassen sich zwei Arten unterscheiden: Das einfache PB betrifft Leistungen, für die nur ein einziger Leistungsträger zuständig ist. Das trägerübergreifende PB umfasst dagegen unterschiedliche Teilhabeleistungen

---

320 Zu weiteren Einzelheiten: *Götze*, in: *Hauck/Noftz*, SGB IX, K § 9 Rn. 7 (Stand: 6. Erg-Lfg. XII/03).

321 Zu weiteren Einzelheiten vgl. *Luthe*, in: *Schlegel/Voelzke*, SGB IX, 2. Aufl. 2015, § 9 Rn. 52 ff.

322 *Majerski-Pahlen*, in: *Neumann/Pahlen/Majerski-Pahlen*, SGB IX Kommentar, 12. Aufl. 2010, § 17 Rn. 4.

323 Vgl. *BMAS*, Das trägerübergreifende Persönliche Budget, 2010, S. 7.

324 *Kokemoor*, Sozialrecht, 6. Aufl. 2014, S. 200; *Dannat/Dillmann*, in: br 2014, S. 26 (27).

325 Bei den Leistungen der Pflegeversicherung sind die Einschränkungen des § 35a SGB XI zu beachten. Vgl. *Welti*, in: *Luthe*, Rehabilitationsrecht, 2. Aufl. 2015, S. 188.

mehrerer Träger, die als ein Budget erbracht werden (trägerübergreifende Komplexleistung).[326] Dabei ist der nach § 14 SGB IX zuständige Träger Beauftragter und übernimmt für die anderen Träger die Koordination, d. h. er führt in Abstimmung mit den anderen Trägern das Bedarfsfeststellungsverfahren durch, unterrichtet die anderen Träger und holt von diesen Stellungnahmen ein.[327]

Nachdem der Bedarf bei den beteiligten Leistungsträgern erhoben wurde, schließen die Antrag stellende Person und der beauftragte Leistungsträger eine Zielvereinbarung ab.[328] Bei der Zielvereinbarung handelt es sich wohl um einen öffentlich-rechtlichen Vertrag (§ 53 SGB X)[329] und laut BudgetV um eine Voraussetzung für die Leistungsgewährung in Form des PB; im SGB IX ist die Zielvereinbarung hingegen nicht geregelt.[330] Die Zielvereinbarung enthält Regeln über die individuellen Förder- und Leistungsziele, die Erforderlichkeit eines Nachweises der individuellen Bedarfsdeckung und die Qualitätssicherung.[331] Nach Abschluss der Zielvereinbarung erlässt der beauftragte Leistungsträger den Gesamtverwaltungsakt im Namen der anderen beteiligten Träger und erbringt die Leistung(en).[332] Der Antragsteller ist für sechs Monate an die Entscheidung für ein PB gebunden (§ 17 Abs. 2 S. 5 SGB IX).[333]

VI. Leistungserbringer

Leistungen zur Teilhabe am Arbeitsleben (LTA) werden durch die zuständigen Rehabilitationsträger finanziert. Bei der Durchführung bedienen diese sich häufig sog. Leistungserbringer, also natürlicher oder juristischer Personen des Privatrechts bzw. juristischer Personen des öffentlichen Rechts im Bereich der Kirchen.[334] Bei der beruflichen Aus- und Weiterbil-

---

326 § 2 S. 2 BudgetV; *Trenk-Hinterberger*, in: *Stähler*, Inklusion behinderter Arbeitnehmer, 2013, S. 215.

327 Vgl. § 3 Abs. 1 BudgetV; *BAR*, Handlungsempfehlungen „Trägerübergreifende Aspekte bei der Ausführung von Leistungen durch ein Persönliches Budget", 2009, S. 43.

328 *BMAS*, Das trägerübergreifende Persönliche Budget, 2010, S. 11.

329 Vgl. dazu *Peters-Lange*, in: SGb 12/15, S. 649 (651).

330 §§ 3 Abs. 5, 4 BudgetV; *Welti*, in: *Luthe*, Rehabilitationsrecht, 2. Aufl. 2015, S. 193.

331 § 4 Abs. 1 S. 2 Nr. 1 bis 3 BudgetV.

332 *BMAS*, Das trägerübergreifende Persönliche Budget, 2010, S. 51.

333 Zu weiteren Einzelheiten des PB vgl. *BMAS*, Das trägerübergreifende Persönliche Budget, 2010.

334 *Kievel/Knösel/Marx*, Recht für soziale Berufe, 7. Aufl. 2013, S. 451.

dung, aber auch bei der beruflichen Eingliederung übernehmen gemeinnützige oder gewinnorientierte Rehabilitationsdienste und -einrichtungen[335] im Rahmen des sozialrechtlichen Dreiecksverhältnisses (Leistungsträger / Leistungsberechtigter / Leistungserbringer) die Ausführung der Teilhabeleistungen.

1. Berufsbildungswerk

Zu den ausdrücklich in § 35 SGB IX genannten Einrichtungen der beruflichen Rehabilitation gehören die Berufsbildungswerke (BBW). Die BBW dienen der Erstausbildung junger Menschen mit einer Behinderung, soweit Art oder Schwere der Behinderung oder die Sicherung des Erfolges die besonderen Hilfen dieser Einrichtung erfordern (§ 35 Abs. 1 S. 1) und eine grundsätzlich vorrangige betriebliche Leistungsausführung nicht zulassen.[336] BBW sind überregional organisiert und bieten auch berufsvorbereitende Bildungsmaßnahmen an.

Die BBW bestehen in der Regel aus Ausbildungsstätten (Lehr-Werkstätten und Übungsbüros), Berufsschulen/Sonderberufsschulen und Wohnheimen. Ausbildungsbegleitend findet ein mehrere Wochen dauerndes Betriebspraktikum statt. Die jungen Menschen können entweder einen anerkannten Abschluss oder einen Abschluss nach besonderen Ausbildungsregelungen machen, wenn wegen Art und Schwere der Behinderung eine Ausbildung in einem anerkannten Ausbildungsberuf nicht möglich ist.[337]

Zu den berufsvorbereitenden Maßnahmen gehören die Eignungsabklärung, Berufsfindung, Arbeitserprobung, unterstützte Beschäftigung und berufsvorbereitende Bildungsmaßnahmen (BvB).[338] Das Ziel der BBW ist laut Bundesministerium für Arbeit und Soziales (BMAS) die Eingliederung in den allgemeinen Arbeitsmarkt und die gesellschaftliche Inklusion.[339] Während ihrer beruflichen Bildung im BBW werden die jungen Menschen durch Ärzte, Psychologen, Sonder- und Sozialpädagogen sowie weitere

---

335 Vgl. § 19 SGB IX.

336 *Deusch*, in: *Dau/Düwell/Joussen*, LPK-SGB IX, 4. Aufl. 2014, § 35 Rn. 6; *Vogt*, in: *Kossens/von der Heide/Maaß*, SGB IX, 4. Aufl. 2015, § 35 Rn. 3; *Gerwinn*, in: *Bihr/Fuchs/Krauskopf/Ritz*, 2006, § 35 Rn. 3.

337 Vgl. §§ 66 BBiG und 42m HwO.

338 *Krutzki*, in: *Plagemann*, MAH SozialR, 4. Aufl. 2013, § 29 Rn. 91; *BMAS*, Berufsbildungswerke, Stand: Februar 2011, S. 6 ff.

339 *BMAS*, Berufsbildungswerke, www.bmas.de (Stand: Februar 2011), S. 6 ff.

Rehabilitationsfachdienste begleitend betreut.[340] Neben der beruflichen Rehabilitation sollen die jungen Rehabilitanden bei der Entwicklung ihrer Persönlichkeit unterstützt und auf ein selbstständiges Leben außerhalb der BBW vorbereitet werden (Individuelle Förderung).[341]

Die Finanzierung übernimmt der zuständige und verpflichtete Rehabilitationsträger: Dies ist häufig die Bundesagentur für Arbeit (BA), daneben kommen aber auch die Träger der gesetzlichen Unfallversicherung (GUV), der gesetzlichen Rentenversicherung (GRV) oder der Kriegsopferfürsorge im Rahmen des sozialen Entschädigungsrechts in Betracht.[342]

2. Berufsförderungswerk

Berufsförderungswerke (BFW) werden als zweite wichtige Einrichtungsart der beruflichen Rehabilitation in § 35 SGB IX namentlich erwähnt. BFW dienen der beruflichen Fortbildung, Weiterbildung und Umschulung von erwachsenen Menschen mit Behinderungen. Zur Zielgruppe gehören Personen, „die wegen ihrer Behinderung ihren Beruf oder ihre bisherige Tätigkeit nicht mehr ausüben können und sich deshalb neu orientieren müssen".[343] Einbezogen sind auch diejenigen, die von einer gesundheitlichen Beeinträchtigung bedroht sind. BFW bieten ein umfassendes Ausbildungsprogramm und begleitende Fachdienste, welche die medizinische, psychologische und soziale Betreuung der Teilnehmerinnen und Teilnehmer sicherstellen.[344] Es können – genau wie in den BBW – Abschlüsse in anerkannten Ausbildungsberufen oder nach besonderen Ausbildungsregelungen erworben werden. Zudem bieten die BFW die Möglichkeit, an einer Arbeitserprobung oder an Rehabilitationsvorbereitungslehrgängen teilzunehmen. Die Arbeitserprobung dient vornehmlich der Berufsfindung der Rehabilitanden. Unter Einschaltung des BFW und seiner begleitenden Dienste soll ermittelt werden, welche Berufsbereiche und damit verbundene Qualifikationen erreichbar sind. Daneben kann ein Rehabilitationsvorbe-

---

340 *BIH*, ABC Behinderung und Beruf, Handbuch für die betriebliche Praxis, 4. Aufl. 2011, S. 96.

341 *BMAS*, Berufsbildungswerke, Stand: Februar 2011, S. 6.

342 Vgl. § 117 SGB III, §§ 35 ff. SGB VII, § 16 SGB VI, § 26 BVG i. V. m. §§ 33 ff. SGB IX; vgl. auch *Kessler*, in: *Fasselt/Schellhorn*, Handbuch SRB, 4. Aufl. 2012, S. 527.

343 *BMAS*, Berufsförderungswerke, www.bmas.de (Stand: Dezember 2010), S. 6; Vgl. auch *Vogt*, in: *Kossens/von der Heide/Maaß*, SGB IX, 4. Aufl. 2015, § 35 Rn. 4.

344 *BIH*, ABC Behinderung und Beruf, Handbuch für die betriebliche Praxis, 4. Aufl. 2011, S. 96 f.

reitungslehrgang erforderlich sein, um bestehende Defizite zu beheben (z. B. im Lern- oder Sozialverhalten). Die Teilnehmerinnen und Teilnehmer werden so auf die geplante Ausbildung vorbereitet.[345] In Bezug auf die Finanzierung der Maßnahme BFW und etwaiger zusätzlicher Leistungen ergeben sich keine Unterschiede zum BBW (s. o.).

3. Integrationsfachdienst

Bestimmte Gruppen von Menschen mit Behinderungen können, trotz bestehender Leistungsansprüche und Unterstützung durch die Rehabilitationsträger (z. B. Fachdienst der BA), nicht auf dem allgemeinen Arbeitsmarkt reüssieren. Dort wo ein besonderer Bedarf an personeller und fachlicher Unterstützung besteht, können die Rehabilitationsträger und die Integrationsämter einen Integrationsfachdienst (IFD) beauftragen.[346] In Deutschland stehen diese Dienste mittlerweile in ausreichender Zahl zur Verfügung.[347]

Der IFD wird als Leistungserbringer bzw. „Dritter" von den Rehabilitationsträgern bzw. Integrationsämtern an der Durchführung von LTA beteiligt (§ 109 Abs. 1 SGB IX). Die Verantwortung für die Ausführung der Leistungen bleibt allerdings bei den Leistungsträgern (§ 111 Abs. 1 S. 2 SGB IX). Der IFD wird zudem immer häufiger unmittelbar von Arbeitgebern eingeschaltet (Anteil der Arbeitgeber als „einleitende Stelle" 2006: 9,9 % und 2014: 15,1 %).[348] Zu den Aufgaben des IFD gehört, Menschen mit einer Schwerbehinderung zu beraten, zu unterstützen und auf geeignete Arbeitsplätze zu vermitteln, aber auch die Beratung von Arbeitgebern (§ 110 Abs. 1 Nr. 1 und Nr. 2 SGB IX). Im Einzelnen lassen sich folgende Aufgaben im Rahmen der Vermittlung und Begleitung nennen (§ 110 Abs. 2 SGB IX)[349]:

- Erarbeitung eines individuellen Fähigkeits-, Leistungs- und Interessenprofils zur Vorbereitung auf den allgemeinen Arbeitsmarkt,
- Unterstützung der BA bei der Berufsorientierung und -beratung,

345 *BMAS*, Berufsförderungswerke, www.bmas.de (Stand: Dezember 2010), S. 9 f.

346 *Jabben*, in: *Rolfs/Giesen/Kreikebohm/Udsching*, BeckOK SozR (Stand: 01.09.2015), § 109 SGB IX Rn. 4.

347 *Minninger/Hinterholz/Westermann*, Rechte behinderter Menschen, 3. Aufl. 2013, S. 135.

348 *Ernst/Deusch*, in: br 2014, S. 43 (48).

349 Vgl. auch *Minninger/Hinterholz/Westermann*, Rechte behinderter Menschen, 3. Aufl. 2013, S. 136.

- betriebliche Begleitung bei der Ausbildung von schwerbehinderten Jugendlichen (insbesondere seelische Behinderung und Lernbehinderung),
- Akquirierung von Arbeitsplätzen auf dem allgemeinen Arbeitsmarkt, Vorbereitung und Begleitung von Menschen mit einer Schwerbehinderung,
- Informierung der Mitarbeiter in einem Betrieb oder einer Dienststelle über Art und Auswirkungen der Behinderung (nur mit Zustimmung des Betroffenen),
- Nachbetreuung, Krisenintervention oder psychosoziale Betreuung,
- Unterstützung bei der Beantragung und Klärung von Leistungen für den schwerbehinderten Menschen bzw. Arbeitgeber.

In § 109 Abs. 2 SGB IX hat der Gesetzgeber in einer nicht abschließenden Aufzählung festgelegt, wer zum begünstigten Personenkreis gehört:

- schwerbehinderte Menschen mit einem besonderen Bedarf an arbeitsbegleitender Betreuung (Nr. 1),
- schwerbehinderte Menschen, die nach zielgerichteter Vorbereitung durch die WfbM am Arbeitsleben auf dem allgemeinen Arbeitsmarkt teilhaben sollen und dabei auf aufwendige, personalintensive, individuelle arbeitsbegleitende Hilfen angewiesen sind (Nr. 2) sowie
- schwerbehinderte Schulabgänger, die für die Aufnahme einer Beschäftigung auf dem allgemeinen Arbeitsmarkt auf die Unterstützung eines IFD angewiesen sind.

Der IFD kann aber auch für Menschen tätig werden, die nicht schwerbehindert sind, und diese bei der beruflichen Eingliederung unterstützen (§ 109 Abs. 4 SGB IX). Die Finanzierung der IFDs erfolgt bei schwerbehinderten Menschen und bei Beauftragung durch das Integrationsamt aus Mitteln der Ausgleichsabgabe (§ 113 Abs. 1 S. 2 SGB IX). Die Finanzierung der Vermittlung und Betreuung von Menschen mit Behinderung, die keine Schwerbehinderung haben, erfolgt hingegen aus den Haushaltsmitteln des jeweils auftragserteilenden Rehabilitationsträgers.[350] Als Träger der IFD kommen solche in Frage, die bereits bestehende Angebote für schwerbehinderte Menschen haben, u. a. auch Werkstätten für behinderte Men-

350 *Sauerwein*, in: PdK SGB IX, Losebl. (Stand: September 2004), 9.2 § 109–115 Rn. 40 (zit. nach beck-online).

schen, Berufsbildungswerke und Berufsförderungswerke.[351] Der IFD muss allerdings rechtlich oder organisatorisch und wirtschaftlich eigenständig sein (§ 112 Abs. 1 Nr. 4 SGB IX). Dies soll eine Interessenkollision zwischen Träger und IFD verhindern.[352]

4. Werkstatt für behinderte Menschen

Die Werkstätten für behinderte Menschen sind Einrichtungen der beruflichen Rehabilitation gem. §§ 19, 35 SGB IX. Wenn die gesetzlichen Voraussetzungen vorliegen, hat ein Mensch mit Behinderung ein subjektives Recht verbunden mit einem Rechtsanspruch auf Aufnahme in eine Werkstatt seines Einzugsgebietes, dem seitens der WfbM eine Beschäftigungspflicht gegenübersteht.[353]

a) Anspruch auf Aufnahme in eine WfbM gem. §§ 136, 137 SGB IX

Der Rechtsanspruch auf Aufnahme in eine WfbM liegt vor, wenn die persönlichen Voraussetzungen gegeben sind und eine Kostenabsicherung besteht.[354] Zu den persönlichen Voraussetzungen gehören:

- Keine Beschäftigung auf dem allgemeinen Arbeitsmarkt möglich: Zunächst ist Voraussetzung, dass der Mensch mit Behinderung wegen Art oder Schwere der Behinderung nicht, noch nicht oder noch nicht wieder auf dem allgemeinen Arbeitsmarkt beschäftigt werden kann (§ 136 Abs. 1 S. 2 SGB IX).
- Mindestmaß wirtschaftlich verwertbarer Arbeitsleistung: Spätestens nach Teilnahme an Maßnahmen im Berufsbildungsbereich (BBB) muss ein Mindestmaß an wirtschaftlich verwertbarer Arbeitsleistung zu erwarten sein (§ 136 Abs. 2 SGB IX).

---

351 *Sauerwein*, in: PdK SGB IX, Losebl. (Stand: September 2004), 9.2 § 109–115 Rn. 41 (zit. nach beck-online).

352 *Pahlen*, in: *Neumann/Pahlen/Majerski-Pahlen*, SGB IX Kommentar, 12. Aufl. 2010, § 112 Rn. 8.

353 *Castendiek/Hoffmann*, Das Recht der behinderten Menschen, 3. Aufl. 2009, S. 205 f.; *Kossens*, in: *Kossens/von der Heide/Maaß*, SGB IX Kommentar, 4. Aufl. 2015, § 137 Rn. 1 (zit. nach beck-online).

354 Vgl. *Pahlen*, in: *Neumann/Pahlen/Majerski-Pahlen*, SGB IX Kommentar, 12. Aufl. 2010, § 137 Rn. 4 ff.

- Keine Selbst- oder Fremdgefährdung: Der Anspruch ist ausgeschlossen, „wenn das Verhalten des behinderten Menschen eine beständige ernstliche Gefahr für Gesundheit und Leben des behinderten Menschen selbst“[355] oder Anderer in der Werkstatt darstellt (vgl. § 136 Abs. 2 S. 2 HS. 1 SGB IX).
- Aufwand an Pflege und Betreuung: Des Weiteren darf der Pflege- und Betreuungsaufwand nicht so hoch sein, dass die Teilnahme an Maßnahmen im BBB oder die Erbringung einer wirtschaftlich verwertbaren Arbeitsleistung nicht möglich ist (vgl. § 136 Abs. 2 S. 2 HS. 2 SGB IX).
- Einzugsgebiet: Die Aufnahmeverpflichtung einer WfbM besteht grundsätzlich nur dann, wenn der Mensch mit Behinderung im regionalen Einzugsgebiet der konkreten Werkstatt wohnt (vgl. § 136 Abs. 1 SGB IX).[356]

Neben den persönlichen Voraussetzungen muss für die Aufnahme eine Kostenabsicherung gegeben sein. Dies ist der Fall, wenn der Mensch mit Behinderung gegenüber einem Rehabilitationsträger Anspruch auf Kostenübernahme hat.[357] Die Zuständigkeit der Rehabilitationsträger ergibt sich aus § 42 SGB IX: Im Eingangsverfahren (EV) und im Berufsbildungsbereich (BBB) erbringen unter den Voraussetzungen der jeweiligen Leistungsgesetze entweder die BA oder die Träger der GUV, GRV oder der Kriegsopferfürsorge Werkstatt-Leistungen (§ 42 Abs. 1 SGB IX). Im Arbeitsbereich (AB) sind die Träger der GUV, der Kriegsopferfürsorge, der Jugendhilfe oder der Sozialhilfe zuständig (§ 42 Abs. 2 SGB IX).

b) Ziele und Bereiche einer WfbM

Die Ziele der WfbM werden in § 39 SGB IX zusammengefasst: Die Leistungen werden erbracht, um die Leistungs- und Erwerbsfähigkeit der Menschen mit Behinderungen zu erhalten, zu entwickeln, zu verbessern oder wiederherzustellen, die Persönlichkeit weiterzuentwickeln und ihre Beschäftigung zu ermöglichen oder zu sichern. Um diese Ziele zu erreichen, stehen grundsätzlich drei Bereiche in einer Werkstatt zur Verfügung.[358]

---

355 *Ritz*, in: *Deinert/Neumann*, Handbuch SGB IX, 2. Aufl. 2009, § 8 Rn. 11.

356 *Cramer*, WfbM Kommentar, 5. Aufl. 2009, § 137 SGB IX Rn. 6.

357 *Pahlen*, in: *Neumann/Pahlen/Majerski-Pahlen*, SGB IX Kommentar, 12. Aufl. 2010, § 137 Rn. 7 ff.

358 *Reimann*, in: *von Maydell/Ruland/Becker*, SRH, 5. Aufl. 2012, § 28 Rn. 150.

Das Eingangsverfahren (EV) (1) dient zunächst der Feststellung, ob die WfbM die geeignete Einrichtung für die Betroffenen zur Teilhabe am Arbeitsleben ist. Es soll zudem eruiert werden, welcher Werkstatt-Bereich (z. B. Elektroabteilung oder Garten- und Landschaftsbau) in Frage kommt und welche LTA in Betracht zu ziehen sind. Es soll weiterhin ein Eingliederungsplan erstellt werden (vgl. § 40 Abs. 1 Nr. 1 SGB IX). Das EV dauert drei Monate und kann im Einzelfall auf bis zu vier Wochen verkürzt werden (§ 40 Abs. 2 SGB IX).[359]

Im Berufsbildungsbereich (BBB) (2) erhalten die Teilnehmer Leistungen, um ihre Leistungs- oder Erwerbsfähigkeit so weit wie möglich zu entwickeln, zu verbessern oder wiederherzustellen. Es muss zu erwarten sein, dass nach der Teilnahme ein Mindestmaß wirtschaftlich verwertbarer Arbeitsleistung erbracht werden kann (§ 40 Abs. 1 Nr. 2 und § 136 Abs. 2 SGB IX). Der BBB ist auf zwei Jahre angelegt und wird in der Regel zunächst für ein Jahr bewilligt (§ 40 Abs. 3 SGB IX).[360]

Der Arbeitsbereich (AB) (3) zielt darauf ab, die Beschäftigung des Menschen mit Behinderung zu sichern, arbeitsbegleitende Maßnahmen zur Erhaltung und zur Verbesserung der Leistungsfähigkeit und zur Weiterentwicklung der Persönlichkeit anzubieten, sowie den Übergang auf den allgemeinen Arbeitsmarkt zu fördern (vgl. § 41 Abs. 2 SGB IX).

5. Sonstige

Neben den beiden in § 35 SGB IX ausdrücklich genannten Einrichtungen (BBW und BFW), können Leistungen der beruflichen Rehabilitation auch in vergleichbaren Einrichtungen ausgeführt werden. Zu diesen Einrichtungen zählen neben den WfbM noch „Einrichtungen der medizinisch-beruflichen Rehabilitation (Phase II)“, „Einrichtungen für psychisch Kranke und Behinderte (RPK-Einrichtungen)“, „Berufstrainingszentren (BTZ)“ und „Einrichtungen der wohnortnahen beruflichen Rehabilitation“.[361]

a) Einrichtungen der medizinisch-beruflichen Rehabilitation (Phase II)

„Einrichtungen der medizinisch-beruflichen Rehabilitation“ (Phase II) stellen ein Bindeglied zwischen der „Akutbehandlung und Erstversorgung“

359 Vgl. auch *Krutzki*, in: *Plagemann*, MAH SozialR, 4. Aufl. 2013, § 29 Rn. 111.
360 Vgl. auch *Reimann*, in: *von Maydell/Ruland/Becker*, SRH, 5. Aufl. 2012, § 28 Rn. 151.
361 *Reimann*, in: *von Maydell/Ruland/Becker*, SRH, 5. Aufl. 2012, § 28 Rn. 144.

(Phase I) und den Maßnahmen der beruflichen Rehabilitation (Phase III) dar.[362] Das Ziel ist, Leistungen zur medizinischen Rehabilitation (§§ 26 ff. SGB IX) frühzeitig mit LTA (§§ 33 ff. SGB IX) zu verbinden, damit ein „lückenloser Verlauf der Rehabilitation" möglich wird.[363] Zu den medizinischen Leistungen zählen neben ärztlichen und pflegerischen Leistungen u. a. Sprach- und Beschäftigungstherapie, Belastungserprobung und physikalische Therapie. Im Rahmen der beruflichen Rehabilitation werden u. a. Maßnahmen, wie Arbeitserprobung und Berufsvorbereitung angeboten.[364] Mit diesen Maßnahmen soll die Erwerbsfähigkeit möglichst wiederhergestellt werden und eine Rückkehr an den alten Arbeitsplatz oder Umsetzung auf einen behinderungsgerechten Arbeitsplatz erreicht werden. Falls dies nicht möglich ist, werden mit dem Rehabilitanden oder der Rehabilitandin Alternativen erarbeitet, wie eine Berufsausbildung, Umschulung oder Beschäftigung in einer WfbM.[365]

b) RPK-Einrichtungen

RPK-Einrichtungen dienen der Rehabilitation psychisch kranker und behinderter Menschen. Sie gehören streng genommen zu den Phase II-Einrichtungen mit Spezialisierung auf einen bestimmten Personenkreis. Zur Zielgruppe von RPKs zählen i. d. R. Erwachsene mit einer psychischen Störung, die langfristig die soziale Funktionsfähigkeit und Teilhabe der Betroffenen beeinträchtigt – z. B. Erkrankungen aus dem schizophrenen Formenkreis, affektive Störungen oder Persönlichkeitsstörungen.[366] RPK-Einrichtungen sind kleine gemeindenahe Einrichtungen, die sowohl Leistungen der medizinischen Rehabilitation, als auch LTA erbringen.[367] Die Leistungen sind miteinander verzahnt und werden als Komplexleistung ambulant und/oder stationär angeboten. Dabei sollen LTA in Kooperation mit regionalen Unternehmen und zusätzlich hinzugezogenen Rehabilitationseinrichtungen erbracht werden, so dass eine Betreuung durch das Fach-

---

362 *Kessler*, in: *Fasselt/Schellhorn*, Handbuch SRB, 3. Aufl. 2011, S. 532; vgl. auch § 38 S. 2 SGB IX.

363 *BMAS*, Medizinisch-berufliche Rehabilitation, www.bagbbw.de (Stand: Januar 2010), S. 3.

364 *Kessler*, in: *Fasselt/Schellhorn*, Handbuch SRB, 3. Aufl. 2011, S. 532.

365 *BMAS*, Medizinisch-berufliche Rehabilitation, Stand: Januar 2010, S. 3.

366 *Frieboes/Zaudig/Nosper*, Rehabilitation bei psychischen Störungen, 2005, S. 310 ff.

367 *BAR*, Arbeitshilfe für die Rehabilitation und Teilhabe psychisch kranker und behinderter Menschen, www.bar-frankfurt.de/49.html (Stand: August 2010), S. 62.

personal unmittelbar am Arbeits- und Ausbildungsplatz erfolgen kann.[368] Die medizinische Rehabilitation dauert in Abhängigkeit vom Einzelfall etwa drei bis zwölf Monate. Beginn und Dauer der LTA werden in Abstimmung mit den zuständigen Rehabilitationsträgern bestimmt.[369]

c) Berufliche Trainingszentren (BTZ)

Zu den in § 35 SGB IX genannten „vergleichbaren Einrichtungen der beruflichen Rehabilitation" gehören auch die Beruflichen Trainingszentren (BTZ).[370] BTZ sind regional verankerte Einrichtungen, die – im Gegensatz zur RPK – ausschließlich LTA für i. d. R. Erwachsene mit einer psychischen Erkrankung erbringen. Zu den Leistungen gehören u. a. die Ermittlung von Kompetenzen, die Wiederauffrischung von Kenntnissen und/oder die Planung von beruflichen Anpassungen.[371] Ziel ist die Wiedereingliederung der Rehabilitanden in den allgemeinen Arbeitsmarkt.

d) Wohnortnahe berufliche Rehabilitationseinrichtungen (WBR)

Abschließend soll an dieser Stelle noch auf die wohnortnahen beruflichen Rehabilitationseinrichtungen (WBR) hingewiesen werden. Diese erbringen ebenfalls LTA. Zur Zielgruppe gehören junge Menschen mit einer (drohenden) Behinderung, wobei überwiegend Jugendliche und junge Erwachsene mit einer Lernbehinderung betreut werden. Durch die Wohnortnähe soll den Rehabilitanden der Verbleib im sozialen Umfeld ermöglicht und gleichzeitig die Anforderungen des regionalen Arbeitsmarktes berücksichtigt werden. So sollen gezielt regional nachgefragte Qualifikationen vermittelt und damit der Übergang auf den örtlichen allgemeinen Arbeitsmarkt erleichtert werden.[372] Zum Angebot der WBR gehören u. a. die berufliche Orientierung und Berufsvorbereitung, Begleitung der betrieblichen Ausbil-

---

368 *BAR*, RPK-Empfehlungsvereinbarung und Handlungsempfehlungen für die praktische Umsetzung, www.bar-frankfurt.de/rahmenempfehlungen.html (Stand: Januar 2011), S. 13.

369 *BAR*, RPK-Empfehlungsvereinbarung und Handlungsempfehlungen für die praktische Umsetzung, www.bar-frankfurt.de/rahmenempfehlungen.html (Stand: Januar 2011), S. 22.

370 *Deusch*, in: *Dau/Düwell/Joussen*, LPK-SGB IX, 4. Aufl. (2014), § 35 Rn. 6.

371 *BAR*, Arbeitshilfe für die Rehabilitation und Teilhabe psychisch kranker und behinderter Menschen, www.bar-frankfurt.de/49.html (Stand: August 2010), S. 63.

372 *BAG WBR*, Wohnortnahe berufliche Rehabilitation, Positionspapier der BAG WBR, www.bag-wbr.de/daten/Positionspapier.pdf (Stand: 05.03.2004), S. 3 ff.

dung, Ausbildung in Regelberufen und nach besonderen Ausbildungsregelungen sowie die Vermittlung von Zusatzqualifikationen.[373]

VII. Zusammenfassung

Das Recht der Rehabilitation und Teilhabe ist im gegliederten Sozialleistungssystem in unterschiedlichen Leistungsgesetzen verankert. Mit dem Inkrafttreten des SGB IX wurden zwar Regelungen für behinderte und von Behinderung bedrohte Menschen und das Schwerbehindertenrecht in einem Buch zusammengeführt. Die Gewährung von Leistungen ist allerdings weiterhin von den Voraussetzungen der einzelnen Leistungsgesetze abhängig. Die Vielzahl von Rehabilitationsträgern, sonstigen Leistungsträgern und Leistungserbringern erschwert es Menschen mit Behinderungen, ihr Leistungsbegehren rasch zu verwirklichen. Der Gesetzgeber hat dies gesehen und versucht über Regelungen zur Koordination und Kooperation – von denen insbesondere die Regelung zur Zuständigkeitsklärung in § 14 SGB IX hervorzuheben ist – Abhilfe zu schaffen.

373 *BAG WBR*, Wohnortnahe berufliche Rehabilitation, Positionspapier der BAG WBR, www.bag-wbr.de/daten/Positionspapier.pdf (Stand: 05.03.2004), S. 5.

E. Rechte und Leistungen zur Teilhabe am Arbeitsleben und Art. 27 UN-BRK

Im deutschen Recht existiert eine Vielzahl von Rechtsregelungen, die Menschen mit Behinderungen den Zugang zum Arbeitsleben ermöglichen sollen. Für Menschen mit einer Schwerbehinderung hat der Gesetzgeber in §§ 68 ff. SGB IX darüber hinaus das Schwerbehindertenrecht verankert, dessen Sinn und Zweck u. a. darin besteht, Nachteile im Arbeitsleben auszugleichen.[374] Die häufig aus dem Gedanken der Fürsorge entstandenen Normen treffen nun auf das aus dem Gedanken der Inklusion in der UN-BRK kodifizierte Recht von Menschen mit Behinderungen auf Arbeit.

I. Das Recht von Menschen mit Behinderungen auf Arbeit

Das Recht auf Arbeit von Menschen mit Behinderungen und deren Schutz vor Zwangs- oder Pflichtarbeit ist in Art. 27 UN-BRK geregelt. Art. 27 Abs. 1 S. 1 und S. 2 HS. 1 UN-BRK bestimmt in seiner engl. Fassung:

> „States Parties recognize the right of persons with disabilities to work, on an equal basis with others; this includes the right to the opportunity to gain a living by work freely chosen or accepted in a labour market and work environment that is open, inclusive and accessible to persons with disabilities. States Parties shall safeguard and promote the realization of the right to work, including for those who acquire a disability during the course of employment, by taking appropriate steps, including through legislation […].“[375]

---

374 Vgl. *Kuhlmann*, in: br 2014, S. 57.

375 Die deutsche Übersetzung lautet: „Die Vertragsstaaten anerkennen das gleiche Recht von Menschen mit Behinderungen auf Arbeit; dies beinhaltet das Recht auf die Möglichkeit, den Lebensunterhalt durch Arbeit zu verdienen, die in einem offenen, integrativen und für Menschen mit Behinderungen zugänglichen Arbeitsmarkt und Arbeitsumfeld frei gewählt oder angenommen wird. Die Vertragsstaaten sichern und fördern die Verwirkli-

1. Gleiches Recht auf Arbeit

Art. 27 Abs. 1 S. 1 UN-BRK konkretisiert das Menschenrecht auf Arbeit, das zu den wirtschaftlichen, sozialen und kulturellen Rechten gehört (vgl. Art. 6 IPwskR). Die Vertragsstaaten anerkennen hier das gleiche Recht von Menschen mit Behinderungen auf Arbeit. Es könnte sich dabei um ein subjektives Recht handeln[376], freilich ohne Einzelnen einen Rechtsanspruch auf einen konkreten Arbeitsplatz zu vermitteln.[377] Der Zweck der Regelung ist vielmehr darin zu sehen, den gesamten Arbeitsmarkt für Menschen mit Behinderungen zu öffnen und ihnen das gleiche Recht auf Arbeit zu gewähren, wie allen anderen Menschen auch.[378] Das Recht auf Arbeit soll zu einer entlohnten Beschäftigung verhelfen („[...] to gain a living by work [...]"), um den Lebensunterhalt bestreiten zu können. Eine reine Beschäftigungsmaßnahme oder Tätigkeit in einer WfbM ohne die grundsätzliche Möglichkeit auf eine ‚inklusive Beschäftigung' ist objektiv-rechtlich unzulässig.[379] Um eine inklusive Tätigkeit zu erreichen, sind die Vertragsstaaten gem. Art. 27 Abs. 1 S. 2 UN-BRK verpflichtet, geeignete Schritte einzuleiten, einschließlich des Erlasses von Rechtsvorschriften. Welche Schritte zur Pflichterfüllung geeignet sind, lässt sich aus Art. 27 Abs. 1 S. 2 lit. a bis k UN-BRK ableiten.

2. Progressionsvorbehalt

Dabei stehen die wirtschaftlichen, sozialen und kulturellen Rechte, also auch das Recht auf Arbeit, unter dem sog. Progressionsvorbehalt. Gem. Art. 4 Abs. 2 UN-BRK sind die Vertragsstaaten unter Ausschöpfung der verfügbaren Mittel verpflichtet, nach und nach die volle Verwirklichung der Rechte zu erreichen. Dies gilt nicht für Verpflichtungen aus der Konvention, die nach dem Völkerrecht sofort anwendbar sind (Art. 4 Abs. 2 UN-BRK), denn in diesem Fall hat der Vertragsstaat keinen zeitlichen Spiel-

chung des Rechts auf Arbeit, einschließlich für Menschen, die während der Beschäftigung eine Behinderung erwerben, durch geeignete Schritte, einschließlich des Erlasses von Rechtsvorschriften [...]."

376 *Masuch*, in: Archiv für Wissenschaft und Praxis der sozialen Arbeit 2014, S. 18 (24).

377 *Rothfritz*, Die Konvention der Vereinten Nationen zum Schutz der Rechte von Menschen mit Behinderungen, 2010 (Diss.), S. 403; *Vater/Klie/Bruker*, in: RdLH 2/2012, S. 73.

378 *Trenk-Hinterberger*, in: *Welke*, UN-BRK, 2012, Art. 27 Rn. 2 ff.

379 *Rothfritz*, Die Konvention der Vereinten Nationen zum Schutz der Rechte von Menschen mit Behinderungen, 2010 (Diss.), S. 404.

raum. Falls Art. 27 UN-BRK aus sich heraus also nicht anwendbar ist, weder unmittelbar noch mittels Anwendung durch Auslegung, bedarf es zunächst eines Tätigwerdens des Gesetzgebers mittels Ausführungsgesetzgebung.[380] Dabei besteht eine Pflicht zur sukzessiven Umsetzung unter Ausschöpfung der verfügbaren Mittel, falls Änderungsbedarf gegeben ist. Welches die verfügbaren Mittel eines Staates sind und wann diese ausgeschöpft wurden, ist juristisch schwer zu bestimmen. Ein Indiz kann bspw. die Höhe der Ausgaben eines anderen von seiner Wirtschaftskraft her vergleichbaren Staates für ein bestimmtes Menschenrecht sein. Im Ergebnis kommt den einzelnen Staaten bei der Festlegung der verfügbaren Mittel aber ein erheblicher Entscheidungsspielraum zu.[381]

3. Personenkreis

Zum begünstigten Personenkreis gehören Menschen mit Behinderungen. Wie bereits dargestellt, liegt der UN-BRK ein weit gefasstes und für Veränderungen bewusst offen gehaltenes Verständnis von Behinderung zu Grunde (vgl. Art. 1 Unterabs. 2 UN-BRK). Eine Unterscheidung in einfache Behinderung, Schwerbehinderung oder Gleichstellung – wie im deutschen Sozialrecht zu finden – ist der UN-BRK fremd (vgl. § 2 SGB IX). Daraus folgt, dass Art. 27 UN-BRK auch die einfachbehinderten Menschen erfasst. Eine willkürliche „Beschränkung der Umsetzung auf schwerbehinderte Menschen“ wäre daher unzulässig.[382]

4. Arbeit und Beschäftigung

Der Begriff Arbeit umfasst im Rahmen des Art. 27 UN-BRK sowohl die unselbstständige Tätigkeit infolge des Abschlusses eines Arbeits- oder Dienstvertrages, als auch die selbstständige Tätigkeit. Beides muss dem wirtschaftlichen Erwerb dienen und nicht etwa der unentgeltlichen Erfüllung familiärer Verpflichtungen, wie Hausarbeit und Erziehung der Kin-

380 Vgl. *Luthe*, in: br 2014, S. 89 (90).

381 Vgl. m. w. N. *Dörschner*, Die Rechtswirkungen der UN-Behindertenrechtskonvention in Deutschland am Beispiel des Rechts auf inklusive Bildung, 2014, S. 98 f.

382 *Düwell*, in: FA 2011, S. 354.

der.[383] Dies ergibt die wörtliche und die systematische Auslegung. Arbeit vollzieht sich überwiegend in abhängiger Tätigkeit. Aber auch die selbstständige Tätigkeit ist in Art. 27 Abs. 1 S. 2 lit. f UN-BRK ausdrücklich einbezogen. Der Verweis auf einen inklusiven Arbeitsmarkt und die Möglichkeit, dort den Lebensunterhalt verdienen zu können, grenzen die entgeltliche von der unentgeltlichen Arbeit ab.[384]

Fraglich ist, was mit dem Begriff Beschäftigung gemeint ist. Rechtssystematisch umfasst auch dieser Begriff die entgeltliche Erwerbsarbeit und zielt auf das konkrete Beschäftigungsverhältnis ab (vgl. Art. 27 Abs. 1 S. 2 lit. a bis k UN-BRK). Ob es sich dabei auch um eine Berufsausbildung oder eine sonstige arbeitnehmerähnliche Tätigkeit (z. B. Beschäftigung in einer WfbM, Arbeitsgelegenheit gem. § 16d SGB II etc.) handeln kann, ist zunächst unklar.[385]

Exkurs: Beschäftigung im deutschen Arbeits- und Sozialrecht

Im deutschen Sozialrecht wird der Begriff Beschäftigung zur Abgrenzung des abhängig Tätigen vom selbstständigen Unternehmer genutzt. Dem liegt zugrunde, dass der unselbstständig Beschäftigte sozial schutzbedürftiger ist, weshalb die Sozialversicherung Schutz gewährt und dabei an die Begriffe Beschäftigung und Beschäftigungsverhältnis anknüpft (vgl. § 7 SGB IV).[386] Nach § 7 Abs. 1 S. 1 SGB IV ist Beschäftigung die nicht selbstständige Arbeit, insbesondere in einem Arbeitsverhältnis. Als Anhaltspunkte für eine Beschäftigung dienen „eine Tätigkeit nach Weisung“ und „eine Eingliederung in die Arbeitsorganisation des Weisungsgebers“ (§ 7 Abs. 1 S. 2 SGB IV). In der neueren arbeitsrechtlichen Gesetzgebung ist zunehmend von „Beschäftigtem“ und „Beschäftigungsverhältnis“ anstatt von „Arbeitnehmer“ und „Arbeitsverhältnis“ die Rede, womit eine klare Trennung der Begriffe erschwert sein dürfte.[387]

Eine Eingrenzung auf die abhängige Beschäftigung, ähnlich wie im deutschen Recht, scheint vorliegend nicht gemeint zu sein. Der Wortlaut, sowie Sinn und Zweck des Art. 27 UN-BRK deuten auf einen weiten Beschäftigungsbegriff hin. So soll Art. 27 Abs. 1 S. 2 lit. a UN-BRK vor Diskriminie-

383 *Trenk-Hinterberger*, in: *Kreutz / Lachwitz / Trenk-Hinterberger*, Die UN-Behindertenrechtskonvention in der Praxis, 2013, Art. 27 Rn. 3.

384 Vgl. Art 27 Abs. 1 S. 1 UN-BRK.

385 *Trenk-Hinterberger*, in: *Welke*, UN-BRK, 2012, Art. 27 Rn. 4.

386 *Ricken*, in: *Henssler/Willemsen/Kalb*, Arbeitsrecht Kommentar, 6. Aufl. 2014, § 7 SGB IV Rn. 2.

387 *Linck*, in: *Schaub*, ArbR-HdB, 15. Aufl. 2013, § 29 Rn. 9.

rung im Zusammenhang mit einer Beschäftigung gleich welcher Art schützen. Einbezogen sind Berufsausbildungsverhältnisse (lit. d), Tätigkeiten im öffentlichen Dienst auch als Beamter und Beamtin (lit. g), aber auch die selbstständige Tätigkeit (lit. f UN-BRK), denn der Begriff „employment" beinhaltet in der rechtsverbindlichen englischen Fassung auch die freiberufliche Tätigkeit.[388] Meiner Ansicht nach umfasst der Begriff Beschäftigung gleich welcher Art („all forms of employment") in Art. 27 Abs. 1 S. 2 lit. a) UN-BRK auch arbeitnehmerähnliche Beschäftigungsverhältnisse in Werkstätten für Menschen mit einer Behinderung, ohne dass damit die Zugehörigkeit zum allgemeinen Arbeitsmarkt gegeben ist. Denn die WfbM soll auf den ersten Arbeitsmarkt vorbereiten und somit die Möglichkeit dort den Lebensunterhalt zu verdienen, erst eröffnen (vgl. § 136 Abs. 1 S. 3 SGB IX).

5. Inklusiver Arbeitsmarkt

Die unterzeichnenden Staaten sind dazu verpflichtet, einen offenen, inklusiven und für Menschen mit Behinderungen zugänglichen Arbeitsmarkt zu schaffen („[...] a labour market and work environment that is open, inclusive and accessible to persons with disabilities [...]"). Sonderarbeitsmärkte, wie WfbMs reichen dafür nicht aus.[389] Dies ergibt sich durch Auslegung des Art. 27 Abs. 1 UN-BRK unter Heranziehung des General comment zu Art. 6 IPwskR (vgl. B. V. 2.). Dort wird explizit zum Recht auf Arbeit für Menschen mit einer Behinderung festgestellt:

> „The Committee recalls the principle of non-discrimination in access to employment by persons with disabilities enunciated in its general comment No. 5 (1994) on persons with disabilities. "**The 'right of everyone to the opportunity to gain his living by work which he freely chooses or accepts' is not realised where the only real opportunity open to disabled workers to work in so-called 'sheltered' facilities** [Hervorhebung durch Verf.] under substandard conditions. States parties must take measures enabling persons with disabilities to secure and retain appropriate employment and to progress in their occupational field, thus facilitating their integration or reintegration into society."[390]

388 *Trenk-Hinterberger*, in: *Kreutz / Lachwitz / Trenk-Hinterberger*, Die UN-Behindertenrechtskonvention in der Praxis, 2013, Art. 27 Fn. 9.

389 *Trenk-Hinterberger*, in: *Welke*, UN-BRK, 2012, Art. 27 Rn. 7 ff.

390 *UN*, THE RIGHT TO WORK, General comment No. 18, Adopted on 24 November 2005, Article 6 of the International Covenant on Economic, Social and Cultural Rights, I. 17.

Es muss die Möglichkeit bestehen, dass Menschen mit einer Behinderung am allgemeinen Arbeitsmarkt teilnehmen können. Schulte weist in diesem Zusammenhang darauf hin: „In dem für die Behindertenpolitik und das Behindertenrecht zentralen Bereich Arbeit und Beschäftigung (Art. 27 UN-BRK) geht es dementsprechend auch nicht nur darum, innerhalb bestehender Strukturen des Arbeitsmarkts und des Arbeitsumfelds auch Raum für Menschen mit Behinderungen zu schaffen, sondern Arbeitsmarkt und Arbeitsumfeld sind so zu gestalten, dass sie unterschiedlichen menschlichen Lebenslagen gerecht werden und Menschen mit Behinderungen darin arbeiten können. [...] Hier verlangt die Konvention ein Umdenken und eine nicht zuletzt auch rechtliche Umorientierung in der Beschäftigungspolitik."[391]

6. Arbeitsmarkt für (Schwer-)Behinderte in Deutschland

Der Mikrozensus hat ergeben, dass im Jahr 2013 in der Bundesrepublik insgesamt 10,2 Millionen Menschen mit einer amtlich anerkannten Behinderung lebten – davon rund 7,5 Millionen Schwerbehinderte (= 9,4 % der gesamten Bevölkerung).[392] Nach Angaben der Bundesagentur für Arbeit sind von den 7,5 Millionen Menschen mit einer Schwerbehinderung 3,2 Millionen im erwerbsfähigen Alter (15 bis 65 Jahren); das sind ca. 6 % aller erwerbsfähigen Menschen in Deutschland.[393] Die BA hat festgestellt, dass in den letzten Jahren eine Beschäftigungszunahme schwerbehinderter Menschen festzustellen war.[394] Im Jahr 2013 waren insgesamt 987.000 Menschen mit einer Schwerbehinderung beschäftigt und 7000 Schwerbehinderte in Ausbildung; dies ergibt eine Auswertung der aus dem Anzeigeverfahren gem. § 80 Abs. 2 SGB IX zur Berechnung der Ausgleichsabgabe gemeldeten

391 *Schulte*, in: SGb 2013, S. 691 (693); a. A. *Luthe* SGb 2013, S. 391 ff., der dahingehend argumentiert, dass im englischen Sprachraum die Begriffe integration und inclusion synonym verwendet werden; vgl. dazu auch *Luthe*, in: br 2014, S. 89.

392 Vgl. Statistisches Bundesamt unter https://www.destatis.de/DE/ZahlenFakten/GesellschaftStaat/Gesundheit/Behinderte/BehinderteMenschen.html (letzter Zugriff: 09.12.2015).

393 *BA*, Der Arbeitsmarkt in Deutschland – Die Arbeitsmarktsituation von schwerbehinderten Menschen. Veröffentlichung der Arbeitsmarktberichterstattung (Stand: Dezember 2015), S. 6.

394 *BA*, Der Arbeitsmarkt in Deutschland – Die Arbeitsmarktsituation von schwerbehinderten Menschen. Veröffentlichung der Arbeitsmarktberichterstattung (Stand: Dezember 2015), S. 7.

Arbeitnehmerinnen und Arbeitnehmer.[395] Davon waren 824.000 Beschäftigte schwerbehindert und 152.000 gleichgestellt.[396] Zu dem Beschäftigungsanstieg stellt die BA fest: „Das Beschäftigungswachstum ist wesentlich auf eine gestiegene Anzahl schwerbehinderter Beschäftigter über 55 Jahre zurückzuführen: Die Altersgruppe 55 Jahre und älter hat gegenüber 2007 um 50 Prozent zugenommen (+147.000). Dieser Anstieg ging mit einem Rückgang von knapp 33.000 in der Altersgruppe der 35- bis unter 45-Jährigen einher. Die Zahl der Beschäftigten ist stärker gestiegen als die Zahl der in Deutschland lebenden schwerbehinderten Menschen."[397]

In Bezug auf die Arbeitslosigkeit schwerbehinderter Menschen lässt sich Folgendes feststellen: Im Oktober 2015 waren laut Angabe der BA 174.000 Menschen mit einer Schwerbehinderung arbeitslos gemeldet, davon haben 37 % Leistungen nach dem SGB III und 63 % Leistungen nach dem SGB II bezogen.[398] Die Zahl der gemeldeten Arbeitslosen ist von Oktober 2014 bis Oktober 2015 um 2,3 % (– 4100) gesunken.[399] Von dem Rückgang konnten alle Altersgruppen profitieren, wobei jüngere Menschen mit Schwerbehinderung etwas mehr profitierten als Ältere mit einer Schwerbehinderung.[400] Es lässt sich weiterhin im mehrjährigen Vergleich konstatieren, dass Schwerbehinderte von konjunkturellen Schwankungen weniger betroffen sind, als Menschen ohne eine Schwerbehinderung. D.h. Beschäftigte mit einer Schwerbehinderung oder Gleichstellung sind zwar in Zeiten der Rezession durch den besonderen Kündigungsschutz gesichert, Arbeitslose mit einer Schwerbehinderung werden aber in Prosperitätsphasen weniger vom

---

395 Vgl. *BA*, Der Arbeitsmarkt in Deutschland – Die Arbeitsmarktsituation von schwerbehinderten Menschen. Veröffentlichung der Arbeitsmarktberichterstattung (Stand: Dezember 2015), S. 7.

396 *BA*, Der Arbeitsmarkt in Deutschland – Die Arbeitsmarktsituation von schwerbehinderten Menschen. Veröffentlichung der Arbeitsmarktberichterstattung (Stand: Dezember 2015), S. 7.

397 *BA*, Der Arbeitsmarkt in Deutschland – Die Arbeitsmarktsituation von schwerbehinderten Menschen. Veröffentlichung der Arbeitsmarktberichterstattung (Stand: Dezember 2015), S. 7.

398 *BA*, Der Arbeitsmarkt in Deutschland – Die Arbeitsmarktsituation von schwerbehinderten Menschen. Veröffentlichung der Arbeitsmarktberichterstattung (Stand: Dezember 2015), S. 8.

399 *BA*, Der Arbeitsmarkt in Deutschland – Die Arbeitsmarktsituation von schwerbehinderten Menschen. Veröffentlichung der Arbeitsmarktberichterstattung (Stand: Dezember 2015), S. 8.

400 *BA*, Der Arbeitsmarkt in Deutschland – Die Arbeitsmarktsituation von schwerbehinderten Menschen. Veröffentlichung der Arbeitsmarktberichterstattung (Stand: Dezember 2015), S. 8.

Arbeitsmarkt absorbiert als andere Arbeitslose.[401] Die BA kommt in Bezug auf die Überwindung der Arbeitslosigkeit zu folgendem Ergebnis: „Schwerbehinderten Menschen gelingt es in geringerem Maße als nicht-schwerbehinderten Menschen ihre Arbeitslosigkeit durch Aufnahme einer Beschäftigung am ersten Arbeitsmarkt zu beenden. Als Folge sind schwerbehinderte Menschen auch stärker von Langzeitarbeitslosigkeit betroffen als nicht schwerbehinderte. Gelingt eine Arbeitsaufnahme, ist die Zeitarbeit die Branche, in der sowohl schwerbehinderte als auch nicht schwerbehinderte Arbeitslose am häufigsten eine Beschäftigung finden."[402]

7. Auswirkungen auf das deutsche Recht

Ein Rechtsanspruch von Menschen mit Behinderungen gem. Art. 27 UN-BRK auf einen konkreten Arbeitsplatz ist ausgeschlossen. Die Vertragsstaaten sind auch nicht verpflichtet, einen solchen Rechtsanspruch zu schaffen. Die unmittelbare Anwendbarkeit der Völkerrechtsnorm ist, mit Ausnahme des Verbotes von Zwangsarbeit als Abwehr- und Schutzrecht gegenüber dem Staat und des auch im Rahmen von Beschäftigungsverhältnissen unmittelbar anwendbaren Diskriminierungsverbotes, zunächst nicht ersichtlich. Auch die Beanspruchung von konkreten Leistungen oder Maßnahmen aus Art. 27 UN-BRK ist regelmäßig ausgeschlossen. Dazu müsste die Regelung zunächst inhaltlich klar und ausreichend bestimmt sein. Dies ist bei Art. 27 Abs. 1 S. 2 lit. a bis k UN-BRK nicht der Fall. Der unmittelbaren Anwendbarkeit steht entgegen, dass der Katalog des Art. 27 Abs. 1 S. 2 lit. a bis k UN-BRK zunächst in innerstaatliches Recht umgesetzt werden muss, sofern entsprechende Regelungen im deutschen Recht noch nicht vorhanden sind. Eine unmittelbare Anwendbarkeit ist daher grundsätzlich ausgeschlossen. Es handelt sich vorliegend um eine überwiegend non-self-executing-Norm.

Die Beanspruchung einer bestimmten Maßnahme aus Art. 27 UN-BRK wurde z. B. vom LSG Niedersachsen-Bremen verneint. Im vorliegenden Fall ging es um eine Autistin, die für den Werkstattbereich eine Kommunikationsassistentin beanspru-

401 *BA*, Der Arbeitsmarkt in Deutschland – Die Arbeitsmarktsituation von schwerbehinderten Menschen. Veröffentlichung der Arbeitsmarktberichterstattung (Stand: Dezember 2015), S. 9.

402 *BA*, Der Arbeitsmarkt in Deutschland – Die Arbeitsmarktsituation von schwerbehinderten Menschen. Veröffentlichung der Arbeitsmarktberichterstattung (Stand: Dezember 2015), S. 11.

chen wollte u. a. mit Verweis auf die Konvention. Das LSG Niedersachsen-Bremen führt dazu aus: „Zwar besitzt die UN-Behindertenrechtskonvention nach der Ratifizierung den Rang einfachen Bundesrechts [...] und ist von den Gerichten im Rahmen [...] methodisch vertretbarer Auslegung zu beachten und anzuwenden. Art. 27 UN-Behindertenrechtskonvention ist aber nicht so hinreichend bestimmt, dass daraus ein unmittelbarer Individualanspruch auf Förderung einer bestimmten Maßnahme abgeleitet werden könnte."[403]

Deutschland obliegt allerdings die Pflicht, geltendes Recht auf Vereinbarkeit mit Art. 27 UN-BRK zu überprüfen und ggf. Anpassungen und Änderungen vorzunehmen bzw. konventionswidriges Recht nicht mehr anzuwenden. Die Pflicht zur Normüberprüfung ergibt sich aus Art. 4 Abs. 1 und 2 UN-BRK.[404] So sind z. B. alle geeigneten Maßnahmen zu treffen, um diskriminierende Gesetze, Verordnungen, Gepflogenheiten und Praktiken zu ändern oder aufzuheben (Art. 4 Abs. 1 S. 2 lit. b UN-BRK). Deutschland ist hinsichtlich der wirtschaftlichen, sozialen und kulturellen Rechte, zu denen auch das Recht auf Arbeit gehört, verpflichtet, unter Ausschöpfung der verfügbaren Mittel, Maßnahmen zu treffen, um sukzessiv die volle Verwirklichung der UN-BRK-Rechte zu erreichen; unbeschadet derjenigen Verpflichtungen aus der Konvention, die nach dem Völkerrecht sofort anwendbar sind (Art. 4 Abs. 2 UN-BRK).

Es stellt sich die Frage, ob aufgrund von Art. 27 UN-BRK Gesetze geändert oder neue Regelungen geschaffen werden müssen. Das wäre bspw. dann der Fall, wenn die vorhandenen Leistungen zur Teilhabe am Arbeitsleben im deutschen Sozialrecht nicht ausreichen, um den Katalog des Art. 27 Abs. 1 S. 2 lit. a bis k UN-BRK zu erfüllen. Nach erster Einschätzung ergibt sich aus Art. 27 UN-BRK jedoch keine Verpflichtung des Staates, neue Leistungsarten zu schaffen.[405] Allerdings kann der Staat z. B. dazu angehalten sein, bestehende Leistungsansprüche oder Rechte auf Menschen mit einfacher Behinderung auszuweiten, wenn eine solche Verpflichtung nach Art. 27 UN-BRK besteht.[406]

Daneben bedarf es einer Anwendung und Auslegung vorhandener Regelungen im Lichte der UN-BRK.[407] Denn auch eine an sich non-self-executing-Norm ist durch eine menschenrechtskonforme Auslegung innerstaatli-

---

403 *LSG Niedersachsen-Bremen*, Urt. v. 23.09.2014 – L 7 AL 56/12, Rn. 35 (zit. nach juris).

404 *Aichele*, in: *Aichele*, Das Menschenrecht auf gleiche Anerkennung vor dem Recht, 2013, S. 18 f.

405 Vgl. *Fuchs*, in: Soziale Sicherheit 2010, S. 329 (336).

406 *Düwell*, in: FA 2011, S. 354 (355).

407 *Luik*, in: *Schlegel/Voelzke*, SGB IX, 2. Aufl. 2015, § 33 Rn. 42.

cher Vorschriften zu berücksichtigen.[408] Besondere Aufmerksamkeit ist dabei den zahlreichen Leistungsvorschriften zu widmen, die unbestimmte Rechtsbegriffe beinhalten oder die Leistungsgewährung von einer Ermessensentscheidung abhängig machen. Fuchs schreibt dazu: Eine „Herabstufung des Rechtsanspruchs auf Leistungen zur Teilhabe am Arbeitsleben in Ermessensleistungen gefährdet mit Blick auf die regionale Unterschiedlichkeit der Ermessensausübung einerseits die Einheitlichkeit der Lebensverhältnisse behinderter Menschen und ist andererseits nicht mit den in Artikeln 24 und 27 BRK eingegangenen Pflichten zu vereinbaren".[409] Die Möglichkeit von Menschen mit Behinderungen, den Lebensunterhalt auf einem inklusiven Arbeitsmarkt zu verdienen und damit das Recht auf Arbeit verwirklichen zu können, hängt maßgeblich von der Leistungsgewährung ab. Insofern ist u. a. zu untersuchen, welche Auswirkungen Art. 27 UN-BRK auf die Leistungsgewährung und das Leistungsverfahren hat.[410]

Es stellt sich also die Frage, ob und wie sich die Teilhaberechte am Arbeitsleben nach Inkrafttreten der UN-BRK verändert haben oder ändern müssen. Dazu ist durch Auslegung zu ermitteln, welche Anforderungen Art. 27 UN-BRK an das deutsche Recht stellt und welche Verpflichtungen Deutschland als Vertragsstaat eingegangen ist (**Inhalt, Auslegung und Verpflichtung**). Daran anknüpfend ist festzustellen, ob entsprechende Regelungen im deutschen Recht bereits existieren oder ob diese erst geschaffen werden müssen (**Innerstaatliche Rechtsvorschriften**). Falls entsprechende Normen vorhanden sind, ist der konventionsrelevante Inhalt zu skizzieren – ggf. sind die wesentlichen Anspruchsvoraussetzungen zu nennen, insbesondere unbestimmte Rechtsbegriffe und deren bisherige Auslegung – und zu prüfen, ob mit dem Norminhalt ein Rechtsanspruch oder ein Ermessensanspruch verbunden ist (**Inhalt der deutschen Norm**). Ausgehend vom Norminhalt kann die Vereinbarkeit mit der UN-BRK geprüft werden. Im Anschluss an diese Prüfung lässt sich feststellen, ob neue Regelungen geschaffen werden müssen, ob eine Regelung konventionskonform ist, zwingend einer Änderung bedarf oder ob sich die Anwendung und Auslegung der deutschen Regelung im Lichte der UN-BRK ändern muss (**Prüfung der Vereinbarkeit und Schlussfolgerungen**). Die Prüfung orientiert sich dabei im Folgenden (vgl. E. II. bis XIII.) an der Struktur und dem Aufbau des Art. 27 Abs. 1 S. 2 lit. a bis k UN-BRK. Im Grunde werden dabei die relevanten deutschen Normen unter die Verpflichtungen des Art. 27 UN-BRK

408 *Schafhausen*, in: ASR 2012, S. 243 (249).

409 *Fuchs*, in: Soziale Sicherheit 2010, S. 329 (336).

410 Vgl. *Fuchs*, in: Soziale Sicherheit 2010, S. 329 (336).

subsumiert. Ziel ist, die Konventionswidrigkeit oder die rechtmäßige Übereinstimmung mit der Konvention feststellen.

II. Diskriminierungsverbot im Zusammenhang mit einer Beschäftigung

Der Grundsatz der Nichtdiskriminierung (Art. 3 lit. b UN-BRK) und damit einhergehend das Verbot der Diskriminierung (Art. 5 Abs. 2 UN-BRK) werden im Art. 27 UN-BRK für den Bereich Arbeit und Beschäftigung konkretisiert.[411]

1. Inhalt, Auslegung und Verpflichtung

Inhalt: „States Parties shall safeguard and promote the realization of the right to work [...] by taking appropriate steps, including through legislation, to, inter alia: [...] Prohibit discrimination on the basis of disability with regard to all matters concerning all forms of employment, including conditions of recruitment, hiring and employment, continuance of employment, career advancement and safe and healthy working conditions; [...]."[412]

Auslegung: Dem Wortlaut nach ist das Diskriminierungsverbot im Zusammenhang mit einer Beschäftigung vollumfänglich angelegt. Beispielhaft werden einzelne Bereiche genannt, die keinen abschließenden Katalog darstellen – z. B. der Bereich der Personalauswahl, Einstellung, Weiterbeschäftigung und des beruflichen Aufstiegs.[413] Das Verbot gilt für alle Menschen mit dem Merkmal Behinderung. Im Rahmen der systematischen Auslegung

---

411 *Trenk-Hinterberger*, in: *Kreutz / Lachwitz / Trenk-Hinterberger*, Die UN-Behindertenrechtskonvention in der Praxis, 2013, Art. 27 Rn. 13.

412 Art. 27 Abs. 1 S. 2 lit. a UN-BRK. Die deutsche Übersetzung lautet: „Die Vertragsstaaten sichern und fördern die Verwirklichung des Rechts auf Arbeit [...] durch geeignete Schritte, einschließlich des Erlasses von Rechtsvorschriften, um unter anderem [...] Diskriminierung aufgrund von Behinderung in allen Angelegenheiten im Zusammenhang mit einer Beschäftigung gleich welcher Art, einschließlich der Auswahl-, Einstellungs- und Beschäftigungsbedingungen, der Weiterbeschäftigung, des beruflichen Aufstiegs sowie sicherer und gesunder Arbeitsbedingungen, zu verbieten; [...]."

413 *Trenk-Hinterberger*, in: *Kreutz / Lachwitz / Trenk-Hinterberger*, Die UN-Behindertenrechtskonvention in der Praxis, 2013, Art. 27 Rn. 13 f.

bedeutet dies, dass der weite Behinderungsbegriff der UN-BRK als Maßstab anzulegen ist. Insofern gilt das Verbot der Diskriminierung für alle Menschen, die nach Art. 1 Unterabs. 2 UN-BRK „langfristige körperliche, seelische, geistige oder Sinnesbeeinträchtigungen haben, welche sie in Wechselwirkung mit verschiedenen Barrieren an der vollen, wirksamen und gleichberechtigten Teilhabe an der Gesellschaft hindern können".

Mit Beschäftigung ist dem Wortlaut nach zunächst jede Tätigkeit gemeint, die der Erwirtschaftung des Lebensunterhaltes dient, aber auch andere Beschäftigungsverhältnisse sind einbezogen. Eingeschlossen sind also u. a. selbstständige und unselbstständige Tätigkeiten im Rahmen von befristeten und unbefristeten Dienst- und Arbeitsverträgen, die Tätigkeit von Beamten und Beamtinnen, die im Rahmen eines öffentlich-rechtlichen Dienst- und Treueverhältnisses zur Arbeitsleistung verpflichtet sind, aber auch arbeitnehmerähnliche Beschäftigungsverhältnisse werden erfasst.[414]

Mit Diskriminierung ist gem. Art. 2 Unterabs. 3 UN-BRK jede Unterscheidung, Ausschließung und Beschränkung aufgrund von Behinderung zu verstehen, die zum Ziel oder zur Folge hat, dass Anerkennen, Genießen oder Ausüben u. a. des gleichen Rechts auf Arbeit i. S. d. Art. 27 UN-BRK zu beeinträchtigen oder zu vereiteln. Umfasst sind nicht nur unmittelbare, sondern auch mittelbare Diskriminierungen, einschließlich der Versagung angemessener Vorkehrungen. Angemessene Vorkehrungen sind gem. Art. 2 Unterabs. 4 UN-BRK alle Änderungen und Anpassungen, die notwendig und geeignet sind, sowie keine unverhältnismäßige oder unbillige Belastung darstellen, damit u. a. das Recht auf Arbeit genossen oder ausgeübt werden kann.

Verpflichtung: Es handelt sich vorliegend sowohl um eine Achtungsverpflichtung, als auch um eine Schutzverpflichtung. Der Vertragsstaat selbst muss (z. B. als Dienst- oder Arbeitgeber) alles unterlassen, was zu einer Diskriminierung aufgrund von Behinderung in allen Angelegenheiten im Zusammenhang mit einer Beschäftigung (Art. 27 Abs. 1 S. 2 lit. a UN-BRK) führen könnte (Achtungsverpflichtung). Anzumerken ist hier, dass es sich beim Verbot der Diskriminierung (vgl. Art. 5 UN-BRK) um ein unmittelbar anwendbares Menschenrecht handelt („self-executing"), d. h. nach allgemeiner Ansicht ist das Verbot hinreichend genug bestimmt, um gegenüber dem Staat einklagbar zu sein.[415] Dies gilt z. B. auch für angemessene Vor-

---

414 Vgl. *Trenk-Hinterberger*, in: *Welke*, UN-BRK mit rechtlichen Erläuterungen, 2012, Art. 27 Rn. 16.

415 *Althoff*, in: AuR 2013, S. 384.

kehrungen, die der Staat als Arbeitgeber treffen muss und deren Fehlen geeignet sein kann, eine Diskriminierung zu begründen (vgl. Art. 2 Unterabs. 3 UN-BRK).[416] Genauso obliegt es dem Staat, durch geeignete Schritte, einschließlich des Erlasses von Rechtsvorschriften Diskriminierungen durch Dritte (bspw. durch Arbeitgeber in Privatrechtsverhältnissen) zu unterbinden (Schutzverpflichtung).[417]

2. Innerstaatliche Rechtsvorschriften

In Deutschland ist der Diskriminierungsschutz von Menschen mit Behinderungen zunächst in Art. 3 Abs. 3 S. 2 GG verankert. Darüber hinaus findet sich der einfachgesetzliche Schutz vor Benachteiligungen im Allgemeinen Gleichbehandlungsgesetz (AGG) und in weiteren Vorschriften des Arbeits- und Sozialrechts.

a) Benachteiligungsverbot gem. Art. 3 Abs. 3 S. 2 GG

Art. 3 Abs. 3 S. 2 GG bestimmt, dass niemand wegen seiner Behinderung benachteiligt werden darf. Es handelt sich bei der 1994 hinzugefügten Regelung um ein subjektives Abwehrrecht, welches die Stellung der Geschützten innerhalb der Gesellschaft und im Rechtssystem stärken soll (Schutzzweck). Dieses Recht ergänzt die Verpflichtung aufgrund des Sozialstaatsprinzips Menschen mit Behinderungen zu fördern, um ein striktes Benachteiligungsverbot.[418] Niemand darf aufgrund des Merkmals Behinderung benachteiligt werden. Begünstigende Regelungen gegenüber behinderten Menschen sind allerdings zulässig.[419] Grundrechtsträger sind ausschließlich natürliche Personen mit einer Behinderung; dies bedeutet, dass z. B. Behindertenverbände nicht in den Schutzbereich einbezogen sind.[420] Verpflichteter aus Art. 3 Abs. 3 S. 2 GG ist der Staat; es besteht kein Raum für eine unmittelbare Drittwirkung.[421] Allerdings hat das Benachteiligungs-

416 *Althoff*, in: AuR 2013, S. 384.

417 *Trenk-Hinterberger*, in: *Kreutz / Lachwitz / Trenk-Hinterberger*, Die UN-Behindertenrechtskonvention in der Praxis, 2013, Art. 27 Rn. 15.

418 *Heun*, in: *Dreier*, GG Kommentar, Bd. I, 3. Aufl. 2013, Art. 3 Rn. 135.

419 *Scholz*, in: *Maunz/Dürig*, GG Kommentar, Losebl. (Stand: Erg.-Lfg. 32 Okt. 1996), Art. 3 Abs. 3 Rn. 17; *Leibholz/Rinck*, GG, Art. 3 Rn. 5010.

420 *Jarass*, in: *Jarass/Pieroth*, GG Kommentar, 13. Aufl. 2014, Art. 3 Rn. 143.

421 *Scholz*, in: *Maunz/Dürig*, GG Kommentar, Losebl. (Stand: Erg.-Lfg. 32 Okt. 1996), Art. 3 Abs. 3 Rn. 174.

verbot Ausstrahlungswirkung auf das Zivilrecht (mittelbare Drittwirkung).[422]

aa) Diskriminierungstatbestand Behinderung

Was unter einer Behinderung i. S. d. Art. 3 Abs. 3 S. 2 GG zu verstehen ist, bedarf der Auslegung. Der Wortlaut führt hier nicht weiter. Nach systematischer Auslegung und nunmehr auch nach Ansicht des BVerfG sind die Regelungen des § 2 Abs. 1 SGB IX und die gleichlautende Vorschrift in § 3 BGG heranzuziehen.[423] Eine abschließende Klärung des Verfassungsbegriffes „Behinderung" steht allerdings noch aus.[424] In der Literatur ist, soweit ersichtlich, unbestritten, dass das Benachteiligungsverbot unabhängig von der Schwere und der Art der Behinderung gilt. Es umfasst also nicht nur Schwerbehinderte, sondern auch Menschen mit einer leichten Form der Behinderung, als auch Menschen mit einer altersbedingten Behinderung.[425]

bb) Vereinbarkeitsprüfung und Schlussfolgerung

Nach Inkrafttreten der UN-BRK ist der Verfassungsbegriff Behinderung nunmehr im Lichte der Konvention auszulegen. Dies ergibt sich aus der Völkerrechtsfreundlichkeit des Grundgesetzes.[426] Es gilt der „Grundsatz der völkerrechtsfreundlichen Auslegung", nach dem bei mehreren möglichen Interpretationen diejenige zu wählen ist, die dem Völkerrecht am besten entspricht.[427]

Folglich ist bei der Prüfung einer Benachteiligung i. S. d. Art. 3 Abs. 3 S. 2 GG die weite Bestimmung des Art. 1 Unterabs. 2 UN-BRK bei der Auslegung des verfassungsrechtlichen Begriffes Behinderung heranzuziehen. Danach zählen zu den Menschen mit Behinderungen diejenigen, „die langfristige körperliche, seelische, geistige oder Sinnesbeeinträchtigungen haben, welche sie in Wechselwirkung mit verschiedenen Barrieren an der vollen, wirksamen und gleichberechtigten Teilhabe an der Gesellschaft hindern können" (Art. 1 Unterabs. 2 UN-BRK). Diese Begriffsbestimmung

---

422 *Heun*, in: *Dreier*, GG Kommentar, Bd. I, 3. Aufl. 2013, Art. 3 Rn. 138.

423 *Osterloh/Nußberger*, in: *Sachs*, Grundgesetz, 7. Aufl. 2014, Art. 3 Rn. 309.

424 *Osterloh/Nußberger*, in: *Sachs*, Grundgesetz, 7. Aufl. 2014, Art. 3 Rn. 308; vgl. auch *Boysen*, in: *v. Münch/Kunig*, GGK I, 6. Aufl. 2012, Art. 3 Rn. 191; BVerfGE 96, 288 (301).

425 *Starck*, in: *v. Mangoldt/Klein/Starck*, GG I, 6. Aufl. 2010, Art. 3 Abs. 3 Rn. 419; *Jarass*, in: *Jarass/Pieroth*, GG Kommentar, 13. Aufl. 2014, Art. 3 Rn. 144; *Heun*, in: *Dreier*, GG Kommentar, Bd. I, 3. Aufl. 2013, Art. 3 Rn. 136; *Boysen*, in: *v. Münch/Kunig*, GGK I, 6. Aufl. 2012, Art. 3 Rn. 194.

426 BVerfGE 74, 358 (370).

427 *Stein/Buttlar*, Völkerrecht, 13. Aufl. 2012, S. 60.

geht sowohl im Wortlaut, als auch nach Sinn und Zweck deutlich über die einfachgesetzliche Regelung des § 2 SGB IX hinaus. Es findet keine Beschränkung auf altersuntypische Behinderungen statt. Zudem muss eine Teilhabebeeinträchtigung noch nicht eingetreten sein, sondern als möglich erscheinen („...hindern können").[428] Abgestellt wird auf das soziale Modell von Behinderung mit dem Ziel der sozialen Inklusion.[429]

Der Gesetzgeber hat zwar das allgemeine Diskriminierungsverbot der UN-BRK[430] in Art. 3 Abs. 3 S. 2 GG bereits vor Inkrafttreten der Konvention verankert. Die UN-BRK enthält nun jedoch klare und zu berücksichtigende Anhaltspunkte für die Auslegung des verfassungsrechtlichen Begriffes Behinderung. In Bezug auf den Bereich Arbeit und Beschäftigung ist darüber hinaus eine mittelbare Drittwirkung des völkerrechtskonform ausgelegten Art. 3 Abs. 3 S. 2 GG über Generalklauseln in arbeitsrechtlichen Beziehungen denkbar (z. B.: Beurteilung von arbeitsrechtlichen Weisungen gem. § 315 BGB). Zudem wird in der Literatur die Berücksichtigung des konventionskonform ausgelegten Art 3 Abs. 3 S. 2 GG durch Behörden bei der Ausübung von Ermessen genannt.[431]

b) Allgemeines Gleichbehandlungsgesetz

Die Benachteiligung von Menschen mit einer Behinderung im Zusammenhang mit einem Beschäftigungsverhältnis ist in Deutschland, unter den Voraussetzungen des am 18.08.2006 in Kraft getretenen Allgemeinen Gleichbehandlungsgesetzes (AGG), verboten.[432] Mit dem AGG wurden vier EG-Richtlinien umgesetzt, die jeweils die Benachteiligung aus unterschiedlichen Gründen verhindern sollen.[433] Von besonderer Bedeutung ist dabei die Richtlinie 2000/78/EG, welche u. a. für Benachteiligungen im Zusammenhang mit einer Behinderung auf dem Gebiet der Beschäftigung und des Berufes Anwendung findet.[434]

---

428 Vgl. zur drohenden Behinderung § 2 Abs. 1 S. 2 SGB IX.

429 *Boysen*, in: *v. Münch/Kunig*, GGK I, 6. Aufl. 2012, Art. 3 Rn. 201.

430 Vgl. Art. 5 Abs. 2 UN-BRK.

431 *Kotzur/Richter*, in: *Welke*: UN-BRK Kommentar, 2012, S. 87.

432 *Düwell*, in: FA 2011, S. 354 (356).

433 Umgesetzt wurden: Richtlinie 2000/78/EG (Rahmenrichtlinie Beschäftigung), Richtlinie 2000/43/EG (Antirassismusrichtlinie), Richtlinie 2002/73/EG (Gender-Richtlinie) und Richtlinie 2004/113/EG (Gleichbehandlungsrichtlinie wegen des Geschlechts außerhalb der Arbeitswelt); vgl. *Knittel*, in: SGB IX Kommentar, 7. Aufl. 2013, § 1 AGG Rn. 2 ff.

434 *Knittel*, in: SGB IX Kommentar, 7. Aufl. 2013, § 1 AGG Rn. 3.

aa) Anwendungsbereich

Durch das AGG sollen Benachteiligungen u. a. aufgrund des Merkmals Behinderung verhindert oder beseitigt werden.[435] Geschützt werden alle Menschen mit Behinderung i. S. d. § 2 Abs. 1 SGB IX.[436] Der sachliche Anwendungsbereich ist in den in § 2 Abs. 1 AGG genannten Bereichen eröffnet.[437] Dazu zählen z. B.:

- die Bedingungen, einschließlich Auswahlkriterien und Einstellungsbedingungen, für den Zugang zu unselbstständiger und selbstständiger Erwerbstätigkeit, unabhängig von Tätigkeitsfeld und beruflicher Position, sowie für den beruflichen Aufstieg (§ 2 Abs. 1 Nr. 1 AGG)
- die Beschäftigungs- und Arbeitsbedingungen einschließlich Arbeitsentgelt und Entlassungsbedingungen, insbesondere in individual- und kollektivrechtlichen Vereinbarungen und Maßnahmen bei der Durchführung und Beendigung eines Beschäftigungsverhältnisses sowie beim beruflichen Aufstieg (§ 2 Abs. 1 Nr. 2 AGG)

Das AGG ist in seinem Anwendungsbereich sehr umfangreich angelegt und bezieht im Grunde sämtliche Vereinbarungen (z. B. Arbeits- und Dienstverträge, Dienst- und Betriebsvereinbarungen, Aufhebungsverträge) und Maßnahmen (z. B. Weisungen, Versetzungen, Kündigungen) im Rahmen eines Arbeitsverhältnisses mit ein.[438] Das AGG findet nur dann Anwendung, wenn nicht ein anderes Gesetz Vorrang hat. Welche Gesetze das sein können, bestimmt § 2 Abs. 2 bis 4 AGG. Vorrang haben z. B. im Falle einer Kündigung die Bestimmungen zum allgemeinen und besonderen Kündigungsschutz (§ 2 Abs. 4 AGG).[439]

Der persönliche Anwendungsbereich der speziellen Regelungen zum Schutz der Beschäftigten vor Benachteiligung in §§ 7–18 AGG wird durch § 6 AGG bestimmt.[440] Einbezogen sind demnach Arbeitnehmerinnen und Arbeitnehmer, Auszubildende, arbeitnehmerähnliche Personen (z. B. Heimarbeiterinnen und Heimarbeiter), aber auch Bewerberinnen und Bewerber. Für Selbstständige und Organmitglieder gelten die §§ 6 ff. AGG entspre-

---

435 Vgl. § 1 AGG.

436 *Knittel*, in: SGB IX Kommentar, 7. Aufl. 2013, § 1 AGG Rn. 45.

437 Vgl. *Junker*, Grundkurs Arbeitsrecht, 14. Aufl. 2015, S. 87.

438 *Junker*, Grundkurs Arbeitsrecht, 14. Aufl. 2015, S. 87.

439 Ausdrücklich genannt werden zudem § 33c SGB I, § 19a SGB IV sowie das Betriebsrentengesetz, vgl. § 2 Abs. 2 AGG.

440 *Junker*, Grundkurs Arbeitsrecht, 14. Aufl. 2015, S. 87 f.

chend, soweit die Bedingungen für den Zugang zur Erwerbstätigkeit sowie den beruflichen Aufstieg betroffen sind (§ 6 Abs. 3 AGG). Über § 24 AGG finden die Vorschriften grundsätzlich auch auf Beamtinnen und Beamte sowie Richterinnen und Richter Anwendung.

bb) Verbot der Benachteiligung im Arbeitsrecht

Gem. § 7 Abs. 1 AGG dürfen Beschäftigte nicht wegen des hier interessierenden Merkmals Behinderung benachteiligt werden; das gilt selbst dann, wenn die benachteiligende Person das Vorliegen einer Behinderung bei der Benachteiligung nur angenommen hat (vgl. § 7 Abs. 1 AGG). Das AGG nennt folgende Formen der Benachteiligung:

- unmittelbare Benachteiligung (§ 3 Abs. 1 AGG),
- mittelbare Benachteiligung (§ 3 Abs. 2 AGG),
- Belästigung (§ 3 Abs. 3 AGG),
- sexuelle Belästigung (§ 3 Abs. 4 AGG),
- Anweisung zur Benachteiligung (§ 3 Abs. 5 AGG).

Ein Verstoß gegen das AGG liegt allerdings dann nicht vor, wenn die Benachteiligung gerechtfertigt ist. Rechtfertigungsgründe finden sich in den §§ 5, 8, 9 und 10 AGG.[441] So kann eine unterschiedliche Behandlung wegen eines in § 1 AGG genannten Grundes zulässig sein, wenn dieser Grund wegen der Art der auszuübenden Tätigkeit oder der Bedingungen ihrer Ausübung eine wesentliche und entscheidende berufliche Anforderung darstellt, sofern der Zweck rechtmäßig und die Anforderung angemessen ist (§ 8 Abs. 1 AGG). Eine Ungleichbehandlung aufgrund einer Behinderung ist also dann gerechtfertigt, „wenn eine bestimmte körperliche Funktion, geistige Fähigkeit oder seelische Gesundheit eine wesentliche und entscheidende berufliche Anforderung für die Tätigkeit ist".[442] Es können aber nur solche Gesundheitsbeeinträchtigungen als Rechtfertigungsgrund herangezogen werden, die zwingend sind für die Ausübung der Tätigkeit, z. B. bestimmte physische und mentale Voraussetzungen für die Ausübung der Tätigkeit als Berufspilot.[443]

---

441 *Knittel*, in: SGB IX Kommentar, 7. Aufl. 2013, § 8 AGG Rn. 1 ff.
442 *Knittel*, in: SGB IX Kommentar, 7. Aufl. 2013, § 8 AGG Rn. 25.
443 *Knittel*, in: SGB IX Kommentar, 7. Aufl. 2013, § 8 AGG Rn. 26 f.

Liegt ein Rechtfertigungsgrund nicht vor, können bei einer Benachteiligung unter Beachtung der sonstigen Voraussetzungen des AGG drei Rechtsfolgen eintreten:[444]

- Unwirksamkeit: Bestimmungen in Vereinbarungen, die gegen das Verbot der Benachteiligung verstoßen, sind unwirksam (§ 7 Abs. 2 AGG).
- Leistungsverweigerungsrecht: Wenn der Arbeitgeber keine oder nur offensichtlich ungeeignete Maßnahmen zur Unterbindung einer (sexuellen) Belästigung am Arbeitsplatz ergreift, haben die betroffenen Beschäftigten ein Leistungsverweigerungsrecht (§ 14 AGG).
- Schadensersatz: Ein Anspruch auf Schadensersatz und Entschädigung besteht unter den Voraussetzungen des § 15 AGG.

cc) Vereinbarkeitsprüfung und Schlussfolgerung

Mit dem 2006 in Kraft getretenen AGG hat die Bundesrepublik Deutschland ihre Umsetzungspflicht aus Art. 27 Abs. 1 S. 2 lit. a UN-BRK grundsätzlich erfüllt.[445] In § 7 AGG werden Benachteiligungen aufgrund einer Behinderung in allen relevanten Bereichen im Zusammenhang mit einer Beschäftigung, dazu gehören auch die Auswahl-, Einstellungs-, Beschäftigungs- und Arbeitsbedingungen, sowie der berufliche Aufstieg (vgl. § 2 Abs. 1 Nr. 1 und 2 AGG), verboten. Das AGG untersagt unmittelbare und mittelbare Benachteiligungen (vgl. § 3 Abs. 1 und 2 AGG) für alle relevanten Beschäftigungsgruppen in privatrechtlichen Beschäftigungsverhältnissen (§§ 6 ff. AGG), aber auch im Rahmen der Tätigkeit von Beamten, Beamtinnen (§ 24 AGG) und Selbstständigen (§ 6 Abs. 3 AGG). Damit ist die Bundesrepublik Deutschland der in Art. 27 Abs. 1 S. 2 lit. a UN-BRK verankerten Schutzverpflichtung durch Erlass eines Gesetzes nachgekommen.

Düwell moniert allerdings die Unterschiede zwischen Schwerbehinderten und Einfachbehinderten in den Regeln der Beweislast. Wenn Schwerbehinderte bzw. Gleichgestellte eine Benachteiligung geltend machen, erleichtert ihnen die Regelung des § 22 AGG die Rechtsdurchsetzung.[446] Nach dieser Norm trägt, wenn die eine Partei Indizien beweist, die eine Benachteiligung vermuten lassen, die andere Partei die Beweislast dafür, dass kein Verstoß vorgelegen hat (§ 22 AGG). Das BAG sah die Vermutung einer Benachteiligung im Fall eines abgelehnten Bewerbers, bei dem es der Arbeitgeber versäumt hatte, die Schwerbehindertenvertretung von der Bewer-

444 Vgl. *Junker*, Grundkurs Arbeitsrecht, 14. Aufl. 2015, S. 93.
445 *Düwell*, in: FA 2011, S. 354 (356).
446 *Düwell*, in: FA 2011, S. 354 (356).

bung zu unterrichten (vgl. § 81 Abs. 1 S. 4 SGB IX), als begründet an.[447] Ein solcher Indizienbeweis kommt praktisch allen Arbeitgeberpflichten des SGB IX bei einem Verstoß gegen diese Pflichten zu.[448] Davon profitieren Menschen mit Schwerbehinderung bzw. einer Gleichstellung, nicht jedoch Menschen mit einfacher Behinderung. Im Lichte der UN-BRK fordert Düwell eine Ausweitung der Zuständigkeit der Schwerbehindertenvertretung auch auf Einfachbehinderte. Dies würde zugleich das Beweislastproblem lösen.[449]

Des Weiteren hat der EuGH bei der Auslegung des Begriffes Behinderung im Rahmen der RL 2000/78/EG und im Lichte der UN-BRK festgestellt, dass grundsätzlich auch chronische Erkrankungen darunter subsumiert werden können.[450] Stähler weist darauf hin, dass ein ausreichender Schutz vor Diskriminierungen nach dem AGG für Menschen mit chronischen Erkrankungen in Deutschland derzeit noch nicht gegeben ist.[451]

Allerdings hat das BAG die Auslegung des Behinderungsbegriffes durch den EuGH aufgegriffen und unlängst in einem Kündigungsschutzprozess dargelegt, dass eine symptomlose HIV-Infektion und damit eine chronische Erkrankung eine Behinderung ist.[452]

Im vorliegenden Fall ging es um einen Chemisch-Technischen Assistenten, der in einem Reinraum der Pharmaindustrie an der Produktion von intravenös zu verabreichenden Krebsmedikamenten beteiligt war. Nach Ansicht des BAG benachteilige eine Kündigung wegen der symptomlosen HIV-Infektion den Betroffenen unmittelbar aufgrund seiner Behinderung (vgl. § 3 Abs. 1 AGG). Damit stand die Unwirksamkeit der Kündigung allerdings noch nicht fest. Nach Rückverweisung war noch vom LAG zu prüfen, ob die Kündigung nicht doch wirksam ist. Das wäre nach Ansicht des BAG u. a. dann der Fall, wenn der Arbeitgeber keine angemessenen Vorkehrungen treffen musste, um die Beschäftigung des Arbeitnehmers trotz Behinderung im Reinraum zu ermöglichen.[453] Der Arbeitgeber kann sich nämlich nicht auf eine „zulässige unterschiedliche Behandlung" gem. § 8 AGG berufen, wenn eine

---

447 *BAG*, Urt. v. 15.02.2005 – 9 AZR 635/03 (zit. nach juris).

448 Vgl. § 81 Abs. 1 S. 4 SGB IX; § 81 Abs. 1 S. 1, 2 und 6 SGB IX; § 81 Abs. 1 S. 8 und 9 SGB IX; § 95 Abs. 2 S. 3 SGB IX.

449 *Düwell*, in: FA 2011, S. 354 (357).

450 EuGH, Urt. v. 11.04.2013 – C-335/11 und C-337/11 – Ring, Skouboe Werge.

451 *Stähler*, in: ZFSH/SGB 2013, S. 465 (470).

452 *BAG*, Urt. v. 19.12.2013 – 6 AZR 190/12 (zit. nach juris).

453 *BAG*, Urt. v. 19.12.2013 – 6 AZR 190/12 (zit. nach juris).

Beschäftigung infolge angemessener Vorkehrungen i. S. d. Art. 5 RL 2000/78/EG i. V. m. Art 27 Abs. 1 S. 2 lit. i, Art. 2 Unterabs. 4 UN-BRK doch möglich ist.[454]

Insbesondere zwei Feststellungen des Urteils sind hier hervorzuheben: Zum einen nahm das BAG an, dass Stereotypisierungen eine Diskriminierung darstellen können, auch wenn eine Benachteiligung wegen der Behinderung im Sinne des § 1 AGG nicht beabsichtigt war. Vorliegend hatte das Pharmaunternehmen erklärt, dem Beschäftigten sei nicht wegen seiner Behinderung gekündigt worden.[455] Zum anderen hat das BAG ausdrücklich darauf hingewiesen, dass bevor eine Kündigung ausgesprochen wird, angemessene Vorkehrungen zu treffen sind.[456]

c) Benachteiligungsverbot Schwerbehinderter gem. § 81 Abs. 2 SGB IX

Im SGB IX hat der Gesetzgeber bereits vor Inkrafttreten des AGG ein Benachteiligungsverbot im Zusammenhang mit Beschäftigungsverhältnissen verankert. Laut § 81 Abs. 2 SGB IX dürfen Arbeitgeber schwerbehinderte Beschäftigte nicht wegen ihrer Behinderung benachteiligen. Diese Regelung gilt auch für gleichgestellte Menschen mit einer Behinderung gem. § 68 Abs. 3 SGB IX. Das Verbot ist nicht auf bestehende Arbeits- und Beschäftigungsverhältnisse beschränkt, sondern gilt auch bei der Begründung und Beendigung von Arbeits- und sonstigen Beschäftigungsverhältnissen. Es umfasst alle Maßnahmen vom Abschluss des Vertrages, über Weisungen und den beruflichen Aufstieg bis hin zur Kündigung.[457] In Bezug auf die Einzelheiten und die Rechtsfolgen verweist § 81 Abs. 2 S. 2 SGB IX auf das AGG.[458] In Bezug auf Bewerbungsverfahren liegt es an Bewerbern, auf ihre Schwerbehinderung hinzuweisen oder dieses zu unterlassen. Bei einem Hinweis auf die Schwerbehinderung muss der Arbeitgeber bei einer Einstellungs-Entscheidung die Möglichkeit konkreter Vorkehrungen, die keine unverhältnismäßige oder unbillige Belastung darstellen, ernsthaft prüfen. Teilt der Bewerber die Eigenschaft der Schwerbehinderung jedoch

---

454 *BAG*, Urt. v. 19.12.2013 – 6 AZR 190/12 (zit. nach juris).

455 Vgl. *Wenckebach*, in: Forum B – Nr. 15/2014 (www.reha-recht.de), S. 3 ff.

456 Vgl. *Wenckebach*, in: Forum B – Nr. 15/2014 (www.reha-recht.de), S. 5.

457 *Schröder*, in: *Hauck/Noftz*, SGB IX Kommentar, § 81 Rn. 14.

458 Vgl. *Düwell*, in: *Dau / Düwell / Joussen*, LPK-SGB IX, 4. Aufl. 2014, § 81 Rn. 17.

nicht mit, wäre eine Diskriminierungsklage wegen einer Behinderung nicht schlüssig.[459]

aa) Prüfung der Vereinbarkeit mit Art. 27 Abs. 1 S. 2 lit. a UN-BRK

Die Regelung des § 81 Abs. 2 S. 1 SGB IX findet Anwendung auf Menschen, die u. a. einen festgestellten GdB von 50 haben und damit schwerbehindert sind (§ 2 Abs. 2 SGB IX). Zudem sind gleichgestellte Menschen mit Behinderung einbezogen (§ 2 Abs. 3 SGB IX), die u. a. die Gleichstellung bei der Arbeitsverwaltung beantragt haben (vgl. § 68 Abs. 2 SGB IX) und einen GdB von wenigstens 30, aber weniger als 50 haben und die ohne die Gleichstellung einen geeigneten Arbeitsplatz nicht erlangen oder nicht behalten können (§ 2 Abs. 3 SGB IX). Bezüglich der Gleichstellung von Jugendlichen während der Ausbildungszeit mit einem GdB von weniger als 30 wird auf den Wortlaut des § 68 Abs. 4 SGB IX verwiesen.

Im Gegensatz dazu sind in den Schutzbereich des Art. 27 Abs. 1 S. 2 lit. a UN-BRK alle Menschen mit Behinderung einbezogen. Nach der systematischen Auslegung gilt auch hier der weite Behinderungsbegriff des Art. 1 Unterabs. 2 UN-BRK. Hier findet keine Einschränkung auf Schwerbehinderte und gleichgestellte Personen statt. Folglich ist die Einschränkung des § 81 Abs. 2 S. 1 SGB IX mit Art. 27 Abs. 1 S. 2 lit. a UN-BRK unvereinbar.

bb) Schlussfolgerung

Konventionswidriges Recht, vorliegend die Herausnahme von einfachen Behinderungen aus der Anwendbarkeit des § 81 Abs. 2 S. 1 SGB IX, ist im Rahmen der Normüberprüfung grundsätzlich zu ändern und an die UN-BRK anzupassen. Vorliegend hat die Normenkollision aber keine rechtlichen Auswirkungen, da bereits vor Inkrafttreten der UN-BRK am 26. März 2009 mit Inkrafttreten des AGG am 18. August 2006, Menschen mit einfacher Behinderung vor Benachteiligungen im Zusammenhang mit einem Beschäftigungsverhältnis geschützt waren (vgl. §§ 1, 7 AGG). Der Gesetzgeber hat daraufhin auch § 81 Abs. 2 SGB IX geändert, dessen S. 2 nun ausdrücklich auf das AGG verweist.[460] Zur Klarstellung sollte der Gesetzgeber

---

459 *Wendeling-Schröder*, in: AuR 2015, S. 49 (51) mit Verweis auf *BAG* 18.9.2014, 8 AZR 759/13, AuR 2014, 396 und *BAG* 22.5.2014, 8 AZR 662/13, AuR 2014, 251.

460 Bereits vor Verabschiedung des AGG stellte der EuGH die fehlende Umsetzung der Verpflichtungen Deutschlands aus der Richtlinie 2000/78/EG v. 27.11.2000 zur Festlegung eines allgemeinen Rahmens für die Verwirklichung der Gleichbehandlung in Beschäftigung und Beruf fest (vgl. EuGH, Urt. v. 23.02.2006 – C-43/05, Slg. 2006, I-33 – Kommission/BRD). Demnach war § 81 Abs. 2 SGB IX a. F. nicht geeignet die Umset-

allerdings den Wortlaut des § 81 Abs. 2 S. 1 SGB IX ändern. Damit würde auch das Verbandsklagerecht gem. § 63 SGB IX auf einfache Behinderungen ausgeweitet. Nach § 63 SGB IX können, stellvertretend für die Betroffenen und mit deren Einverständnis, Verbände Ansprüche aufgrund von Benachteiligungen vor Gericht verfolgen.[461]

d) Besonderer Kündigungsschutz (§ 85 SGB IX)

Der besondere Kündigungsschutz für Menschen mit Behinderungen ist in §§ 85 ff. SGB IX geregelt.[462]

aa) Begünstigter Personenkreis und Voraussetzungen

Will ein Arbeitgeber das Arbeitsverhältnis eines schwerbehinderten Menschen kündigen, so bedarf die Kündigung der vorherigen Zustimmung des Integrationsamtes (vgl. § 85 SGB IX). Dies betrifft nur Arbeitsverhältnisse, die seit mehr als sechs Monaten bestehen (vgl. § 90 Abs. 1 Nr. 1 SGB IX) – weitere Ausnahmen vom besonderen Kündigungsschutz enthält § 90 SGB IX. Der besondere Kündigungsschutz erstreckt sich auch auf Gleichgestellte (vgl. § 68 SGB IX).[463] Zum Zeitpunkt der Kündigung muss die Eigenschaft als Schwerbehinderter bzw. Gleichgestellter nachgewiesen sein (vgl. § 90 Abs. 2a 1. Alt. SGB IX). Die Regelungen der §§ 85 ff. SGB IX sind nicht einschlägig, wenn das Versorgungsamt eine Feststellung wegen fehlender Mitwirkung nach Ablauf der Frist des § 69 Abs. 1 S. 2 SGB IX nicht treffen konnte (§ 90 Abs. 2a 2. Alt. SGB IX). Im Umkehrschluss ist die rechtzeitige Antragstellung ausreichend, wenn das Versorgungsamt ohne Verschulden des Arbeitnehmers noch keine Feststellung getroffen hat.[464]

Das Zustimmungserfordernis gilt sowohl für die ordentliche, als auch für die außerordentliche Kündigung.[465] Die Frist für die ordentliche Kündi-

---

zungspflicht aus der Richtlinie zu erfüllen. Bis zum Inkrafttreten des AGG hat die Arbeits- und Verwaltungsgerichtsbarkeit § 81 Abs. 2 SGB IX durch eine Übergangsrechtsprechung auch auf Menschen mit einfacher Behinderung angewendet. Vgl. m. w. N. *Düwell*, in: *Dau/Düwell/Joussen*, LPK-SGB IX, 4. Aufl. (2014), § 81 Rn. 19 f.; *Fraatz*, in: *Brall/Kerschbaumer/Scheer/Westermann (Hrsg.)*, Sozialrecht Kompaktkommentar, 2013, § 81 SGB IX Rn. 16.

461 *Fraatz*, in: *Brall/Kerschbaumer/Scheer/Westermann (Hrsg.)*, Sozialrecht Kompaktkommentar, 2013, § 81 SGB IX Rn. 18.

462 Zum besonderen Kündigungsschutz der Schwerbehindertenvertretung soll hier nicht näher eingegangen werden, vgl. dazu § 96 Abs. 3 SGB IX.

463 *Koch*, in: *Schaub*, Arbeitsrechtshandbuch, 13. Aufl. 2009, § 179 Rn. 1.

464 Vgl. *Griebeling*, in: *Hauck/Noftz*, SGB IX Kommentar (17. Erg.-Lfg. II/08), § 90 Rn. 23.

465 Vgl. *Zöllner/Loritz/Hergenröder*, Arbeitsrecht, 7. Aufl. 2015, S. 404.

gung beträgt mindestens 4 Wochen (§ 86 SGB IX). Die Zustimmung muss dem Arbeitgeber erteilt worden sein, bevor die Kündigungserklärung dem schwerbehinderten Arbeitnehmer zugeht. Fehlt die vorherige Zustimmung, ist die Kündigung gem. § 134 BGB nichtig.[466]

bb) Ausübung des Ermessens

Das Integrationsamt hat die gegensätzlichen Interessen des Arbeitgebers und des Arbeitnehmers gegeneinander abzuwägen und entscheidet über den Zustimmungsantrag des Arbeitgebers nach pflichtgemäßem Ermessen.[467] Das Amt hat auf Seiten des Arbeitnehmers alle Aspekte zu berücksichtigen, die auf der Behinderung und der damit einhergehenden Benachteiligung basieren. Dabei ist der Zweck des SGB IX zu berücksichtigen, die behinderungsbedingten Nachteile auf dem ersten Arbeitsmarkt auszugleichen. Dagegen sind auf Arbeitgeberseite die wirtschaftlichen Interessen abzuwägen. Dem Arbeitgeber kann bspw. nicht zugemutet werden, an einem Arbeitsverhältnis festzuhalten, wenn die Beschäftigungsmöglichkeit für den schwerbehinderten Arbeitnehmer weggefallen ist und kein Ersatzarbeitsplatz verfügbar ist.[468]

Das pflichtgemäße Ermessen ist gem. § 89 SGB IX zugunsten des Arbeitgebers in folgenden Fällen begrenzt: Das Integrationsamt muss die Zustimmung zur Kündigung erteilen, wenn es sich um eine Betriebsstilllegung handelt und eine Kündigungsfrist von mindestens drei Monaten eingehalten wird (§ 89 Abs. 1 S. 1 SGB IX). Das Integrationsamt soll zudem die Zustimmung bei einer Einschränkung des Betriebes erteilen, wenn die Beschäftigungspflicht gem. § 71 SGB IX trotz Kündigung weiterhin erfüllt wird (§ 89 Abs. 1 S. 2 SGB IX). Die bisher genannten Einschränkungen des Ermessens gelten nicht, wenn unter den Voraussetzungen des § 89 Abs. 1 S. 3 SGB IX eine Weiterbeschäftigung auf einem anderen Arbeitsplatz desselben Betriebes oder eines anderen Betriebes desselben Arbeitgebers möglich ist. Darüber hinaus soll die Zustimmung erteilt werden, wenn dem schwerbehinderten Menschen ein anderer Arbeitsplatz gesichert ist (§ 89 Abs. 2 SGB IX). Zum Zustimmungserfordernis bei Eröffnung des Insolvenzverfahrens des Arbeitgebers vgl. § 89 Abs. 3 SGB IX.[469]

Auch bei der außerordentlichen Kündigung hat das Integrationsamt die Entscheidung nach pflichtgemäßem Ermessen zu fällen. Die Zustimmung

---

466 *Junker*, Grundkurs Arbeitsrecht, 14. Aufl. 2015, S. 195.
467 *Koch*, in: *Schaub*, Arbeitsrechtshandbuch, 13. Aufl. 2009, § 179 Rn. 21.
468 *Koch*, in: *Schaub*, Arbeitsrechtshandbuch, 13. Aufl. 2009, § 179 Rn. 22.
469 Vgl. *Schipp*, in: *Tschöpe*, Anwaltshandbuch Arbeitsrecht, 7. Aufl. 2011, S. 1645.

soll erteilt werden, wenn die Kündigung nicht aufgrund der Behinderung erfolgt (vgl. § 91 Abs. 4 SGB IX).

cc) Vereinbarkeitsprüfung und Schlussfolgerung

Es ist zu prüfen, ob die vorgenannten Bestimmungen ausreichen, um den Anforderungen der Konvention bei einer Kündigung von Menschen mit Behinderungen gerecht zu werden.

(1) Einschränkung des geschützten Personenkreises

Der besondere Kündigungsschutz gem. §§ 85 ff. SGB IX gilt für schwerbehinderte und gleichgestellte Arbeitnehmerinnen und Arbeitnehmer. Fraglich ist zunächst, ob diese Einschränkung des geschützten Personenkreises mit Art. 27Abs. 1 S. 2 lit. a UN-BRK vereinbar ist. Deutschland hat sich dazu verpflichtet, Diskriminierungen aufgrund von Behinderung in allen Angelegenheiten im Zusammenhang mit einer Beschäftigung, also auch Kündigungen, zu verbieten. Dabei ist der weite Behinderungsbegriff der UN-BRK anzulegen, d. h. die Konvention sieht keine Einschränkung auf schwerbehinderte Menschen vor. Daran gemessen könnte die Begrenzung des geschützten Personenkreises durch die Regelungen der §§ 85 ff. SGB IX bei vorläufiger Betrachtung konventionswidrig sein.

Diese Begrenzung wäre jedoch unbeachtlich, wenn der Diskriminierungsschutz von Einfachbehinderten durch andere Rechtsvorschriften gewährleistet würde. In Betracht kommt hier § 7 Abs. 1 Hs. 1 AGG i. V. m. § 134 BGB, wonach Benachteiligungen von Beschäftigten aufgrund einer Behinderung (§ 1 AGG) in Bezug auf Maßnahmen bei der Beendigung eines Beschäftigungsverhältnisses (§ 2 Abs. 1 Nr. 2 AGG) unzulässig sind.[470] Bei der Kündigung eines Arbeitsverhältnisses ist der Anwendungsbereich des AGG allerdings grundsätzlich verschlossen. Denn § 2 Abs. 4 AGG bestimmt, dass für Kündigungen ausschließlich die Bestimmungen zum allgemeinen und besonderen Kündigungsschutz gelten.

Es stellt sich daher die Frage, ob die Ausschlussklausel des § 2 Abs. 4 AGG konventionswidrig ist. Diese Frage wurde in ähnlicher Weise im Zusammenhang mit den EU-Richtlinien[471] diskutiert, die zur Schaffung des AGG Anlass gegeben haben.[472] Die Vereinbarkeit des § 2 Abs. 4 AGG mit EU-Recht war umstritten. Auf die Argumente dieses Meinungsstreits kann

470 *Junker*, Grundkurs Arbeitsrecht, 14. Aufl. 2015, S. 187 f.

471 RL 2000/43/EG; RL 2000/78/EG; RL 2006/54/EG.

472 *Junker*, Grundkurs Arbeitsrecht, 14. Aufl. 2015, S. 188.

zumindest in Teilen bei der Beantwortung der Frage nach der Unvereinbarkeit mit der UN-BRK zurückgegriffen werden.

(a) Umfassende Anwendbarkeit des AGG

Nach einer Ansicht ist der Ausschluss des Kündigungsschutzes gem. § 2 Abs. 4 AGG europarechtswidrig.[473] Vertreter dieser Ansicht führen zur Begründung an, dass der Gesetzgeber seine Kompetenzen bei der Schaffung dieser Norm überschritten habe. Eine Vereinbarkeit mit der RL 2000/78/EG sei nicht gegeben, da diese diskriminierende Kündigungen verbiete. Eine richtlinienkonforme Auslegung des § 2 Abs. 4 AGG sei aufgrund des klaren Wortlautes nicht möglich. Dies hätte zur Folge, dass nationale Gerichte § 2 Abs. 4 AGG nicht beachten dürften.[474] Deshalb bleibt nach dieser Meinung den Gerichten nur die Möglichkeit, neben dem schon bestehenden Kündigungsschutz, dass AGG in „Diskriminierungsfällen" zusätzlich anzuwenden.[475]

(b) Teilweise Anwendbarkeit des AGG

Eine zweite Ansicht differenziert zwischen einer rein diskriminierenden Kündigung und einer wirksamen Kündigung, die gleichzeitig mit einer Diskriminierung verbunden ist.[476] So schließe § 2 Abs. 4 AGG aus, dass Arbeitnehmerinnen und Arbeitnehmer einen doppelten Kündigungsschutz haben. Dies sei zunächst auch unproblematisch: Liegt der Kündigung ausschließlich ein diskriminierendes Motiv zugrunde, so ist die Kündigung schon aufgrund der bestehenden gesetzlichen Regelungen unwirksam. Zu nennen sind das KSchG (fehlender Kündigungsgrund), § 626 BGB (fehlender wichtiger Grund) oder §§ 242, 138 BGB für die Fälle, bei denen das KSchG nicht anwendbar ist (z. B. bei Kleinbetrieben, vgl. § 23 KSchG oder während der Wartezeit bzw. Probezeit, vgl. § 1 Abs. 1 KSchG).[477]

Problematisch sei vielmehr die Fallkonstellation, bei der eine Kündigung wirksam ist, zugleich aber ein diskriminierendes Motiv vorliegt. D.h. eine

---

473 *Wenckebach*, in: AuR 2008, S. 70 (71); *Däubler*, in: *Däubler/Bertzbach*, AGG, 3. Aufl. 2013, § 2 Rn. 263 m.w. N.; Adomeit/*Mohr*, AGG Kommentar, 2. Aufl. 2011, § 2 Rn. 220 m. w. N.

474 *ArbG Osnabrück*, Urt. v. 03.07.2007 – 3 Ca 199/07, LAGE § 2 AGG Nr. 2a; Schleusener, in: *Schleusener/Suckow/Voigt*, AGG, 4. Aufl. 2013, § 2 Rn. 29 m. w. N.

475 *Wenckebach*, in: AuR 2008, S. 70 (71).

476 *Diller/Krieger/Arnold*, in: NZA 2006, S. 887 ff.; vgl. auch *Bauer/Göpfert/Krieger*, AGG Kommentar, 4. Aufl. 2015, § 2 Rn. 59a; *Adomeit/Mohr*, AGG Kommentar, 2. Aufl. 2011, § 2 Rn. 220.

477 *Diller/Krieger/Arnold*, in: NZA 2006, S. 887 (892).

Kündigung kann sozial gerechtfertigt sein, weil ein Kündigungsgrund gegeben ist. Gleichzeitig kann für die Kündigung aber auch eine Diskriminierung ausschlaggebend sein. Als Bsp. soll folgender Fall dienen: Ein Geschäftsführer eines Unternehmens ist Mitglied der NPD. Aufgrund einer unternehmerischen Entscheidung will er eine von drei Pförtnerstellen im Unternehmen abbauen. Er weist den Personalleiter an, dem türkischen Pförtner mit einer Behinderung (GdB von 20) zu kündigen, da dieser aufgrund seiner Einschränkung langsamer sei. Die beiden Kollegen sind deutscher Abstammung und haben keine Behinderung. Bei der Sozialauswahl stellt sich später heraus, dass der türkischstämmige Pförtner gegenüber den Kollegen sowieso weniger schutzbedürftig ist.[478] Die Vertreter dieser Ansicht wollen das Rechtsproblem wie folgt lösen: Die Wirksamkeit der Kündigung bemisst sich ausschließlich nach den Regelungen des allgemeinen und besonderen Kündigungsschutz. § 2 Abs. 4 AGG sei aber dahingehend auszulegen, dass dem Gekündigten aufgrund der Diskriminierung ein Entschädigungsanspruch unter den Voraussetzungen des § 15 Abs. 2 AGG zusteht.[479] Im Beispielsfall wäre nach dieser Ansicht die Kündigung wirksam. Dem türkischstämmigen Pförtner stünde aber ein Entschädigungsanspruch wegen Benachteiligung aus Gründen der Rasse oder ethnischen Herkunft und Behinderung (§ 1 AGG) aus § 15 Abs. 2 AGG zu.

(c) Europarechtskonforme Auslegung

In der Literatur und Rechtsprechung wird eine dritte Meinung vertreten, nach der die Gerichte eine richtlinienkonforme Auslegung des Kündigungsrechtes vornehmen sollen.[480] Konkret bedeutet dies, dass die Diskriminierungsverbote der §§ 1 bis 10 AGG, so der 2. Senat des BAG[481], zur Auslegung der unbestimmten Rechtsbegriffe des KSchG (insbes. bei der Prüfung der Sozialwidrigkeit) herangezogen werden sollen.[482] Die Unwirksamkeit der Kündigung soll sich nur aus den Regelungen des allgemeinen und besonderen Kündigungsschutzes oder den zivilrechtlichen Generalklauseln ergeben, so der 2. und 8. Senat des BAG, welche die Frage nach der Anwendung der Entschädigungsregeln nach dem AGG zunächst offen ge-

478 Bsp. abgewandelt nach *Diller/Krieger/Arnold*, in: NZA 2006, S. 887 (889).

479 Vgl. *Diller/Krieger/Arnold*, in: NZA 2006, S. 887 (890); vgl. auch *Bauer/Göpfert/Krieger*, AGG Kommentar, 4. Aufl. 2015, § 2 Rn. 59a

480 *Kamanabrou*, in: RdA 2007, S. 199 (205); *BAG*, Urt. v. 6.11.2008 – 2 AZR 523/07 – NZA 2009, S. 361 ff.; *Schlachter*, in: ErfK, 16. Aufl. 2016, § 2 AGG Rn. 18 m. w. N.; *Adomeit/Mohr*, AGG Kommentar, 2. Aufl. 2011, § 2 Rn. 220.

481 *BAG*, Urt. v. 6.11.2008 – 2 AZR 523/07 – NZA 2009, S. 361 ff.

482 *Schlachter*, in: ErfK, 16. Aufl. 2016, § 2 AGG Rn. 18

lassen haben.[483] Der 8. Senat hat allerdings in einer neueren Entscheidung, bei der es um die Kündigung einer schwangeren Arbeitnehmerin ging, neben dem besonderen Kündigungsschutz gem. § 9 MuSchG und in dem konkreten Fall § 3 Abs. 1 MuSchG, zusätzlich eine Diskriminierung wegen des Geschlechts nach § 3 Abs. 2 S. 1 i. V. m. § 1 AGG angenommen und der Frau einen Entschädigungsanspruch nach § 15 Abs. 2 AGG zugesprochen.[484]

Die bisherige Rechtsprechung wurde vom 6. Senat des BAG für den Fall einer sog. Wartezeitkündigung, also einer Kündigung während der Probezeit, ergänzt. Ergänzt deshalb, weil die vorhergehenden Entscheidungen des oben erwähnten 2. Senats, als auch des 8. Senats, sich jeweils auf „diskriminierende" Kündigungen im Anwendungsbereich des KSchG bezogen.[485] Der 6. Senat des BAG vertritt die Auffassung, dass § 2 Abs. 4 AGG Kündigungen während der Probezeit und in Kleinbetrieben nicht erfasst.[486] Er begründet detailliert, weshalb § 2 Abs. 4 AGG aufgrund seines Zweckes und der Gesetzgebungsgeschichte lediglich das Verhältnis zwischen dem AGG und dem KSchG sowie den speziell auf Kündigungen zugeschnittenen Regelungen erfasst (besonderer Kündigungsschutz oder § 613a Abs. 4, § 622 und § 626 BGB).[487] Unberührt bleiben nach Ansicht des 6. Senats des BAG die zivilrechtlichen Generalklauseln (§§ 138, 242 BGB), die Auffangtatbestände darstellen und nicht zum „allgemeinen Kündigungsschutz" i. S. d. § 2 Abs. 4 AGG gehören.[488] Deshalb sei die ordentliche Kündigung des Arbeitsvertrages eines Arbeitnehmers, auf den das KSchG nicht anzuwenden ist und der durch die Kündigung aus einem in § 1 AGG genannten Grund diskriminiert wird, gem. § 134 BGB i. V. m. § 7 Abs. 1, §§ 1, 3 AGG unwirksam.[489]

---

483 *BAG*, Urt. v. 6.11.2008 – 2 AZR 523/07 – NZA 2009, S. 361 ff.; *BAG*, Urt. v. 22.10.2009 – 8 AZR 642/08 – NZA 2010, S. 280 ff.

484 *BAG* 12.12.2013 – 8 AZR 838/12 – Pressemitteilung Nr. 77/13; *Schlachter*, in: ErfK, 16. Aufl. 2016, § 2 AGG Rn. 18

485 *BAG*, Urt. v. 6.11.2008 – 2 AZR 523/07 – NZA 2009, S. 361 ff.; *BAG*, Urt. v. 22.10.2009 – 8 AZR 642/08 – NZA 2010, S. 280 ff.

486 *BAG*, Urt. v. 19.12.2013 – 6 AZR 190/12, Rn. 22 (zit. nach juris).

487 *BAG*, Urt. v. 19.12.2013 – 6 AZR 190/12, Rn. 22 (zit. nach juris).

488 *BAG*, Urt. v. 19.12.2013 – 6 AZR 190/12, Rn. 23 und Rn. 34 (zit. nach juris).

489 *BAG*, Urt. v. 19.12.2013 – 6 AZR 190/12, Leitsatz (zit. nach juris); vgl. auch *Bauer/Göpfert/Krieger*, AGG Kommentar, 4. Aufl. 2015, § 2 Rn. 60 ff.

(d) Diskussion

Die vorgenannten Meinungen lassen sich nur teilweise auf die Frage der Vereinbarkeit des § 2 Abs. 4 AGG mit Art. 27 Abs. 1 S. 2 lit. a UN-BRK übertragen. Dennoch hat die Entscheidung über die Europarechtskonformität auch Auswirkungen auf die hier interessierende Frage, denn das AGG soll auch vor Benachteiligungen wegen einer einfachen Behinderung schützen. Zunächst ist festzustellen, dass weder der Wortlaut, noch der Sinn und Zweck des Art. 27 Abs. 1 S. 2 lit. a UN-BRK eine bestimmte Umsetzung im nationalen Recht vorsehen. Es besteht auch nicht die Pflicht, den Diskriminierungsschutz für behinderte Menschen mit einer Entschädigungszahlung zu verbinden. Der Gesetzgeber ist also grundsätzlich frei, wie der Diskriminierungsschutz ausgestaltet wird. Allerdings legt Art. 5 Abs. 2 UN-BRK fest, dass die Vertragsstaaten Menschen mit Behinderungen gleichen und wirksamen rechtlichen Schutz vor Diskriminierung garantieren. Dies gilt selbstverständlich auch für das AGG, soweit dieses anwendbar ist.

Die Ansicht, dass § 2 Abs. 4 AGG nicht richtlinienkonform und damit unanwendbar ist (1), vermag nicht zu überzeugen. Denn die Wertungen des AGG können im Rahmen der Auslegung des allgemeinen und besonderen Kündigungsschutzes einfließen und so Diskriminierungen im Zusammenhang mit einer Kündigung ganz im Sinne der Antidiskriminierungsrichtlinie verhindern.

Die zweite Meinung (b) überzeugt nur in Teilen. Wird einer Arbeitnehmerin oder einem Arbeitnehmer ausschließlich aufgrund einer Behinderung gekündigt, so greifen der allgemeine und besondere Kündigungsschutz und die Kündigung dürfte unwirksam sein, da kein Kündigungsgrund vorliegt. Der gleiche Schutz kann sich bei „anstößigen Motiven“[490], wie bei einer Kündigung wegen einer Behinderung, aus §§ 242, 138 BGB ergeben, wenn das KSchG nicht anwendbar ist. Auf diesen Kündigungsschutz durch zivilrechtliche Generalklauseln hat auch das BVerfG in einem Beschluss hingewiesen.[491] Allerdings darf nach Ansicht des Autors bezweifelt werden, ob die Regelungen der §§ 242, 138 BGB im Vergleich zu den Rechtsfolgen des AGG einhalten, was sie versprechen. Bei Kündigungen, die sowohl auf einem wirksamen Kündigungsgrund, als auch auf einer Diskriminierung wegen einer Behinderung basieren, soll die Kündigung nach dieser Ansicht (b) wirksam sein und der oder die Diskriminierte zusätzlich einen Anspruch auf Entschädigung haben. Der Anspruch auf Entschädigung kann hier zunächst dahinstehen. Viel interessanter ist Folgendes:

490 *Junker*, Grundkurs Arbeitsrecht, 14. Aufl. 2015, S. 190.
491 *BVerfG*, Beschl. v. 27.01.1998 – 1 BvL 15/87, BVerfGE 97, 169 (178).

Schützt die Antidiskriminierungsrichtlinie und das diese Richtlinie in nationales Recht umsetzende AGG alle Menschen mit Behinderung, so gilt dies jedenfalls nicht bei der betriebsbedingten Kündigung. Im Rahmen der Sozialauswahl wird nämlich nach § 1 Abs. 3 S. 1 KSchG lediglich eine Schwerbehinderung und nicht eine einfache Behinderung i. S. d. Richtlinie und der EuGH-Rechtsprechung[492] berücksichtigt. In Bezug auf das Merkmal Behinderung ist hier der Schutz durch das KSchG im Vergleich zum AGG bei Einfachbehinderungen nicht gegeben.

Diese Problematik ist dadurch aufzulösen, dass § 2 Abs. 4 AGG richtlinienkonform ausgelegt wird. Der Gesetzgeber koordiniert durch die Regelung des § 2 Abs. 4 AGG den Kündigungsschutz mit dem AGG. Das BAG und Teile des Schrifttums (vgl. (c)) sehen die Europarechtskonformität dieser koordinierenden Regelung dadurch gewahrt, dass die §§ 1–10 AGG im Rahmen der Auslegung unbestimmter Rechtsbegriffe im Kündigungsschutzrecht (z. B. § 1 KSchG: Sozialwidrigkeit, § 626 BGB: wichtiger Grund etc.) beachtet werden müssen. Dadurch werden auch Diskriminierungen von Menschen mit einfacher Behinderung im allgemeinen und besonderen Kündigungsschutzrecht berücksichtigt. § 2 Abs. 4 AGG findet lediglich Anwendung auf den allgemeinen Kündigungsschutz nach dem KSchG, den kündigungsspezifischen Regelungen des BGB (z. B. § 613a BGB), sowie des besonderen Kündigungsschutzes mit der Folge der europarechtskonformen Auslegung. § 2 Abs. 4 AGG findet keine Anwendung auf zivilrechtliche Generalklauseln (§ 242 BGB: Treu und Glauben, § 138 BGB: Sittenwidrigkeit) und ordentliche Kündigungen während der Probezeit sowie Kündigungen in Kleinbetrieben. Dieser Meinung soll hier gefolgt werden.

(e) Ergebnis

Im Ergebnis ist § 2 Abs. 4 AGG mit Art. 27 Abs. 1 S. 2 lit a UN-BRK vereinbar. Die UN-BRK verpflichtet die Vertragsstaaten u. a. dazu, einen wirksamen Schutz vor Diskriminierungen u. a. bei Kündigungen für alle (!) Menschen mit einer Behinderung zu schaffen. In Deutschland ist dies dadurch gewährleistet, dass die Regelungen der §§ 1–10 AGG europarechtskonform im Rahmen der Auslegung im Allgemeinen und Besonderen Kündigungsschutz einzubeziehen sind und somit auch einfache Behinderungen vor Diskriminierungen schützen. Bei ordentlichen Kündigungen während der Probezeit oder in Kleinbetrieben ist das AGG grundsätzlich anzuwenden; § 2 Abs. 4 AGG gilt hier nicht. Letzteres trifft auch auf die zivilrechtlichen

492 Vgl. *EuGH*, Urteil v. 11.04.2013, Rs. C-335/11 und C-337/11 – Ring, Skouboe Werge.

Generalklauseln zu. Allerdings sind zukünftig auch die Regelungen der UN-BRK bei der völkerrechtskonformen Auslegung unbestimmter Rechtsbegriffe im Kündigungsschutzrecht zu berücksichtigen, so z. B. die Artikel 2 und 5 UN-BRK.

Einer Ausweitung der §§ 85 ff. SGB IX auf Einfachbehinderte bedarf es darüber hinaus nicht. Denn Art. 27 UN-BRK ist nicht zu entnehmen, dass der Diskriminierungsschutz durch eine bestimmte Regelung sichergestellt werden soll (z. B. einem Zustimmungserfordernis). Der Gesetzgeber ist berechtigt, für bestimmte Personengruppen einen weitergehenden Schutz zu schaffen. Die UN-BRK lässt besser geeignete und weitergehende Bestimmungen eines Vertragsstaates unberührt (vgl. Art. 4 Abs. 4 UN-BRK).

(2) Ausübung des Ermessens im Lichte der UN-BRK

Die Vertragsstaaten haben sich gem. Art. 4 Abs. 1 lit. d UN-BRK dazu verpflichtet, dafür Sorge zu tragen, dass staatliche Behörden im Einklang mit der Konvention handeln. Behörden müssen bei der Anwendung und Auslegung von Rechtsvorschriften die Konvention berücksichtigen. Die UN-BRK dient auch der Konkretisierung von Ermessensnormen. Die Integrationsämter sind Behörden (vgl. § 1 Abs. 2 SGB X) und haben in den Bundesländern die Aufgabe, soweit ihnen das gesetzlich zugewiesen ist, die Regelungen zur Teilhabe schwerbehinderter Menschen am Arbeitsleben durchzuführen (vgl. § 101 SGB IX). Dazu gehört auch gem. §§ 85 ff. SGB IX die Zustimmung zu einer Kündigung eines Schwerbehinderten oder Gleichgestellten nach pflichtgemäßem Ermessen zu erteilen oder zu verweigern. Bei dieser Ermessensausübung hat das Integrationsamt nicht nur den Zweck des SGB IX, Nachteile aufgrund einer Behinderung auszugleichen[493], zu beachten, sondern darüber hinaus eine Entscheidung im Lichte der UN-BRK zu treffen. Dabei sind insbesondere zu beachten:

- Das Verbot jeder Diskriminierung aufgrund von Behinderung (Art. 5 Abs. 2 i. V. m. Art. 2 Unterabs. 3 UN-BRK).
- Die Bereitstellung angemessener Vorkehrungen zur Förderung der Gleichberechtigung und zur Beseitigung von Diskriminierung (Art. 5 Abs. 3 i. V. m. Art. 2 Unterabs. 4 UN-BRK).
- Die Verwirklichung des gleichen Rechts auf Arbeit von Menschen mit Behinderung auf einem inklusiven Arbeitsmarkt zu sichern und zu fördern (vgl. Art. 27 UN-BRK).

493 Vgl. *Rolfs*, in: ErfK, 16. Aufl. 2016, § 89 SGB IX Rn. 1.

e) Öffentlich-rechtlicher Diskriminierungsschutz

In Bezug auf Leistungen und Rechte des SGB findet das AGG keine Anwendung. Dies ergibt sich im Umkehrschluss aus § 2 Abs. 2 S. 1 AGG. Danach gelten für den öffentlich-rechtlichen Diskriminierungsschutz im SGB die spezialgesetzlichen Regelungen in § 33c SGB I und § 19a SGB IV.[494]

aa) Benachteiligungsverbot gem. § 33c SGB I

§ 33c S. 1 SGB I schreibt vor, dass niemand aus Gründen einer Behinderung bei der Inanspruchnahme sozialer Rechte benachteiligt werden darf. Die Norm enthält ein „umfassendes Benachteiligungsverbot“, das auf alle sozialen Rechte (vgl. §§ 2–10 SGB I) Anwendung findet.[495] Es werden keine neuen sozialen Rechte oder gar Ansprüche geschaffen, sondern es wird auf die Vorschriften und Anspruchsgrundlagen der besonderen Teile des SGB verwiesen (vgl. § 33c S. 2 SGB I). § 33c SGB I schützt sowohl bei unmittelbaren, als auch bei mittelbaren Benachteiligungen im Zusammenhang mit der Durchsetzung sozialer Rechte.[496] Einbezogen sind alle sozialen Rechte und Leistungen im Rahmen einer Beschäftigung. Bei der Auslegung der unbestimmten Rechtsbegriffe „Behinderung“ und „Benachteiligung“ sind nunmehr die Bestimmungen der UN-BRK heranzuziehen. Zu diesen Bestimmungen gehört auch das Diskriminierungsverbot des Art. 5 UN-BRK, welches nach h. M. unmittelbar gilt.[497] Eine Diskriminierung kann auch dann vorliegen, wenn angemessene Vorkehrungen vorenthalten werden.[498] Demzufolge liegt gem. § 33c UN-BRK nunmehr auch eine Benachteiligung vor, wenn Menschen mit Behinderung bei der Inanspruchnahme sozialer Rechte angemessene Vorkehrungen vorenthalten werden. Dies ist bei der Anwendung und Auslegung des geltenden Sozialrechts zu berücksichtigen. Durch eine völkerrechtskonforme Anwendung entspricht § 33 c SGB I grundsätzlich den Verpflichtungen aus Art. 27 Abs. 1 S. 2 lit. a UN-BRK. In der Literatur wird darüber hinaus eine Anpassung der sozialrechtlichen Leistungsvoraussetzungen, Leistungsgewährung und Leistungsausführung

---

494 Vgl. *Adomeit/Mohr*, AGG Kommentar, 2. Aufl. 2011, § 2 Rn. 179; *Schleusener*, in: *Schleusener/Suckow/Voigt*, AGG Kommentar, 4. Aufl. 2013, § 2 Rn. 17.

495 *Timme*, in: *Krahmer*, LPK-SGB I, 2. Aufl. 2008, § 33c Rn. 5 ff.

496 *Timme*, in: *Krahmer*, LPK-SGB I, 2. Aufl. 2008, § 33c Rn. 7.

497 U.a. *Lachwitz/Trenk-Hinterberger*, in: RdLH 2010, S. 45 (47); *Aichele/Althoff*, in: *Welke* (Hrsg.), UN-BRK Kommentar, 2012, S. 116; *Luthe*, in: br 2014, S. 89.

498 *Aichele/Althoff*, in: *Welke* (Hrsg.), UN-BRK Kommentar, 2012, S. 116.

an die Erfordernisse der angemessenen Vorkehrungen aus dem Diskriminierungsverbot der UN-BRK abgeleitet (vgl. dazu F. V.).[499]

bb) Benachteiligungsverbot gem. § 19a SGB IV

Ein im Verhältnis zu § 33c SGB I spezielleres Benachteiligungsverbot ist in § 19a SGB IV zu finden.[500] Die Regelung bestimmt u. a., dass niemand wegen einer Behinderung bei der Inanspruchnahme von Leistungen im Zusammenhang mit dem Zugang zu Berufsberatung, Berufsbildung, beruflicher Weiterbildung, Umschulung, einschließlich der praktischen Berufserfahrung, benachteiligt werden darf. Ansprüche können nur unter den Voraussetzungen der besonderen Teile des SGB hergeleitet werden (vgl. § 19a S. 2 SGB IV).

Die Norm betrifft vor allem Leistungen, die überwiegend nach dem SGB III gewährt werden.[501] Der Geltungsbereich erstreckt sich aber auf alle Zweige der Sozialversicherung.[502] Dabei sollen unmittelbare und mittelbare Benachteiligungen im Kontakt mit Leistungsträgern und Leistungserbringern verhindert werden.[503] In der Literatur wird kritisch angemerkt, dass sich das Verbot der Benachteiligung für die Leistungsträger bereits aus Art. 3 Abs. 3 GG ergibt. Zudem gelte die Regelung des § 33c SGB I für das gesamte SGB, weshalb nach dieser Ansicht § 19a SGB IV „bedeutungslos bleiben“ dürfte; zudem sei die Normenkonkurrenz völlig ungeklärt.[504] Änderungsbedarf aufgrund des Art. 27 UN-BRK ist hier nicht ersichtlich.

3. Zusammenfassung

Zusammenfassend lässt sich feststellen, dass Deutschland den Schutz vor Diskriminierung aufgrund von Behinderung in allen Angelegenheiten im

---

499 *Nebe*, in: Sozialrecht aktuell Sonderheft 2014, S. 1 (3 f.).

500 *Seewald*, in: *Gürtner*/Niesel, KassKomm, Losebl. (Stand: Erg.-Lfg. 52 Nov. 2006), § 33c SGB I Rn. 7.

501 Berufsberatung (§§ 29 ff. SGB III); Berufsbildung (§§ 48 ff. SGB III); berufliche Weiterbildung (§§ 81 ff. SGB III); zu beachten ist auch § 33 Abs. 3 SGB IX; vgl. *Knospe*, in: *Hauck/Noftz*, SGB IV Kommentar, Losebl. (Stand: Erg.-Lfg. 2/12 III/12), § 19a Rn. 13.

502 *Knospe*, in: *Hauck/Noftz*, SGB IV Kommentar, Losebl. (Stand: Erg.-Lfg. 2/12 III/12), K § 19a Rn. 28.

503 *Seewald*, in: *Gürtner/Niesel*, KassKomm, Losebl. (Stand: Erg.-Lfg. 52 Nov. 2006), § 19a SGB IV Rn. 7 ff.

504 *Knospe*, in: *Hauck/Noftz*, SGB IV Kommentar, Losebl. (Stand: Erg.-Lfg. 2/12 III/12), K § 19a Rn. 10 ff.

Zusammenhang mit einer Beschäftigung bereits gewährleistet. Der Erlass weiterer Rechtsvorschriften ist infolge des Art. 27 Abs. 1 S. 2 lit. a UN-BRK nicht erforderlich. Allerdings ist bei der Anwendung und Auslegung der bestehenden Regelungen die UN-BRK mit ihren Bestimmungen zu berücksichtigen. Dies betrifft vor allem das erweiterte Verständnis des Begriffes der Behinderung.

III. Arbeitsbedingungen

Zu den allgemeinen Grundsätzen der Konvention gehört auch die Chancengleichheit.[505] Diese und das Prinzip der Gleichberechtigung vor dem Gesetz (u. a. gleicher Schutz durch das Gesetz)[506] werden für den Bereich der Arbeitsbedingungen durch Art. 27 Abs. 1 S. 2 lit. b UN-BRK konkretisiert.

1. Inhalt, Auslegung und Verpflichtung

Inhalt: „States Parties shall safeguard and promote the realization of the right to work [...] by taking appropriate steps, including through legislation, to, inter alia: [...] Protect the rights of persons with disabilities, on an equal basis with others, to just and favourable conditions of work, including equal opportunities and equal remuneration for work of equal value, safe and healthy working conditions, including protection from harassment, and the redress of grievances; [...].“[507]

Auslegung: Das „gleiche Recht“ meint hier zunächst, dass Menschen mit Behinderungen in Bezug auf die Arbeitsbedingungen grundsätzlich nicht schlechter stehen sollen, als Menschen ohne eine Behinderung. Ob das auch im Verhältnis zu anderen Menschen mit einer Behinderung gilt, ist noch zu

505 Art. 3 lit. e UN-BRK.

506 Vgl. Art. 5 Abs. 1 UN-BRK.

507 Art. 27 Abs. 1 S. 2 lit. b UN-BRK. Die deutsche Übersetzung lautet: „Die Vertragsstaaten sichern und fördern die Verwirklichung des Rechts auf Arbeit [...] durch geeignete Schritte, einschließlich des Erlasses von Rechtsvorschriften, um unter anderem [...] das gleiche Recht von Menschen mit Behinderungen auf gerechte und günstige Arbeitsbedingungen, einschließlich Chancengleichheit und gleichen Entgelts für gleichwertige Arbeit, auf sichere und gesunde Arbeitsbedingungen, einschließlich Schutz vor Belästigungen, und auf Abhilfe bei Missständen zu schützen; [...].“

prüfen. Es ist der weite Behinderungsbegriff als Maßstab anzulegen. Insofern kann auf die obigen Ausführungen verwiesen werden (vgl. B. VII. 3. b)).

Was unter gleichen und gerechten Arbeitsbedingungen zu verstehen ist, bedarf zunächst der Auslegung. Ausdrücklich erwähnt ist die Chance auf gleiches Entgelt für gleichwertige Arbeit, sichere und gesunde Arbeitsbedingungen, Schutz vor Belästigung und Abhilfe bei Missständen (Art. 27 Abs. 1 S. 2 lit. b UN-BRK). Im Rahmen der systematischen völkerrechtlichen Auslegung kann gem. Art. 31 Abs. 3 lit. c WVK „jeder in den Beziehungen zwischen den Vertragsparteien anwendbare einschlägige Völkerrechtssatz" herangezogen werden. Zur Konkretisierung des Begriffes Arbeitsbedingungen lässt sich deshalb auf den IPwskR vom 16.12.1966 zurückgreifen. Von den bisher geschlossenen internationalen Vereinbarungen besitzt dieser für das Arbeitsrecht die größte Bedeutung.[508] In Art. 7 IPwskR ist das Recht auf gerechte und günstige Arbeitsbedingungen allgemein verankert.[509] Zu diesen zählen:

- angemessenes und gleiches Entgelt für gleichwertige Arbeit, unabhängig vom Geschlecht (vgl. Art. 7 lit. a IPwskR),
- sichere und gesunde Arbeitsbedingungen (vgl. Art. 7 lit. b IPwskR),
- gleiche berufliche Aufstiegschancen (vgl. Art. 7 lit. c IPwskR),
- Arbeitspausen, Freizeit, angemessen lange Arbeitszeit, bezahlter und regelmäßiger Urlaub, Vergütung gesetzlicher Feiertage (vgl. Art. 7 lit. d IPwskR).

Gemeint sind mit Arbeitsbedingungen also überwiegend Regelungen hinsichtlich des Urlaubs, der Vergütung, der Arbeitszeit, des Arbeits- und Gesundheitsschutzes und des beruflichen Fortkommens (beruflicher Aufstieg). Der berufliche Aufstieg von Menschen mit Behinderungen wird sowohl in Art. 27 Abs. 1 S. 2 lit. a, als auch in lit. e UN-BRK ausdrücklich erwähnt, insoweit wird auf die allgemeinen Ausführung zum AGG verwiesen (vgl. dazu E. II. 2. b)).

Verpflichtung: Vorliegend ist eine Achtungsverpflichtung gegeben, denn der Staat hat als Arbeitgeber die genannten Rechte zu beachten. Darüber

508 *Birk*, in: MünchArbR, Bd. 1, 2. Aufl. 2000, § 17 Rn. 16 (in der 3. Aufl. wurde von einer Darstellung des Arbeitsvölkerrechts abgesehen, vgl. *Oetker*, in: MünchArbR, Bd. 1, 3. Aufl. 2009, § 10 Fn. 1).

509 *Birk*, in: MünchArbR, Bd. 1, 2. Aufl. 2000, § 17 Rn. 19.

hinaus handelt es sich aber auch um eine Schutzverpflichtung. Der Vertragsstaat muss durch gesetzliche Regelungen sicherstellen, dass auch im Verhältnis zwischen Privaten die Vorgaben in Bezug auf die Arbeitsbedingungen eingehalten werden.[510]

2. Innerstaatliche Rechtsvorschriften

In Deutschland werden die Arbeitsbedingungen in der Mehrzahl der Arbeitsverhältnisse nicht individuell zwischen den Arbeitsvertragsparteien ausgehandelt. Sondern sie können sich grundsätzlich aus einem Gesetz, einem Tarifvertrag (TV), einer Betriebsvereinbarung (BV), einem Arbeitsvertrag (AV), aber auch aus einer betrieblichen Übung oder Gesamtzusage ergeben.[511] Vorliegend sollen ausgewählte gesetzliche Regelungen auf Übereinstimmung mit der UN-BRK überprüft werden. Es ist an dieser Stelle darauf hinzuweisen, dass der Wortlaut, als auch die inhaltliche Struktur des Art. 27 UN-BRK Doppelungen enthält (bspw. „sichere und gesunde Arbeitsbedingungen", Art. 27 Abs. 1 S. 2 lit. a und lit. b UN-BRK). Es wird deshalb auch auf die entsprechenden Ausführungen zu anderen lit. verwiesen, insbesondere auf die Ausführungen zum AGG (vgl. dazu E. II. 2. b)); dessen § 2 Abs. 1 Nr. 2 bspw. bestimmt, dass Benachteiligungen u. a. wegen einer Behinderung in Bezug auf die Beschäftigungs- und Arbeitsbedingungen nach Maßgabe des AGG unzulässig sind.

a) Urlaub

Relevante gesetzliche Regelungen zum Erholungsurlaub finden sich vor allem im BUrlbG und im SGB IX. Normen zum Bildungsurlaub nach den Landesgesetzen bleiben an dieser Stelle außer Betracht.[512]

aa) Erholungsurlaub nach dem BUrlG

Einen Anspruch auf bezahlten Erholungsurlaub hat jeder Arbeitnehmer (§ 1 BUrlG). Zu den anspruchsberechtigten Arbeitnehmern gehören Arbeiter und Angestellte, Auszubildende, aber auch arbeitnehmerähnliche Personen (§ 2 BUrlG). Der volle Urlaubsanspruch entsteht erstmalig nach

---

510 *Trenk-Hinterberger*, in: *Kreutz/Lachwitz/Trenk-Hinterberger*, Die UN-Behindertenrechtskonvention in der Praxis, 2013, Art. 27 Rn. 17.

511 *Richardi*, in: MünchArbR, Bd. 1, 3. Aufl. 2009, § 7 Rn. 39 ff.

512 Vgl. *Zöllner/Loritz/Hergenröder*, Arbeitsrecht, 7. Aufl. 2015, S. 248.

Ablauf einer sechsmonatigen Wartezeit (§ 4 BUrlG). Die Dauer des Erholungsurlaubs beträgt jährlich mindestens 24 Werktage (§ 3 Abs. 1 BurlG). Das BUrlbG geht von einer Sechs-Tage-Woche aus. Da die meisten Arbeitsverhältnisse auf einer Fünf-Tage-Woche basieren, beträgt der Urlaubsanspruch in diesen Fällen 20 Arbeitstage pro Jahr.[513] Andere Gesetze sehen eine längere Dauer des Erholungsurlaubs vor. So gewährt § 19 JArbSchG Jugendlichen in Abhängigkeit von ihrem Alter einen zusätzlichen Anspruch (vgl. zum Zusatzurlaub für Schwerbehinderte die Ausführungen im nächsten Abschnitt).[514] Während des Erholungsurlaubs muss der Arbeitgeber dem Arbeitnehmer ein Urlaubsentgelt zahlen, dessen Höhe sich nach dem durchschnittlichen Arbeitsverdienst der letzten dreizehn Wochen, ohne die Berücksichtigung von Überstundenvergütungen, bemisst (vgl. §§ 1, 11 BUrlG). Daneben sehen viele Tarifverträge und Arbeitsverträge die Zahlung eines zusätzlichen Urlaubsgeldes vor.[515] In Bezug auf die zeitliche Lage des Urlaubs sind die Wünsche des Arbeitnehmers zu berücksichtigen (§ 7 Abs. 1 S. 1 BUrlG). Das BUrlG bevorzugt ausdrücklich Rehabilitanden, denn diese können ausstehenden Urlaub im Anschluss an eine Maßnahme der medizinischen Vorsorge oder Rehabilitation verlangen; der Urlaub ist dann vom Arbeitgeber zu gewähren (§ 7 Abs. 1 S. 2 BUrlG). Zudem ist es dem Arbeitgeber untersagt, Zeiten für Maßnahmen der medizinischen Vorsorge oder Rehabilitation auf den Urlaub anzurechnen, soweit ein Entgeltfortzahlungsanspruch nach dem EFZG besteht (vgl. § 10 BUrlG). Entfällt der Anspruch auf Entgeltfortzahlung, weil der Sechs-Wochen-Zeitraum gem. § 3 Abs. 1 S. 1 EFZG während einer medizinischen Rehabilitationsmaßnahme abgelaufen ist, darf der Arbeitgeber trotzdem keinen Urlaub anordnen. Eine Urlaubsgewährung kommt nur bei Maßnahmen in Betracht, die keinen Entgeltfortzahlungsanspruch auslösen (z. B. Erholungs- oder Badekur).[516]

So weit ersichtlich, sind die Bestimmungen des BUrlG konventionskonform; es lassen sich keine Regelungen finden, die Menschen mit Behinderungen nicht die gleichen Bedingungen gewähren. Demnach besteht der Anspruch auf Erholungsurlaub und auf Urlaubsentgelt für alle Arbeitnehmer gem. § 2 BUrlG, also in gleicher Weise für Menschen mit und ohne Behinderungen. Es sind sogar Regelungen zu finden, die Menschen mit einer Behinderung ausdrücklich begünstigen (z. B. § 7 Abs. 1 S. 2 BUrlG).

513 Vgl. *Wörlen/Kokemoor*, in: Arbeitsrecht, 11. Aufl. 2014, S. 66.
514 Vgl. *Zöllner/Loritz/Hergenröder*, Arbeitsrecht, 7. Aufl. 2015, S. 466.
515 Vgl. *Wollenschläger*, Arbeitsrecht, 3. Aufl. 2010, S. 108.
516 *Gallner*, in: ErfK, 16. Aufl. 2016, § 10 BUrlG Rn. 7 f.

Anderweitige Bestimmungen, auch in Tarif- oder Arbeitsverträgen, die Beschäftigte mit einer Behinderung gegenüber anderen Beschäftigten benachteiligen würden, wären gem. Art. 27 Abs. 1 S. 2 lit. b UN-BRK i. V. m. Art. 5 Abs. 2 UN-BRK unzulässig.

bb) Zusatzurlaub gem. § 125 SGB IX

Schwerbehinderte Menschen haben einen Anspruch auf bezahlten Zusatzurlaub von fünf Arbeitstagen im Jahr; der Anspruch erhöht oder vermindert sich in Abhängigkeit von der Verteilung der regelmäßigen Arbeitszeit auf mehr oder weniger als fünf Arbeitstage (§ 125 Abs. 1 S. 1 SGB IX).[517] Gerechtfertigt wird der Zusatzurlaub mit dem Argument, dass Schwerbehinderte ihre Arbeitskraft schneller als andere Arbeitnehmerinnen und Arbeitnehmer verbrauchen und den zusätzlichen Urlaub zur Erhaltung ihrer Arbeitskraft benötigen.[518] Schwerbehinderte Beschäftigte haben demnach ein höheres Erholungsbedürfnis; weshalb nach h. L. eine Besserstellung sachlich gerechtfertigt sei.[519] Das höhere Erholungsbedürfnis wird unwiderleglich vermutet und muss im Einzelfall nicht nachgewiesen werden.[520] Dagegen haben den Schwerbehinderten gleichgestellte Beschäftigte keinen Anspruch auf Zusatzurlaub. Dies ist ausdrücklich in § 68 Abs. 3 SGB IX geregelt. Die übrigen Bestimmungen des Schwerbehindertenrechts finden, von wenigen Ausnahmen abgesehen, jedoch Anwendung auf gleichgestellte Arbeitnehmerinnen und Arbeitnehmer (§ 68 Abs. 1 SGB IX).

(1) Vereinbarkeit mit Art. 27 Abs. 1 S. 2 lit. b UN-BRK

Es stellt sich die Frage, ob die Regelung des § 125 SGB IX i. V. m. § 68 Abs. 3 SGB IX mit Art. 27 Abs. 1 S. 2 lit. b UN-BRK zu vereinbaren ist. Das wäre dann nicht der Fall, wenn Deutschland aus der Konvention heraus verpflichtet wäre, dass gleiche Recht von Menschen mit Behinderungen auf gerechte und günstige Arbeitsbedingungen nicht nur im Verhältnis zu Menschen ohne eine Behinderung, sondern auch im Verhältnis zwischen

---

517 Vgl. zu weiteren Einzelheiten bzgl. Entstehung, Dauer, Erlöschen, Abgeltung etc. des Anspruchs *Knittel*, SGB IX Kommentar, 6. Aufl. 2012, § 125 Rn. 13 ff.; *Müller-Wenner*, in: SGB IX Teil 2 Kommentar, 2. Aufl. 2011, § 125 Rn. 4 ff.; *Düwell*, in: *Dau/Düwell/Haines*, LPK SGB IX, 4. Aufl. 2014, § 125 Rn. 9 ff.

518 *Rolfs*, in: ErfK, 16. Aufl. 2016, § 125 SGB IX Rn. 1.

519 Vgl. *Düwell*, in: *Dau/Düwell/Haines*, LPK SGB IX, 4. Aufl. 2014, § 125 Rn. 4; *Knittel*, SGB IX Kommentar, 6. Aufl. 2012, § 125 Rn. 3; *Müller-Wenner*, in: SGB IX Teil 2 Kommentar, 2. Aufl. 2011, § 125 Rn. 2; a. A. *Gravenhorst*, in: NZA 2005,S. 803 (804).

520 *Rolfs*, in: ErfK, 16. Aufl. 2016, § 125 SGB IX Rn. 1.

Menschen mit einer einfachen Behinderung und einer Schwerbehinderung, zu schützen.

(a) Auslegung „on an equal basis with others"

Fraglich ist zunächst, wie der Begriff „gleiches Recht von Menschen mit Behinderungen" („on an equal basis with others") auszulegen ist.

(aa) Wortlaut

Dem rechtsverbindlichen englischen Wortlaut nach „on an equal basis with others", kann sich diese Formulierung sowohl auf vergleichbare Menschen mit Behinderung, als auch auf Menschen ohne Behinderung beziehen, wobei Letzteres unstreitig anzunehmen ist. Die „Anderen" sind aber in Art. 27 Abs. 1 S. 2 lit. b UN-BRK nicht genauer spezifiziert. Zwar hätten die Vertragsstaaten anders formulieren können, z. B. „on an equal basis with other people without disabilities". Aber aus dieser Auslassung kann nicht zwangsläufig auf die Einbeziehung beider Gruppen geschlossen werden. Der Wortlaut führt hier zu keinem eindeutigen Ergebnis.

(bb) Systematik

In anderen Artikeln der UN-BRK – in ihrer engl. Sprachfassung – ist eine ähnliche oder gleiche Formulierung zu finden, so z. B. in Art. 9 Abs. 1, Art. 12, Art. 13 Abs. 1 und Art. 14 Abs. 1 UN-BRK. Nach Art. 12 Abs. 2 UN-BRK, anerkennen die Vertragsstaaten z. B., dass Menschen mit Behinderungen in allen Lebensbereichen gleichberechtigt mit anderen Rechts- und Handlungsfähigkeit genießen („[...] that persons with disabilities enjoy legal capacity on an equal basis with others in all aspects of life."). Eine Ansicht in der Literatur geht davon aus, dass mit den „Anderen" gem. Art. 12 UN-BRK lediglich nichtbehinderte Menschen gemeint sein können, ohne dies näher zu begründen.[521] Daraus folgt der Schluss: „Ein Menschenrecht gilt nicht unbeschränkt, sondern in gleichem Maße, wie es einem nichtbehinderten Menschen zusteht."[522] Systematisch bedeutet dies, dass die Rechte der UN-BRK nur für Menschen mit Behinderung Gültigkeit haben und als Bezugsgruppe für die „gleichen Rechte" immer nichtbehinderte Menschen herangezogen werden müssen.

---

521 *Lachwitz*, in: *Kreutz/Lachwitz/Trenk-Hinterberger*, Die UN-Behindertenrechtskonvention in der Praxis, 2013, Art. 5 Rn. 2; *Trenk-Hinterberger*, in: *Welke*, UN-BRK mit rechtlichen Erläuterungen, 2012, Art. 27 Rn. 10.

522 *Lachwitz*, in: *Kreutz/Lachwitz/Trenk-Hinterberger*, Die UN-Behindertenrechtskonvention in der Praxis, 2013, Art. 5 Rn. 2.

Nach a. A. können einzelne Rechte der UN-BRK aber auch so auszulegen sein, dass sie alle Menschen betreffen: „Zwar ist die UN-BRK unbestritten ein behinderungsspezifischer Text. Mit der UN-BRK ist es der internationalen Staatengemeinschaft jedoch unter dem Dach des Artikels 12 gelungen, anzuzeigen, dass die Ausübung der rechtlichen Handlungsfähigkeit für **alle** [Hervorhebung im Original] Menschen gilt und in diesem Zuge allgemeine staatliche Verpflichtungen zu entwickeln sind."[523] Wenn also alle Menschen in den Anwendungsbereich des Art. 12 UN-BRK potentiell einbezogen sein können, dann gilt dies erst recht für die Bezugsgruppe. Konsequent weitergedacht bedeutet dies, dass grundsätzlich auch Menschen mit einer Behinderung als Vergleichsgruppe dienen können.

(cc) Sinn und Zweck

Sinn und Zweck der UN-BRK ist, den vollen und gleichberechtigten Genuss aller Menschenrechte durch alle Menschen mit Behinderungen sicherzustellen (Art. 1 Abs. 1 UN-BRK). Wesentlicher Grundsatz der UN-BRK ist dabei die Nichtdiskriminierung (Art. 3 lit. b UN-BRK), die sich wie ein roter Faden durch die gesamte Konvention zieht. Die Staaten anerkennen u. a., dass **alle Menschen** „ohne Diskriminierung Anspruch auf gleichen Schutz durch das Gesetz und gleiche Vorteile durch das Gesetz haben" (Art. 5 Abs. 1 UN-BRK). Hier wird deutlich, dass das Prinzip der Gleichberechtigung für alle Menschen Gültigkeit besitzt. Menschen mit einer Behinderung dürfen nicht gegenüber anderen diskriminiert werden, indem ihnen Vorteile ohne sachlichen Grund vorenthalten werden. Dies gilt im Verhältnis zu nichtbehinderten Menschen. Denklogisch muss dies aber auch im Verhältnis zu Menschen mit einer Behinderung gelten. Denn aus welchem Grund sollte eine Diskriminierung eines Menschen mit einer Behinderung gegenüber einem anderen Menschen mit einer Behinderung nach der UN-BRK zulässig sein, wenn dafür keinerlei Rechtfertigung vorliegt.

(dd) Ergebnis

Im Ergebnis bedeutet dies, dass sich die Formulierung „on an equal basis with others" auch auf andere Menschen mit Behinderung beziehen kann. Die Grundsätze der Nichtdiskriminierung und der Gleichberechtigung sind nach Sinn und Zweck der UN-BRK in ihrer Anwendung nicht auf den Vergleich mit nichtbehinderten Menschen beschränkt. Demnach können bspw. Diskriminierungen auch im Verhältnis zwischen Menschen mit einfacher

523 *Aichele/Degener*, in: *Aichele*, Das Menschenrecht auf gleiche Anerkennung vor dem Recht, 2013, S. 42.

Behinderung und Schwerbehinderung entstehen und einen Verstoß gegen Artikel der UN-BRK darstellen. Dies wäre im Einzelfall zu prüfen.

(b) Diskussion

§ 125 SGB IX fällt unter die Regelung des Art. 27 Abs. 1 S. 2 lit. b UN-BRK. Denn zweifelsohne handelt es sich vorliegend mit § 125 SGB IX um eine begünstigende Arbeitsbedingung, nämlich eine vorteilhafte Urlaubsregelung. § 125 SGB IX i. V. m. § 68 Abs. 3 SGB IX schließt gleichgestellte Menschen vom Genuss des Zusatzurlaubs aus. Deutschland hat sich als Vertragsstaat verpflichtet das gleiche Recht von Menschen mit Behinderungen auf gerechte und günstige Arbeitsbedingungen zu schützen (Art. 27 Abs. 1 S. 2 lit. b UN-BRK). Dies gilt grundsätzlich auch im Vergleich mit günstigeren Arbeitsbedingungen von anderen Menschen mit Behinderung.

Ein Ausschluss Gleichgestellter wäre nur dann mit der Konvention zu vereinbaren, wenn dafür ein sachlicher Grund gegeben ist. Dieser sachliche Grund könnte in dem Erfordernis einer Schwerbehinderung zu sehen sein, die ein höheres Erholungsbedürfnis aufgrund besonderer Belastungen rechtfertigt.[524] Dieser Ansicht ist grundsätzlich zuzustimmen. Es leuchtet unmittelbar ein, dass einfache Behinderungen mit geringeren Belastungen verbunden sind und deshalb auch ein geringeres Erholungsbedürfnis mit sich bringen.

Fraglich erscheint allerdings, ob dies auch für die Gleichstellung zutrifft. Denn auf gleichgestellte Menschen finden mit zwei Ausnahmen (Zusatzurlaub, § 125 SGB IX und unentgeltliche Beförderung mit entsprechendem Merkzeichen im öffentlichen Personenverkehr, vgl. dazu §§ 145 ff. SGB IX) die besonderen Regelungen für schwerbehinderte Menschen Anwendung (§ 68 Abs. 3 SGB IX). Eine Gleichstellung ist u. a. dann festzustellen, wenn das Schutzbedürfnis der Gleichzustellenden dem Schutzbedürfnis von Schwerbehinderten entspricht.[525] Gleichgestellte Menschen kommen dann bspw. ebenfalls in den Genuss des besonderen Kündigungsschutz für Schwerbehinderte gem. §§ 85 ff. SGB IX.[526] Sie sind z. B. auch gem. § 124 SGB IX auf ihr Verlangen von Mehrarbeit freizustellen.[527] Gerade die letzt-

---

524 Vgl. *Düwell*, in: *Dau/Düwell/Haines*, LPK SGB IX, 4. Aufl. 2014, § 125 Rn. 4; *Knittel*, SGB IX Kommentar, 6. Aufl. 2012, § 125 Rn. 3; *Müller-Wenner*, in: SGB IX Teil 2 Kommentar, 2. Aufl. 2011, § 125 Rn. 2.

525 *Dau*, in: *Dau/Düwell/Haines*, LPK SGB IX, 4. Aufl. 2014, § 68 Rn. 5.

526 *Hohmann*, in: *Wiegand*, SGB IX Teil 2 Handkommentar, Losebl. (Stand: Erg.-Lfg. 1/11-X/11), § 85 Rn. 9.

527 *Schlembach*, in: *Ernst/Adlhoch/Seel*, in: SGB IX Band 2 Kommentar, Losebl. (Stand: Erg.-Lfg. 5/2009), § 124 Rn. 2.

genannte Regelung verfolgt nach Ansicht der Literatur folgenden Zweck: „Die Freistellung von Mehrarbeit soll es den behinderten Arbeitnehmern ermöglichen, ihre Leistungsfähigkeit durch Ablehnung gesetzlich definierter Mehrarbeit (= Mehrbelastung) zu erhalten. Dieses Ziel entspricht dem des gesetzlichen Zusatzurlaubs (§ 125).“[528] Weshalb werden dann Gleichgestellte vom Zusatzurlaub ausgeschlossen, wenn damit das gleiche Ziel verfolgt wird? Eine Gleichstellung kann bspw. bei einer ausgeprägten depressiven Störung erfolgen, wenn die sonstigen Voraussetzungen (vgl. § 2 Abs. 3 SGB IX) vorliegen.[529] Es leuchtet nicht ein, warum das Erholungsbedürfnis eines gleichgestellten schwer depressiven Arbeitnehmers mit einem GdB von 30 oder 40 geringer ist, als das eines Rollstuhlfahrers mit einem GdB von 50. Die Gleichstellung rechtfertigt insofern, dass diesen Personen aufgrund ihres gesteigerten Erholungsbedürfnisses ebenfalls ein Anspruch auf Zusatzurlaub zu gewähren ist.

(c) Schlussfolgerung

Folglich ist § 68 Abs. 3 i. V. m. § 125 SGB IX nicht mit Art. 27 Abs. 1 S. 2 lit. b UN-BRK vereinbar und deshalb zu ändern. Die Vertragsstaaten sollen das gleiche Recht von Menschen mit Behinderungen auf gerechte und günstige Arbeitsbedingungen schützen. Dies beinhaltet nicht, dass alle Menschen mit einer Behinderung Anspruch auf den Zusatzurlaub haben müssen. Die Herausnahme Gleichgestellter, die ansonsten die gleichen Rechte wie Schwerbehinderte nach dem Schwerbehindertenrecht haben, ist allerdings sachlich nicht gerechtfertigt.

b) Vergütung

Bei der Zahlung einer Vergütung ist zu differenzieren zwischen Arbeitsverhältnissen auf dem allgemeinen Arbeitsmarkt und Beschäftigungsverhältnissen auf einem Sonderarbeitsmarkt, also in Werkstätten für behinderte Menschen (WfbM).

aa) Erster Arbeitsmarkt: Vergütungsanspruch

Zu den Hauptleistungspflichten des Arbeitgebers gehört die Zahlung der Vergütung als Gegenleistung für die erbrachte Arbeit. Der Vergütungsanspruch bleibt allerdings unter den Voraussetzungen des EFZG für maximal

---

528 *Schlembach*, in: *Ernst/Adlhoch/Seel*, in: SGB IX Band 2 Kommentar, Losebl. (Stand: Erg.-Lfg. 5/2009), § 124 Rn. 5.

529 *Dau*, in: *Dau/Düwell/Haines*, LPK SGB IX, 4. Aufl. 2014, § 68 Rn. 12.

sechs Wochen auch dann bestehen, wenn der Arbeitnehmer oder die Arbeitnehmerin erkrankt oder ein gesetzlicher Feiertag gegeben ist.

(1) Vergütung gem. § 611 BGB

Der Anspruch ergibt sich für den Arbeitnehmer aus § 611 Abs. 1 BGB i. V. m. einer weiteren Rechtsgrundlage. Diese ist im Regelfall der Arbeitsvertrag, häufig i. V. m. einem Tarifvertrag. Der Vergütungsanspruch kann sich aber auch in seltenen Fällen i. V. m. einer betrieblichen Übung, einer Betriebsvereinbarung oder einem Verstoß gegen den allgemeinen arbeitsrechtlichen Gleichbehandlungsgrundsatz ergeben.[530] Ist die Höhe der Vergütung nicht ausdrücklich geregelt, so ist die taxmäßige oder übliche Vergütung geschuldet (§ 612 Abs. 2 BGB). Dies ist die üblicherweise in einer Branche und Region und/oder laut einem Tarifvertrag für vergleichbare Arbeiten gezahlte Vergütung.[531]

Zur Erfüllung der Vergütungspflicht stehen unterschiedliche Vergütungsformen zur Verfügung. Zu den Hauptformen gehören das Zeitentgelt und das Leistungsentgelt. Beim Zeitentgelt bezieht sich die Zahlung auf einen bestimmten Zeitraum (z. B. Stunden- oder Monatslohn) und nicht auf die Menge an produzierten Stücken oder die erbrachten Dienstleistungen.[532] Die Ermittlung des jeweiligen Zeitlohnes kann auf einer summarischen Arbeitsbewertung beruhen, bei der i. d. R. Entgeltgruppen gebildet werden. Möglich ist aber auch eine analytische Arbeitsbewertung, bei der die Arbeit in ihre Bestandteile zerlegt, gewichtet und mit Geldbeträgen bewertet wird.[533] Bei der zweiten Hauptform, dem Leistungsentgelt, wird entweder ein Akkordlohn oder eine Prämie gezahlt. Beim Akkordlohn hängt die Höhe der Vergütung von der Menge der erbrachten Arbeit ab. Varianten dieser Vergütungsform sind der Einzel- oder Gruppenakkord und der Geld- oder Zeitakkord. Bspw. berechnet sich der Akkordlohn beim Geldakkord aus der Arbeitsmenge multipliziert mit einem Geldfaktor. Prämien sind leistungsabhängige Vergütungsbestandteile die neben einem Grundlohn gezahlt werden und von einem festgelegten Kriterium abhängen, z. B. der Qualität von Produkten oder der Ersparnis von Material etc.[534]

Neben dem Zeit- und Leistungsentgelt können weitere Vergütungsbestandteile gezahlt werden, die nicht immer scharf voneinander zu trennen

---

530 *Hromadka/Maschmann*, Arbeitsrecht Band 1 Individualarbeitsrecht, 6. Aufl. 2015, S. 257.
531 *Wollenschläger*, Arbeitsrecht, 3. Aufl. 2010, S. 98.
532 *Hromadka/Maschmann*, Arbeitsrecht Band 1 Individualarbeitsrecht, 6. Aufl. 2015, S. 261.
533 *Hromadka/Maschmann*, Arbeitsrecht Band 1 Individualarbeitsrecht, 6. Aufl. 2015, S. 262.
534 *Löwisch/Caspers/Klumpp*, Arbeitsrecht, 10. Aufl. 2014, S. 90 f.

sind. Dazu gehören Provisionen (= Vergütung für die Vermittlung oder den Abschluss eines Geschäftes), Tantiemen (= Beteiligung am Unternehmenserfolg), Sachleistungen (= z. B. Produkte eines Unternehmens), Zulagen (= z. B. Kinderzuschlag) und Gratifikationen (= z. B. Weihnachtsgeld).[535]

(2) Entgeltfortzahlung bei Krankheit und an Feiertagen

Nach den herkömmlichen zivilrechtlichen Vorschriften würde der Anspruch auf die Vergütung entfallen, wenn der Arbeitnehmer oder die Arbeitnehmerin aufgrund einer Krankheit an der Arbeitsleistung verhindert ist (vgl. §§ 275 Abs. 1 und 326 Abs. 1 BGB).[536] Eine Ausnahme von diesem Grundsatz gewährt § 3 EFZG, wonach der Arbeitnehmer Anspruch auf Entgeltfortzahlung im Krankheitsfall für die Dauer von sechs Wochen hat, wenn er ohne sein Verschulden[537] durch Arbeitsunfähigkeit infolge Krankheit an der Arbeitsleistung verhindert ist (vgl. zur Entgeltfortzahlung an Feiertagen § 2 EFZG).[538] Zum grundsätzlich berechtigten Personenkreis gehören gem. § 1 Abs. 2 EFZG Arbeiter, Angestellte, sowie zu ihrer Berufsausübung Beschäftigte (= Arbeitnehmer).[539] Die Arbeitnehmereigenschaft ist im Arbeitsrecht allgemein dann gegeben, wenn jemand aufgrund eines privatrechtlichen Vertrages zur Leistung von Diensten für einen anderen in persönlicher Abhängigkeit verpflichtet ist.[540] Erforderlich ist also u. a. eine persönliche Abhängigkeit, die bei arbeitnehmerähnlichen Personen, da sie nur wirtschaftlich und nicht persönlich abhängig sind, grundsätzlich nicht vorliegt.[541] Menschen mit Behinderung im AB einer WfbM stehen zu dieser grundsätzlich in einem arbeitnehmerähnlichen Rechtsverhältnis (vgl. § 138 Abs. 1 SGB IX). Daraus allerdings zu folgern, dass diese keine Entgeltfortzahlung erhalten, ist falsch. Denn die Beschäftigung erfolgt nicht überwiegend aus wirtschaftlichen, sondern aus rehabilitativen Gründen,

---

535 Vgl. *Löwisch/Caspers/Klumpp*, Arbeitsrecht, 10. Aufl. 2014, S. 91 f.; *Hromadka/Maschmann*, Arbeitsrecht Band 1 Individualarbeitsrecht, 6. Aufl. 2015, S. 268 ff.; *Wollenschläger*, Arbeitsrecht, 3. Aufl. 2010, S. 100.

536 *Dütz/Thüsing*, Arbeitsrecht, 20. Aufl. 2015, S. 109.

537 Ein Verschulden ist – anders als in § 276 BGB – „nur dann anzunehmen, wenn der Arbeitnehmer grob gegen das von einem verständigen Menschen im eigenen Interesse zu erwartende Verhalten verstößt (so bereits zu den Vorläufervorschriften BAG AP Nr. 71 zu § 1 LohnFG)." *Brox/Rüthers/Henssler*, Arbeitsrecht, 18. Aufl. 2011, S. 138.

538 Zu den weiteren Voraussetzungen und zur Höhe des fortzuzahlenden Entgelts vgl. §§ 3, 4 EFZG.

539 Zur Einbeziehung der Heimarbeiterinnen und Heimarbeiter vgl. § 10 EFZG.

540 Vgl. *Junker*, Grundkurs Arbeitsrecht, 14. Aufl. 2015, S. 48.

541 *Schmitt*, Entgeltfortzahlungsgesetz und Aufwendungsausgleichsgesetz Kommentar, 7. Aufl. 2012, § 1 EFZG Rn. 16.

wobei sehr wohl eine Abhängigkeit besteht (Bsp.: psychosoziale Betreuung).[542] Deshalb erhalten Beschäftigte im AB in einer WfbM, die nicht Arbeitnehmer sind, Entgeltfortzahlung im Krankheitsfall und an Feiertagen.[543]

Für Menschen mit einer Behinderung, die im EV und im BBB einer WfbM tätig sind, gilt die Vorschrift des § 36 SGB IX, die für alle Rehabilitanden, die Maßnahmen der beruflichen Rehabilitation absolvieren, gilt (vgl. §§ 138 IV, 36 SGB IX).[544] Hier ergibt sich ein anderes Bild: Teilnehmer von Maßnahmen in Einrichtungen der beruflichen Rehabilitation befinden sich nicht in einem arbeitnehmerähnlichen Rechtsverhältnis, da es an der Erzielung eines Entgelts fehlt; denn die Maßnahme der beruflichen Rehabilitation zielt erst auf die Teilhabe am Arbeitsleben mit entsprechendem Verdienst ab.[545] In § 36 S. 2 und 3 SGB IX sind zwar abschließend arbeitsrechtliche Grundsätze genannt, die auch im Rahmen der beruflichen Rehabilitation gelten sollen, die Nennung der Entgeltfortzahlung fehlt dort aber.[546]

(3) Vereinbarkeitsprüfung und Ergebnis

Deutschland ist gem. Art. 27 Abs. 1 S. 2 lit. b UN-BRK verpflichtet, durch geeignete Maßnahmen, einschließlich des Erlasses von Rechtsvorschriften, sicherzustellen, dass Menschen mit Behinderungen gleiches Entgelt für gleichwertige Arbeit bekommen. Im deutschen Recht gilt zunächst die Vertragsfreiheit, d. h. die Vertragsparteien vereinbaren die essentialia negotii des Arbeitsvertrages, zu denen eben auch die Vergütung, Vergütungsformen und Vergütungs-Bestandteile gehören, grundsätzlich frei im Rahmen des geltenden Rechts. Einschränkungen ergeben sich z. B. durch das Mindestlohngesetz (MiLoG), das jedem Arbeitnehmer und jeder Arbeitnehmerin grundsätzlich einen Anspruch auf Zahlung eines Mindestlohnes vermittelt (§ 1 Abs. 1 MiLoG), der seit dem 01.01.2015 auf 8,50 EUR

---

542 *Schimanski*, in: GK-SGB IX Band 3, Losebl. (Stand: Erg.-Lfg. 43 Januar 2008), § 138 Rn. 13.

543 *Götze*, in: *Hauck/Noftz*, SGB IX Kommentar, Losebl. (Stand: 5. Erg.-Lfg. VIII/03), § 138 Rn. 6; *Pahlen*, in: *Neumann/Pahlen/Majerski-Pahlen*, SGB IX, 12. Aufl. 2010, § 138 Rn. 12; *Schimanski*, in: GK-SGB IX Band 3, Losebl. (Stand: Erg.-Lfg. 43 Januar 2008), § 138 Rn. 18.

544 *Pahlen*, in: *Neumann/Pahlen/Majerski-Pahlen*, SGB IX, 12. Aufl. 2010, § 138 Rn. 13.

545 *Wendt*, in: GK-SGB IX Band 2, Losebl. (Stand: 72 Dezember 2013), § 36 Rn. 14.

546 Anderes gilt bei Maßnahmen der medizinischen Vorsorge und Rehabilitation gem. § 9 EFZG, der aber auf die hier interessierende berufliche Rehabilitation nicht anwendbar ist. Vgl. *Schmitt*, Entgeltfortzahlungsgesetz und Aufwendungsausgleichsgesetz Kommentar, 7. Aufl. 2012, § 9 EFZG Rn. 20.

festgelegt wurde (zu Ausnahmen vgl. § 24 MiLoG).[547] Regelmäßig wird das Entgelt jedoch durch Tarifvertrag festgelegt, der entweder aufgrund unmittelbarer Tarifbindung von Arbeitnehmer und Arbeitgeber gilt (§ 3 Abs. 1 TVG), wegen einer Bezugnahme-Klausel in einem Arbeitsvertrag Rechtswirkungen im jeweiligen Arbeitsverhältnis entfaltet oder für allgemeinverbindlich erklärt wurde (§ 5 TVG). Daneben können weitere Rechtsgrundlagen die Vergütung bestimmen (s. o.). In Bezug auf den Zeitlohn scheint leicht erkennbar, ob ein Mensch mit Behinderung benachteiligt wird. Das wäre z. B. dann der Fall, wenn bei gleicher Qualifikation und gleicher oder ähnlicher Arbeit ein geringerer Stundenlohn oder eine niedrigere Monatsvergütung gezahlt würde.

In einem vom BAG entschiedenen Fall hat ein Arbeitgeber mit neu eingestellten schwerbehinderten Arbeitnehmern eine niedrigere Vergütung (80% der AVR des Deutschen Caritasverbandes) vereinbart, als mit nicht behinderten neu eingestellten Arbeitnehmern (100% der AVR des Deutschen Caritasverbandes). Die Arbeitsverträge wurden im Rahmen eines Integrationsprojektes geschlossen, das dem allgemeinen Arbeitsmarkt zugerechnet werden kann (vgl. § 132 SGB IX). Das BAG hat die niedrigere Vergütungsvereinbarung (80 % der AVR des Deutschen Caritasverbandes) für rechtsunwirksam erklärt, da eine solche Vereinbarung eine unmittelbare Benachteiligung wegen der Behinderung ist (§ 7 Abs. 1 i. V. m. § 1 AGG).[548]

Schwieriger ist es beim Akkordlohn, da ein Mitarbeiter aufgrund seiner behinderungsbedingten Einschränkungen benachteiligt sein kann und dadurch einen vorgegebenen Durchschnittsakkord nicht erreicht. Hier kommt es wesentlich darauf an, dass die arbeitswissenschaftlichen Verfahren zur Ermittlung der Akkordvorgaben, die z. T. höchst komplex sind und deshalb an dieser Stelle nicht erörtert werden sollen, die behinderungsbedingten Nachteile berücksichtigen. Zudem müssen angemessene Vorkehrungen am Arbeitsplatz getroffen werden, die keine unverhältnismäßige und unbillige Belastung darstellen, damit Arbeitnehmerinnen und Arbeitnehmer mit einer Behinderung gleichberechtigt mit anderen Akkordarbeit ausüben können (vgl. dazu Art. 27 Abs. 1 S. 2 lit. i i. V. m. Art. 2 Unterabs. 4 UN-BRK und die Ausführungen unter E. X.).

Dem Staat obliegt aufgrund der UN-BRK eine Schutzpflicht, d. h. er muss Normen schaffen, die für Menschen mit Behinderungen das Recht auf gleiches Entgelt für gleichwertige Arbeit schützen. Zu nennen sind hier

547 *Junker*, Grundkurs Arbeitsrecht, 14. Aufl. 2015, S. 127.
548 *BAG*, Urt. v. 21.06.2011 – 9 AZR 226/10, Rn. 24 (zit. nach juris).

zunächst die allgemeinen Regelungen: Lohnwucher ist per Gesetz verboten; dieses Verbot kann sich aus § 291 Abs. 1 S. 1 Nr. 3 StGB i. V. m. § 134 BGB oder § 138 Abs. 2 BGB ergeben.[549] Einen Lohn, der gegen die guten Sitten verstößt, nimmt das BAG an, wenn die gezahlte Vergütung weniger als 75 % der üblichen Vergütung vergleichbarer Beschäftigter beträgt.[550] Ist dies der Fall, dann schuldet der Arbeitgeber die übliche Vergütung gem. § 612 Abs. 2 BGB. Darüber hinaus sind Fallkonstellationen denkbar, in denen die benannten Rechtsregelungen nicht ausreichend sind. Dies ist z. B. dann gegeben, wenn die Vergütung eines Mitarbeiters mit Behinderung im Verhältnis zu vergleichbaren Kollegen oder Kolleginnen im gleichen Betrieb wesentlich geringer ist, ohne die Sittenwidrigkeitsgrenze zu erreichen. In diesem Fall greift das Benachteiligungsverbot des § 7 Abs. 1 AGG. Nach § 8 Abs. 2 AGG darf nicht eine geringere Vergütung für gleiche oder gleichwertige Arbeit wegen eines in § 1 AGG genannten Grundes, zu denen auch eine Behinderung gehört, vereinbart werden; eine derartige Bestimmung ist gem. § 7 Abs. 2 AGG unwirksam.[551]

In Bezug auf die Entgeltfortzahlung im Krankheitsfall und an Feiertagen sind die Regelungen des EFZG grundsätzlich auf alle Arbeitnehmerinnen und Arbeitnehmer mit und ohne Behinderung gleichermaßen anwendbar. Auch WfbM-Beschäftigte im AB, die keine Arbeitnehmer sind, erhalten unter den Voraussetzungen des EFZG Lohnfortzahlung. Lediglich Teilnehmer in Einrichtungen der beruflichen Rehabilitation sind von der Entgeltfortzahlung ausgenommen, da sie keine Arbeitnehmer oder arbeitnehmerähnlichen Personen sind und auf eine entgeltliche Tätigkeit vorbereitet werden.

Es lässt sich feststellen, dass der Gesetzgeber seine Schutzpflicht gegenüber Menschen mit Behinderungen im Hinblick auf den Vergütungsschutz erfüllt. Die benannten Regelungen sichern das gleiche Recht von Beschäftigten mit einer Behinderung auf gleiches Entgelt für gleichwertige Arbeit. Weitere gesetzgeberische Schritte sind aufgrund der UN-BRK nicht angezeigt.

549 *Löwisch/Caspers/Klumpp*, Arbeitsrecht, 10. Aufl. 2014, S. 88.

550 Vgl. *BAG*, Urt. v. 26.4.2006 – 5 AZR 549/05 – NZA 2006, S. 1354.

551 *Junker*, Grundkurs Arbeitsrecht, 14. Aufl. 2015, S. 129; *Hromadka/Maschmann*, Arbeitsrecht Band 1 Individualarbeitsrecht, 6. Aufl. 2015, S. 259.

bb) Sonderarbeitsmarkt: Arbeitsentgelt gem. § 138 Abs. 2 SGB IX

Eine Besonderheit bildet die Vergütung in einer WfbM, da es sich hier um einen Sonderarbeitsmarkt handelt. Beschäftigte mit einer Behinderung, die Anspruch auf Aufnahme in eine Werkstatt haben (vgl. §§ 136, 137 SGB IX), sind keine Arbeitnehmer im arbeitsrechtlichen Sinne[552] und erhalten deshalb auch keine Vergütung gem. § 611 Abs. 1 BGB i. V. m. dem Arbeitsvertrag. Es handelt sich vielmehr um ein arbeitnehmerähnliches Rechtsverhältnis, infolgedessen die Werkstatt aufgrund eines Werkstattvertrages verpflichtet ist, ein Arbeitsentgelt zu zahlen (§ 138 Abs. 1 und 2 SGB IX).[553]

(1) Arbeitsentgelt

Das Arbeitsentgelt setzt sich aus einem Grundbetrag, einem Steigerungsbetrag und dem sog. Arbeitsförderungsgeld zusammen.[554] Der Grund- und Steigerungsbetrag sind aus dem Arbeitsergebnis der Werkstatt zu zahlen.[555] Der Grundbetrag ist für alle Werkstattbeschäftigten gleich und entspricht der Höhe des zuletzt von der Bundesagentur für Arbeit im Berufsbildungsbereich (BBB) zu leistenden Ausbildungsgeldes. Der Steigerungsbetrag soll die individuelle Arbeitsleistung berücksichtigen und in Abhängigkeit von Arbeitsmenge und -qualität ermittelt werden.[556] Das Arbeitsförderungsgeld ist gem. § 43 SGB IX zu zahlen und beträgt regelmäßig 26 EUR im Monat, wenn das Arbeitsentgelt einschließlich Arbeitsförderungsgeld nicht höher ist als 325 EUR ist. Den Anspruch auf Arbeitsentgelt haben nur Werkstattbeschäftigte, die im Arbeitsbereich (AB) tätig sind. Menschen mit Behinderung, die im Eingangsverfahren (EV) oder im Berufsbildungsbereich (BBB) aufgenommen sind, erhalten kein Arbeitsentgelt von der WfbM. Sie haben i. d. R. Anspruch auf Ausbildungsgeld oder Übergangsgeld des zuständigen Rehabilitationsträgers.[557]

---

552 Davon zu unterscheiden sind die Mitarbeiter einer Werkstatt (z. B. Leitung, Gruppenleitung, psychologischer Dienst, Sozialdienst usw.), die selbstverständlich aufgrund eines Arbeits- oder Dienstvertrages tätig werden.

553 Vgl. zum arbeitnehmerähnlichen Rechtsverhältnis *Scheibner*, in: br 2015, S. 75 ff.

554 *Jung*, in: *Wiegand*, SGB IX Teil 2 Handkommentar, Losebl. (Stand: Erg.-Lfg. 2/07-V/07), § 138 Rn. 8 ff.

555 Die Berechnung des Arbeitsergebnisses erfolgt gem. § 12 Abs. 4 WVO. Vgl. *Jung*, in: *Wiegand*, SGB IX Teil 2 Handkommentar, Losebl. (Stand: Erg.-Lfg. 2/07-V/07), § 138 Rn. 8.

556 *Götze*, in: *Hauck/Noftz*, SGB IX Kommentar, Losebl. (Stand: 5. Erg.-Lfg. VIII/03), § 138 Rn. 9 f.

557 *Pahlen*, in: *Neumann/Pahlen/Majerski-Pahlen*, SGB IX, 12. Aufl. 2010, § 138 Rn. 24.

(2) Vereinbarkeit und Ergebnis

Problematisch am Arbeitsentgelt einer WfbM sind folgende Punkte: Zunächst ist das Arbeitsentgelt sehr niedrig; im Jahr 2011 lag das Durchschnittsentgelt der Beschäftigten bei 179 EUR.[558] Falls die in der WfbM im AB Tätigen keinen zusätzlichen Anspruch auf eine Erwerbsminderungsrente haben, bleibt ihnen lediglich der Anspruch auf Grundsicherung bei Erwerbsminderung gem. §§ 41 ff. SGB XII, um den Lebensunterhalt zu bestreiten.[559] Gem. Art. 27 Abs. 1 S. 1 UN-BRK beinhaltet das Recht auf Arbeit die Möglichkeit, den Lebensunterhalt durch Arbeit zu verdienen. Das Arbeitsentgelt in einer WfbM, zumal mit einem Durchschnittswert von 179 EUR, reicht dazu nicht aus.[560] Insofern ist Deutschland als Vertragsstaat verpflichtet, diese Möglichkeit sicherzustellen („the right to the opportunity to gain a living by work", Art. 27 Abs. 1 S. 1 UN-BRK). Ob dazu eine gesetzliche Regelung notwendig ist, wie vom deutschen Behindertenrat gefordert, die auch Beschäftigten in einer WfbM die Möglichkeit gibt, das Existenzminimum in der Werkstatt zu verdienen[561] oder ob es ausreichend bleibt, potentiell die Möglichkeit eines Übergangs auf den allgemeinen Arbeitsmarkt mit einer regulären Vergütung zu haben, lässt sich Art. 27 UN-BRK nicht zweifelsfrei entnehmen. Hier dürfte der Gesetzgeber einen großen Spielraum haben.

Des Weiteren stellt sich folgendes Problem: Die Höhe des zu zahlenden Steigerungsbetrages ist abhängig vom wirtschaftlichen Erfolg der einzelnen Werkstatt. Die Pflicht zur Zahlung eines leistungsunabhängigen Grundbetrages an alle im AB einer WfbM tätigen Beschäftigten mit Behinderung „**hat zur Folge, dass die Höhe der Steigerungsbeträge nicht am realen Leistungsvermögen der Werkstattbeschäftigten orientiert werden kann** [Hervorh. im Original], weil die leistungsstarken behinderten Menschen durch ihre Arbeitsleistung die Auszahlung des Grundbetrages an diejenigen leistungsschwachen Beschäftigten mitfinanzieren müssen, die den Grundbetrag der Höhe nach nicht selbst erwirtschaften können. Dieser Konflikt ist gem. Urteil des BAG v. 3.3.1999 (– 5 AZR 162/98, RsDE 45, 67) hinzu-

---

558 *Wendt*, in: *Stähler*, Inklusion behinderter Arbeitnehmer, 2013, S. 254.

559 *Wendt*, in: *Stähler*, Inklusion behinderter Arbeitnehmer, 2013, S. 254.

560 Vgl. dazu *Wendt*, in: GK-SGB IX Band 3, Losebl. (Stand: 62 Juni 2011), § 136 Rn. 55.

561 Vgl. *Deutscher Behindertenrat*, Behindertenpolitische Forderungen für die kommende Legislaturperiode der im deutschen Behindertenrat (DBR) zusammenarbeitenden Verbände anlässlich des Welttages der Menschen mit Behinderungen am 03.12.2012, www.deutscher-behindertenrat.de/ID26372 (letzter Zugriff: 10.05.2016), S. 4.

nehmen […].“[562] Das BAG weist in dem Urteil darauf hin, dass der Gesetzgeber den Interessenskonflikt zwischen Leistungsstarken und Leistungsschwachen zugunsten der Letzteren gelöst hat.[563] Nach § 138 Abs. 2 SGB IX erhalten alle Beschäftigten im AB den Grundbetrag in Höhe des Ausbildungsgeldes im BBB, unabhängig von ihrer konkreten Arbeitsleistung. Fraglich ist, ob dies mit der Verpflichtung zu gerechten Arbeitsbedingungen, insbesondere dem Schutz gleichen Entgelts für gleichwertige Arbeit, vereinbar ist (vgl. Art. 27 Abs. 1 S. 2 lit. b UN-BRK). Dem Wortlaut sowie dem Sinn und Zweck des Art. 27 Abs. 1 S. 2 lit. b UN-BRK lässt sich jedoch keine Verpflichtung zur Änderung des § 138 Abs. 2 SGB IX entnehmen. Dies wäre nur dann zu bejahen, wenn Beschäftigte mit einer hohen Arbeitsleistung ein in absoluten Zahlen niedrigeres Entgelt als andere Beschäftigte bei gleicher Tätigkeit erhalten würden. Doch dies ist durch die Festlegung des Grundbetrages, der in seiner Höhe für alle gleich ist, bereits ausgeschlossen.

Zusammenfassend lässt sich feststellen, dass Art. 27 UN-BRK keine unmittelbare Verpflichtung zur Änderung der Vergütungsregelungen in den Werkstätten zu entnehmen ist. Denn die Beschäftigten erhalten in einer WfbM gleiches Entgelt für gleichwertige Arbeit. Fraglich ist allerdings, ob auch in einer WfbM die Möglichkeit bestehen muss, den Lebensunterhalt zu verdienen, ohne auf existenzsichernde Leistungen zurückgreifen zu müssen. In Deutschland kann der Lebensunterhalt faktisch nicht in einer WfbM verdient werden. Fest steht, dass die Vertragsstaaten ihre Bemühungen verstärken sollen, den Übergang von einer beschützenden Werkstatt auf den allgemeinen Arbeitsmarkt zu ermöglichen. Das Ideal ist die inklusive und nicht die beschützende Beschäftigung. Darauf deutet auch die Kommentierung des österreichischen Berichtes zu Art. 27 der Konvention an den „Ausschuss für die Rechte von Menschen mit Behinderungen“[564] hin.[565] Dort heißt es: „The Committee notes with concern that approximately 19,000 Austrians work in sheltered workshops outside of the open labour market and receive very little pay.“[566] Eine ähnliche Formulierung dürfte

---

562 *Finke/Kadoke*, in: *Ernst/Adlhoch/Seel*, SGB IX Band 2 Kommentar, Losebl. (20. Erg.-Lfg. 3/2011), § 138 Rn. 31a.

563 *BAG*, Urt. v. 03.03.1999 – 5 AZR 162/98 – ArbuR 9/99, S. 359 (360).

564 Im Folgenden: Ausschuss

565 Vgl. Art. 34, 35 und 36 UN-BRK zum Berichtswesen der Vertragsstaaten an den Ausschuss.

566 *Committee on the Rights of Persons with Disabilities*, Concluding observations on the initial report of Austria, adopted by the Committee at its tenth session (2-13 September

auch für Deutschland Gültigkeit besitzen. Folglich obliegt Deutschland die Pflicht, nach und nach (vgl. Art. 4 Abs. 2 UN-BRK) den Übergang auf den allgemeinen Arbeitsmarkt stärker als bisher durch geeignete Schritte voranzutreiben, damit Menschen mit Behinderung dort die Möglichkeit haben, ihren Lebensunterhalt gleichberechtigt mit anderen zu verdienen.

c) Arbeits- und Gesundheitsschutz

Das Arbeitsschutzrecht ist zu einem großen Teil öffentliches Recht und setzt sich aus zahlreichen Gesetzen und Vorschriften zusammen.[567] Diese umfassen u. a. den Arbeitszeitschutz, den Gesundheitsschutz und den Schutz bestimmter Personengruppen (z. B. werdende Mütter nach dem MuSchG, Jugendliche nach dem JArbSchG, Behinderte nach dem SGB IX usw.). Da in gewisser Weise das gesamte Arbeitsrecht zum Schutz von Arbeitnehmerinnen und Arbeitnehmern geschaffen wurde, kann folgende Definition zur Abgrenzung herangezogen werden: „Das **Arbeitsschutzrecht im engeren Sinn** [Hervorhebung im Original] umfasst also all diejenigen gesetzlichen Regelungen zum Schutz des Arbeitnehmers, deren Einhaltung behördlicher Überwachung und behördlichem Zwang oder straf- oder ordnungsrechtlichen Sanktionen unterliegt."[568] Die Nichteinhaltung von Vorschriften des Arbeits- und Gesundheitsschutzes wird mit öffentlich-rechtlichen Mitteln verfolgt (z. B. Bußgeld oder Verwaltungszwang).[569] Darüber hinaus können Verstöße des Arbeitgebers auch deliktsrechtlich sanktioniert werden, da die Regelungen des Arbeitsschutzrechts regelmäßig Schutzgesetze gem. § 823 Abs. 2 BGB darstellen.[570] Im Folgenden werden einzelne Schutzgesetze und -vorschriften auf Konformität mit Art. 27 Abs. 1 S. 2 lit. b UN-BRK überprüft.

2013), 30. September 2013, www.un.org/disabilities/index.asp (letzter Zugriff: 07.03. 2014).

567 Im Zivilrecht finden sich ebenfalls entsprechende Vorschriften (vgl. §§ 617 - 619 BGB). So verpflichtet bspw. § 618 BGB den Arbeitgeber dazu Schutzmaßnahmen zu ergreifen, um Arbeitnehmerinnen und Arbeitnehmer gegen Gefahr für Leben und Gesundheit zu schützen. Der Anwendungsbereich der zivilrechtlichen Norm des § 618 BGB ist allerdings klein geworden, da öffentlich-rechtliche Normen des Arbeitsschutzrechts die entsprechenden Pflichten konkretisieren. Vgl. *Preis*, Arbeitsecht, Individualarbeitsrecht, 4. Aufl. 2012, S. 531.

568 *Zöllner/Loritz/Hergenröder*, Arbeitsrecht, 7. Aufl. 2015, S. 445.

569 *Preis*, Arbeitsecht, Individualarbeitsrecht, 4. Aufl. 2012, S. 533.

570 *Preis*, Arbeitsecht, Individualarbeitsrecht, 4. Aufl. 2012, S. 533.

aa) Arbeitszeit

Durch den Arbeitszeitschutz soll eine Überforderung der Arbeitnehmerinnen und Arbeitnehmer vermieden und eine angemessene Erholung sichergestellt werden.[571] Um diesen Zweck zu erreichen, sind in zahlreichen Gesetzen und anderen Rechtsquellen, Vorschriften geschaffen worden, die z. B. die zulässige Höchstarbeitszeit, ein grundsätzliches Verbot von Sonn- und Feiertagsbeschäftigung und die Zulässigkeit von Mehrarbeit regeln.[572] Zu diesen Rechtsquellen gehören neben dem ArbZG u. a. das AGG, das ArbSchG, das BBiG, das SGB, das BetrVG, die GewO, das TzBfG oder der TVöD usw.[573] Im Folgenden soll lediglich auf das ArbZG als „Schlüsselgesetz" des Arbeitszeitrechts und daneben auf spezielle Normen eingegangen werden, die den Schutz von Menschen mit Behinderungen bezwecken.

(1) Arbeitszeitgesetz

In § 3 S. 1 ArbZG ist die Höchstarbeitszeit geregelt, die werktäglich acht Stunden nicht überschreiten darf. Eine Verlängerung auf bis zu zehn Stunden ist allerdings möglich, wenn in einem Zeitraum von sechs Kalendermonaten oder innerhalb von 24 Wochen eine durchschnittliche werktägliche Arbeitszeit von acht Stunden nicht überschritten wird (§ 3 S. 2 ArbZG). Das ArbZG sieht darüber hinaus Bestimmungen zu sog. Ruhepausen (Arbeitspausen) und Ruhezeiten vor. Die Arbeit ist gem. § 4 ArbZG durch Ruhepausen von mindestens 30 Minuten bei einer Arbeitszeit von sechs bis neun Stunden und darüber hinaus durch Ruhepausen von 45 Minuten zu unterbrechen, wobei die Pausen in Zeitabschnitte von jeweils mindestens 15 Minuten aufgeteilt werden können.[574] Die Ruhezeit bestimmt dagegen den Zeitraum der zwischen dem Ende der Arbeit und dem Wiederbeginn liegen muss. Gem. § 5 Abs. 1 ArbZG sind das grundsätzlich mindestens elf Stunden.[575] Die Sonn- und Feiertagsruhe sowie die Ausnahmen sind in den §§ 9 ff. ArbZG geregelt.

Diese und andere Vorschriften des ArbZG stellen Gebote und Verbote dar. Ein rechtswidriger und schuldhafter Verstoß kann unter den Voraussetzungen des § 823 Abs. 2 BGB (Schutzgesetz) zu einem Schadensersatzanspruch führen. Zudem sind Vereinbarungen mit dem Arbeitgeber oder Weisungen des Arbeitgebers, die gegen ein Verbot des ArbZG verstoßen

---

571 *Söllner/Waltermann*, Arbeitsrecht, 16. Aufl. 2012, S. 183.
572 *Söllner/Waltermann*, Arbeitsrecht, 16. Aufl. 2012, S. 182.
573 Vgl. *Hahn/Pfeiffer/Schubert*, Arbeitszeitrecht Handkommentar, 2014.
574 Vgl. auch *Zöllner/Loritz/Hergenröder*, Arbeitsrecht, 7. Aufl. 2015, S. 457.
575 *Junker*, Grundkurs Arbeitsrecht, 14. Aufl. 2015, S. 118.

gem. § 134 BGB nichtig. Dies wäre z. B. der Fall, wenn der Arbeitgeber den Arbeitnehmer anweist an einem Arbeitstag länger als zehn Stunden zu arbeiten.[576]

(2) Spezielle Normen für Menschen mit Behinderung

Neben den allgemeinen Normen des ArbZG gibt es eine Reihe von Regelungen im SGB IX, die speziell den Arbeitszeitschutz von Menschen mit Behinderungen zum Inhalt haben.[577]

Nach § 124 SGB IX sind schwerbehinderte und diesen gleichgestellte Menschen auf ihr Verlangen von Mehrarbeit freizustellen.[578] Nach Auffassung des BAG ist Mehrarbeit gem. § 124 SGB IX diejenige Arbeit, „welche über die normale gesetzliche Arbeitszeit von acht Stunden werktäglich hinausgeht".[579] Die Vorschrift bietet schwerbehinderten und gleichgestellten Beschäftigten einen über das ArbZG hinausgehenden Schutz.

Nach § 33 Abs. 2 SGB IX sollen Frauen mit Behinderung die gleichen Chancen im Erwerbsleben gesichert werden, u. a. auch durch in Teilzeit nutzbare Angebote. Diese Regelung bezieht sich allgemein auf die Gewährung von Leistungen zur Teilhabe am Arbeitsleben (LTA) gem. § 33 SGB IX. Da Frauen häufig einer Mehrfachbelastung durch Familie und Beruf ausgesetzt sind, bedarf es hier hinsichtlich der Arbeitszeit passender Angebote. Frauen mit Behinderung sind infolge kurzer und unterbrochener Erwerbsbiographien häufig mehrfacher Diskriminierung ausgesetzt. Sie bekommen z. B. bei Rehabilitationsmaßnahmen durchschnittlich weniger Übergangsgeld.[580] Die Sicherung der Chancengleichheit entspricht auch der Sichtweise der UN-BRK, die ausdrücklich anerkennt, dass Frauen und Mädchen mit Behinderung mehrfacher Diskriminierung ausgesetzt sind.[581]

Nach § 81 Abs. 5 S. 3 SGB IX haben Menschen mit einer Schwerbehinderung einen einklagbaren Rechtsanspruch auf Teilzeitbeschäftigung, wenn

---

576 Zu weiteren Konsequenzen bei Verstößen gegen das ArbZG vgl. *Anzinger/Koberski*, ArbZG Kommentar, 4. Aufl. 2014, § 1 Rn. 20 ff.

577 Für eine erste Übersicht vgl. *Tischer*, in: *Hahn/Pfeiffer/Schubert*, Arbeitszeitrecht Handkommentar, 2014, SGB IX Rn. 1 ff.

578 vgl. *Tischer*, in: *Hahn/Pfeiffer/Schubert*, Arbeitszeitrecht Handkommentar, 2014, SGB IX Rn. 15.

579 *BAG*, Urt. v. 21.11.2006 – 9 AZR 176/06 – NZA 2007, S. 446; vgl. auch *Pahlen*, in: *Neumann/Pahlen/Majerski-Pahlen*, SGB IX, 12. Aufl. 2010, § 124 Rn. 3; a. A. *Lampe*, in: *Großmann*, GK-SGB IX, Losebl. (Stand: Erg.-Lfg. 57 Februar 2010), § 124 Rn. 16, der als Mehrarbeit schon die „Überschreitung der individuell geschuldeten regelmäßigen wöchentlichen Arbeitszeit (sogenannte Überarbeit)" annimmt.

580 *Wendt*, in: Großmann GK SGB IX, § 33 Rn. 32.

581 Vgl. Art. 6 UN-BRK.

eine Reduzierung der Arbeitszeit wegen Art oder Schwere der Behinderung notwendig ist. Der Anspruch ist allerdings dann nicht gegeben, wenn die Arbeitszeitreduzierung für den Arbeitgeber nicht zumutbar oder nur mit unverhältnismäßigen Aufwendungen zu erreichen wäre (vgl. § 81 Abs. 5 S. 3 i. V. m. § 81 Abs. 4 S. 3 SGB IX). Der schwerbehinderte Arbeitnehmer wird hier gegenüber den anderen Arbeitnehmern privilegiert. Denn anders als in § 8 Abs. 1 und Abs. 7 TzBfG muss das Arbeitsverhältnis des Schwerbehinderten noch nicht sechs Monate bestanden haben und es besteht grundsätzlich ein Anspruch auch in Kleinbetrieben mit weniger als 15 Arbeitnehmern.[582] Darüber hinaus bewirkt das reine Verlangen nach einer Arbeitszeitreduzierung durch den Schwerbehinderten unmittelbar eine Verringerung der Arbeitszeit; es bedarf insbesondere nicht der Zustimmung des Arbeitgebers zur Änderung.[583] Ein Rechtsanspruch auf eine konkrete wöchentliche Verteilung der Arbeitszeit ergibt sich aus § 81 Abs. 5 S. 3 SGB IX jedoch nicht.[584]

Möglicherweise kann ein Mensch mit Behinderung aber eine bestimmte Dauer und Lage der Arbeitszeit über § 81 Abs. 4 S. 1 Nr. 4 SGB IX verlangen.[585] Danach haben schwerbehinderte Menschen einen Rechtsanspruch gegenüber ihren Arbeitgebern auf behinderungsgerechte Einrichtung und Unterhaltung der Arbeitsstätten, wozu unter anderem auch die Gestaltung der Arbeitszeit gehört, neben Dauer und Lage kann dazu im Einzelfall auch die Befreiung von Nachtarbeit und die Beschränkung auf eine Fünf-Tage-Woche gehören.[586] Abschließend sei noch darauf verwiesen, dass allgemeine Regelungen zu Teilzeitarbeit auch in einer Integrationsvereinbarung zwischen Arbeitgeber und der Schwerbehindertenvertretung respektive der in § 93 SGB IX genannten Vertretung getroffen werden können (vgl. § 83 Abs. 1 und Abs. 2a Nr. 3 SGB IX).[587]

Teilnehmende in Einrichtungen der beruflichen Rehabilitation (z. B. BBW, BFW) werden nicht in den Betrieb der Einrichtungen eingegliedert; sie sind keine Arbeitnehmer i. S. d. BetrVG (§ 36 SGB IX). Dennoch werden bestimmte arbeitsrechtliche Grundsätze auf die Teilnehmenden angewen-

---

582 Vgl. *Rolfs*, Arbeitsrecht Studienkommentar, 3. Aufl. 2010, § 81 SGB IX Rn. 4; *Wiegand*, in: *Wiegand*, SGB IX Teil 2 Handkommentar, Losebl. (Erg.-Lfg. 1/09-VI/09), § 81 Rn. 61.

583 *BAG*, Urt. v. 14.10.2003 – 9 AZR 100/03 – NZA 2004, S. 614 (615).

584 *Tischer*, in: *Hahn/Pfeiffer/Schubert*, Arbeitszeitrecht Handkommentar, 2014, SGB IX Rn. 6.

585 *Rolfs*, in: ErfK, 16. Aufl.2016, § 81 SGB IX Rn. 13.

586 *Rolfs*, in: ErfK, 16. Aufl.2016, § 81 SGB IX Rn. 13.

587 *Tischer*, in: *Hahn/Pfeiffer/Schubert*, Arbeitszeitrecht Handkommentar, 2014, SGB IX Rn. 14.

det, dazu gehören Regelungen „über den Persönlichkeitsschutz, die Haftungsbeschränkung sowie die gesetzlichen Vorschriften über den Arbeitsschutz, den Schutz vor Diskriminierungen in Beschäftigung und Beruf, den Erholungsurlaub und die Gleichberechtigung von Männern und Frauen" (§ 36 S. 3 SGB IX). Demnach sind auch die Normen des ArbZG auf die berufliche Rehabilitation in entsprechenden Einrichtungen anwendbar.[588]

Ebenso sind Menschen mit einer Behinderung, die in einer Werkstatt tätig sind, in das Arbeitsschutzrecht und den Arbeitszeitschutz einbezogen. Zwar sind Beschäftigte im AB einer WfbM grundsätzlich keine Arbeitnehmer, sondern stehen zur Werkstatt in einem arbeitnehmerähnlichen Rechtsverhältnis (vgl. § 138 Abs. 1 SGB IX). Dennoch finden die o. g. Regelungen auch auf Beschäftigte im AB grundsätzlich Anwendung.[589] Selbiges gilt für Rehabilitanden im EV und im BBB, die weder Arbeitnehmer noch arbeitnehmerähnliche Personen sind, und deshalb über den Verweis des § 138 IV i. V. m. § 36 SGB IX in den Arbeits(zeit)schutz einbezogen sind.[590]

Darüber hinaus bestehen über die Beschäftigungszeit in einer WfbM gesonderte Regelungen: Nach § 6 Abs. 1 WVO hat die Werkstatt sicherzustellen, dass Menschen mit Behinderung im BBB und im AB wöchentlich wenigstens 35 und höchstens 40 Stunden beschäftigt werden können, darin enthalten sind Erholungspausen und Zeiten für Maßnahmen nach § 5 Abs. 3 WVO. Diese Vorgabe stellt gewissermaßen eine Rahmenregelung für die einzelne Werkstatt dar und sagt daher noch nichts über die individuelle Arbeitszeit aus. Die konkrete Arbeitszeit ist mit dem Beschäftigten im AB – nach Abstimmung mit dem Rehabilitationsträger – individuell im Werkstattvertrag zu vereinbaren.[591] Die Arbeitszeit ist des Weiteren gem. § 6 Abs. 2 WVO zu verkürzen, wenn dies wegen „Art oder Schwere der Behinderung" oder zur „Erfüllung des Erziehungsauftrags" notwendig ist. Insofern hat eine WfbM auch Teilzeitbeschäftigung anzubieten.[592]

---

588 Vgl. *Götze*, in: *Hauck/Noftz*, SGB IX Kommentar, Losebl. (Stand: 24. Erg.-Lfg. XII/12), § 36 Rn. 4 f.

589 Vgl. *Götze*, in: *Hauck/Noftz*, SGB IX Kommentar, Losebl. (Stand: 5. Erg.-Lfg. VIII/03), § 138 Rn. 6.

590 *Pahlen*, in: *Neumann/Pahlen/Majerski-Pahlen*, SGB IX Kommentar, 12. Aufl. 2010, § 138 Rn. 13.

591 *Cramer*, Werkstätten für behinderte Menschen, Kommentar, 4. Aufl. 2006, § 6 WVO Rn. 6.

592 *Cramer*, Werkstätten für behinderte Menschen, Kommentar, 4. Aufl. 2006, § 6 WVO Rn. 7.

(3) Zusammenfassung

In Bezug auf den Arbeitszeitschutz lässt sich feststellen, dass die Regelungen des ArbZG vollumfänglich auf Menschen mit Behinderungen Anwendung finden und sie in gleichem Umfang schützen wie Arbeitnehmerinnen und Arbeitnehmer ohne Behinderung. Darüber hinaus berücksichtigen weitere Normen die besondere Situation von Menschen mit Behinderung, und gewähren ihnen in Abhängigkeit von Art und Schwere der Behinderung weitergehende Rechte (z. B. die Freistellung von Mehrarbeit oder einen Anspruch auf Teilzeitarbeit unabhängig vom TzBfG). Dies entspricht auch den Anforderungen der Konvention, nämlich angemessene Vorkehrungen zu treffen, damit Menschen mit Behinderungen gleichberechtigt mit anderen alle Menschenrechte, hier das Recht auf Arbeit, ausüben können (vgl. Art. 2 Unterabs. 4 UN-BRK).

bb) Gesundheitsschutz

Den Arbeitgeber trifft eine Fürsorgepflicht gegenüber dem Arbeitnehmer, da letzterer in eine fremde Arbeitsorganisation eingebunden und weisungsgebunden tätig ist und damit nur begrenzt sein Arbeitsumfeld gestalten kann. Der Arbeitgeber hat den Arbeitnehmer vor Gesundheitsgefahren, insbesondere vor Arbeitsunfällen und Berufskrankheiten zu schützen.[593] Der Gesundheitsschutz ist dabei in Deutschland durch zahlreiche staatliche Vorschriften, die der Arbeitgeber einzuhalten hat, vorgegeben. Der Gesundheitsschutz ist maßgeblich durch europäisches Recht in der Gestalt von Richtlinien geprägt worden (z. B. Arbeitsschutz-Rahmenrichtlinie 89/391/EWG, aufgrund der u. a. das Arbeitsschutzgesetz erlassen wurde).[594] In der gebotenen Kürze sollen hier nur wenige Regelungen überblicksartig Erwähnung finden. Natürlich müssen die Normen des Arbeits- und Gesundheitsschutzes auch von WfbM beachtet werden.[595]

Zu den wichtigsten Gesetzen betreffend den Arbeits- und Gesundheitsschutz gehört zunächst das Arbeitsschutzgesetz (ArbSchG).[596] Gem. § 3 ArbSchG ist der Arbeitgeber verpflichtet, die erforderlichen Maßnahmen des Arbeitsschutzes zu treffen, welche die Sicherheit und Gesundheit der Beschäftigten bei ihrer Tätigkeit beeinflussen. Darunter sind Maßnahmen

---

593 *Löwisch/Caspers/Klumpp*, Arbeitsrecht, 10. Aufl. 2014, S. 135.

594 Vgl. *Vogelsang*, in: *Schaub*, Arbeitsrechts-Handbuch, 16. Aufl. 2015, § 154 Rn. 2.

595 *Wendt*, in: *Großmann* GK-SGB IX, Losebl. (Stand: 62 Juni 2011), § 136 Rn. 53.

596 Die Anwendbarkeit des ArbSchG auch in Werkstätten ergibt sich aus § 1 Abs. 1 S. 2 ArbSchG („Es gilt in allen Tätigkeitsbereichen [...]), vgl. *Kollmer*, in: *Kollmer/Klindt*, ArbSchG Kommentar, 2. Aufl. 2011, § 1 Rn. 58.

zur Verhütung von Unfällen, zur Vermeidung von arbeitsbedingten Gesundheitsgefahren und Maßnahmen der menschengerechten Arbeitsgestaltung zu verstehen (§ 2 Abs. 1 ArbSchG). Das ArbSchG gilt grundsätzlich für „alle Beschäftigten, die aufgrund einer rechtlichen Beziehung Arbeitsleistungen für einen Arbeitgeber erbringen" (zu Ausn. s. § 1 Abs. 2 ArbSchG).[597] In § 4 Nr. 6 ArbSchG ist festgelegt, dass der Arbeitgeber bei Maßnahmen des Arbeitsschutzes Gefahren für besonders schutzbedürftige Beschäftigungsgruppen zu berücksichtigen hat. Dazu gehören auch inklusive Maßnahmen für Menschen mit Behinderungen, insbesondere die barrierefreie Einrichtung von Arbeitsstätten (vgl. dazu X.).[598]

In diesem Zusammenhang ist die Arbeitsstättenverordnung zu nennen[599], die Bestimmungen betreffend die Einrichtung von Arbeitsplätzen, des Arbeitsablaufs oder der Arbeitsumgebung, z. B. Regelungen über Lüftung, Beleuchtung Raumtemperatur usw. enthält.[600] Weiterhin sind die Unfallverhütungsvorschriften wichtige Rechtsquellen des Gesundheitsschutzes, zu deren Erlass die Berufsgenossenschaften und andere Träger der gesetzlichen Unfallversicherung gem. § 15 SGB VII ermächtigt sind.[601] Die Vorschriften dienen der Verhinderung von Arbeitsunfällen und Berufskrankheiten.[602]

Aufgrund des „Gesetzes über Betriebsärzte, Sicherheitsingenieure und andere Fachkräfte für Arbeitssicherheit" (AsiG) ist der Arbeitgeber verpflichtet, Betriebsärzte und Fachkräfte für Arbeitssicherheit zu bestellen, die ihn beim Arbeitsschutz und der Unfallverhütung unterstützen sollen (§ 1 S. 1 und 2 ASiG).[603]

Der Arbeitgeber bestellt gem. § 98 S. 1 SGB IX einen Beauftragten, der ihn in Angelegenheiten Schwerbehinderter vertritt. Dieser Beauftragte hat darauf zu achten, dass die Verpflichtungen des Arbeitgebers erfüllt werden; dazu zählen nicht nur die Pflichten nach dem SGB IX, sondern alle Arbeit-

---

597 *Preis*, Arbeitsecht, Individualarbeitsrecht, 4. Aufl. 2012, S. 534.

598 *Kohte*, in: *Kollmer/Klindt*, ArbSchG Kommentar, 2. Aufl. 2011, § 4 Rn. 38.

599 Weitere Verordnungen zur Sicherung der Gesundheit sind die Bildschirmarbeitsverordnung, die Lastenhandhabungsverordnung, die Verordnung über die Benutzung persönlicher Schutzausrüstung, die Betriebssicherheitsverordnung, die Baustellenverordnung, die Gefahrstoffverordnung und die Biostoffverordnung. Vgl. *Zöllner/Loritz/Hergenröder*, Arbeitsrecht, 7. Aufl. 2015, S. 452 f.

600 Vgl. *Löwisch/Caspers/Klumpp*, Arbeitsrecht, 10. Aufl. 2014, S. 136; *Zöllner/Loritz/Hergenröder*, Arbeitsrecht, 7. Aufl. 2015, S. 352 f.

601 *Preis*, Arbeitsecht, Individualarbeitsrecht, 4. Aufl. 2012, S. 535.

602 *Preis*, Arbeitsecht, Individualarbeitsrecht, 4. Aufl. 2012, S. 535.

603 Zu weiteren Einzelheiten vgl. *Vogelsang*, in: *Schaub*, Arbeitsrechts-Handbuch, 16. Aufl. 2015, § 154 Rn. 42 ff.

geberpflichten, die gegenüber schwerbehinderten Beschäftigten bestehen – den Arbeits- und Gesundheitsschutz eingeschlossen.[604]

cc) Sonstiger Arbeitsschutz

Über die genannten Regelungen und Gesetze hinaus existieren weitere Vorschriften des Arbeitsschutzes, die bestimmte Personengruppen betreffen. Dazu gehören u. a. Frauen, insbesondere werdende Mütter, aber auch Jugendliche und Teilzeitbeschäftigte.[605] Der Schwerbehindertenschutz zählt ebenfalls dazu; in Bezug auf Letzteres wird aber auf die übrigen Ausführungen dieser Dissertation verwiesen. Vorliegend kann lediglich ein Überblick gegeben werden, freilich mit dem Fokus auf Regelungen für Menschen mit Behinderungen.

(1) Frauen- und Mutterschutz

Zunächst gilt für Frauen im Zusammenhang mit Beschäftigungsverhältnissen ein Benachteiligungsverbot gem. § 7 AGG.[606] Nach dem AGG kann eine unzulässige Diskriminierung wegen des Geschlechts (vgl. § 1 AGG), z. B. bei einer Einstellung oder Beförderung, zu Entschädigungszahlungen führen (zu weiteren Einzelheiten vgl. E II. 2. b)).[607]

Weiterhin haben öffentliche und private Arbeitgeber eine Pflicht zur Beschäftigung schwerbehinderter Menschen.[608] Arbeitgeber, die im Jahresdurchschnitt 20 Arbeitsplätze i. S. d. § 73 SGB IX haben, sind verpflichtet, auf 5 Prozent der Arbeitsplätze Schwerbehinderte zu beschäftigen (§ 71 Abs. 1 S. 1 SGB IX). Nach § 71 Abs. 1 S. 2 SGB IX haben Arbeitgeber dabei besonders Frauen mit einer Schwerbehinderung zu berücksichtigen. Damit wollte der Gesetzgeber der doppelten Benachteiligung schwerbehinderter Frauen entgegenwirken, die auf dem Allgemeinen Arbeitsmarkt gegenüber Männern, aufgrund ihrer Behinderung und ihres Geschlechts, schlechtere Chancen haben.[609] Die Norm sieht jedoch keine Sanktionen bei Nichtbeachtung vor; es gibt weder eine zusätzliche Ausgleichsabgabe, wenn der

---

604 Vgl. *Hohmann*, in: *Wiegand.*, SGB IX Teil 2 Handkommentar, Losebl. (Erg.-Lfg. 4/08-VII/08), § 98 Rn. 47; *Vogelsang*, in: *Schaub*, Arbeitsrechts-Handbuch, 16. Aufl. 2015, § 153 Rn. 12.

605 *Zöllner/Loritz/Hergenröder*, Arbeitsrecht, 7. Aufl. 2015, S. 460 ff.

606 Die Regelung ersetzt den zuvor in § 611a BGB kodifizierten Gleichbehandlungsgrundsatz. Vgl. *Zöllner/Loritz/Hergenröder*, Arbeitsrecht, 7. Aufl. 2015, S. 461.

607 Vgl. *Schlachter*, in: ErfK, 16. Aufl. 2016, § 1 AGG Rn. 6.

608 Vgl. § 71 SGB IX.

609 *Kuhlmann*, in: *Ernst/Adlhoch/Seel*, SGB IX, Losebl. (Stand: 23. Erg.-Lfg. März 2013), § 71 Rn. 18.

Arbeitgeber keine schwerbehinderten Frauen beschäftigt, noch führt dies zu einer Ordnungswidrigkeit.[610]

Des Weiteren muss in einer Integrationsvereinbarung zwischen dem Arbeitgeber und der Schwerbehindertenvertretung und/oder anderen Beteiligten eine Regelung zur Beschäftigung eines angemessenen Anteils von schwerbehinderten Frauen (§ 83 Abs. 2 S. 2 SGB IX) vereinbart werden (zwingender Bestandteil).[611] In der Vereinbarung kann auch eine bestimmte anzustrebende Beschäftigungsquote, einschließlich eines angemessenen Anteils schwerbehinderter Frauen, geregelt werden (§ 83 Abs. 2a Nr. 2 SGB IX). Zwar trifft den Arbeitgeber grundsätzlich eine Verpflichtung zum Abschluss einer Integrationsvereinbarung, die Vereinbarung selbst ist aber nicht erzwingbar.[612] Auch hier fehlt es insofern an gesetzlich vorgegebenen Sanktionen, so dass weder der Abschluss noch bei Zustandekommen individuelle Ansprüche durch schwerbehinderte Frauen eingeklagt werden können.[613] Zulässig dürfte hingegen eine Klage der Schwerbehindertenvertretung und/oder des Betriebs-/Personalrats gegen den Arbeitgeber auf Eintritt in Verhandlungen sein.[614]

Schwangere Frauen genießen Schutz nach dem Mutterschutzgesetz (MuSchG). Besonders hervorzuheben sind die Beschäftigungsverbote:[615] Werdende Mütter dürfen 6 Wochen vor der Entbindung nicht beschäftigt werden, es sei denn sie erklären sich dazu ausdrücklich bereit (§ 3 Abs. 2 MuSchG). Weiterhin besteht ein zwingendes Beschäftigungsverbot bis zum Ablauf von 8 Wochen nach der Entbindung; Abweichungen davon ergeben sich bei Früh- und Mehrlingsgeburten (vgl. § 6 MuSchG). Während der Zeiten eines Beschäftigungsverbotes erhalten die geschützten Frauen Mutterschaftsgeld gem. §§ 13 f. MuSchG, § 24 i SGB V[616] oder ausnahmsweise „Mutterschutzlohn“ vom Arbeitgeber (§ 11 MuSchG), sofern kein Anspruch auf Mutterschaftsgeld besteht. Zudem haben Frauen unter den Voraussetzungen des § 9 MuSchG einen besonderen Kündigungsschutz. Die

610 *Kuhlmann*, in: *Ernst/Adlhoch/Seel*, SGB IX, Losebl. (Stand: 23. Erg.-Lfg. März 2013), § 71 Rn. 19.

611 *Seel*, in: *Ernst/Adlhoch/Seel*, SGB IX, Losebl. (Stand: 9. Erg.-Lfg. 02/2006), § 83 Rn. 19.

612 *Rolfs*, in: ErfK, 16. Aufl. 2016, § 83 SGB IX Rn. 1.

613 *Wiegand*, in: *Wiegand*, SGB IX Teil 2 Handkommentar, Losebl. (Erg.-Lfg. 2/11-XII/11), § 83 Rn. 5 ff.

614 *Seel*, in: *Ernst/Adlhoch/Seel*, SGB IX, Losebl. (Stand: 9. Erg.-Lfg. 02/2006), § 83 Rn. 40.

615 Vgl. *Dütz/Thüsing*, Arbeitsrecht, 20. Aufl. 2015, S. 124 f.; *Brox/Rüthers/Henssler*, Arbeitsrecht, 18. Aufl. 2011, S. 147 f.

616 § 24 i SGB V ersetzt seit dem 30.10.2012 (BGBl. I 2012, 2246) § 200 RVO; vgl. dazu *Waltermann*, Sozialrecht, 11. Aufl. 2014, S. 97.

Normen des MuSchG gelten für alle Frauen, die in einem Arbeitsverhältnis stehen oder in Heimarbeit tätig sind (§ 1 MuSchG); abweichende Regelungen für Frauen mit einer Behinderung sind nicht ersichtlich.[617]

(2) Jugendschutz

Der Schutz von Jugendlichen in einem Ausbildungs- oder Beschäftigungsverhältnis wird durch das Jugendarbeitsschutzgesetz (JArbSchG) in Deutschland sichergestellt. Das Gesetz gilt für Personen, die noch nicht 18 Jahre alt sind (§ 1 JArbSchG) und beinhaltet differenzierte Regelungen für Kinder, die das 15. Lebensjahr noch nicht erreicht haben und Jugendliche, die 15, aber noch nicht 18 Jahre alt sind (§ 2 JArbSchG). Die wohl wichtigste Norm verbietet grundsätzlich die Beschäftigung von Kindern (§ 5 JArbSchG). Daneben existieren zahlreiche Vorschriften, die hier nicht weiter erörtert werden sollen, dazu zählen bspw. Regelungen zur Akkord- oder Fließbandarbeit (§ 23 JArbSchG), zu Einstellungs- und Nachuntersuchungen (§§ 32 ff. JArbSchG), zum Arbeitszeitschutz (§§ 4, 8 ff. JArbSchG) und zum Mindesturlaub (§ 19 JArbSchG).[618] Spezielle Bestimmung für Kinder und Jugendliche mit einer Behinderung enthält das JarbSchG nicht.

Dem besonderen Schutz von Jugendlichen mit einer Behinderung dienen auch die Regelungen der §§ 68 ff. SGB IX, insofern eine Schwerbehinderung oder Gleichstellung vorliegt. Darüber hinaus werden behinderte Jugendliche und junge Erwachsene Schwerbehinderten gleichgestellt, wenn sie eine Berufsausbildung machen und der GdB weniger als 30 beträgt oder nicht festgestellt wurde (§ 68 Abs. 4 SGB IX). Die Gleichstellung speziell für Jugendliche wurde 2004 in das SGB IX eingefügt und verfolgt den Zweck, dass Arbeitgeber dadurch Prämien und Zuschüsse zu den Kosten der Berufsausbildung gem. § 102 Abs. 3 Nr. 2c) SGB IX bekommen können.[619] Im Übrigen werden die besonderen Regelungen für schwerbehinderte Menschen nicht angewendet (§ 68 Abs. 4 S. 3 SGB IX).

(3) Teilzeit- und Befristungsschutz

In § 4 Abs. 1 TzBfG wird die Schlechterstellung von teilzeitbeschäftigten Arbeitnehmern gegenüber Vollzeitbeschäftigten verboten, es sei denn, es

---

617 Zu weiteren Einzelheiten vgl. *Buchner/Becker*, Mutterschutzgesetz, Bundeselterngeld- und Elternzeitgesetz, 8. Aufl. 2008; *Pepping*, in: *Rancke*, Mutterschutz, Elterngeld, Elternzeit, Handkommentar, 4. Aufl. 2015, § 1 MuSchG Rn. 3 ff.

618 Vgl. *Zöllner/Loritz/Hergenröder*, Arbeitsrecht, 7. Aufl. 2015, S. 464 ff.

619 *Oppermann*, in: *Hauck/Noftz*, SGB IX Kommentar, Losebl. (22. Erg.-Lfg.IV/11), § 68 Rn. 26.

liegt ein sachlicher Grund für die unterschiedliche Behandlung vor. Das Verbot der Diskriminierung bezieht sich zum einen auf die Vergütung und etwaige geldwerte Leistungen (§ 4 Abs. 1 S. 2 TzBfG), als auch auf die anderen Arbeitsbedingungen, wie z. B. die Dauer und Lage der Arbeitszeit, die Urlaubsregelungen oder die Möglichkeit an Aus- und Weiterbildungen teilnehmen zu können.[620]

Dieser Diskriminierungsschutz gilt ebenso für befristet Beschäftigte, die gegenüber unbefristet beschäftigten Arbeitnehmern nicht schlechter behandelt werden dürfen, es sei denn die unterschiedliche Behandlung ist durch einen sachlichen Grund gerechtfertigt (§ 4 Abs. 2 S. 1 TzBfG). Dies gilt für die schon benannten Arbeitsbedingungen, darüber hinaus aber auch für Beschäftigungsbedingungen, welche von der Dauer der Betriebszugehörigkeit abhängen (§ 4 Abs. 2 S. 3 TzBfG).[621] § 4 TzBfG ist zwar theoretisch lex specialis gegenüber § 7 AGG und geht insofern als speziellere Norm vor. Faktisch gilt dies allerdings nicht, wenn gleichzeitig eine Diskriminierung z. B. wegen des Geschlechts oder einer Behinderung vorliegt; in dem Fall ist das AGG nämlich parallel anwendbar.[622]

(4) Zusammenfassung und Ergebnis

In Bezug auf den Frauen- und Mutterschutz kann konstatiert werden, dass keine Regelungen ersichtlich sind, die Frauen mit Behinderungen unmittelbar benachteiligen oder mit der UN-BRK unvereinbar sind. Fraglich ist allerdings, ob der vorhandene Arbeitsschutz ausreicht, um den Anforderungen der Konvention gerecht zu werden. Art. 27 Abs. 1 S. 2 lit. b UN-BRK ist in Bezug auf den Arbeits- und Gesundheitsschutz von Frauen i. V. m. Art. 6 UN-BRK zu sehen. Danach anerkennen die Vertragsstaaten, „dass Frauen und Mädchen mit Behinderungen mehrfacher Diskriminierung ausgesetzt sind, und ergreifen in dieser Hinsicht Maßnahmen, um zu gewährleisten, dass sie alle Menschenrechte und Grundfreiheiten voll und gleichberechtigt genießen können" (Art. 6 Abs. 1 UN-BRK).

Zu den im deutschen Recht identifizierten Maßnahmen gehören Regelungen, welche die Beschäftigung eines angemessenen Anteils schwerbehinderter Frauen sicherstellen sollen, entweder im Rahmen der Beschäftigungspflicht des Arbeitgebers (§ 71 Abs. 1 S. 2 SGB IX) oder durch Absprache in einer Integrationsvereinbarung (vgl. § 83 Abs. 2 S. 2 SGB IX). Zu bedenken ist hier allerdings, dass es in diesem Kontext keine Sanktionen

620 *Herms*, in: *Meinel/Heyn/Herms*, in: TzBfG Kommentar, 5. Aufl. 2015, § 4 Rn. 17 f.

621 Vgl. auch *Joussen*, in: *Boecken/Joussen*, TzBfG Handkommentar, 3. Aufl. 2012, § 4 Rn. 63.

622 *Herms*, in: *Meinel/Heyn/Herms*, in: TzBfG Kommentar, 5. Aufl. 2015, § 4 Rn. 14.

gibt und dass diese Regelungen nicht für Frauen mit einer einfachen Behinderung gelten. Letztendlich sind die genannten Vorschriften zu weich und hinsichtlich des Personenkreises zu eng formuliert. Schwangere Frauen mit einer Behinderung werden zwar durch das MuSchG geschützt. Hier stellt sich aber die (an dieser Stelle offen bleibende) Frage, ob es spezieller Normen für werdende Mütter mit einer Behinderung bedarf.

Eine deutliche Verbesserung des Schutzes von Frauen mit einer Behinderung stellt das AGG dar, nach dem Diskriminierungen verboten sind und geahndet werden können. Allerdings ist fraglich, ob das AGG allein ausreicht, um die Mehrfachdiskriminierung von Frauen mit einer Behinderung, gerade und nicht zuletzt bei einer Einstellung, zu verhindern. Damit das Recht auf Arbeit voll und gleichberechtigt genossen werden kann, spricht vieles dafür, dass der Gesetzgeber verpflichtet ist, unter Ausschöpfung der verfügbaren Mittel nach und nach (vgl. Art. 4 Abs. 2 UN-BRK) weitere Maßnahmen zu treffen, um den Schutz von Frauen mit einer Behinderung im Zusammenhang mit dem Recht auf Arbeit zu verbessern.

In Bezug auf den Jugendarbeitsschutz nach dem JArbSchG ist keine konventionswidrige Regelung ersichtlich, die geändert werden müsste. Jugendliche mit einer Behinderung, die in ein Ausbildungs- oder Beschäftigungsverhältnis eintreten, unterliegen verbindlich den Regelungen des JArbSchG. Zudem gelten für schwerbehinderte oder gleichgestellte Jugendliche die Schutznormen der §§ 68 ff. SGB IX; für Jugendliche mit keinem GdB oder einem GdB von weniger als 30 gilt eine Sonderregelung. Nur ein darüber hinausgehendes Arbeitsschutzbedürfnis könnte den deutschen Gesetzgeber dazu verpflichten, weitere Schutznormen zu schaffen. Ähnliches gilt im Ergebnis auch für das TzBfG, nach dessen § 4 Arbeitnehmerinnen und Arbeitnehmer mit einer Behinderung, die in Teilzeit oder befristet beschäftigt sind, vor einer Diskriminierung geschützt werden.

d) Schutz vor Belästigungen und Abhilfe bei Missständen

Nach Art. 27 Abs. 1 S. 2 lit. b a. E. UN-BRK ist Deutschland dazu verpflichtet, Menschen mit Behinderungen vor Belästigungen im Zusammenhang mit dem Recht auf Arbeit zu schützen und für Abhilfe bei Missständen zu sorgen. Im deutschen Arbeitsrecht sind die Fürsorgepflicht des Arbeitgebers und das AGG geeignet, diesen Schutzzweck zu erfüllen.

(1) Fürsorgepflicht des Arbeitgebers

Die Fürsorgepflicht ist die wichtigste arbeitsvertragliche Nebenpflicht des Arbeitgebers, die zwingender Bestandteil des Arbeitsverhältnisses ist und grundsätzlich nicht abbedungen werden kann.[623] Die Fürsorgepflicht hat ihre rechtliche Grundlage in § 241 Abs. 2 BGB und lässt sich definieren „als Verpflichtung des ArbGeb, seine Rechte aus dem Arbeitsverhältnis so auszuüben und die im Zusammenhang mit dem Arbeitsverhältnis stehenden Interessen des ArbN so zu wahren, wie dies unter Berücksichtigung der Belange des Betriebes und der Interessen der gesamten Belegschaft nach Treu und Glauben billigerweise möglich ist (BAG 16.2.12 – 8 AZR 98/11, BeckRS 2012, 70997; 27.1.11 – 8 AZR 280/09, NZA 11, 1312)".[624] Diese Pflicht zum Tun oder Unterlassen wird neuerdings auch als Schutzpflicht des Arbeitgebers bezeichnet.[625] Sie umfasst allgemein gesetzlich geregelte Fürsorgepflichten (z. B. die Verpflichtung zum Schutz von Leben und Gesundheit), sonstige Arbeitgeberfürsorgepflichten (z. B. bei Sachschäden) und die allgemeine Fürsorgepflicht (Schutz-, Sorgfalts- und Auskunftspflichten).[626] Die allgemeine Fürsorgepflicht wird dabei spezialgesetzlich konkretisiert durch das AGG.

(2) Belästigungsschutz nach dem AGG

Nach § 7 Abs. 1 AGG dürfen Beschäftigte nicht aufgrund einer Behinderung und anderer Gründe (vgl. § 1 AGG) benachteiligt werden. Dabei ist eine Belästigung dann eine Benachteiligung, wenn unerwünschte Verhaltensweisen, die mit einem in § 1 genannten Grund in Zusammenhang stehen, bezwecken oder bewirken, dass die Würde der betreffenden Person verletzt und ein von Einschüchterungen, Anfeindungen, Erniedrigungen, Entwürdigungen oder Beleidigungen gekennzeichnetes Umfeld geschaffen wird (§ 3 Abs. 3 AGG). Gem. § 3 Abs. 4 AGG ist auch eine sexuelle Belästigung eine Benachteiligung unter den dort genannten Voraussetzungen.

Unter § 3 Abs. 3 AGG ist z. B. das sog. „Mobbing" zu subsumieren, bei dem durch systematische Anfeindungen und Schikane Arbeitnehmerinnen und Arbeitnehmer durch Kolleginnen und Kollegen oder Vorgesetzte niedergemacht werden.[627] Die Rechtsfolgen sind in §§ 13–16 AGG geregelt, insbesondere können Arbeitnehmer bei einer Belästigung gem. § 14 AGG

623 *Kreitner*, in: *Küttner*, Personalbuch, 22. Aufl. 2015, Fürsorgepflicht Rn. 1 f. (zit. nach beck-online).

624 *Kreitner*, in: *Küttner*, Personalbuch, 22. Aufl. 2015, Fürsorgepflicht Rn. 3. (zit. nach beck-online)

625 *Koch*, in: *Schaub*, Arbeitsrechtshandbuch, 15. Aufl. 2013, § 106 Rn. 1 f.

626 *Koch*, in: *Schaub*, Arbeitsrechtshandbuch, 15. Aufl. 2013, § 106 Rn. 6 ff.

627 Vgl. auch zum Bossing, bei dem der Vorgesetzte der Täter ist und zum Staffing, bei dem die Mitarbeiter den Vorgesetzten schikanieren und zu weiteren Einzelheiten *Linck*, in: *Schaub*, Arbeitsrechtshandbuch, 15. Aufl. 2013, § 36 Rn. 43a.

ein Leistungsverweigerungsrecht oder gem. § 15 AGG einen Entschädigungs- oder Schadensersatzanspruch geltend machen. Falls das „Mobbing“ bzw. die Belästigung nicht auf einem in § 1 AGG genannten Merkmal beruht, kommen vertragliche Ansprüche auf Schadensersatz oder Schmerzensgeld gegen den Arbeitgeber (u. a. § 280 BGB) und deliktsrechtliche Ansprüche gegen Kolleginnen und Kollegen (u. a. § 823 BGB) in Betracht.[628]

Der Arbeitgeber ist verpflichtet, (präventive) Maßnahmen zum Schutz vor Benachteiligungen u. a. wegen einer Behinderung zu ergreifen (§ 12 Abs. 1 AGG). Der Arbeitgeber kann dieser Pflicht dadurch nachkommen, dass er im Rahmen der beruflichen Aus- und Fortbildung auf die Unzulässigkeit von Benachteiligungen hinweist (§ 12 Abs. 2 AGG). Im Einzelfall hat der Arbeitgeber bei einem Verstoß von Beschäftigten gegen das Benachteiligungsverbot des § 7 Abs. 1 AGG die geeigneten, erforderlichen und angemessenen Maßnahmen zur Unterbindung der Benachteiligung zu treffen. Das Gesetz benennt hier ausdrücklich als Mittel die Abmahnung, die Umsetzung, die Versetzung oder die Kündigung (§ 12 Abs. 3 AGG). Grundsätzlich hat der betroffene Arbeitnehmer einen individuellen Anspruch auf eine Maßnahme als Sanktion, nicht jedoch auf eine bestimmte der in § 12 Abs. 3 AGG nicht abschließend aufgezählten Maßnahmen.[629]

3. Zusammenfassung

Zusammenfassend kann an dieser Stelle festgehalten werden, dass das gleiche Recht von Menschen mit Behinderungen auf gerechte und günstige Arbeitsbedingungen in Deutschland durch zahlreiche Gesetze geschützt ist. Die identifizierten Schutzregelungen gelten auch für Menschen mit Behinderungen.

Die gesetzlichen Regelungen über den Urlaub nach dem BUrlG sind konventionskonform. Unvereinbar ist allerdings die fehlende Anwendbarkeit des § 125 SGB IX auch auf gleichgestellte Arbeitnehmerinnen und Arbeitnehmer. Hier ist der Gesetzgeber aufgrund der UN-BRK verpflichtet, gerechte und günstige Bedingungen auch für Gleichgestellte zu gewähren und gesetzlich den Anspruch auf Zusatzurlaub auch auf diesen Personenkreis auszuweiten.

---

628 *Linck*, in: *Schaub*, Arbeitsrechtshandbuch, 15. Aufl. 2013, § 36 Rn. 43c f.

629 *Schlachter*, in: ErfK, 16. Aufl. 2016, § 12 AGG Rn. 3.

In Bezug auf den Vergütungsschutz ergeben sich grundsätzlich nur rechtliche Bedenken hinsichtlich der Vergütung in Werkstätten. Diese ist zwar nicht an sich als konventionswidrig anzusehen, da das gleiche Entgelt für gleiche Arbeit gezahlt wird. Allerdings sind die absoluten Auszahlbeträge derart niedrig, dass unter Beachtung der äußerst geringen Vermittlungsquote auf den ersten Arbeitsmarkt kaum von wirklicher Chancengleichheit auf gerechte und günstige Arbeitsbedingungen gesprochen werden kann. Insofern ist Deutschland verpflichtet, sukzessiv das Recht von Menschen mit Behinderungen, den Lebensunterhalt auf einem inklusiven Arbeitsmarkt zu verdienen, über die bisherigen Anstrengungen hinaus durch geeignete Schritte zu sichern und zu fördern (Art. 27 Abs. 1 UN-BRK).

Die skizzierten Regelungen zum Arbeits- und Gesundheitsschutz sind grundsätzlich mit der UN-BRK vereinbar. Teilweise lassen sich sogar günstigere Regelungen identifizieren, z. B. hinsichtlich des Anspruchs auf Teilzeitarbeit. In Bezug auf die Rechte von Frauen mit einer Behinderung ist Deutschland verpflichtet Maßnahmen zu ergreifen, damit Frauen das Recht auf Arbeit voll und gleichberechtigt genießen können (vgl. Art. 6 Abs. 1 UN-BRK). Fraglich ist, ob die genannten Maßnahmen ausreichen, um gegen die mehrfache Diskriminierung von Frauen wirksam zu sein. Hier ist Deutschland zu entsprechenden Schritten verpflichtet, wobei ein weiter Spielraum bestehen dürfte. In Bezug auf den Schutz vor Belästigungen und Abhilfe bei Missständen sind in der deutschen Rechtsordnung mit dem AGG und den allgemeinen zivilrechtlichen Normen wirksame Rechtsregelungen vorhanden. Diese Vorschriften wirken sowohl präventiv, als auch sanktionierend im Fall einer Belästigung von Arbeitnehmerinnen und Arbeitnehmern mit einer Behinderung. Insofern reichen die vorhandenen Normen aus, um der UN-BRK gerecht zu werden.

IV. Arbeits- und Gewerkschaftsrechte

Nach der UN-BRK sind alle Menschen vor dem Gesetz gleich und haben Anspruch auf Schutz durch das Gesetz und gleiche Vorteile durch das Gesetz (Art. 5 Abs. 1 UN-BRK); dies gilt auch für die Arbeits- und Gewerkschaftsrechte.

1. Inhalt, Auslegung und Verpflichtung

Inhalt: „States Parties shall safeguard and promote the realization of the right to work [...] by taking appropriate steps, including through legislation, to, inter alia: [...] Ensure that persons with disabilities are able to exercise their labour and trade union rights on an equal basis with others; [...].“[630]

Auslegung: Fraglich ist zunächst, was unter „labour rights“ zu verstehen ist. In der deutschen Übersetzung der Konvention ist von „Arbeitnehmerrechten“ die Rede. Dafür hätte auch der englische Begriff „employment rights“ herangezogen werden können. Im deutschen Arbeitsrecht wäre das allerdings mit einer Einschränkung des Personenkreises verbunden, denn Arbeitnehmer ist, wer aufgrund eines privatrechtlichen Vertrages zur Leistung von Diensten für einen Anderen in persönlicher Abhängigkeit verpflichtet ist.[631] Beamtinnen und Beamte würden dadurch bspw. ausgeschlossen, denn sie werden aufgrund eines öffentlich-rechtlichen Dienst- und Treueverhältnisses (vgl. Art. 33 IV GG) tätig und werden durch Verwaltungsakt in das Beamtenverhältnis berufen.[632] Übersetzt man die Begriffe jedoch mit „Arbeit“ und „Rechte“, dann führt die wörtliche Auslegung zu einem weiten Anwendungsbereich, nämlich dazu, dass Menschen mit Behinderungen genauso berechtigt sind, ihre Rechte im Zusammenhang mit ihrer Arbeit auszuüben, wie die anderen auch. Der Sinn und Zweck des Art. 27 UN-BRK bestätigt dies, denn es geht um das Recht auf entgeltliche Arbeit von Menschen mit Behinderungen, ausdrücklich auch im öffentlichen Dienst (vgl. Art. 27 Abs. 1 S. 2 lit. g UN-BRK). Im Rahmen der systematischen völkerrechtlichen Auslegung kann zur Konkretisierung der „Arbeitsrechte“ gem. Art. 31 Abs. 3 lit. c WVK auf den IPwskR zurückgegriffen werden. Dort werden die entsprechenden Rechte in den Artikeln 6 ff. IPwskR aufgeführt. Zu nennen ist insbesondere Art. 7 lit. a bis d IPwskR, der eine nicht abschließende Aufzählung von „gerechten und günstigen Arbeitsbedingungen“ enthält (z. B. gleiches Arbeitsentgelt, gleiche Aufstiegsmöglichkeiten etc., vgl. dazu bereits E. III.).

---

630 Art. 27 Abs. 1 S. 2 lit. c UN-BRK. Die deutsche Übersetzung lautet: „Die Vertragsstaaten sichern und fördern die Verwirklichung des Rechts auf Arbeit [...] durch geeignete Schritte, einschließlich des Erlasses von Rechtsvorschriften, um unter anderem [...] zu gewährleisten, dass Menschen mit Behinderungen ihre Arbeitnehmer- und Gewerkschaftsrechte gleichberechtigt mit anderen ausüben können; [...].“

631 Vgl. *Junker*, Grundkurs Arbeitsrecht, 14. Aufl. 2015, S. 48 ff.

632 *Junker*, Grundkurs Arbeitsrecht, 14. Aufl. 2015, S. 49.

Die wörtliche Auslegung des Begriffes „trade union rights“ (in deutscher Sprache unstreitig als „Gewerkschaftsrechte“ übersetzt) führt nach herkömmlichem Verständnis zu dem Ergebnis, dass hierzu sowohl das Recht gehört, einer Gewerkschaft beizutreten, eine Gewerkschaft zu gründen, als auch zu streiken. Im Umkehrschluss umfassen diese Rechte aber auch die Möglichkeit, keiner Gewerkschaft beizutreten und nicht zu streiken. Auch hier kann im Wege der systematischen völkerrechtlichen Auslegung Rückgriff auf den IPwskR genommen werden. Art. 8 IPwskR beinhaltet detaillierte Angaben darüber, was unter Gewerkschaftsrechten zu verstehen ist. Dazu zählen u. a.:

- „das Recht eines jeden, zur Förderung und zum Schutz seiner wirtschaftlichen und sozialen Interessen Gewerkschaften zu bilden oder einer Gewerkschaft eigener Wahl allein nach Massgabe ihrer Vorschriften beizutreten. Die Ausübung dieses Rechts darf nur solchen Einschränkungen unterworfen werden, die gesetzlich vorgesehen und in einer demokratischen Gesellschaft im Interesse der nationalen Sicherheit oder der öffentlichen Ordnung oder zum Schutz der Rechte und Freiheiten anderer erforderlich sind;“ (Art. 8 Abs. 1 lit. a IPwskR)
- „das Recht der Gewerkschaften, nationale Vereinigungen oder Verbände zu gründen, sowie deren Recht, internationale Gewerkschaftsorganisationen zu bilden oder solchen beizutreten;“ (Art. 8 Abs. 1 lit. b IPwskR)
- „das Recht der Gewerkschaften, sich frei zu betätigen […];“ (Art. 8 Abs. 1 lit. c IPwskR)
- „das Streikrecht, soweit es in Übereinstimmung mit der innerstaatlichen Rechtsordnung ausgeübt wird.“ (Art. 8 Abs. 1 lit. d IPwskR)

Dieses Recht ist auch im IPbpR zu finden; dort heißt es in Art. 22: „Jedermann hat das Recht, sich frei mit anderen zusammenzuschließen sowie zum Schutz seiner Interessen Gewerkschaften zu bilden und ihnen beizutreten.“ Zusammenfassend lässt sich konstatieren, dass der Begriff „Gewerkschaftsrechte“ von Menschen mit Behinderungen gem. Art. 27 Abs. 1 S. 2 lit. c UN-BRK nach der vorhergehenden Auslegung im Wesentlichen die folgenden drei Bestandteile umfasst: Zu nennen sind das „Recht einer Gewerkschaft beizutreten“, das „Recht zur Gründung einer Gewerkschaft“ und das „Streikrecht“.

Zweck der Regelung ist, Benachteiligungen von Menschen mit Behinderungen bei der Ausübung ihrer Arbeits- und Gewerkschaftsrechte als „Annexrechte" des Rechts auf Arbeit zu verhindern.[633] Art. 27 Abs. 1 S. 2 lit. c UN-BRK ist eine Konkretisierung des allgemeinen Diskriminierungsverbotes gem. Art. 5 UN-BRK.[634]

Verpflichtung: Es handelt sich hier zunächst um eine Achtungsverpflichtung, d. h. der Staat hat als Arbeitgeber bzw. Dienstherr die Arbeits- und Gewerkschaftsrechte zu beachten. Gleichzeitig sind die Rechte aber auch Schutzrechte, die der Staat als Gesetzgeber in Privatrechtsverhältnissen sicherstellen muss. Und nicht zuletzt gewährt Art. 27 Abs. 1 S. 2 lit. c UN-BRK auch Leistungsrechte, in den Fällen, wo Beschäftigte mit einer Behinderung konkret Unterstützung benötigen, um ihre Arbeitnehmer- und Gewerkschaftsrechte ausüben zu können (z. B. Blinde bei der Stimmabgabe zur Wahl des Betriebsrates).[635]

2. Innerstaatliche Rechtsvorschriften

Zu den innerstaatlichen Regelungen gehören im Grunde alle Rechtsvorschriften des Individualarbeitsrechts und des kollektiven Arbeitsrechts sowie darüber hinaus alle Vorschriften, die andere Beschäftigungsverhältnisse als die von Arbeitnehmern erfassen (z. B. beamtenrechtliche Regelungen). Eine Darstellung ist an dieser Stelle nicht möglich und es wird deshalb auf die einschlägige Literatur verwiesen.[636] Anhand des Beispiels der Gewerkschaftsrechte lässt sich aber exemplifizieren, wie in Deutschland die gleichberechtigte Ausübung der Arbeits- und Gewerkschaftsrechte von Menschen mit Behinderungen sichergestellt wird.

---

633 *Rothfritz*, Die Konvention der Vereinten Nationen zum Schutz der Rechte von Menschen mit Behinderungen, 2010 (Diss.), S. 407.

634 *Rothfritz*, Die Konvention der Vereinten Nationen zum Schutz der Rechte von Menschen mit Behinderungen, 2010 (Diss.), S. 407.

635 *Trenk-Hinterberger*, in: *Kreutz/Lachwitz/Trenk-Hinterberger*, Die UN-BRK in der Praxis, 2013, Art. 27 Rn. 18.

636 Vgl. z. B. *Schaub*, Arbeitsrechts-Handbuch, 16. Aufl. 2015; *Müller-Glöge/Preis/Schmidt*, ErfK, 16. Aufl. 2016.

a) Gewerkschaftsrechte

Die Koalitionsfreiheit, also „das Recht, zur Wahrung und Förderung der Arbeits- und Wirtschaftsbedingungen Vereinigungen zu bilden", ist in Art. 9 Abs. 3 GG verankert. Es handelt sich um ein Abwehrrecht, das alle Träger der öffentlichen Gewalt bindet; darüber hinaus entfaltet die Koalitionsfreiheit nach hM auch unmittelbare Drittwirkung gegenüber Privatpersonen (Art. 9 Abs. 3 S. 2 GG).[637] Es handelt sich um ein von § 823 BGB geschütztes Rechtsgut. Gegen Eingriffe Privater in die Koalitionsfreiheit können Grundrechtsträger im Wege der Unterlassungsklage vorgehen (§ 1004 Abs. 1 S. 2 BGB).[638] Das Grundrecht steht zunächst jedem Einzelnen zu, d. h. jedermann, sowohl Arbeitnehmer als auch Arbeitgeber, kann sich zur Verfolgung des oben genannten Zwecks mit anderen in einer Gewerkschaft oder einem Arbeitgeberverband zusammenschließen.[639] Dies gilt im Übrigen auch für Beamtinnen und Beamte (vgl. § 52 BeamtStG), sowie Richterinnen und Richter.[640] Das Grundrecht umfasst die positive und die negative Koalitionsfreiheit, also das Recht eine Koalition mit anderen zu gründen oder ihr beizutreten (positive Koalitionsfreiheit) oder vice versa nicht Mitglied einer Koalition zu werden (negative Koalitionsfreiheit).[641]

Ebenso garantiert Art. 9 Abs. 3 GG das Recht zum Arbeitskampf. Da die Tarifparteien grundsätzlich die Arbeitsbedingungen frei aushandeln, bedarf es neben der Verhandlung weiterer Mittel der Konfliktlösung, wobei die wichtigsten Kampfmittel auf der Arbeitgeberseite die Aussperrung und auf der Arbeitnehmerseite der Streik sind.[642] Nur ausnahmsweise ist das Streikrecht nicht geschützt – z. B. ist Beamtinnen und Beamten gem. Art. 33 Abs. 5 GG der Streik verboten.[643] Das Arbeitskampfrecht ist in Deutschland nicht gesetzlich geregelt. Ob ein Streik rechtmäßig oder rechtswidrig ist, unterliegt den Regeln, die von der Rechtsprechung im Laufe der Zeit entwickelt wurden (Richterrecht).[644]

---

637 *Jarass*, in: *Jarass/Pieroth*, GG Kommentar, 13. Aufl. 2014, Art. 9 Rn. 30 f.

638 *Preis*, Arbeitsrecht, Kollektivarbeitsrecht, 3. Aufl. 2012, S. 32.

639 *Löwisch/Caspers/Klumpp*, Arbeitsrecht, 10. Aufl. 2014, S. 33 f.

640 Zu weiteren Grundrechtsträgern vgl. *Jarass*, in: *Jarass/Pieroth*, GG Kommentar, 13. Aufl. 2014, Art. 9 Rn. 43 f.

641 *Preis*, Arbeitsrecht Kollektivarbeitsrecht, 3. Aufl. 2012, S. 33 ff.

642 *Löwisch/Caspers/Klumpp*, Arbeitsrecht, 10. Aufl. 2014, S. 314 f.

643 *Jarass*, in: *Jarass/Pieroth*, GG Kommentar, 13. Aufl. 2014, Art. 9 Rn. 56.

644 Zu weiteren Einzelheiten vgl. z. B. *Hromadka/Maschmann*, Arbeitsrecht Band 2, 6. Aufl. 2014, S. 151; *Preis*, Arbeitsrecht Kollektivarbeitsrecht, 3. Aufl. 2012, S. 320 ff.

b) Schutz durch das AGG

Der Anwendungsbereich des AGG erstreckt sich auch auf die Gewerkschaftsrechte. Nach § 2 Abs. 1 Nr. 4 AGG sind Benachteiligungen u. a. wegen einer Behinderung unzulässig in Bezug auf die Mitgliedschaft und Mitwirkung in einer Beschäftigtenvereinigung einschließlich der Inanspruchnahme ihrer Leistungen.[645] Es geht u. a. um die Sicherung der Diskriminierungsfreiheit bei der Aufnahme in eine Gewerkschaft und bei der Ausübung der Mitgliedschaftsrechte.[646] Es geht nicht um Benachteiligungen wegen der Zugehörigkeit zu einer Gewerkschaft, denn diese sind bereits gem. Art. 9 Abs. 3 GG verboten.[647]

Die Konkretisierung des Benachteiligungsschutzes erfolgt durch § 18 AGG, der eine entsprechende Anwendung der §§ 6 bis 17 AGG anordnet.[648] Es gilt insbesondere das Benachteiligungsverbot des § 7 AGG, die Rechtfertigungsgründe der §§ 8 bis 10 AGG und die entsprechenden Rechtsfolgen, also Maßregelungsverbot, Schadensersatz und Entschädigung (vgl. auch §§ 13 ff. AGG).[649] § 18 AGG soll u. a. sicherstellen, dass niemand wegen eines in § 1 AGG genannten Merkmals, also bspw. einer Behinderung, nicht in eine der genannten Vereinigungen, z. B. eine Gewerkschaft, aufgenommen oder nach Aufnahme wieder ausgeschlossen wird.[650] Unter den Voraussetzungen des § 18 Abs. 2 AGG sind Vereinigungen sogar zur Aufnahme der Antragstellerinnen und Antragsteller verpflichtet; insofern besteht in bestimmten Fällen eine Ausnahme vom Grundsatz der Vereinigungsfreiheit (vgl. Art. 9 GG) und damit ein Kontrahierungszwang.[651] Darüber hinaus ist eine Benachteiligung in puncto aktivem und passivem Wahlrecht, Informationsrechten, Beratungs- und Serviceleistungen usw. unzulässig, es sei denn es liegt ein Rechtfertigungsgrund vor.[652]

---

645 Gem. § 2 Abs. 1 Nr. 4 AGG erstreckt sich der Anwendungsbereich auch auf Arbeitgebervereinigungen oder Vereinigungen, deren Mitglieder einer bestimmten Berufsgruppe angehören.

646 *Knittel*, SGB IX und AGG Kommentar, 7. Aufl. 2013, § 2 AGG Rn. 39.

647 *Knittel*, SGB IX und AGG Kommentar, 7. Aufl. 2013, § 2 AGG Rn. 42.

648 Vgl. *Bauer/Göpfert/Krieger*, AGG Kommentar, 4. Aufl. 2015, § 2 Rn. 36.

649 *Herrmann*, in: *Däubler/Bertzbach*, AGG Handkommentar, 3. Aufl. 2013, § 18 Rn. 14.

650 *Herrmann*, in: *Däubler/Bertzbach*, AGG Handkommentar, 3. Aufl. 2013, § 18 Rn. 15.

651 *Bauer/Göpfert/Krieger*, AGG Kommentar, 4. Aufl. 2015, § 18 Rn. 19.

652 *Herrmann*, in: *Däubler/Bertzbach*, AGG Handkommentar, 3. Aufl. 2013, § 18 Rn. 15 f.

3. Zusammenfassung

Art. 27 Abs. 1 S. 2 lit. c UN-BRK konkretisiert das allgemeine Diskriminierungsverbot der Konvention in Bezug auf die Arbeits- und Gewerkschaftsrechte von Menschen mit Behinderungen. Dadurch soll nicht nur das Recht auf Arbeit, sondern auch die Ausübung der mit diesem Recht im unmittelbaren Zusammenhang stehenden Rechte, diskriminierungsfrei gewährleistet werden. Am Beispiel der Gewerkschaftsrechte konnte gezeigt werden, dass Menschen mit Behinderungen in Deutschland gem. Art. 9 Abs. 3 GG die positive und die negative Koalitionsfreiheit haben. Es besteht ein Freiheits- und Abwehrrecht gegenüber dem Staat. Beeinträchtigungen durch Private, also bspw. durch den Arbeitgeber, können im Wege der Unterlassungsklage bekämpft werden. Gewerkschaften können Menschen nicht aufgrund ihrer Behinderung von einer Mitgliedschaft ausschließen oder ihre Mitwirkungsrechte und sonstigen Rechte einschränken; hier ist der Anwendungsbereich des AGG eröffnet. Es besteht kein Handlungsbedarf für den Gesetzgeber.

V. Berufsberatung, Stellenvermittlung und Berufsbildung

Eine wesentliche Voraussetzung, um Zugang zum allgemeinen Arbeitsmarkt zu erlangen, ist im Regelfall eine Berufsausbildung (vgl. auch Art. 24 Abs. 1 und 5 UN-BRK). Darüber hinaus sind die Berufsberatung und Stellenvermittlung wichtige Instrumente, um Bewerberinnen und Bewerber bei der erfolgreichen Beschäftigungssuche zu unterstützen. Art. 27 Abs. 1 S. 2 lit. d UN-BRK soll den Zugang zu Beratung, Vermittlung und Berufsausbildung von Menschen mit Behinderungen sicherstellen.

1. Inhalt, Auslegung und Verpflichtung

Inhalt: „States Parties shall safeguard and promote the realization of the right to work [...] by taking appropriate steps, including through legislation, to, inter alia: [...] Enable Persons with disabilities to have effective access to general technical and vocational guidance programmes, placement services and vocational and continuing training; […].“[653]

Auslegung: Der Wortlaut ist klar und eindeutig, die Vertragsstaaten sollen einen wirksamen Zugang zu (1.) allgemeinen fachlichen und beruflichen Beratungsprogrammen, (2.) zur Stellenvermittlung und (3.) zur Berufsausbildung und Weiterbildung sicherstellen und dadurch das Recht von Menschen mit Behinderungen auf Arbeit fördern. Zugänglichkeit gehört zu den allgemeinen Grundsätzen der Konvention (Art. 3 lit. f UN-BRK) und ist eine wesentliche Voraussetzung für die wirksame Teilhabe an der Gesellschaft und die Einbeziehung in die Gesellschaft.[654] Was unter Zugänglichkeit zu verstehen ist, wird in Art. 9 UN-BRK folgendermaßen beschrieben: „To enable persons with disabilities to live independently and participate fully in all aspects of life, States Parties shall take appropriate measures to ensure to persons with disabilities access, on an equal basis with others, to the physical environment, to transportation, to information and communications, including information and communications technologies and systems, and to other facilities and services open or provided to the public, both in urban and in rural areas.“[655] Zugänglichkeit soll folglich u. a. gewährleisten, dass ein gleichberechtigter barrierefreier Zugang zur physischen Umwelt (z. B. Rampen und Fahrstühle), aber auch zu Information und Kommunikation (z. B. Brailleschrift), sowie zu Einrichtungen und Diensten (z. B. Berufsberatung der BA) gegeben ist. Diese allgemeine Pflicht des Staates, Zugänglichkeit herzustellen, wird für den Bereich Arbeit und Beschäftigung in Art. 27 UN-BRK konkretisiert.[656] Laut Literatur ist davon

653 Art. 27 Abs. 1 S. 2 lit. d UN-BRK. Die deutsche Übersetzung lautet: „Die Vertragsstaaten sichern und fördern die Verwirklichung des Rechts auf Arbeit […] durch geeignete Schritte, einschließlich des Erlasses von Rechtsvorschriften, um unter anderem […] Menschen mit Behinderungen wirksamen Zugang zu allgemeinen fachlichen und beruflichen Beratungsprogrammen, Stellenvermittlung sowie Berufsausbildung und Weiterbildung zu ermöglichen; […].“

654 Vgl. *Welti*, in: *Welke*, UN-BRK, 2012, Art. 9 Rn. 2.

655 Art. 9 Abs. 1 S. 1 UN-BRK. Die deutsche Übersetzung lautet: „Um Menschen mit Behinderungen eine unabhängige Lebensführung und die volle Teilhabe in allen Lebensbereichen zu ermöglichen, treffen die Vertragsstaaten geeignete Maßnahmen mit dem Ziel, für Menschen mit Behinderungen den gleichberechtigten Zugang zur physischen Umwelt, zu Transportmitteln, Information und Kommunikation, einschließlich Informations- und Kommunikationstechnologien und -systemen, sowie zu anderen Einrichtungen und Diensten, die der Öffentlichkeit in städtischen und in ländlichen Gebieten offenstehen oder für sie bereitgestellt werden, zu gewährleisten.“

656 Vgl. *Welti*, in: *Welke*, UN-BRK, 2012, Art. 9 Rn. 1.

auszugehen, dass Art. 27 Abs. 1 S. 2 lit. d UN-BRK insbesondere die Förderung der Ausbildung junger Menschen mit Behinderungen umfasst, indem z. B. Arbeitgeber durch finanzielle Anreize zur Bereitstellung von entsprechenden Ausbildungsplätzen bewegt werden.[657]

Verpflichtung: Vorliegend handelt es sich um eine Leistungs- bzw. Erfüllungsverpflichtung, bei der durch positive Maßnahmen die Ausübung eines Rechts erst ermöglicht wird; dazu können u. a. Informationsmaßnahmen gehören (vgl. dazu bereits B. III. 2.).[658] Durch den Zugang zu den Instrumenten Berufsberatung, Stellenvermittlung und Berufsbildung soll die Verwirklichung des Rechts auf Arbeit für Menschen mit Behinderungen ermöglicht werden.

2. Innerstaatliche Rechtsvorschriften

Im deutschen Sozialrecht lassen sich zahlreiche Vorschriften finden, die als Leistung Berufsberatung, Stellenvermittlung und Berufsaus- und Weiterbildung vorsehen. Neben den allgemeinen Vorschriften des SGB III / SGB II gibt es im SGB IX spezielle Regelungen für Menschen mit einer Behinderung die i. V. m. den Leistungsgesetzen die genannten Leistungen beinhalten.

a) Berufsberatung

Zu den Leistungen der aktiven Arbeitsförderung nach dem SGB III gehört die Beratung von Arbeitsuchenden durch die BA (vgl. §§ 29 ff. SGB III). Das Angebot gilt für junge Menschen und Erwachsene, die am Arbeitsleben teilnehmen oder teilnehmen wollen (vgl. § 29 Abs. 1 SGB III) und umfasst die Erteilung von Rat und Auskunft zu folgenden Themen (vgl. § 30 SGB III):

- Berufswahl, berufliche Entwicklung, Berufswechsel,
- Lage und Entwicklung des Arbeitsmarktes und der Berufe,
- Möglichkeiten der beruflichen Bildung,
- Ausbildungs- und Arbeitsstellensuche,

657 *Trenk-Hinterberger*, in: *Welke*, UN-BRK, 2012, Art. 27 Rn. 22.

658 Vgl. auch *Trenk-Hinterberger*, in: *Kreutz/Lachwitz/Trenk-Hinterberger*, Die UN-BRK in der Praxis, 2013, Art. 27 Rn. 19.

- Leistungen der Arbeitsförderung,
- Fragen der Ausbildungsförderung und der schulischen Bildung.

Bei der Beratung durch die Mitarbeiter der BA sind Eignung, Neigung und Leistungsfähigkeit der Ratsuchenden sowie deren Beschäftigungsmöglichkeiten zu berücksichtigen (§ 31 SGB III). Die Berufsberatung der Arbeitsverwaltung beinhaltet nach Bedarf auch die Eignungsfeststellung (§ 32 SGB III) und die Berufsorientierung (§ 33 SGB III). Die Beratungsleistungen der BA sind unentgeltlich (vgl. § 42 Abs. 1 SGB III).[659] Die Berufsberatung gehört auch zu den Leistungen zur Teilhabe am Arbeitsleben (LTA) für Menschen mit Behinderungen gem. § 33 Abs. 3 Nr. 1 SGB IX („Hilfen zur Erhaltung oder Erlangung eines Arbeitsplatzes).[660]

aa) Rechtsanspruch oder Ermessensanspruch

In der Literatur ist umstritten, ob es sich bei der Berufsberatung gem. § 29 Abs. 1 SGB III um einen Rechtsanspruch oder einen Ermessensanspruch handelt. Der Wortlaut „... Agentur für Arbeit hat ... anzubieten" steht im deutlichen Widerspruch zu § 3 Abs. 3 SGB III, der bestimmt, dass Leistungen der aktiven Arbeitsförderung grundsätzlich Ermessensleistungen sind.[661]

Nach einer Ansicht handelt es sich bei § 29 Abs. 1 SGB III um einen Rechtsanspruch.[662] Die Berufsberatung diene nicht ausschließlich einem öffentlichen Interesse, sondern sei an den Interessen der jungen Menschen und Erwachsenen ausgerichtet; dementsprechend seien die Agentur für Arbeit als Verpflichtete und die Anspruchsberechtigten konkret benannt.[663] Der Normwortlaut „[...] hat [...] anzubieten" könne auch nur als unbedingte Pflicht der Arbeitsverwaltung interpretiert werden.[664]

Nach anderer Ansicht sei § 29 Abs. 1 SGB III zwar eine Pflichtaufgabe der BA, aus der aber kein einklagbarer Rechtsanspruch folge.[665] Vielmehr

659 Vgl. zur Berufsberatung durch die BA *Muckel/Ogorek*, Sozialrecht, 4. Aufl. 2011, S. 347.

660 *Luik*, in: *Schlegel/Voelzke*, SGB IX, 2. Aufl. 2015, § 33 Rn. 160.

661 *Abler*, in: *Mutschler/Schmidt-De Caluwe/Coseriu*, SGB III GK, 5. Aufl. 2013, § 29 Rn. 16.

662 *Abler*, in: *Mutschler/Schmidt-De Caluwe/Coseriu*, SGB III GK, 5. Aufl. 2013, § 29 Rn. 16 ff.; *Brand*, in: *Brand*, SGB III Kommentar, 6. Aufl. 2012, § 29 Rn. 3; *Rübner*, in: *Schönefelder/Kranz/Wanka*, SGB III Band 1, Losebl. 3. Aufl. (17. Lfg. 3/2013), § 29 Rn. 25.

663 *Rübner*, in: *Schönefelder/Kranz/Wanka*, SGB III Band 1, Losebl. 3. Aufl. (17. Lfg. 3/2013), § 29 Rn. 25.

664 *Abler*, in: *Mutschler/Schmidt-De Caluwe/Coseriu*, SGB III GK, 5. Aufl. 2013, § 29 Rn. 18.

665 *Rademacker*, in: *Hauck-Noftz* SGB III, Losebl. (Grw. V/12), § 29 Rn. 5; *Niewald*, in: *Gagel*, SGB III, Losebl. (EL 14 Juli 1999), § 29 Rn. 2.

ergebe sich aus § 3 Abs. 2, Abs. 3 SGB III, dass es sich um einen Ermessensanspruch handele. Da aber in den meisten Fällen keine Ermessensgesichtspunkte gegen eine Beratung sprechen, sei „regelmäßig von einer Ermessensreduzierung auf null auszugehen".[666] Aufgrund des Rechtscharakters einer Pflichtaufgabe dürfe die Berufsberatung auch nicht aus finanziellen Gründen entfallen bzw. flächendeckend nicht mehr angeboten werden; trotzdem bestehe für den Einzelnen kein Rechtsanspruch weder auf eine Beratung an sich, noch auf eine bestimmte Art der Beratung.[667]

bb) Vereinbarkeit

Der skizzierte Meinungsstreit bedarf an dieser Stelle keiner Entscheidung. Folgt man der ersten Ansicht, so ergibt sich kein Widerspruch zur Konvention. Folgt man der Meinung, es handele sich bei § 29 Abs. 1 SGB III um einen Ermessensanspruch, dann findet im Lichte der UN-BRK eine Ermessensreduzierung auf Null statt. Art. 27 Abs. 1 S. 2 lit. d UN-BRK fordert ohne Einschränkung wirksamen Zugang für Menschen mit Behinderungen zu fachlichen und beruflichen Beratungsprogrammen. Diese Verpflichtung wird zweifelsohne durch § 29 Abs. 1 SGB III erfüllt, allerdings nur dann, wenn es sich um einen Rechtsanspruch handelt. Eine Beratung, die im Ermessen der Behörde steht, wäre nur dann ausreichend, wenn Art. 27 Abs. 1 S. 2 lit. d UN-BRK eine Berufsberatung „on an equal basis with others" fordern würde; dies ist hier aber nicht der Fall. Zudem ist i. S. d. Zugänglichkeit verpflichtend die Berufsberatung dergestalt anzubieten, dass in Abhängigkeit von der Behinderung die Inanspruchnahme möglich ist. Dazu gehört z. B. Informationsmaterial in großer Schrift oder in Brailleschrift oder in auditiver Form bereitzuhalten. Möglicherweise muss zu einem Beratungstermin ein Gebärdendolmetscher hinzugezogen werden usw.

b) Stellenvermittlung

Die Agenturen für Arbeit haben Ausbildungssuchenden und Arbeitsuchenden Ausbildungs- und Arbeitsvermittlung gem. der §§ 35 ff. SGB III anzubieten.[668] Das Vermittlungsmonopol der Arbeitsverwaltung wurde aufgehoben, d. h. auch private Vermittler können auf diesem Gebiet tätig werden und Arbeitslose mit einem Aktivierungs- und Vermittlungsgutschein (vgl.

---

666 *Rademacker*, in: *Hauck-Noftz* SGB III, Losebl. (Grw. V/12), § 29 Rn. 5.

667 So *Niewald*, in: *Gagel*, SGB III, Losebl. (EL 14 Juli 1999), § 29 Rn. 2.

668 *Waltermann*, Sozialrecht, 10. Aufl. 2012, S. 196 f.

§ 45 Abs. 4, 7 SGB III) in Arbeit vermitteln.[669] Die Vermittlung umfasst alle Tätigkeiten, die auf die Begründung eines Ausbildungs- oder Arbeitsverhältnisses mit einem Arbeitgeber gerichtet sind (§ 35 Abs. 1 S. 2 SGB III). Bei der Vermittlung darf die Agentur für Arbeit Einschränkungen, die ein Arbeitgeber hinsichtlich einer Behinderung macht, nur dann berücksichtigen, wenn das AGG eine solche zulässt (vgl. § 36 Abs. 2 S. 2 SGB III). Verstärkte vermittlerische Unterstützung hat die Agentur für Arbeit für solche Ausbildungssuchende und Arbeitslose sicherzustellen, deren berufliche Eingliederung voraussichtlich erschwert sein wird (§ 35 Abs. 1 S. 3 SGB III). Zu dieser Gruppe gehören diejenigen Personen, bei denen entweder nach sechs Monaten der Arbeitslosigkeit die Vermittlung ohne Erfolg geblieben ist oder bei denen die Agentur für Arbeit eine erschwerte Eingliederung prognostiziert. Die Stellenvermittlung von Menschen mit Behinderungen ist auch Teil der Leistungen zur Teilhabe am Arbeitsleben (LTA) gem. § 33 Abs. 3 Nr. 1 SGB IX.[670] In Bezug auf die Leistung „Stellenvermittlung" ist ebenfalls streitig, ob ein Rechtsanspruch besteht. Nach einer Ansicht hat mindestens die Person einen Rechtsanspruch „auf verstärkte vermittlerische Unterstützung", die gem. § 35 Abs. 1 S. 3 SGB III zu den dort genannten Personengruppen gehört.[671]

In einem Rechtsstreit begehrte ein Kläger, der eine verminderte Belastbarkeit des linken Hüftgelenks und ein vermindertes Sehvermögen aufwies, die Vermittlung auf einen leistungsgerechten Arbeitsplatz.[672] Das SG Stuttgart stellte in erster Instanz fest, „dass der Kläger als Arbeitssuchender [nicht Arbeitsloser, Anm. d. Autors] (nur) einen Anspruch auf Tätigwerden der Beklagten mit dem Ziel hat, eine Arbeitsstelle zu erhalten, wobei die Entscheidung über das Vermittlungsbegehren durch Ermessensausübung erfolgt […]".[673] Da im vorliegenden Fall die zuständige BA tätig geworden ist und Suchläufe durchführte, wenn auch mit mäßiger Ausbeute, verneinte auch das LSG BW eine ermessensfehlerhafte Betätigung.[674]

Nach a. A. besteht kein Rechtsanspruch auf „Vermittlungsbemühungen" weder gem. § 35 Abs. 1 S. 1 SGB III, also generell, noch gem. § 35 Abs. 1 S. 3 SGB III, also nach sechs Monaten oder bei erschwerter Eingliederungs-

---

669 *Waltermann*, Sozialrecht, 10. Aufl. 2012, S. 196.

670 *Luik*, in: *Schlegel/Voelzke*, SGB IX, 2. Aufl. 2015, § 33 Rn. 160.

671 *Abler*, in: *Mutschler/Schmidt-De Caluwe/Coseriu*, SGB III Großkommentar, 5. Aufl. 2013, § 35 Rn. 27.

672 *LSG BW*, Urt. v. 28.01.2011 – L 8 AL 3586/10 Rn. 20 (zit. nach juris).

673 *LSG BW*, Urt. v. 28.01.2011 – L 8 AL 3586/10 Rn. 19 (zit. nach juris)

674 *LSG BW*, Urt. v. 28.01.2011 – L 8 AL 3586/10 Rn. 20 (zit. nach juris)

prognose; es bestehe lediglich ein Anspruch auf pflichtgemäße Ausübung des Ermessens.[675]

Auch hier bedarf es keiner Entscheidung des Meinungsstreits: Im Lichte der UN-BRK findet eine Ermessensreduzierung auf Null statt, denn Deutschland hat sich dazu verpflichtet Menschen mit einer Behinderung wirksamen Zugang zur Stellenvermittlung zu ermöglichen („effective access to [...] placement services) (Art. 27 Abs. 1 S. 2 lit. d UN-BRK) (vgl. dazu bereits E. V. 2. a) bb)). Im Übrigen gelten die unter E. 5. 2. a) bb) gemachten Ausführungen zur Zugänglichkeit.

Die Vermittlungsbemühungen der Agentur für Arbeit, die Eigenbemühungen des Ausbildungs- oder Arbeitsuchenden, das Vermittlungsziel und die vorgesehenen Leistungen der aktiven Arbeitsförderung sind in einer Eingliederungsvereinbarung festzuhalten (§ 37 Abs. 2 S. 1 SGB III). Dabei werden die besonderen Bedürfnisse behinderter und schwerbehinderter Menschen angemessen berücksichtigt (§ 37 Abs. 2 S. 2 SGB III). Dem letztgenannten liegt zu Grunde, dass die BA Rehabilitationsträger (vgl. § 6 Abs. 1 Nr. 2 SGB IX) für Menschen mit einer Behinderung ist, deren Teilhabe am Arbeitsleben einer Beeinträchtigung unterliegt (vgl. § 19 SGB III).[676] Grundsätzlich sind für Ausbildungs- und Arbeitssuchende mit einer Behinderung oder Schwerbehinderung, die gleichen Leistungen der aktiven Arbeitsförderung einschlägig, wie für alle anderen Stellensuchenden ohne eine Behinderung; darüber hinaus stehen besondere Leistungen für Menschen mit einer Behinderung zur Verfügung, die teilweise im SGB III, aber auch im SGB IX geregelt sind (z. B. §§ 117 ff. SGB III oder § 33 SGB IX) (vgl. dazu die Ausführungen an anderer Stelle dieser Arbeit).[677]

c) Beratung und Vermittlung Schwerbehinderter

In § 104 Abs. 1 Nr. 1 SGB IX ist explizit der BA die Aufgabe zugewiesen, für Menschen mit einer Schwerbehinderung Berufsberatung anzubieten, diese in Ausbildung und Arbeit zu vermitteln, sowie WfbM-Beschäftigte auf den allgemeinen Arbeitsmarkt zu vermitteln. Es handelt sich hier um eine Zuständigkeitsnorm, welche die Aufgabenbereiche der BA von denen des In-

675 *Rademacker*, in: *Hauck-Noftz* SGB III, Losebl. (Grw. V/12), § 35 Rn. 48 und 52; *Peters-Lange*, in: *Gagel*, SGB II/SGB III, Losebl. (EL 52 Dezember 2013), § 35 SGB III Rn. 14a.

676 *Zahn*, in: *Schönefelder/Kranz/Wanka*, SGB III Band 1, Losebl. (3. Aufl., 14 Lfg. 5/2010), § 37 Rn. 27.

677 *Zahn*, in: *Schönefelder/Kranz/Wanka*, SGB III Band 1, Losebl. (3. Aufl., 14 Lfg. 5/2010), § 37 Rn. 27.

tegrationsamtes abgrenzen, wobei Integrationsämter und die BA eng zusammenarbeiten sollen (vgl. § 101 SGB IX).[678] Die eigentlichen Inhalte der Beratung und Vermittlung sind in den §§ 29 ff. SGB III und §§ 35 ff. SGB III zu finden.

In Bezug auf das Thema Inklusion von Menschen mit einer Behinderung auf den allgemeinen Arbeitsmarkt ist die Aufgabe der BA, WfbM-Beschäftigte dorthin zu vermitteln, besonders hervorzuheben. Die Regelung steht im Zusammenhang mit § 136 Abs. 1 S. 3 SGB IX, nach der, durch geeignete Maßnahmen, der Übergang von geeigneten Personen auf den allgemeinen Arbeitsmarkt zu fördern ist.[679] Die in § 104 Abs. 1 SGB IX genannten Aufgaben, also auch und gerade die Vermittlung und Beratung von Menschen mit einer Schwerbehinderung, werden durch besondere Stellen wahrgenommen, welche in allen Agenturen für Arbeit zur Durchführung der Aufgaben im Zusammenhang mit der Teilhabe behinderter und schwerbehinderter Menschen am Arbeitsleben zu bilden sind (§ 104 Abs. 4 SGB IX).

d) Diagnose der Arbeitsmarktfähigkeit (DIA-AM)

Zu den Aufgaben der BA gehört zudem die Eignungsfeststellung (§ 32 SGB III). Für Menschen mit einer Behinderung für die Leistungen zur Teilhabe am Arbeitsleben (LTA) in Betracht kommen, regelt § 33 Abs. 4 SGB IX, dass bei der Leistungsauswahl Eignung, Neigung, bisherige Tätigkeit sowie Lage und Entwicklung auf dem (allgemeinen) Arbeitsmarkt berücksichtigt werden. Zur Klärung der beruflichen Eignung (vgl. § 33 Abs. 4 S. 2 SGB IX) zählt auch das von der BA entwickelte und ab 01.07.2008 eingesetzte Verfahren DIA-AM („Diagnose der Arbeitsmarktfähigkeit besonders betroffener behinderter Menschen").[680]

Das Ziel von DIA-AM ist, festzustellen, ob besonders betroffene Menschen mit einer Behinderung besser in der WfbM tätig werden oder ob sie den Anforderungen des allgemeinen Arbeitsmarktes gewachsen sind; dies

678 *Erbach*, in: *Wiegand*, SGB IX Teil 2 Handkommentar, Losebl. (Erg.-Lfg. 3/08 – VI/08), § 104 Rn. 24 ff.

679 *Knittel*, SGB IX Kommentar, 7. Aufl. 2013, § 104 Rn. 11.

680 *BA*, Leitfaden Teilhabe am Arbeitsleben für behinderte Menschen (berufliche Rehabilitation) – Fachliche Hinweise (Stand: 01/2010), S. 6, http://www.arbeitsagentur.de/web/wcm/idc/groups/public/documents/webdatei/mdaw/mdk4/~edisp/l6019022dstbai388383.pdf (letzter Zugriff: 12.11.2015); *Luik*, in: *Schlegel/Voelzke*, SGB IX, 2. Aufl. 2015, § 39 Rn. 44.

wird durch eine Eignungsanalyse und betriebliche Erprobung eruiert.[681] Die Dauer der Maßnahme beträgt max. drei Monate.[682] Zur Zielgruppe des DIA-AM-Verfahrens gehören insbesondere lernbehinderte Menschen im Grenzbereich zur geistigen Behinderung sowie Menschen mit psychischen Störungen und Verhaltensauffälligkeiten.[683] Als ausführende Träger von DIA-AM kommen Träger von WfbM, regionale Bildungsträger, aber auch Betriebe in Betracht.[684] Das Ergebnis der Maßnahme kann entweder die Empfehlung einer WfbM als geeignete Einrichtung sein oder aber die Feststellung der Eignung für den allgemeinen Arbeitsmarkt, möglicherweise verbunden mit der Empfehlung einer berufsvorbereitenden Bildungsmaßnahme oder der Qualifizierung und Begleitung im Rahmen der Unterstützten Beschäftigung.[685]

e) Berufsausbildung und Weiterbildung

Die Berufsausbildung und Weiterbildung ist von eminenter Bedeutung, wenn es um die Eingliederungschancen in den allgemeinen Arbeitsmarkt geht. Zu erwähnen sind die Leistungen nach dem SGB III/SGB II und spezielle Leistungen zur Teilhabe am Arbeitsleben für Menschen mit Behinderungen nach dem SGB IX.

aa) Leistungen nach dem SGB III / SGB II

Der Gesetzgeber hat im SGB III eine Reihe von Leistungen verankert, die der Berufsausbildung dienen und sich in folgende chronologische Reihenfolge bringen lassen:[686]

- Übergang von der Schule in die Berufsausbildung (§§ 48–50 SGB III),
- Berufsvorbereitung (§§ 51–55 SGB III),
- Berufsausbildungsbeihilfe (BAB) (§§ 56–72 SGB III),

681 *REHADAT*, Diagnose der Arbeitsmarktfähigkeit besonders betroffener Menschen (DIA-AM), http://www.rehadat-bildung.de/de/angebote/diagnose-der-arbeitsmarktfaehigkeit/ (letzter Zugriff: 10.05.2016).

682 *REHADAT*, Diagnose der Arbeitsmarktfähigkeit besonders betroffener Menschen (DIA-AM), http://www.rehadat-bildung.de/de/angebote/diagnose-der-arbeitsmarktfaehigkeit/ (letzter Zugriff: 10.05.2016).

683 *Wendt*, in: impulse 2008, S. 34.

684 *Luik*, in: *Schlegel/Voelzke*, SGB IX, 2. Aufl. 2015, § 39 Rn. 44.

685 *Wendt*, in: impulse 2008, S. 34.

686 *Waltermann*, Sozialrecht, 10. Aufl. 2012, S. 198.

- Leistungen an Arbeitgeber und Träger während einer Berufsausbildung (§§ 73–80 SGB III).

Als Beispiel soll an dieser Stelle die Einstiegsqualifizierung gem. § 54a SGB III kurz skizziert werden. Die betriebliche Einstiegsqualifizierung dient dazu, die berufliche Handlungsfähigkeit der Teilnehmenden zu fördern (vgl. § 54a Abs. 1 S. 2 SGB III). Arbeitgeber, die eine solche Qualifizierung durchführen, können mit bis zu 231 EUR monatlich zzgl. eines pauschalierten Anteils am durchschnittlichen Gesamtsozialversicherungsbeitrag durch die BA gefördert werden (vgl. § 54a Abs. 1 S. 1 SGB III). Die Dauer der Förderung kann sechs bis max. zwölf Monate betragen (§ 54a Abs. 2 SGB III). Förderungsfähig sind u. a. lernbeeinträchtigte und sozial benachteiligte Ausbildungssuchende (§ 54a Abs. 4 Nr. 3 SGB III). Zu der Gruppe der Menschen mit Lernbeeinträchtigung gehören insbesondere Abgänger aus Förderschulen mit dem Förderschwerpunkt Lernen.[687] Nach Umsetzung des Art. 24 UN-BRK in die Schulgesetzgebung der Länder wird zukünftig auch diese Gruppe einen Rechtsanspruch auf inklusive Bildung haben und deshalb, auch ohne die Förderschule besucht zu haben, genau wie andere Abgänger mit einer Lernbeeinträchtigung, nach Abschluss der Regelschule (!) förderungsfähig i. S. d. § 54a SGB III sein.[688] Es handelt sich bei § 54a SGB III allerdings um einen Ermessensanspruch („kann"); genauso ist es bei vielen weiteren Leistungen zur Berufsvorbereitung und Berufsausbildung (vgl. z. B. §§ 48, 49, 51 SGB III usw.).

Neben der Berufsausbildung wird auch die berufliche Weiterbildung durch die Arbeitsverwaltung gefördert, denn in der Regel reicht ein einmal erworbener Berufsabschluss nicht mehr bis zum Renteneintrittsalter aus („lebenslanges Lernen").[689] Die entsprechenden Leistungen sind in den §§ 81–87 SGB III zu finden.

Bei den Leistungen zur beruflichen Weiterbildung handelt es sich ebenfalls um Ermessensleistungen; ein Rechtsanspruch besteht ausnahmsweise nur dann, wenn Arbeitnehmerinnen und Arbeitnehmer unter den Voraussetzungen des § 81 Abs. 3 SGB III nachträglich einen Hauptschulabschluss erwerben möchten.[690] Wird eine Leistung zur Förderung der beruflichen Weiterbildung im Rahmen der Teilhabe behinderter Menschen am Ar-

---

687 Brandts, in: Brand, SGB III Kommentar, § 54a Rn. 12 (zit. nach beck-online).

688 Vgl. *Küstermann/Eikötter*, in: *Hensen u. a.*, Inklusive Bildung, 2014, S. 250 ff.

689 *Waltermann*, Sozialrecht, 10. Aufl. 2012, S. 198.

690 *Baar*, in: *Mutschler/Schmidt-De Caluwe/Coseriu*, SGB III Großkommentar, 5. Aufl. 2013, § 81 Rn. 14.

beitsleben gem. § 115 Nr. 3 SGB III erbracht, so ist das Wunsch- und Wahlrecht nach § 9 SGB IX zu beachten.[691]

In einem Verfahren vor dem LSG Baden-Württemberg begehrte eine blinde Klägerin im Rahmen der LTA von der Rentenversicherung die Weiterbildung zur Physiotherapeutin.[692] Die Klägerin ist ausgebildete Masseurin und medizinische Bademeisterin und arbeitete seit 1998 in einer Praxis für Physiotherapie. Da auf absehbare Zeit die Praxis aufgegeben werde und keine Nachfolge zu erwarten sei, befürchtete die Klägerin arbeitslos zu werden. In ihrem Ausbildungsberuf eine neue Stelle zu finden sei quasi aussichtslos. Deshalb begehrte sie die Weiterbildung. Die darauf gerichtete Klage wurde in zwei Instanzen abgewiesen. Zwar falle die begehrte Leistung grundsätzlich unter § 33 Abs. 3 Nr. 3 SGB IX, allerdings sei diese von den Voraussetzung und der Zuständigkeit des jeweiligen Leistungsgesetzes abhängig (§ 7 S. 2 SGB IX).[693] Ein Anspruch ergebe sich aber weder aus dem SGB VI, noch aus dem SGB III. Nach Ansicht des LSG Baden-Württemberg kann die Klägerin ihren erlernten Beruf weiterhin ausüben: „Hat ein behinderter Mensch nach dauerhafter beruflicher Eingliederung die Nachteile seiner Behinderung überwunden, stehen ihm für einen beruflichen Aufstieg aber nur die Fördermittel wie den nicht Behinderten zu, sofern nicht der Aufstieg behinderungsbedingt erschwert ist [...]. Auch die Voraussetzungen einer Förderung nach den § 81 f. SGB III liegen allerdings nicht vor [...]".[694]

Für Menschen mit einer Behinderung, die als erwerbsfähige Leistungsberechtigte (eLB) (vgl. §§ 7 ff. SGB II) im Leistungsbezug des SGB II sind, ist die BA der zuständige Rehabilitationsträger für LTA (vgl. dazu bereits D. II.). Die BA ermittelt den Rehabilitationsbedarf und unterbreitet dem zuständigen Jobcenter einen Eingliederungsvorschlag; das Jobcenter entscheidet dann innerhalb von drei Wochen über die Leistungen der beruflichen Teilhabe. In Bezug auf Leistungen zur Eingliederung in Arbeit stellt § 16 SGB II klar, auf welche Leistungen nach dem SGB III auch SGB II-Empfänger grundsätzlich einen Anspruch haben und welche Ausnahmen gelten.[695] Zunächst haben auch SGB II-Empfänger einen Rechtsanspruch auf Stellenvermittlung (vgl. § 16 Abs. 1 S. 1 SGB II i. V. m. § 35 SGB III). Darüber

691 *Baar*, in: *Mutschler/Schmidt-De Caluwe/Coseriu*, SGB III Großkommentar, 5. Aufl. 2013, § 81 Rn. 14.

692 *LSG BW*, Urt. v. 01.04.2014 – L 13 R 2341/13 (zit. nach juris).

693 *LSG BW*, Urt. v. 01.04.2014 – L 13 R 2341/13 – Rn. 27 (zit. nach juris).

694 *LSG BW*, Urt. v. 01.04.2014 – L 13 R 2341/13 – Rn. 32 f. (zit. nach juris).

695 Vgl. *Harich*, in: *Rolfs/Giesen/Kreikebohm/Udsching*, BeckOK SozR (Stand: 01.09.2015), § 16 SGB II vor Rn. 1; *Edtbauer/Kievel*, Grundsicherungs- und Sozialhilferecht für soziale Berufe, 2. Aufl. 2011, S. 49.

hinaus können u. a. folgende Leistungen des SGB III gem. § 16 Abs. 1 S. 2 SGB II erbracht werden:

- Leistungen der Beratung und Vermittlung (§§ 29 ff., 35 ff. SGB III) (vgl. Nr. 1),
- Leistungen zur Berufsausbildung (§§ 73 ff. SGB III) und die Einstiegsqualifizierung nach § 54a SGB III (vgl. Nr. 3),
- Leistungen zur beruflichen Weiterbildung (§§ 81 ff., 131a und 131b SGB III) (vgl. Nr. 4).

Für erwerbsfähige behinderte Leistungsberechtigte trifft § 16 Abs. 1 S. 3 SGB II folgende Regelungen: Grundsätzlich sind die Normen des SGB III zur Teilhabe behinderter Menschen am Arbeitsleben anwendbar; dies betrifft die §§ 112 bis 114, 115 Nr. 1 bis 3 mit Ausnahme der berufsvorbereitenden Bildungsmaßnahmen und der Berufsausbildungsbeihilfe (BAB). Darüber hinaus ist § 116 Abs. 1, 2 und 5 SGB III anwendbar (u. a. Aus- und Weiterbildungen nach Sonderregelungen für Menschen mit Behinderungen oder Förderung beruflicher Weiterbildungen unter besonderen Voraussetzungen), sowie § 117 SGB III (Grundsatz zur Erbringung besonderer Leistungen, insbesondere Leistungen der beruflichen Aus- und Weiterbildung, in Abhängigkeit von Art und Schwere der Behinderung), § 118 S. 1 Nr. 3 SGB III („Übernahme der Teilnahmekosten für eine Maßnahme") und §§ 127, 128 SGB III.

Ein subjektives Recht (Rechtsanspruch oder Ermessensreduzierung auf null, vgl. dazu bereits E. V. 2. b)) besteht im Fall des § 16 Abs. 1 S. 1 SGB II auf die Stellenvermittlung.[696] Bei den Leistungen nach § 16 Abs. 1 S. 2 SGB II handelt es sich um Ermessensleistungen, bei denen zunächst ein Entschließungsermessen besteht und ein Auswahlermessen nur dann, wenn das SGB III eine entsprechende Regelung enthält.[697] § 112 Abs. 1 SGB III sieht ebenfalls nur Ermessensleistungen vor („kann").

bb) Leistungen nach dem SGB IX

Nach dem SGB IX werden die erforderlichen Leistungen zur Teilhabe am Arbeitsleben erbracht, „um die Erwerbsfähigkeit behinderter oder von Behinderung bedrohter Menschen entsprechend ihrer Leistungsfähigkeit zu

---

696 Vgl. auch *Harich*, in: *Rolfs/Giesen/Kreikebohm/Udsching*, BeckOK SozR (Stand: 01.09.2015), § 16 SGB II Rn. 2.

697 *Harich*, in: *Rolfs/Giesen/Kreikebohm/Udsching*, BeckOK SozR (Stand: 01.09.2015), § 16 SGB II Rn. 6.

erhalten, zu verbessern, herzustellen oder wiederherzustellen" (§ 33 Abs. 1 SGB IX). In § 33 Abs. 3 SGB IX ist ein Katalog von Leistungen zur Teilhabe am Arbeitsleben zu finden, der nicht abschließend ist („insbesondere") und durch § 33 Abs. 4 bis 8 SGB IX teilweise ergänzt bzw. konkretisiert wird. Zu diesen Leistungen gehören auch solche der Berufsbildung.

(1) Rechtsanspruch und Ermessensanspruch

Die Leistungsberechtigten haben grundsätzlich gegenüber dem zuständigen Rehabilitationsträger (vgl. dazu bereits D. II. und III.) einen Rechtsanspruch auf LTA (werden [...] erbracht, § 33 Abs. 1 SGB IX).[698] Allerdings müssen die Anspruchsvoraussetzungen des im konkreten Einzelfall einschlägigen Leistungsgesetzes vorliegen (z. B. Versicherungszeiten, Arbeitsunfall etc.); es besteht ein Vorbehalt abweichender Regelungen der einzelnen Leistungsgesetze (vgl. § 7 SGB IX).[699] Eine Ablehnung von LTA kommt dann in Betracht, wenn keine Rehabilitationschancen vorliegen, weil im Einzelfall die Teilhabe am Arbeitsleben weder zu erreichen noch zu sichern ist oder keine geeigneten und erforderlichen Leistungen gegeben sind.[700] Die LTA müssen demnach erforderlich, d. h. notwendig sein. Dies wäre z. B. nicht der Fall, wenn ein Arbeitgeber dem Menschen mit einer Behinderung ein Ausbildungsangebot ohne Beanspruchung einer Förderung macht oder wenn die allgemeinen Leistungen der BA für eine Teilhabe am Arbeitsleben ausreichen.[701]

Bei der Bestimmung von Art und Umfang der konkreten LTA besteht ein Ermessensspielraum des Rehabilitationsträgers[702], so dass der Antragsteller oder die Antragstellerin hier lediglich eine pflichtgemäße Ermessensentscheidung (§ 39 Abs. 1 S. 2 SGB I) verlangen kann.[703] Bei der Auswahl einer bestimmten Leistung sind gem. § 33 Abs. 4 SGB IX Eignung, Neigung, bisherige Tätigkeit sowie Lage und Entwicklung auf dem Arbeitsmarkt angemessen zu berücksichtigen. Zudem besteht ein Wunsch- und Wahlrecht des Leistungsberechtigten, das bei der Entscheidung über Leistungen und der Ausführung der Leistungen zur Teilhabe zu berücksichtigen ist (§ 9 Abs. 1 SGB IX). Unter Beachtung dieser Gesichtspunkte hat der zuständige Rehabilitationsträger grundsätzlich ein uneingeschränktes Auswahlermes-

---

698 *Knittel*, SGB IX Kommentar, 7. Aufl. 2013, § 33 Rn. 24.

699 *Knittel*, SGB IX Kommentar, 7. Aufl. 2013, § 33 Rn. 28.

700 Deusch, in: *Dau/Düwell*/Joussen, LPK-SGB IX, 4. Aufl. 2014, § 33 Rn. 14; Knittel, SGB IX Kommentar, 7. Aufl. 2013, § 33 Rn. 28.

701 Deusch, in: *Dau/Düwell*/Joussen, LPK-SGB IX, 4. Aufl. 2014, § 33 Rn. 15.

702 Vgl. für die RV § 13 Abs. 1 SGB VI.

703 *Knittel*, SGB IX Kommentar, 7. Aufl. 2013, § 33 Rn. 29.

sen, das nur bei einer Ermessensreduzierung auf Null faktisch nicht besteht.[704] Letzteres kommt bspw. dann in Betracht, wenn der Rehabilitationsträger sachlich nicht gerechtfertigte Verzögerungen zu vertreten hat und sich der betroffene Mensch mit Behinderung die LTA selbst beschafft (vgl. § 15 SGB IX).[705]

(2) Berufsvorbereitung und Grundausbildung (§ 33 Abs. 3 Nr. 2 SGB IX)

Mit berufsvorbereitenden Bildungsmaßnahmen wird Bezug genommen auf entsprechende Vorschriften des SGB III (vgl. § 51 f. SGB III).[706] Die Berufsvorbereitung dient überwiegend jüngeren Menschen mit einer Behinderung, die nach der Schulentlassung noch nicht die nötige Ausbildungs- und Berufsreife besitzen und hier der gezielten Förderung bedürfen (Bsp. Vorkurs für Blinde).[707] Die Berufsvorbereitung muss nicht auf einen bestimmten Ausbildungsberuf zulaufen, es reicht aus, wenn ein beruflicher Bezug gegeben ist; dies ist auch bei der Vermittlung allgemeiner Grundkenntnisse der Fall (z. B. Deutschkurs für Ausländer).[708] Ziel und Zweck der Maßnahme ist entweder die Vorbereitung auf eine Berufsausbildung oder auf eine berufliche Eingliederung.[709]

Die Grundausbildung ist, gegenüber der allgemein gehaltenen Berufsvorbereitung, auf die Ausbildung in bestimmten Berufsbereichen ausgerichtet und / oder dient dem Erwerb standardisierter beruflicher Kenntnisse und Fertigkeiten.[710] Als Beispiele werden in der Literatur überwiegend Grundausbildungen für sinnesbehinderte Menschen genannt (z. B. blindentechnische Grundausbildung oder Mundableseunterricht für taube Menschen).[711]

(3) Individuelle betriebliche Qualifizierung (§ 33 Abs. 3 Nr. 2a SGB IX)

Die individuelle betriebliche Qualifizierung (inbeQ) ist Bestandteil der 2008 in das SGB IX eingefügten Unterstützten Beschäftigung (UB), zu der auch die Berufsbegleitung gehört (vgl. § 38a SGB IX). Zum grundsätzlich anspruchsberechtigten Personenkreis zählen behinderte Menschen mit be-

---

704 *Luik*, in: *Schlegel/Voelzke*, SGB IX, 2. Aufl. 2015, § 33 Rn. 95 f.
705 *Luik*, in: *Schlegel/Voelzke*, SGB IX, 2. Aufl. 2015, § 33 Rn. 97.
706 *Pahlen*, in: *Neumann/Pahlen/Majerski-Pahlen*, SGB IX, 12. Aufl. 2010, § 33 Rn. 12.
707 *Knittel*, SGB IX Kommentar, 7. Aufl. 2013, § 33 Rn. 62.
708 *Voelzke*, in: *Deinert/Neumann*, Handbuch SGB IX, 2. Aufl. 2009, § 11 Rn. 31.
709 Deusch, in: *Dau/Düwell/*Joussen, LPK-SGB IX, 4. Aufl. 2014, § 33 Rn. 27.
710 *Voelzke*, in: *Deinert/Neumann*, Handbuch SGB IX, 2. Aufl. 2009, § 11 Rn. 32.
711 *Knittel*, SGB IX Kommentar, 7. Aufl. 2013, § 33 Rn. 67; *Luik*, in: *Schlegel/Voelzke*, SGB IX, 2. Aufl. 2015, § 33 Rn. 167.

sonderem Unterstützungsbedarf, das können z. B. (lernbehinderte) Schulabgänger aus einer Förderschule sein, die einerseits nicht das Angebot einer WfbM brauchen, aber andererseits mit einer Berufsausbildung oder berufsvorbereitenden Maßnahme überfordert wären; bezogen auf die Berufsausbildung und die berufsvorbereitende Maßnahme besteht insoweit Nachrangigkeit der UB.[712] Ziel ist die Akquirierung eines sozialversicherungspflichtigen Beschäftigungsverhältnisses und damit der Abschluss eines Arbeitsvertrages durch Verfolgung des Prinzips „Erst platzieren, dann qualifizieren".[713] Die inbeQ erfolgt für zwei, ausnahmsweise drei Jahre auf einem konkreten Arbeitsplatz und kann die Begleitung durch einen Job Coach, die Erprobung von geeigneten Tätigkeiten im Betrieb, die Einarbeitung auf einem Arbeitsplatz, die Vermittlung von Schlüsselqualifikationen und die Weiterentwicklung der Persönlichkeit beinhalten.[714] Die inbeQ besteht aus drei Phasen:

- „Feststellung des individuellen Unterstützungsbedarfs, Akquise grundsätzlich geeigneter Qualifizierungsplätze und betriebliche Erprobung zur Integration des Teilnehmers im Betrieb (Einstiegsphase),
- Unterstützte Einarbeitung und Qualifizierung, damit ein passender Arbeitsplatz geschaffen werden kann (Qualifizierungsphase),
- Festigung im betrieblichen Alltag zur Realisierung einer dauerhaften Beschäftigung im Betrieb (Stabilisierungsphase)."[715]

Zur Feststellung der Fähigkeiten, Kenntnisse und des Unterstützungsbedarfs kann das Instrument DIA-AM genutzt werden (vgl. E. V. 2. d)).[716] Die Zuständigkeit für Leistungen der inbeQ ergibt sich aus § 38a Abs. 2 S. 3 SGB IX: Demnach sind die Rehabilitationsträger nach § 6 Abs. 1 Nr. 2 bis 5 SGB IX grundsätzlich zuständig, also die BA, die Träger der UV, RV, Kriegsopferversorgung/Kriegsopferfürsorge, Jugendhilfe und Sozialhilfe. Wenn die Voraussetzungen des jeweils einschlägigen Leistungsgesetzes und des § 38a Abs. 1, 2 SGB IX vorliegen, besteht ein Rechtsanspruch auf UB („Leistungen […] erhalten").[717]

---

712 *Knittel*, SGB IX Kommentar, 7. Aufl. 2013, § 38a Rn. 1 f.

713 *Pahlen*, in: *Neumann/Pahlen/Majerski-Pahlen*, SGB IX, 12. Aufl. 2010, § 33 Rn. 2 f.

714 *Götze*, in: *Hauck/Noftz*, SGB IX Kommentar, Losebl. (20. Erg.-Lfg. XII/09), § 38a Rn. 13 f.

715 *BAR*, GE nach § 38a Abs. 6 SGB IX „Unterstützte Beschäftigung" (Stand: 1. Dezember 2010), § 4 Abs. 2.

716 *Knittel*, SGB IX Kommentar, 7. Aufl. 2013, § 38a Rn. 4.

717 *Trenk-Hinterberger*, in: *Stähler*, Inklusion behinderter Arbeitnehmer, 2013, S. 200; *Kainz*, in: br 2012, S. 194.

(4) Berufliche Anpassung und Weiterbildung (§ 33 Abs. 3 Nr. 3 SGB IX)

Die Leistungen zur Teilhabe am Arbeitsleben umfassen auch Leistungen zur beruflichen Anpassung und Weiterbildung (§ 33 Abs. 3 Nr. 3 SGB IX). Die Weiterbildung ist bereits in den §§ 81 ff. SGB III für Arbeitnehmerinnen und Arbeitnehmer vorgesehen.[718] Eingeschlossen ist zudem die Kostenübernahme für einen Schulabschluss, der für die Teilnahme an der Weiterbildung erforderlich ist (vgl. § 33 Abs. 3 Nr. 3 SGB IX). Allerdings besteht kein Rechtsanspruch darauf, „im Rahmen der Weiterbildung einen bisher fehlenden Schulabschluss nachholen zu können“.[719] Die Voraussetzungen für die Übernahme der Weiterbildungskosten durch die BA ergeben sich aus § 81 Abs. 1 SGB III:[720]

- Notwendigkeit der Weiterbildung,
- Beratung durch die BA,
- Zulassung der Maßnahme und des Trägers der Maßnahme für die Förderung.

Für Menschen mit einer Behinderung werden zunächst die allgemeinen Leistungen nach dem SGB III erbracht, zu denen auch die berufliche Weiterbildung gehört (vgl. § 113 SGB III i. V. m. § 115 Nr. 3 SGB III). Abweichend von § 81 SGB III kann die Weiterbildung von Menschen mit Behinderung aber auch dann gefördert werden, wenn diese gem. § 116 Abs. 5 SGB III nicht arbeitslos sind (Nr. 1), ohne Berufsabschluss noch nicht drei Jahre als Arbeitnehmerin oder Arbeitnehmer tätig gewesen sind (Nr. 2) oder einer längeren oder erneuten Förderung bedürfen, um am Arbeitsleben (weiter) teilzuhaben. Grundsätzlich sollen Leistungen zur Weiterbildung nicht länger als 2 Jahre dauern (§ 37 Abs. 2 SGB IX).

Im Rahmen des Ermessens kann sich die Frage stellen, ob die berufliche Anpassung oder Weiterbildung einen bestimmten Beruf umfasst. Gem. § 33 Abs. 4 SGB IX ist die Eignung, Neigung, bisherige Tätigkeit, als auch Lage und Entwicklung auf dem allgemeinen Arbeitsmarkt angemessen zu berücksichtigen.

In dem Verfahren L 7 RJ 22/04 hatte das LSG Saarbrücken darüber zu entscheiden, ob ein Anspruch gegen die RV auf Umschulung zum Hubschrauberpiloten be-

718 Deusch, in: *Dau/Düwell*/Joussen, LPK-SGB IX, 4. Aufl. 2014, § 33 Rn. 29.
719 *Knittel*, SGB IX Kommentar, 7. Aufl. 2013, § 33 Rn. 69.
720 Vgl. *Knittel*, SGB IX Kommentar, 7. Aufl. 2013, § 33 Rn. 70.

steht.[721] Der Kläger konnte aufgrund eines privaten Unfalls (mit bleibenden Schäden am Fuß- und Sprunggelenk) die gelernte Tätigkeit als Schlosser, später angelernter Zimmermann nicht mehr ausüben.[722] Die RV lehnte den Antrag aufgrund des Gebotes der Wirtschaftlichkeit und Sparsamkeit (vgl. § 13 Abs. 1 SGB IX „pflichtgemäßes Ermessen") ab und bekam in erster Instanz Recht. Die Berufung des Klägers, der sich an den Kosten beteiligen wollte und die Umschulung vorfinanzierte, hatte Erfolg. „Über § 16 SGB VI seien die Vorschriften der §§ 33 bis 38 SGB IX anzuwenden. Bei der Auslegung des § 33 Abs. 4 S. 1 SGB IX [...] sei die durch Art. 12 GG verfassungsrechtlich geschützte Freiheit der Berufswahl zu berücksichtigen."[723] Infolge der zulässigen finanziellen Beteiligung des Klägers seien „die in den angefochtenen Bescheiden enthaltenen Gründe [...] ermessensfehlerhaft und nicht tragfähig".[724]

(5) Berufliche Ausbildung (§ 33 Abs. 3 Nr. 4 SGB IX)

Mit der beruflichen Ausbildung ist hier die Erstausbildung eines Menschen mit Behinderung gemeint, wobei der zeitliche Anteil der schulischen Bildung nicht überwiegen darf.[725] Letzteres vorausgesetzt, kann es sich grundsätzlich um eine betriebliche, überbetriebliche oder betriebliche Ausbildung mit überbetrieblichen Anteilen handeln.[726] Darunter fallen sowohl reguläre staatlich anerkannte Ausbildungsberufe nach dem BBiG, der HwO oder dem Seemannsgesetz, als auch Ausbildungen nach den Sonderregelungen für Menschen mit Behinderungen (§§ 64 ff. BBiG und §§ 42k ff. HwO).[727] Ein Hochschulstudium fällt demgegenüber grundsätzlich unter das BAföG, wobei ergänzende Leistungen über die Eingliederungshilfe nach den sozialhilferechtlichen Regelungen bezogen werden können (§§ 53, 54 Abs. 1 S. 1 Nr. 2 SGB XII).

(6) Zuschuss zur Ausbildungsvergütung (§ 34 Abs. 1 S. 1 Nr. 1 SGB IX)

Der Arbeitgeber kann gem. § 34 Abs. 1 S. 1 Nr. 1 SGB IX i. V. m. dem jeweiligen Leistungsgesetz „Ausbildungszuschüsse zur betrieblichen Ausführung von Bildungsleistungen" erhalten. Der Zweck der Regelung besteht darin, Arbeitgebern und Arbeitgeberinnen finanziell einen Anreiz zu geben,

721 *LSG Saarland*, Urt. v. 04.08.2006 – L 7 RJ 22/04 (zit. nach juris).

722 Vgl. *Luik*, jurisPR-SozR 2006 Anm. 5.

723 Vgl. *Luik*, jurisPR-SozR 2006 Anm. 5.

724 *LSG Saarland*, Urt. v. 04.08.2006 – L 7 RJ 22/04 Rn. 36 (zit. nach juris); a. A. in Bezug auf die Teilförderung einer Ausbildung in der GRV *LSG Rheinland-Pfalz*, Beschl. v. 27.11.2008 – L 2 ER 260/08 R – Rn. 13 (zit. nach juris).

725 *Pahlen*, in: *Neumann/Pahlen/Majerski-Pahlen*, SGB IX, 12. Aufl. 2010, § 33 Rn. 14.

726 *Pahlen*, in: *Neumann/Pahlen/Majerski-Pahlen*, SGB IX, 12. Aufl. 2010, § 33 Rn. 14.

727 Deusch, in: *Dau/Düwell/*Joussen, LPK-SGB IX, 4. Aufl. 2014, § 33 Rn. 30.

damit sie Aus- und Weiterbildungsplätze mit Menschen mit Behinderungen besetzen oder solche Plätze neu schaffen.[728] Anspruchsinhaber ist demnach der Arbeitgeber; er ist insoweit begünstigt und anspruchsberechtigt.[729] Die Kosten für diese Leistung werden grundsätzlich von den Rehabilitationsträgern gem. § 6 Abs. 1 Nr. 2 bis 5 SGB IX erbracht, also durch die BA (allerdings nachrangig vgl. § 22 Abs. 2 S. 1 SGB IX), die Träger der gesetzlichen Unfallversicherung, der gesetzlichen Rentenversicherung und die Träger der Kriegsopferversorgung und Kriegsopferfürsorge.[730] Zu den Leistungsvoraussetzungen gehört u. a. die Erforderlichkeit des Zuschusses. Die Leistung wäre bspw. dann nicht erforderlich, wenn das Eingliederungsziel auch ohne den Zuschuss erreicht werden kann; hierdurch soll ein Mitnahmeeffekt vermieden werden.[731] Des Weiteren muss es sich um eine betriebliche Ausbildung in einem staatlich anerkannten Ausbildungsberuf (BBiG, HwO, Seemannsgesetz) mit Abschluss eines Ausbildungsvertrages (vgl. § 10 ff. BBiG) oder um eine Ausbildung nach den besonderen Vorschriften für Menschen mit Behinderungen handeln (vgl. z. B. § 64 ff. BBiG).[732] Die Regelung umfasst auch Weiterbildungen in Form von z. B. Umschulungen oder Fortbildungen.[733]

Die Dauer der Leistung richtet sich grundsätzlich nach der gesetzlich vorgegebenen Aus- und Weiterbildungszeit; die Zuschüsse können für die gesamte Dauer erbracht werden.[734] Die Höhe der Leistung richtet sich für die BA nach § 73 Abs. 2 S. 1 SGB III: Danach sollen die Zuschüsse regelmäßig bei Menschen mit einfacher Behinderung nicht mehr als 60 % und bei Menschen mit einer Schwerbehinderung nicht mehr als 80 % der Ausbildungsvergütung für das letzte Ausbildungsjahr oder einer vergleichbaren Vergütung einschließlich der SV-Beiträge des Arbeitgebers betragen; dies gilt auch für die Träger der GUV und GRV.[735] Allerdings soll in Bezug auf die Höhe nicht die Ausbildungsvergütung des letzten Ausbildungsjahres überschritten werden (vgl. § 73 Abs. 2 SGB III und § 34 Abs. 2 a. E. SGB IX). Es handelt sich bei den Ausbildungszuschüssen um Ermessensleistungen, ein Rechtsanspruch besteht also nicht.[736]

---

728 *Trenk-Hinterberger*, in: *Stähler*, Inklusion behinderter Arbeitnehmer, 2013, S. 97.
729 *Trenk-Hinterberger*, in: *Stähler*, Inklusion behinderter Arbeitnehmer, 2013, S. 98.
730 *Knittel*, SGB IX Kommentar, 7. Aufl. 2013, § 34 Rn. 4 f.
731 *Luik*, in: *Schlegel/Voelzke*, SGB IX, 2. Aufl. 2015, § 34 Rn. 29.
732 *Luik*, in: *Schlegel/Voelzke*, SGB IX, 2. Aufl. 2015, § 34 Rn. 32.
733 *Knittel*, SGB IX Kommentar, 7. Aufl. 2013, § 34 Rn. 7.
734 *Luik*, in: *Schlegel/Voelzke*, SGB IX, 2. Aufl. 2015, § 34 Rn. 35.
735 *Trenk-Hinterberger*, in: *Stähler*, Inklusion behinderter Arbeitnehmer, 2013, S. 103 f.
736 *Trenk-Hinterberger*, in: *Stähler*, Inklusion behinderter Arbeitnehmer, 2013, S. 100.

(7) Ausbildung von Menschen mit Schwerbehinderung oder Gleichstellung

Die Ausbildung von Menschen mit einer Schwerbehinderung oder Gleichstellung (vgl. § 2 Abs. 2 und 3 SGB IX) kann zusätzlich durch finanzielle Mittel aus der Ausgleichsabgabe gefördert werden.

(a) Zuschuss zu Ausbildungsgebühren (§ 102 Abs. 3 S. 1 Nr. 2b SGB IX)

Arbeitgeber können gem. § 102 Abs. 3 S. 1 Nr. 2b i. V. m. § 26a SchwbAV vom Integrationsamt aus Mitteln der Ausgleichsabgabe einen Zuschuss zu den Ausbildungsgebühren erhalten. Dazu gehören bspw. (Prüfungs-) Gebühren der Industrie- und Handelskammer (IHK) oder der Handwerkskammern.[737] Voraussetzung ist u. a., dass der antragstellende Arbeitgeber nicht der Beschäftigungspflicht nach § 71 Abs. 1 SGB IX unterliegt, also weniger als 20 Beschäftigte hat. Des Weiteren setzt § 102 Abs. 3 S. 1 Nr. 2b i. V. m. § 26a SchwbAV voraus, dass der Arbeitgeber einen besonders betroffenen schwerbehinderten Jugendlichen oder jungen Erwachsenen als Auszubildenden einstellt. Die Auszubildenden dürfen das 27. Lebensjahr noch nicht vollendet haben.[738] Der Arbeitgeber hat keinen Rechtsanspruch auf den Zuschuss zu Ausbildungsgebühren; insofern handelt es sich um eine Ermessensleistung.[739]

(b) Zuschüsse zur Berufsausbildung (§ 102 Abs. 3 S. 1 Nr. 2c SGB IX)

Das Integrationsamt kann gem. § 102 Abs. 3 S. 1 Nr. 2c SGB IX i. V. m. § 26b SchwbAV Prämien und Zuschüsse zu den Kosten der Berufsausbildung behinderter Jugendlicher und junger Erwachsener zahlen. Zu den übernahmefähigen Kosten der Berufsausbildung gehören z. B. Personalkosten der Ausbilder, Lehr- und Lernmaterial, Berufs- und Schutzkleidung o. ä.[740] Dies setzt zunächst voraus, dass der Arbeitgeber einen Menschen mit Behinderung einstellt, der nach § 68 Abs. 4 SGB IX gleichgestellt ist.[741] Behinderte Jugendliche und junge Erwachsene werden während der Zeit einer Berufsausbildung in Betrieben und Dienststellen den Menschen mit einer Schwerbehinderung durch Feststellung oder Leistungsbescheid der

737 *Knittel*, SGB IX Kommentar, 7. Aufl. 2013, § 102 Rn. 38b.

738 *BIH*, Leistungen im Überblick: Behinderte Menschen im Beruf, 2012, S. 2, http://www.integrationsaemter.de/publikationen/65c/index.html (letzter Zugriff: 10.05.2016).

739 Vgl. *Knittel*, SGB IX Kommentar, 7. Aufl. 2013, § 102 Rn. 25.

740 Vgl. *Knittel*, SGB IX Kommentar, 7. Aufl. 2013, § 102 Rn. 38d.

741 *BIH*, Leistungen im Überblick: Behinderte Menschen im Beruf, 2012, S. 3, http://www.integrationsaemter.de/publikationen/65c/index.html (letzter Zugriff: 10.05.2016).

BA gleichgestellt, auch wenn der GdB weniger als 30 beträgt oder ein GdB nicht festgestellt ist (§ 68 Abs. 4 S. 1 SGB IX). Die Förderhöhe und Förderdauer richten sich nach den Umständen des Einzelfalls.[742] Auch bei den Prämien und Zuschüssen zu den Kosten der Berufsausbildung handelt es sich um Ermessensleistungen.[743]

f) Unzulässige Benachteiligung

Nach Maßgabe des AGG sind Benachteiligungen u. a. wegen einer Behinderung in Bezug auf „den Zugang zu allen Formen und allen Ebenen der Berufsberatung, der Berufsbildung einschließlich der Berufsausbildung, der beruflichen Weiterbildung und der Umschulung sowie der praktischen Berufserfahrung" unzulässig (§ 2 Abs. 1 Nr. 3 AGG). Der Anwendungsbereich ist bewusst umfassend angelegt und erstreckt sich auf die Berufsberatung durch private Anbieter, alle Formen der Berufsbildung nach dem BBiG (z. B. Aus-, Fort- und Weiterbildung, sowie Umschulung), einschließlich der besonderen Vorschriften für Menschen mit Behinderung (§§ 64 ff. BBiG) und die praktische Berufserfahrung (z. B. Praktika oder Volontariat).[744] Umstritten ist, ob sich der Anwendungsbereich auch auf das öffentliche Recht erstreckt. Nach einer Ansicht gilt § 2 Abs. 1 Nr. 3 AGG nur für Leistungen eines privatrechtlichen Unternehmers; nicht erfasst würden hingegen öffentlich-rechtliche Unterstützungsleistungen (also bspw. die Beratung durch die BA), denn für diese würden die §§ 33c SGB I, 19a SGB IV (vgl. § 2 Abs. 2 S. 1 AGG) gelten.[745] Nach anderer Ansicht gilt § 2 Abs. 1 Nr. 3 AGG über das Arbeitsrecht hinaus, auch für die Berufsberatung der BA und die Berufsbildungsangebote öffentlicher Träger.[746] Einer Entscheidung bedarf es an dieser Stelle nicht, da Menschen mit einer Behinderung in Bezug auf den Zugang zu den genannten Leistungen privatrechtlicher Arbeitgeber (z. B. Zugang zu Fortbildung) durch das AGG geschützt sind. Falls sich das AGG nicht auf öffentlich-rechtliche Leistungen beziehen sollte, greift das Benachteiligungsverbot des § 19a SGB IV. Inso-

---

742 *BIH*, Leistungen im Überblick: Behinderte Menschen im Beruf, 2012, S. 3, http://www.integrationsaemter.de/publikationen/65c/index.html (letzter Zugriff: 10.05.2016).

743 Vgl. *Knittel*, SGB IX Kommentar, 7. Aufl. 2013, § 102 Rn. 25.

744 *Däubler*, in: *Däubler/Bertzbach*, AGG Handkommentar, 2007, § 2 Rn. 34 ff.; *Bauer/Göpfert/Krieger*, AGG Kommentar, 4. Aufl. 2015, § 2 Rn. 32 f.

745 *Adomeit/Mohr*, AGG Kommentar, 2. Aufl. 2011, § 2 Rn. 119 und 127.

746 *Däubler*, in: *Däubler/Bertzbach*, AGG Handkommentar, 2007, § 2 Rn. 34; *Bauer/Göpfert/Krieger*, AGG Kommentar, 4. Aufl. 2015, § 2 Rn. 32.

fern bedarf es aufgrund des Art. 27 Abs. 1 S. 2 lit. d UN-BRK hier keiner Gesetzesänderung.

3. Zusammenfassung

Zur Verwirklichung des Rechts auf Arbeit hat sich Deutschland dazu verpflichtet, einen wirksamen Zugang für Menschen mit Behinderungen zur Berufsberatung und zur Stellenvermittlung zu ermöglichen. Berufsberatung und Stellenvermittlung sind originäre Aufgaben der BA, werden aber auch von Jobcentern und teilweise über Vermittlungsgutscheine von privaten Anbietern ausgeführt. Wie unter V. 2. a) und b) dargestellt, besteht auf diese Leistungen (zumindest das „Ob" betreffend) nach einer Ansicht ein Rechtsanspruch.[747] Nach anderer Ansicht handelt es sich um Ermessensansprüche („ob" und „wie").[748] In diesem Fall müsste das Ermessen im Lichte des Art. 27 Abs. 1 S. 2 lit. d UN-BRK regelmäßig dahingehend ausgelegt werden, dass Berufsberatung und Stellenvermittlung gewährt werden. In der Praxis dürfte dies überwiegend der Fall sein: Eine juris-Abfrage zu § 29 SGB III ergab hier keine Anzeichen für streitige Fälle zur Berufsberatung. Auch eine Abfrage zu § 35 SGB III lässt zumindest eine grundsätzliche Verweigerung der Stellenvermittlung nicht erkennen, zumal die BA oder das Jobcenter nur Vermittlungsbemühungen und keinen Vermittlungserfolg schulden.[749] Insofern entsprechen die genannten Regelungen der Konvention oder das möglicherweise eingeräumte Ermessen ist i. S. d. UN-BRK auszulegen. Darüber hinaus sind bei der BA besondere Stellen zur Beratung und Vermittlung von Menschen mit einer Schwerbehinderung eingerichtet (vgl. § 104 Abs. 4 SGB IX). Die UN-BRK lässt solche besser geeigneten Bestimmungen im Recht der Vertragsstaaten unberührt (vgl. Art. 4 Abs. 4 UN-BRK). Ergänzend sei darauf verwiesen, dass beim wirksamen Zugang zur Berufsberatung und Stellenvermittlung Barrierefreiheit gegeben sein

747 Vgl. dazu *Abler*, in: *Mutschler/Schmidt-De Caluwe/Coseriu*, SGB III GK, 5. Aufl. 2013, § 29 Rn. 16 ff.; *Brand*, in: *Brand*, SGB III Kommentar, 6. Aufl. 2012, § 29 Rn. 3; *Rübner*, in: *Schönefelder/Kranz/Wanka*, SGB III Band 1, Losebl. 3. Aufl. (17. Lfg. 3/2013), § 29 Rn. 25; *Abler*, in: *Mutschler/Schmidt-De Caluwe/Coseriu*, SGB III Großkommentar, 5. Aufl. 2013, § 35 Rn. 27.

748 Vgl. dazu *Rademacker*, in: *Hauck-Noftz* SGB III, Losebl. (Grw. V/12), § 29 Rn. 5; *Niewald*, in: *Gagel*, SGB III, Losebl. (EL 14 Juli 1999), § 29 Rn. 2; *Rademacker*, in: *Hauck-Noftz* SGB III, Losebl. (Grw. V/12), § 35 Rn. 48 und 52; *Peters-Lange*, in: *Gagel*, SGB II/SGB III, Losebl. (EL 52 Dezember 2013), § 35 SGB III Rn. 14a.

749 Vgl. *LSG BW*, Urt. v. 28.01.2011 – L 8 AL 3586/10 (zit. nach juris)

muss (z. B. Berufsinformationen in leichter Sprache, Gebärdendolmetscher, auditive Informationen für Blinde, Fahrstühle, Rampen etc.). Falls Barrierefreiheit noch nicht durch das Gleichstellungsgesetz des Bundes (BGG Bund) oder die Gleichstellungsgesetze der Länder (BGG Länder) oder entsprechende Rechtsverordnungen[750] sichergestellt ist, muss der Staat tätig werden.

In Bezug auf den wirksamen Zugang zu Berufsausbildung und Weiterbildung ist festzustellen, dass im deutschen Sozialrecht zahlreiche Förderleistungen bestehen, die grundsätzlich Menschen mit und ohne Behinderung gewährt werden können. Darüber hinaus wurden gesonderte Regeln für Menschen mit einer Schwerbehinderung geschaffen. All diese Leistungen stehen aber regelmäßig im Ermessen der Behörden. Aus Art. 27 Abs. 1 S. 2 lit. d UN-BRK lässt sich nicht ableiten, dass diese Ermessensleistungen durch den Gesetzgeber in Rechtsansprüche umzuwandeln sind. Der Gesetzgeber dürfte hier einen weiten Spielraum haben, wie der wirksame Zugang zu Berufsausbildung und Weiterbildung zu ermöglichen ist. Allerdings ist im Einzelfall die Ermessensausübung bei der Entscheidung über eine Leistung zur Berufsausbildung und Weiterbildung im Lichte des Art. 27 Abs. 1 S. 2 lit. d UN-BRK zu treffen, was auch zu einer Ermessensreduzierung auf Null führen kann, um einen wirksamen Zugang zu Berufsausbildung und Weiterbildung zu ermöglichen. Einen Rechtsanspruch auf einen bestimmten Ausbildungsplatz oder die Finanzierung einer bestimmten Weiterbildung fordert die UN-BRK nicht. Allerdings sind bei Einstellungs- und Weiterbildungsentscheidungen die Vorschriften des AGG zu beachten.

VI. Unterstützung bei Arbeitssuche und Beschäftigung

Menschen mit einer Behinderung haben es regelmäßig schwer, auf dem allgemeinen Arbeitsmarkt einen Arbeitsplatz zu finden, selbst dann, wenn sie gut ausgebildet sind und über die notwendigen Weiterbildungen verfügen. Die UN-BRK greift diese Lebensrealität von Betroffenen auf und verpflichtet zu entsprechenden Fördermaßnahmen.

750 Vgl. z. B. VO zur Zugänglichmachung von Dokumenten für blinde und sehbehinderte Menschen im Verwaltungsverfahren nach dem BGG; VO zur Verwendung von Gebärdensprache und anderen Kommunikationshilfen im Verwaltungsverfahren nach dem BGG.

1. Inhalt, Auslegung und Verpflichtung

Inhalt: „States Parties shall safeguard and promote the realization of the right to work [...] by taking appropriate steps, including through legislation, to, inter alia: [...] Promote employment opportunities and career advancement for persons with disabilities in the labour market, as well as assistance in finding, obtaining, maintaining and returning to employment; [...].“[751]

Auslegung: Die Vorschrift fordert von den Vertragsstaaten, die Beschäftigung von Menschen mit Behinderungen auf dem Arbeitsmarkt zu fördern. Dazu gehört nicht nur die Beschäftigung an sich, sondern auch der berufliche Aufstieg. Des Weiteren soll Unterstützung bei der Arbeitssuche, beim Erhalt, der Beibehaltung eines Arbeitsplatzes und beim Wiedereinstieg gefördert werden. Die Aufzählung und ein Abgleich mit den übrigen Buchstaben des Art. 27 UN-BRK zeigen, dass es Überschneidungen gibt (z. B. beruflicher Aufstieg [lit. a], Arbeitssuche [lit. d], beruflicher Wiedereinstieg [lit. k]).[752] Insofern ist eine disjunkte Subsumtion von innerstaatlichen Rechtsvorschriften nur unter den einen oder anderen Buchstaben nicht möglich. Zudem ist festzustellen, dass die Formulierung des Art. 27 Abs. 1 S. 2 lit. e UN-BRK sehr weich ist, weshalb davon auszugehen ist, dass der Staat bei der Verwirklichung der genannten Rechte einen weiten Spielraum hat.[753] Darüber hinaus ist fraglich, ob mit der Formulierung „in the labour market“ ausschließlich der allgemeine Arbeitsmarkt gemeint ist, oder auch Sonderarbeitsmärkte eingeschlossen sind. Dem Wortlaut nach sind beide Arbeitsmärkte eingeschlossen. Allerdings umfasst das Recht auf Arbeit in systematischer Hinsicht gem. Art. 27 Abs. 1 UN-BRK die Möglichkeit den Lebensunterhalt auf einem inklusiven Arbeitsmarkt zu verdienen („to gain a living by work [...] in a labour market and work environment that is open, inclusive and accessible to persons with disabilities“) (vgl. dazu be-

751 Art. 27 Abs. 1 S. 2 lit. e UN-BRK. Die deutsche Übersetzung lautet: „Die Vertragsstaaten sichern und fördern die Verwirklichung des Rechts auf Arbeit [...] durch geeignete Schritte, einschließlich des Erlasses von Rechtsvorschriften, um unter anderem [...] für Menschen mit Behinderungen Beschäftigungsmöglichkeiten und beruflichen Aufstieg auf dem Arbeitsmarkt sowie die Unterstützung bei der Arbeitssuche, beim Erhalt und der Beibehaltung eines Arbeitsplatzes und beim beruflichen Wiedereinstieg zu fördern; [...].“

752 Vgl. *Trenk-Hinterberger*, in: *Kreutz/Lachwitz/Trenk-Hinterberger*, Die UN-BRK in der Praxis, 2013, Art. 27 Rn. 20.

753 Vgl. *Rothfritz*, Die Konvention der Vereinten Nationen zum Schutz der Rechte von Menschen mit Behinderungen, 2010 (Diss.), S. 408.

reits E. I. 4.). Insofern reicht es nicht aus, wenn der Vertragsstaat lediglich einen Sonderarbeitsmarkt zur möglichen Beschäftigung bereithält bzw. finanziert. Es bedarf geeigneter Schritte, einschließlich des Erlasses von Rechtsvorschriften, um darüber hinaus die Möglichkeit der Beschäftigung auf dem allgemeinen Arbeitsmarkt zu schaffen; dies muss deshalb Maßstab der Prüfung sein.

Verpflichtung: Vorliegend handelt es sich um eine Leistungs- bzw. Erfüllungsverpflichtung, d. h. der Vertragsstaat ist dazu verpflichtet, falls noch nicht vorhanden, sukzessiv (vgl. Art. 4 Abs. 2 UN-BRK) Leistungen zu schaffen, um z. B. den beruflichen Wiedereinstieg in den allgemeinen Arbeitsmarkt zu fördern.[754]

2. Innerstaatliche Rechtsvorschriften

Im deutschen Sozialrecht finden sich zahlreiche Normen, deren Zweck darin besteht, die Beschäftigung von Menschen mit Behinderungen auf dem allgemeinen Arbeitsmarkt zu fördern. In Bezug auf Regelungen zur Förderung des beruflichen Aufstiegs wird auf E. II. 2. b) und hinsichtlich der Unterstützung bei der Arbeitssuche auf die Ausführungen unter E. V. 2. b) und c) dieser Arbeit verwiesen.

a) Beschäftigung I: Erhalt und Beibehaltung eines Arbeitsplatzes

Um für Menschen mit Behinderungen einen Arbeitsplatz zu akquirieren und diesen möglichst zu erhalten, gewährt das Sozialrecht zum einen unterstützende Dienstleistungen i. d. R. durch externe Dienste und Einrichtungen. Zum anderen können Geldleistungen vom Arbeitnehmer mit Behinderung beantragt werden, die der Förderung der Einstellung und Beschäftigung dienen.[755]

aa) Unterstützte Beschäftigung (§ 38a SGB IX)

Ein erster Schritt zur Umsetzung der UN-BRK in nationales Recht kann in der Verabschiedung des Gesetzes zur Einführung Unterstützter Beschäfti-

754 Vgl. *Trenk-Hinterberger*, in: *Kreutz/Lachwitz/Trenk-Hinterberger*, Die UN-BRK in der Praxis, 2013, Art. 27 Rn. 20.

755 Zu den Geldleistungen an Arbeitgeber vgl. E. IX.

gung (UB) gesehen werden.[756] Die am 01.01.2009 in Kraft getretene Regelung des § 38a SGB IX verfolgt das Ziel, mehr behinderten Menschen mit einem besonderen Unterstützungsbedarf eine angemessene, geeignete und sozialversicherungspflichtige Beschäftigung auf dem allgemeinen Arbeitsmarkt zu ermöglichen und so die Beschäftigung außerhalb der WfbM zu fördern.[757] Dabei findet die Qualifizierung unmittelbar am Arbeitsplatz statt, entsprechend dem Grundsatz „Erst platzieren, dann qualifizieren".[758] Zur Zielgruppe gehören Menschen mit Behinderungen, die nicht über andere Leistungen zur Teilhabe am Arbeitsleben (§§ 33, 34 SGB IX) in den allgemeinen Arbeitsmarkt eingegliedert werden können.[759] Zu nennen sind insbesondere Schulabgängerinnen und Schulabgänger aus Förderschulen, für die eine Berufsausbildung oder berufsvorbereitende Maßnahme nicht in Frage kommt oder Menschen, die sonst nur in einer WfbM gefördert werden könnten (z. B. Lernbehinderung, geistige Behinderung, psychische Störung).[760] Die UB gem. § 38a SGB IX zielt jedoch nicht auf Menschen mit schweren und schwerstmehrfachen Behinderungen und sehr niedriger Produktivität, anders als das aus den USA stammende umfangreichere Konzept der Unterstützten Beschäftigung („Supported Employment").[761]

Die Unterstützte Beschäftigung setzt sich aus zwei Bestandteilen zusammen, zum einen ist die individuelle betriebliche Qualifizierung (inbeQ) und zum anderen die Berufsbegleitung zu nennen (§ 38a Abs. 1 S. 2 SGB IX). Die inbeQ wurde bereits unter V. 2. e) bb) (3) behandelt, insofern wird auf die dort gemachten Ausführungen verwiesen. Die Berufsbegleitung erhalten Menschen mit Behinderungen gem. § 38a Abs. 3 SGB IX „insbesondere, um nach Begründung eines sozialversicherungspflichtigen Beschäftigungsverhältnisses die zu dessen Stabilisierung erforderliche Unterstützung und Krisenintervention zu gewährleisten". I. d. R. wird die Leistung der Berufsbegleitung im Rahmen der Zuständigkeit des Integrationsamtes erbracht, wenn erforderlich dauerhaft (vgl. § 38a Abs. 3 S. 2 SGB IX). Sofern die Leistungsvoraussetzungen vorliegen, u. a.

756 *Deusch*, in: Dau/Düwell/Joussen, LPK-SGB IX, 4. Aufl. 2014, § 38a Rn. 1.

757 *Kainz*, in: br 2012, S. 193.

758 *Knittel*, SGB IX Kommentar, 7. Aufl. 2013, § 38a Rn. 26.

759 *Kainz*, in: br 2012, S. 193.

760 *Deusch*, in: Dau/Düwell/Joussen, LPK-SGB IX, 4. Aufl. 2014, § 38a Rn. 4; *Kainz*, in: br 2012, S. 194.

761 Vgl. *Doose*, Unterstützte Beschäftigung: Berufliche Integration auf lange Sicht, 3. Aufl. 2012, S. 112.

- Bestehen eines SV-pflichtigen Beschäftigungsverhältnisses,
- behinderter Mensch mit besonderem Unterstützungsbedarf,
- Erforderlichkeit,
- Subsidiarität gegenüber einer Berufsausbildung und berufsvorbereitenden Maßnahme,

besteht ein Rechtsanspruch auf Berufsbegleitung (vgl. § 38a Abs. 3 SGB IX i. V. m. § 102 Abs. 3a SGB IX oder i. V. m. Leistungsgesetz, vgl. auch § 35 Abs. 1 SGB VII, § 26 Abs. 1 BVG).[762] Zum Leistungsinhalt gehört die psychosoziale Betreuung, bei Bedarf auch Beratung und finanzielle Leistungen des zuständigen Rehabilitationsträgers, möglicherweise begleitende Hilfen im Arbeitsleben (§ 102 SGB IX) durch die Integrationsämter, Training der sozialen und kommunikativen Kompetenzen, Arbeitsdiagnostik, Jobcoaching usw.[763] Mit der Durchführung der Berufsbegleitung wird ein IFD oder anderer Leistungserbringer / Träger beauftragt (§ 38a Abs. 5 SGB IX).

bb) Niedersachsen: Budget für Arbeit

In Niedersachsen (aber auch in Rheinland-Pfalz und Hamburg[764]) haben Menschen mit Behinderungen, die im Arbeitsbereich (AB) einer WfbM tätig sind oder eine Empfehlung des Fachausschusses für den AB haben, die Möglichkeit das Persönliche Budget (vgl. dazu bereits D. V. 5.) in Form eines Budgets für Arbeit in Anspruch zu nehmen.[765] Die Rechtsgrundlage für das Budget für Arbeit in Niedersachsen ist §§ 5, 17 Abs. 2 SGB IX i. V. m. BudgetVO. Diese Regelungen werden im Interesse der Antragstellerin oder des Antragstellers ausgelegt.[766] Mit dem Budget für Arbeit sollen

---

762 Vgl. *BAR*, GE nach § 38a Abs. 6 SGB IX „Unterstützte Beschäftigung“ v. 1. Dez. 2010, § 5.

763 Vgl. *BAR*, GE nach § 38a Abs. 6 SGB IX „Unterstützte Beschäftigung“ v. 1. Dez. 2010, § 5.

764 Hamburg fördert in dem Modellvorhaben „Hamburger Budget für Arbeit“ den Übergang von Menschen mit einer Behinderung aus der WfbM in ein sozialversicherungspflichtiges Beschäftigungsverhältnis; die Modellphase lief von 2012 bis 2014. Vgl. www.hamburg.de/basfi/budget-fuer-arbeit/ (letzter Zugriff: 10.05.2016); zum Budget für Arbeit in Rheinland-Pfalz vgl. Ministerium für Arbeit, Soziales, Gesundheit, Familie und Frauen des Landes Rheinland-Pfalz, Modellprogramm Budget für Arbeit, Handbuch zur praktischen Anwendung, Stand: August 2007, http://www.gutehilfe.de/fileadmin/user_upload/pdf/handbuch_budget_fuer_arbeit_rlp1.pdf (letzter Zugriff: 10.05.2016).

765 http://www.lebenshilfe-nds.de/de/service/Handbuch-der-verguetungs--und-betriebsrelevanten-Fragen-/Budget-fuer-Arbeit.php, Stand: 15.12.2013 (letzter Zugriff: 10.05.2016).

766 E-Mail-Anfrage des Autors an das Büro des Landesbeauftragten für Menschen mit Behinderungen beim Niedersächsischen Ministerium für Soziales, Frauen, Familie, Gesund-

mehr Werkstattbeschäftigte auf den allgemeinen Arbeitsmarkt vermittelt werden. Das Verfahren sieht vor, dass die potentiellen Budgetnehmer den Antrag auf ein Budget für Arbeit beim zuständigen Träger der Sozialhilfe stellen. Mit der Suche nach einem geeigneten Arbeitsplatz kann der örtlich zuständige Integrationsfachdienst beauftragt werden.[767] Bei Vorlage eines gültigen Arbeitsvertrages kann dann die bisherige Vergütung der WfbM, ohne Berücksichtigung der Fahrtkosten, als persönliches Budget an den Budgetnehmer oder die Budgetnehmerin ausgezahlt werden.[768] Der Geldbetrag kann zur reinen Lohnsubvention oder anteilig für Betreuungsleistungen genutzt werden.[769] Das Budget für Arbeit wird zunächst für zwei Jahre bewilligt, wobei eine Verlängerung grundsätzlich gewährt werden kann.[770] Im Fall des Scheiterns ist eine Rückkehr in die WfbM möglich.[771]

cc) Unterstützung durch den Integrationsfachdienst

Integrationsfachdienste (IFD) sind Dienste Dritter, die für Arbeitnehmerinnen und Arbeitnehmer mit einer (drohenden) Behinderung oder Schwerbehinderung und Arbeitgeber Beratungs- und Betreuungsleistungen zur Verfügung stellen, um die Teilhabe am Arbeitsleben zu erreichen.[772] Zur Zielgruppe der Dienstleistungen des IFD gehören insbesondere schwerbehinderte Menschen,

- mit einem besonderen Bedarf an arbeitsbegleitender Betreuung (§ 109 Abs. 2 Nr. 1 SGB IX),
- die nach zielgerichteter Vorbereitung durch die Werkstatt für behinderte Menschen am Arbeitsleben auf dem allgemeinen Arbeitsmarkt teilhaben sollen und dabei auf aufwendige, personalintensive, individuelle

heit und Integration v. Jan. 2013; vgl. auch „Budget für Arbeit", Schreiben des Niedersächsischen Landesamtes für Soziales, Jugend und Familie v. 06.02.2008.

767 Erlass des Niedersächsischen Landesamtes für Soziales, Jugend und Familie v. 11.01.2008.

768 http://www.soziales.niedersachsen.de/startseite/menschen_mit_behinderung/eingliederungshilfe_behinderte_menschen/arbeit_und_beschaeftigung/budget_arbeit/budget-fuer-arbeit-114601.html (letzter Zugriff: 10.05.2016).

769 http://www.soziales.niedersachsen.de/startseite/menschen_mit_behinderung/eingliederungshilfe_behinderte_menschen/arbeit_und_beschaeftigung/budget_arbeit/budget-fuer-arbeit-114601.html (letzter Zugriff: 10.05.2016).

770 Landesbeauftragter für Menschen mit Behinderungen, Erfahrungsbericht der Arbeitsgruppe „Budget für Arbeit", 2010, S. 3.

771 Erlass des Niedersächsischen Landesamtes für Soziales, Jugend und Familie v. 11.01.2008.

772 Vgl. *BAR* „Gemeinsame Empfehlung nach § 113 Abs. 2 SGB IX zur Inanspruchnahme der Integrationsfachdienste durch die Rehabilitationsträger", vom 01.04.2005, i. d. F. v. 01.10.2009 (im Folgenden: GE IFD)

arbeitsbegleitende Hilfen angewiesen sind (§ 109 Abs. 2 Nr. 2 SGB IX), sowie

- schwerbehinderte Schulabgänger, die für die Aufnahme einer Beschäftigung auf dem allgemeinen Arbeitsmarkt auf die Unterstützung eines Integrationsfachdienstes angewiesen sind (§ 109 Abs. 2 Nr. 3 SGB IX).

Es muss eine psycho-soziale Problematik mit Auswirkungen auf den sozialen und beruflichen Bereich hinzukommen, welche die besonderen Kenntnisse des IFD erforderlich machen.[773] Der IFD wird im Auftrag des zuständigen Rehabilitationsträgers oder des Integrationsamtes tätig (Einzelfallauftrag). Diese legen Art, Umfang und Dauer der Dienstleistungen fest und bleiben für die Ausführung der Dienstleistungen verantwortlich.[774] Die Aufgaben des IFD ergeben sich aus § 110 SGB IX, dazu gehören z. B. die Vermittlung von Arbeitsplätzen, Beratung, die Erstellung eines Fähigkeits-, Leistungs- und Interessenprofils, Ausbildungs- und Berufsbegleitung usw. Der IFD ist auch Ansprechpartner für Arbeitgeberinnen und Arbeitgeber, um über Leistungen und deren Beantragung zu informieren und zu unterstützen (vgl. § 110 Abs. 2 Nr. 5–8 SGB IX).[775] Daneben können sie mit der Durchführung der Unterstützten Beschäftigung (UB) beauftragt werden (vgl. § 38a Abs. 5 SGB IX).[776]

In Bezug auf die UN-BRK hat die Arbeit des IFD insbesondere die Unterstützung junger Menschen mit einer Behinderung beim Übergang von der Schule, als auch beim Übergang aus dem Werkstattbereich auf den allgemeinen Arbeitsmarkt, eine große Bedeutung. Gerade hier haben die Betreuungszahlen, wenn auch im bescheidenen Ausmaß, zugenommen (z. B. Anzahl der Schülerinnen und Schüler an der Gesamtklientel des IFD 2008: 3,5 % und 2012: 9,2 %) und es ist zukünftig ein weiterer Anstieg zu erwarten.[777] Ernst und Deusch monieren allerdings – in Bezug auf die Unterstützung beim Übergang von der Schule auf den allgemeinen Arbeitsmarkt – die nicht ausreichende Rechtsgrundlage und unklare Finanzierung: „Der Gesetzgeber hat die Zielgruppe und die Aufgabe in den §§ 109, 110 SGB IX zwar geregelt, offen gelassen hat er jedoch, wer die Aufgabe langfristig finanziert.“[778] Hintergrund ist, dass das BMAS für Schülerinnen

773 Vgl. *Deusch*, in: *Dau/Düwell/Joussen*, LPK-SGB IX, 4. Aufl. 2014, § 109 Rn. 3.
774 § 4 GE IFD.
775 § 2 GE IFD.
776 Vgl. dazu bereits E. V. 2. e) bb) (3) und E. VI. 2. a) aa).
777 Vgl. *Ernst/Deusch*, in: br 2014, S. 43 (45).
778 *Ernst/Deusch*, in: br 2014, S. 43 (45).

und Schüler mit sonderpädagogischem Förderbedarf und Schwerbehinderung in § 48 SGB III zwar die Rechtsgrundlage für Berufsorientierungsmaßnahmen sieht. Es handelt sich jedoch um eine Ermessensleistung, die nur dann von der zuständigen Agentur für Arbeit finanziert wird, wenn sich ein Dritter mit mindestens 50 % an der Förderung beteiligt (vgl. § 48 SGB III).

Hinsichtlich der Inklusion in den Arbeitsmarkt sind die Integrationsfachdienste ein wichtiges Instrument. Dies zeigt sich zum einen daran, dass sich immer mehr Arbeitgeber bei Bedarf unmittelbar an einen IFD wenden, ohne Umweg über das Integrationsamt und zum anderen daran, dass die Quote der gesicherten Arbeitsverhältnisse seit Jahren über 70 % liegt.[779]

dd) Mobilitätshilfen im Zusammenhang mit der Arbeit

Um am Arbeitsleben teilnehmen zu können, muss zunächst der Arbeitsweg bewältigt werden. Das SGB IX sieht als Leistungen zum Erreichen des Arbeitsplatzes zum einen die Kfz-Hilfe und zum anderen die unentgeltliche Beförderung im öffentlichen Personenverkehr vor (vgl. § 33 Abs. 8 S. 1 Nr. 1, § 145 ff. SGB IX). Daneben gibt es weitere Mobilitätshilfen, auf die hier nicht weiter eingegangen werden soll – z. B. Reisekostenbeihilfe, Fahrkostenbeihilfe, Trennungskostenbeihilfe und Umzugskostenbeihilfe.[780]

(1) Kraftfahrzeughilfe

Bestandteil der Leistungen zur Teilhabe am Arbeitsleben ist auch die sog. Kraftfahrzeughilfe, die der Erhaltung oder Erlangung eines Arbeitsplatzes dient.[781] Die Kraftfahrzeughilfe sieht Leistungen zur Beschaffung eines Kraftfahrzeuges, für eine behinderungsbedingte Zusatzausstattung und zur Erlangung einer Fahrerlaubnis vor.[782] Als Leistungsträger kommen zunächst die Rehabilitationsträger (Bundesagentur für Arbeit, gesetzliche Rentenversicherung, gesetzliche Unfallversicherung, Träger der sozialen Entschädigung und Träger der Sozialhilfe) aufgrund der §§ 33 Abs. 3 Nr. 1 und 6, 33 Abs. 8 S. 1 Nr. 1 SGB IX i. V. m. der Kfz-Hilfeverordnung (KfzHV) in Betracht.[783] Darüber hinaus erbringen die Integrationsämter nachrangig gegenüber den Rehabilitationsträgern Kraftfahrzeughilfe gem.

779 *Ernst/Deusch*, in: br 2014, S. 43 (48).
780 *Luik*, in: *Deinert/Welti*, SWK-BR, 2014, S. 637.
781 *Masuch*, in: *Luthe*, Rehabilitationsrecht, 2009, S. 237.
782 *Minninger/Hinterholz/Westermann*, Rechte behinderter Menschen, 3. Aufl. 2013, S. 204 f.
783 *Trenk-Hinterberger*, in: *Stähler*, Inklusion behinderter Arbeitnehmer, 2013, S. 165.

§ 102 Abs. 3 S. 1 Nr. 1 lit. b SGB IX, § 20 SchwbAV i. V. m. KfzHV.[784] Die Leistungen setzen nach der Kraftfahrzeughilfeverordnung voraus, dass

- der behinderte Mensch infolge seiner Behinderung nicht nur vorübergehend auf die Benutzung eines Kraftfahrzeugs angewiesen ist, um seinen Arbeits- oder Ausbildungsort oder den Ort einer sonstigen Leistung der beruflichen Bildung zu erreichen, und
- der behinderte Mensch ein Kraftfahrzeug führen kann oder gewährleistet ist, dass ein Dritter das Kraftfahrzeug für ihn führt. (§ 3 Abs. 1 KfzHV)

Bei Vorliegen dieser und der sonstigen Voraussetzungen besteht ein Rechtsanspruch; der Leistungsträger hat kein Entschließungs-, sondern nur ein Auswahlermessen bezüglich der Form der Leistung, wobei das Ermessen durch die Kraftfahrzeughilfe-Verordnung gebunden ist.[785] Die Kraftfahrzeughilfe wird entweder als Zuschuss oder im Einzelfall als Darlehen erbracht, dabei ist die Höhe des Zuschusses vom Einkommen abhängig; für die Beschaffung eines Kfz kann ein Betrag bis zu 9.500 EUR gewährt werden.[786]

(2) Unentgeltliche Beförderung im ÖPNV

Menschen mit einer Schwerbehinderung haben unter den Voraussetzungen des § 145 Abs. 1 SGB IX einen Rechtsanspruch auf unentgeltliche Beförderung im öffentlichen Personennahverkehr.[787] Die unentgeltliche Beförderung wird drei Gruppen von schwerbehinderten Menschen gewährt:[788]

- Personen, die infolge einer Behinderung erheblich in ihrer Bewegungsfähigkeit im Straßenverkehr beeinträchtigt sind (Merkzeichen G)
- Gehörlose (Merkzeichen GL)
- Hilflose (Merkzeichen H)

Es sind nur Schwerbehinderte im Sinne des § 2 Abs. 2 SGB IX der vorstehenden Personengruppen dem Grunde nach berechtigt. Menschen mit einer Gleichstellung haben hingegen keinen Anspruch (vgl. § 68 Abs. 3

---

784 *Trenk-Hinterberger*, in: *Stähler*, Inklusion behinderter Arbeitnehmer, 2013, S. 165 f.
785 *Masuch*, in: *Luthe*, Rehabilitationsrecht, 2009, S. 237.
786 *Minninger/Hinterholz/Westermann*, Rechte behinderter Menschen, 3. Aufl. 2013, S. 205.
787 Vgl. *Banafsche*, in: *Deinert/Welti*, SWK-BR, 2014, S. 647.
788 *Knittel*, in: *Knittel*, SGB IX Kommentar, 7. Aufl. 2013, § 145 Rn. 1.

SGB IX). Zudem muss der Schwerbehindertenausweis mit einer entsprechenden Wertmarke versehen sein, die grds. gegen ein geringes Entgelt erworben werden kann (Stand Jan. 2015: 72 Euro jährlich oder 36 Euro halbjährlich, vgl. § 145 Abs. 1 SGB IX).[789] Zu weiteren Einzelheiten vgl. §§ 145 ff. SGB IX.

ee) Wohnungshilfen im Zusammenhang mit der Arbeit

Wohnungshilfen können als Leistungen zur Teilhabe am Arbeitsleben erbracht werden, wenn sie für die Erlangung oder Erhaltung eines Arbeitsplatzes notwendig sind. Wohnungshilfen ohne Bezug zum Arbeitsleben gehören zu den Leistungen zur Teilhabe am Leben in der Gemeinschaft.[790] Wesentliche Voraussetzung für die hier interessierende Kostenübernahme ist also, dass ein Zusammenhang mit der Beschäftigung besteht und die Wohnungshilfe wegen der Teilhabe am Arbeitsleben erforderlich ist.[791] Zu den weiteren Voraussetzungen gehören, dass gem. § 33 Abs. 1 SGB IX die Erwerbsfähigkeit eines behinderten oder von Behinderung bedrohten Menschen entsprechend seiner Leistungsfähigkeit erhalten, verbessert, hergestellt oder wiederhergestellt und seine Teilhabe am Arbeitsleben möglichst auf Dauer gesichert wird. Zudem darf die aktuelle Wohnung nicht behinderungsgerecht sein oder der Arbeitsplatz nur unter erschwerten Bedingungen erreichbar sein.[792]

Bei Zuständigkeit der Rehabilitationsträger ist die einschlägige Rechtsgrundlage § 33 Abs. 8 S. 1 Nr. 6 SGB IX. Das Integrationsamt ist gegenüber den Rehabilitationsträgern nachrangig für Menschen mit einer Schwerbehinderung oder Gleichstellung zuständig gem. § 102 Abs. 3 S. 1 Nr. 1 lit. d SGB IX i. V. m. § 22 SchwbAV.[793] Liegen die entsprechenden Voraussetzungen vor, haben Menschen mit einer (einfachen) Behinderung einen Rechtsanspruch gegenüber dem zuständigen Rehabilitationsträger. Ein Ermessen besteht lediglich hinsichtlich des „Wie“ der Leistungsgewährung. Bei fehlender Zuständigkeit eines Rehabilitationsträgers, können sich Schwerbehinderte und Gleichgestellte an das Integrationsamt wenden. Dort wird die Wohnungshilfe allerdings als Ermessensleistung gewährt, sowohl hinsichtlich des „Ob“, als auch des „Wie“. Der Inhalt der Leistung ist auf die Be-

789 Vgl. *Banafsche*, in: *Deinert/Welti*, SWK-BR, 2014, S. 647.

790 *Trenk-Hinterberger*, in: *Ställer*, Inklusion behinderter Arbeitnehmer, 2013, S. 186.

791 *Luik*, in: *Schlegel/Voelzke*, juris Praxis Kommentar SGB IX, 2. Aufl. 2015, § 33 Rn. 234.

792 *Trenk-Hinterberger*, in: *Stähler*, Inklusion behinderter Arbeitnehmer, 2013, S. 186.

793 *Trenk-Hinterberger*, in: *Stähler*, Inklusion behinderter Arbeitnehmer, 2013, S. 186 ff.

schaffung, Ausstattung und Erhaltung (Sanierung oder Renovierung) einer behindertengerechten Wohnung gerichtet.[794]

b) Beschäftigung II: Beruflicher Wiedereinstieg

Die Vertragsstaaten sollen den beruflichen Wiedereinstieg von Menschen mit einer Behinderung sichern und fördern. Dies betrifft vor allem diejenigen Beschäftigten, die bereits eine Behinderung haben und nach einer Phase der Arbeitsunfähigkeit wieder an den Arbeitsplatz zurückkehren wollen. Erfasst werden zudem Beschäftigte, die durch einen Unfall (z. B. Arbeits- oder Wegeunfall oder durch einen Unfall im Privatbereich) eine Behinderung erworben haben und nach Krankenbehandlung und Rehabilitation wieder in ihr bestehendes Arbeitsverhältnis zurück möchten.

aa) Betriebliches Eingliederungsmanagement

Das Betriebliche Eingliederungsmanagement (BEM) dient dazu, bei einer Krankheit oder Behinderung das Arbeitsverhältnis zu erhalten und somit einer Kündigung vorzubeugen.[795] Das BEM ist in § 84 Abs. 2 SGB IX geregelt und grundsätzlich auf alle Arbeitnehmerinnen und Arbeitnehmer anzuwenden, die innerhalb eines Jahres länger als sechs Wochen ununterbrochen oder wiederholt arbeitsunfähig sind (§ 84 Abs. 2 S. 1 SGB IX). In diesem Fall klärt der Arbeitgeber nach Zustimmung des Betroffenen, mit diesem und der zuständigen Interessenvertretung (einschließlich der zuständigen Schwerbehindertenvertretung, soweit erforderlich auch mit dem Betriebs- oder Werksarzt), wie die Arbeitsunfähigkeit überwunden, einer erneuten Arbeitsunfähigkeit präventiv entgegengewirkt und wie der Arbeitsplatz erhalten werden kann und welche Leistungen und Hilfen indiziert sind (vgl. § 84 Abs. 2 SGB IX). Wenn Leistungen zur Teilhabe am Arbeitsleben und begleitende Hilfen in Betracht kommen, hat der Arbeitgeber entweder eine gemeinsame Servicestelle oder bei Beschäftigten mit einer Schwerbehinderung das Integrationsamt zu informieren, damit diese die Beantragung der erforderlichen Hilfen und Leistungen vorantreiben (vgl. § 84 Abs. 2 S. 4 und 5 SGB IX).

Liegen die Voraussetzungen gem. § 84 Abs. 2 SGB IX vor, muss der Arbeitgeber tätig werden und das BEM einleiten; es besteht kein Entschließungsermessen.[796] Es ist dann zu prüfen, welche Maßnahmen in Betracht

794 *Knittel*, in: *Knittel*, SGB IX Kommentar, 7. Aufl. 2013, § 33 Rn. 263 ff.
795 Vgl. *Winkler*, in: *Deinert/Welti*, SWK-BR, 2014, S. 213 f.
796 Vgl. *Winkler*, in: *Deinert/Welti*, SWK-BR, 2014, S. 215.

kommen, um das Beschäftigungsverhältnis zu erhalten. Zu diesen Maßnahmen können u. a. Folgende zählen:[797]

- notwendige Veränderungen in Bezug auf Arbeitsplatz, Arbeitszeit, Arbeitsorganisation,
- Personalentwicklung,
- Arbeitsversuche,
- technische Umrüstung des Arbeitsplatzes,
- Leistungen der medizinischen Rehabilitation (vgl. §§ 26 ff. SGB IX),
- Leistungen zur Teilhabe am Arbeitsleben (vgl. §§ 33 ff. SGB IX),
- stufenweise Wiedereingliederung (vgl. § 28 SGB IX, § 74 SGB V)
- Leistungen an Arbeitgeber durch das Integrationsamt oder einzelne Rehabilitationsträger,
- Beratung durch die zuständige gemeinsame Servicestelle.

Im Fall der Untätigkeit trotz Rechtspflicht des Arbeitgebers ordnet § 84 SGB IX keine unmittelbaren Sanktionen an. Die Untätigkeit hat dennoch Folgen: Denkbar wäre ein Vorgehen des betroffenen Beschäftigten wegen Diskriminierung (vgl. § 81 Abs. 2 SGB IX und AGG) oder ein Bußgeld aufgrund fehlender Unterrichtung der Schwerbehindertenvertretung (vgl. § 95 Abs. 2 S. 1 SGB IX i. V. m. § 156 Abs. 1 Nr. 9 SGB IX). In Bezug auf Kündigungsschutzrechtsstreitigkeiten ist die Durchführung eines ordnungsgemäßen BEM-Verfahrens keine Wirksamkeitsvoraussetzung für den Ausspruch einer Kündigung. Das BAG hat allerdings festgestellt, dass das BEM im Rahmen der Verhältnismäßigkeitsprüfung einer Kündigung nach dem KSchG zu beachten ist.[798] Hat der Arbeitgeber ein ordnungsgemäßes BEM-Verfahren durchgeführt, mit dem Ergebnis, dass keine Maßnahme das Fortbestehen des Arbeitsverhältnisses sichern kann, oder lehnt der Arbeitnehmer solche Maßnahmen ab, dürfte es der Arbeitnehmerseite im Kündigungsschutzprozess schwer fallen, eine Weiterbeschäftigungsmöglichkeit geltend zu machen.[799] Umgekehrt trifft den Arbeitgeber eine erschwerte Beweislast dafür, dass eine Weiterbeschäftigung unter keinen Umständen in Frage kommt, wenn der Versuch ein BEM im konkreten Einzelfall zu initi-

---

797 Vgl. zu weiteren Inhalten und zum Ablauf des BEM: *LWL/LVR*, Handlungsempfehlungen zum Betrieblichen Eingliederungsmanagement, 3. Aufl. (Juni 2010), www.lwl.org (letzter Zugriff: 13.11.2015); *BIH*, ZB info Betriebliches Eingliederungsmanagement, 2008, www.integrationsämter.de (letzter Zugriff: 13.11.2015); Winkler, in: *Deinert/Welti*, SWK-BR, 2014, S. 217.

798 *BAG*, Urt. v. 07.12.2006 – 2 AZR 182/06 (zit. nach juris).

799 Vgl. *Fabricius*, in: *Schlegel/Voelzke*, juris PK SGB IX, 2. Aufl. 2015, § 84 Rn. 59.

ieren nicht unternommen wurde.[800] Im Fall der Untätigkeit des Arbeitgebers ist auch zu erwarten, dass das Integrationsamt der Kündigung eines Schwerbehinderten oder Gleichgestellten nicht zustimmt (vgl. §§ 85, 88 SGB IX).[801] Es empfiehlt sich deshalb, betriebliche Verfahrenspflichten in Unternehmen und Dienststellen zu schaffen, um die Pflicht zum BEM zu konkretisieren; dabei ist das Mitbestimmungsrecht zu beachten.[802]

bb) Stufenweise Wiedereingliederung

Bestandteil des Betrieblichen Eingliederungsmanagements kann auch die schrittweise Rückkehr an den Arbeitsplatz sein. Die stufenweise Wiedereingliederung ist seit 1989 im SGB V geregelt (vgl. § 74 SGB V). Mit § 28 SGB IX ist die Maßnahme seit 2001 auch für alle anderen Rehabilitationsträger der medizinischen Rehabilitation anwendbar.[803] Sie gehört nicht zu den Leistungen zur Teilhabe am Arbeitsleben[804]; hat aber für den beruflichen Wiedereinstieg von Menschen mit Behinderungen eine große Bedeutung und wird deshalb an dieser Stelle erörtert. Sie kann maßgeblich dazu beitragen, krankheitsbedingte Kündigungen und eine damit verbundene soziale und berufliche Exklusion zu verhindern.[805] Während der stufenweisen Wiedereingliederung ist der Arbeitnehmer bzw. die Arbeitnehmerin finanziell nach Ablauf des Entgeltfortzahlungszeitraumes durch Kranken-, Verletzten- oder Übergangsgeld abgesichert.[806]

Zu den Voraussetzungen gehört zunächst, dass beim Leistungsberechtigten Arbeitsunfähigkeit vorliegt (vgl. § 28 SGB IX). Arbeitsunfähigkeit i. S. d. Krankenversicherung liegt laut ständiger Rechtsprechung des BSG vor, „wenn der Versicherte seine zuletzt vor Eintritt des Versicherungsfalls konkret ausgeübte Arbeit wegen Krankheit nicht (weiter) verrichten kann".[807] Die Feststellung der Arbeitsunfähigkeit erfolgt ausschließlich

800 Vgl. *Winkler*, in: *Deinert/Welti*, SWK-BR, 2014, S. 222.
801 Vgl. *Fabricius*, in: *Schlegel/Voelzke*, juris PK SGB IX, 2. Aufl. 2015, § 84 Rn. 58.
802 *Nebe*, in: AuR 2014, S. 51 (53).
803 Vgl. *Winkler*, in: *Deinert/Welti*, SWK-BR, 2014, S. 812.
804 Vgl. *Nellissen*, Keine Erstattung von Fahrtkosten durch den Rentenversicherungsträger bei stufenweiser Wiedereingliederung; Forum A, Beitrag A7-2015 unter www.reha-recht.de; 27.05.2015 (letzter Zugriff: 03.07.2015).
805 *Nebe*, in: SGb 2015, S. 125 (126).
806 Krankengeld (§§ 44 ff. SGB V), Verletztengeld (§§ 45 ff. SGB VII), Übergangsgeld (§§ 20, 21 SGB VI), vgl. *Nebe*, in: SGb 2015, S. 125 (128).
807 *BSG*, Urt. v. 08.02.2000 – B 1 KR 11/99 R – Rn. 13 (zit. nach juris).

durch einen Arzt oder eine Ärztin.[808] Der Leistungsberechtigte muss trotz Arbeitsunfähigkeit in der Lage sein, seine Arbeit teilweise zu erledigen. Es muss medizinisch eine ausreichende Belastbarkeit gegeben sein, damit das Ziel der beruflichen Integration erreichbar ist. Die Dauer der stufenweisen Wiedereingliederung sowie das Maß der Steigerung der Arbeitsanforderungen werden ebenfalls durch einen Arzt oder eine Ärztin festgelegt, wobei die tägliche Arbeitszeit mindestens zwei Stunden umfassen muss und die Dauer der gesamten Maßnahme maximal sechs Monate betragen darf. Die stufenweise Wiedereingliederung kann auch nach einer Maßnahme der medizinischen Rehabilitation durchgeführt werden, wenn ein zeitlicher Zusammenhang gegeben ist.[809]

Leistungsberechtigt sind zunächst diejenigen, welche einen Anspruch auf Leistungen der medizinischen Rehabilitation gem. § 26 SGB IX haben.[810] Ein Rechtsanspruch auf die stufenweise Wiedereingliederung gegen die Rehabilitationsträger besteht grundsätzlich nicht, wenn ein Auswahlermessen gegeben ist, so wie in der Renten-, Kranken- und Unfallversicherung.[811] Allerdings kann das Ermessen dahingehend eingeschränkt sein, dass Rehabilitationsträger bereits vor und während der Durchführung einer Maßnahme zur medizinischen Rehabilitation dazu verpflichtet sind, den Einsatz der stufenweisen Wiedereingliederung zu prüfen.[812]

Ein Rechtsanspruch auf die stufenweise Wiedereingliederung besteht aber grundsätzlich in arbeitsrechtlicher Hinsicht für schwerbehinderte und diesen gleichgestellte Arbeitnehmerinnen und Arbeitnehmer im Rahmen des § 81 Abs. 4 S. 1 Nr. 1 SGB IX.[813] Danach haben schwerbehinderte (und gleichgestellte) Menschen gegenüber ihrem Arbeitgeber einen Anspruch auf Beschäftigung, bei der sie ihre Fähigkeiten und Kenntnisse möglichst voll verwerten und weiterentwickeln können (§ 81 Abs. 4 S. 1 Nr. 1 SGB IX). Laut Urteil des BAG kann ein schwerbehinderter oder gleichgestellter Arbeitnehmer gem. § 81 Abs. 4 S. 1 Nr. 1 SGB IX die stufenweise Wiedereingliederung vom Arbeitgeber verlangen, wenn u. a. der Arbeitnehmer „eine

808 Vgl. zu diesen und den weiteren Voraussetzungen *Nellissen*, in: Schlegel/Voelzke, jurisPK-SGB IX, 2. Aufl. 2015, § 28 Rn. 15 ff.

809 *Nellissen*, in: *Schlegel/Voelzke*, jurisPK-SGB IX, 2. Aufl. 2015, § 28 Rn. 18.

810 *Nebe*, in: SGb 2015, S. 125 (127).

811 *Winkler*, in: *Deinert/Welti*, SWK-BR, 2014, S. 819.

812 sog. intendiertes Ermessen, vgl. *Winkler*, in: *Deinert/Welti*, SWK-BR, 2014, S. 819.; das intendierte Ermessen ist allerdings umstritten, vgl. grundsätzlich *Schmidt*, Allgemeines Verwaltungsrecht, 19. Aufl. 2016, S. 112 f.

813 Vgl. *Krutzki*, in: *Plagemann*, Münchener Anwaltshandbuch Sozialrecht, 4. Aufl. 2013, § 29 Rn. 73.

ärztliche Bescheinigung seines behandelnden Arztes vorlegt, aus der sich Art und Weise der empfohlenen Beschäftigung, Beschäftigungsbeschränkungen, Umfang der täglichen oder wöchentlichen Arbeitszeit sowie die Dauer der Maßnahme ergeben. Sie muss eine Prognose enthalten, wann „voraussichtlich" die Wiederaufnahme der Tätigkeit erfolgt".[814] Ein Rechtsanspruch scheidet lediglich dann aus, wenn die Erfüllung für den Arbeitgeber nicht zumutbar oder mit unverhältnismäßigen Aufwendungen verbunden wäre oder soweit die staatlichen oder berufsgenossenschaftlichen Arbeitsschutzvorschriften oder beamtenrechtliche Vorschriften entgegenstehen (§ 81Abs. 4 S. 3 SGB IX). Hier stellt sich im Einzelfall die Frage, wie weit die Arbeitgeberpflicht reicht: Verschlechtert sich die Situation des Arbeitnehmers mit einer Schwerbehinderung, kann dieser beispielsweise die Weiterbeschäftigung auf einem geeigneten anderen freien Arbeitsplatz verlangen. Dem steht auch nicht das Weisungsrecht des Arbeitgebers entgegen, nachdem dieser grundsätzlich (unter Beachtung des Arbeitsvertrages, Tarifvertrages usw.) Inhalt, Ort und Zeit der Arbeitsleistung nach billigem Ermessen bestimmen kann (vgl. § 315 BGB, § 106 GewO). So schreibt § 106 S. 3 der GewO vor, dass Arbeitgeber bei der Ausübung des Ermessens auch auf Behinderungen des Arbeitnehmers Rücksicht nehmen müssen. Als frei ist ein Arbeitsplatz auch dann anzusehen, wenn er dauerhaft mit einem Leiharbeitnehmer besetzt ist. Dem Arbeitgeber ist allerdings nicht abzuverlangen, dass er einem anderen festangestellten Arbeitnehmer kündigt oder gar einen Arbeitsplatz schafft, den er gar nicht benötigt. Das wäre unverhältnismäßig und unzumutbar.[815]

Während der stufenweisen Wiedereingliederung ruht in arbeitsrechtlicher Hinsicht das Arbeitsverhältnis. Der Rehabilitand leistet insoweit keine Arbeit bzw. Dienste gegen Entgelt, sondern wird aus therapeutischen Gründen beschäftigt. Daher handelt es sich um einen Vertrag sui generis, der neben dem eigentlichen Arbeitsvertrag steht.[816]

cc) Vereinbarkeitsprüfung und Ergebnis

Deutschland hat sich dazu verpflichtet, durch geeignete Schritte, einschließlich des Erlasses von Rechtsvorschriften für Menschen mit Behinderungen die Unterstützung beim beruflichen Wiedereinstieg zu fördern (Art. 27 Abs. 1 S. 2 lit. e UN-BRK). Das betriebliche Eingliederungsmanagement und die stufenweise Wiedereingliederung sind dazu geeignet, diese

---

814 *BAG*, Urt. v. 13.06.2006 – 9 AZR 229/05 – Rn. 31 (zit. nach juris).

815 Vgl. *Kuhlmann*, in: br 2014, S. 57 f. m. w. N.

816 *Nebe*, in: SGb 2015, S. 125 (130).

Verpflichtung zu erfüllen. Fraglich ist, ob der Zugang zu diesen Instrumenten für alle Arbeitnehmerinnen und Arbeitnehmer mit einer Behinderung gewährleistet ist.

Das BEM muss unter den Voraussetzungen des § 84 Abs. 2 SGB IX durch den Arbeitgeber nach Einwilligung der betroffenen Arbeitnehmerinnen und Arbeitnehmer durchgeführt werden. Einbezogen sind alle Arbeitnehmerinnen und Arbeitnehmer, bei denen eine Arbeitsunfähigkeit von mehr als sechs Wochen innerhalb eines Jahres vorliegt. Eine Behinderung i. S. d. § 2 SGB IX ist eingeschlossen, aber keine explizite Voraussetzung. Obwohl die Norm im Schwerbehindertenrecht (§§ 68 ff. SGB IX) steht, ist sie auf alle Beschäftigten anwendbar.

Anders liegt es bei der stufenweisen Wiedereingliederung: § 28 SGB IX verpflichtet grundsätzlich weder den Arbeitgeber, noch den Rehabilitationsträger zur Durchführung der Maßnahme. Letztere haben grundsätzlich ein Auswahlermessen zwischen mehreren zulässigen Maßnahmen der medizinischen Rehabilitation, wobei § 28 SGB IX einen Regelanspruch („Soll") hinsichtlich medizinischer und ergänzender Leistungen zur stufenweisen Wiedereingliederung vermittelt. Schwerbehinderte und Gleichgestellte sind durch die Rechtsprechung des BAG privilegiert, da der Arbeitgeber unter bestimmten Voraussetzungen über § 81 Abs. 4 S. 1 Nr. 1 SGB IX verpflichtet ist, die Stufenweise Wiedereingliederung zu ermöglichen. Arbeitnehmerinnen und Arbeitnehmer mit einfacher Behinderung werden von § 81 Abs. 4 S. 1 Nr. 1 SGB IX allerdings nicht erfasst.

(1) Unzulässiger Ausschluss

Der Ausschluss von Menschen mit einfacher Behinderung vom Rechtsanspruch auf stufenweise Wiedereingliederung gegen den Arbeitgeber und die Beschränkung auf ein Handlungsermessen des Arbeitgebers könnte im Verhältnis zur Privilegierung Schwerbehinderter und Gleichgestellter konventionswidrig sein. Für diese Sichtweise spricht Art. 5 Abs. 1 UN-BRK, nach dem alle Menschen vor dem Gesetz gleich sind, vom Gesetz gleich zu behandeln sind und ohne Diskriminierung Anspruch auf gleichen Schutz durch das Gesetz und gleiche Vorteile durch das Gesetz haben.

Das BAG leitet aus § 81 Abs. 4 SGB IX einen Anspruch auf stufenweise Wiedereingliederung lediglich für Schwerbehinderte und Gleichgestellte ab.[817] Winkler kritisiert dies, allerdings mit europarechtlichen Argumenten, die hier analog herangezogen werden sollen. So diene § 81 Abs. 4 SGB IX

817 *BAG*, Urt. v. 13.06.2006 – 9 AZR 229/05 (zit. nach juris).

der Umsetzung u. a. der Richtlinie 2000/78 EG, nach dessen Art. 5 Arbeitgeber die Pflicht haben, Menschen mit Behinderungen mittels geeigneter Maßnahmen die Berufsausübung zu ermöglichen.[818] Zu den angemessenen Vorkehrungen gehöre auch die stufenweise Wiedereingliederung. Dazu führt Winkler aus:

> „Folgerichtig wäre es daher, den Anspruch in erweiternder, richtlinienkonformer Auslegung des § 81 Abs. 4 SGB IX auch behinderten Menschen zu gewähren, die den Schwerbehindertenstatus nicht haben, da das europäische Recht [die] Unterscheidung zwischen „einfach"- und schwerbehinderten Beschäftigten nicht kennt."[819]

Auch die UN-BRK nimmt keine Differenzierung zwischen einfacher Behinderung und Schwerbehinderung vor. In der deutschen Literatur wird deshalb weitgehend übereinstimmend auch Arbeitnehmern mit einer einfachen Behinderung nach europa- und völkerrechtskonformer Auslegung ein Anspruch auf stufenweise Wiedereingliederung gewährt.[820] Infolgedessen wäre angelehnt an diese Ansicht § 81 Abs. 4 SGB IX in Übereinstimmung mit der UN-BRK auszulegen, so dass auch Arbeitnehmer und Arbeitnehmerinnen mit einer einfachen Behinderung einen Rechtsanspruch auf die Stufenweise Wiedereingliederung hätten.

(2) Zulässiger Ausschluss

Gegen diese Ansicht spricht zunächst, dass der Gleichbehandlungsgrundsatz in Art. 5 Abs. 1 UN-BRK nicht verlangt, ohne Differenzierung alle Menschen gleich zu behandeln. Dies würde letztendlich dazu führen, dass allen Menschen mit einer Behinderung unabhängig vom Grad der Behinderung alle Leistungen in gleicher Weise zugänglich gemacht werden müssten. Eine Ungleichbehandlung ist vielmehr dann zulässig, soweit ein sachlicher Grund gegeben ist, der nicht den Tatbestand der Diskriminierung erfüllt. Ein sachlicher Grund könnte darin bestehen, dass Schwerbehinderte und Gleichgestellte in erhöhtem Maße auf die stufenweise Wiedereingliederung angewiesen sind.

Da § 81 Abs. 4 SGB IX nach seinem Wortlaut nur auf schwerbehinderte oder über § 68 SGB IX gleichgestellte behinderte Menschen anwendbar ist, scheidet eine konventionskonforme Auslegung des § 81 Abs. 4 SGB IX aus.

---

818 *Winkler*, in: *Deinert/Welti*, SWK-BR, 2014, S. 820.

819 *Winkler*, in: *Deinert/Welti*, SWK-BR, 2014, S. 820.

820 Vgl. *Nebe*, in: SGb 2015, S. 125 (132) m. w. N.

Es bliebe lediglich eine Gesetzesänderung, nach der auch Arbeitnehmerinnen und Arbeitnehmern mit einfacher Behinderung ein Rechtsanspruch gewährt würde. Die Pflicht, einen solchen Anspruch zu schaffen, lässt sich Art. 27 UN-BRK allerdings nicht entnehmen. Darüber hinaus lässt Art. 4 Abs. 4 UN-BRK bei der Verwirklichung der Menschenrechte für Menschen mit Behinderungen besser geeignete Bestimmungen eines Vertragsstaates unberührt. So erscheint es legitim, den Anspruch von Schwerbehinderten gegen den Arbeitgeber auf stufenweise Wiedereingliederung zu gewähren, da einfach behinderte Arbeitnehmer durch die Pflicht zum betrieblichen Eingliederungsmanagement hinsichtlich der Unterstützung beim beruflichen Wiedereinstieg gefördert werden. Demnach wäre der Ausschluss zulässig.

(3) Diskussion und Ergebnis

Aufgrund des klaren und eindeutigen Wortlautes des § 81 Abs. 4 SGB IX scheidet eine UN-BRK-konforme Auslegung auch auf Menschen mit einfacher Behinderung aus. Art. 27 Abs. 1 S. 2 lit. e UN-BRK lässt sich auch keine Verpflichtung entnehmen, ein bestimmtes Instrument wie die stufenweise Wiedereingliederung als Rechtsanspruch zu schaffen. Die Vertragsstaaten sind vielmehr frei darin zu entscheiden, mit welchen geeigneten Schritten sie die Unterstützung des beruflichen Wiedereinstiegs nach und nach fördern. Die stufenweise Wiedereingliederung ist allerdings schon vor Inkrafttreten der UN-BRK im SGB IX verankert worden und ist auch geeignet, die berufliche Wiedereingliederung i. S. d. Art. 27 Abs. 1 S. 2 lit. e zu fördern. Durch die Rechtsprechung des BAG hat sich die stufenweise Wiedereingliederung für Schwerbehinderte und Gleichgestellte gegenüber dem Arbeitgeber zu einem Rechtsanspruch entwickelt. In diesem Zusammenhang weist das BAG darauf hin, dass vor Inkrafttreten des SGB IX die stufenweise Wiedereingliederung gem. § 74 SGB V auf dem Prinzip der Freiwilligkeit basierte.[821] Mit Inkrafttreten des SGB IX wurden die Wiedereingliederungspflichten um § 28 SGB IX erweitert. Hinzu gekommen ist auch die Pflicht gem. § 84 Abs. 2 SGB IX zur Durchführung eines betrieblichen Eingliederungsmanagements, um die Überwindung der Arbeitsunfähigkeit zu beschleunigen. Dazu führt das BAG aus:

> „Mit den Präventions- und Teilhabevorschriften des SGB IX ist ein Wandel verbunden. Zeiten langandauernder Arbeitsunfähigkeit sind nicht mehr Zeiten des „Ruhens“, sondern Zeiten für betriebliche Eingliederungsmaßnahmen (vgl. Gagel NZA

821 *BAG*, Urt. v. 13.06.2006 – 9 AZR 229/05 – Rn. 29 (zit. nach juris).

2004, 1359). Daraus wird deutlich: Das SGB IX will der Ausgrenzung des behinderten Menschen aus dem Arbeitsleben entgegenwirken und deren Teilhabe stärken. Das ist ohne Mitwirkung des Arbeitgebers nicht zu erreichen."[822]

Im zugrundeliegenden Fall ging es um die Teilhabe eines Arbeitnehmers mit einer Schwerbehinderung. Der Beschäftigungsanspruch gegenüber dem Arbeitgeber im Rahmen des § 28 SGB IX wurde vom BAG aus § 81 Abs. 4 S. 1 Nr. 1 SGB IX abgeleitet. Die stufenweise Wiedereingliederung kann allerdings auch eine Maßnahme des betrieblichen Eingliederungsmanagements sein.[823] Das BEM ist gem. § 84 Abs. 2 SGB IX im Gegensatz zu § 81 Abs. 4 SGB IX auf alle Beschäftigten anwendbar, auch auf Einfachbehinderte und Menschen, die von einer Behinderung bedroht sind.[824] Die Durchführung eines Betrieblichen Eingliederungsmanagements ist für den Arbeitgeber verpflichtend, wenn die Voraussetzungen des § 84 Abs. 2 SGB IX vorliegen. Nach dieser Regelung hat der Arbeitgeber die örtliche gemeinsame Servicestelle hinzuzuziehen, wenn Leistungen zur Teilhabe oder begleitende Hilfen im Arbeitsleben in Betracht kommen. Zu diesen Leistungen können grundsätzlich auch solche der medizinischen Rehabilitation gehören.[825] Die gemeinsame Servicestelle wirkt darauf hin, dass die erforderlichen Leistungen oder Hilfen unverzüglich beantragt und erbracht werden (§ 84 Abs. 2 S. 5 SGB IX). Zu den erforderlichen Leistungen kann auch die stufenweise Wiedereingliederung gehören.

Grundsätzlich hat ein Mensch mit einfacher Behinderung zwar die Möglichkeit über das betriebliche Eingliederungsmanagement, die schrittweise Rückkehr auf den angestammten Arbeitsplatz zu erreichen. Es fehlt aber die rechtliche Verbindlichkeit durch eine Formulierung wie „hat Anspruch auf" oder „der Arbeitgeber ist verpflichtet zumutbare Leistungen zur Teilhabe durchzuführen". Art. 27 Abs. 1 S. 2 UN-BRK fordert aber den beruflichen Wiedereinstieg, insbes. auch von Menschen, die während der Beschäftigung eine Behinderung erwerben, durch geeignete Maßnahmen zu sichern und zu fördern. Dieses gilt nach der Konvention für alle Menschen mit einer Behinderung. Der Arbeitgeber kann aber durch Ablehnung der stufenweisen Wiedereingliederung dessen Durchführung verhindern. Nach

---

822 *BAG*, Urt. v. 13.06.2006 – 9 AZR 229/05 – Rn. 29 (zit. nach juris).

823 Vgl. *Düwell*, in: *Dau/Düwell/Joussen*, LPK-SGB IX, 4. Aufl. 2014, § 84 Rn. 53 f. m. w. N.; *Winkler*, in: *Deinert/Welti*, SWK-BR, 2014, S. 217.

824 Vgl. *Fabricius*, in: Schlegel/Voelzke, jurisPK-SGB IX, 2. Aufl. 2015, § 84 Rn. 21; *Neumann*, in: *Neumann/Pahlen/Majerski-Pahlen*, 12. Aufl. 2010, § 84 Rn. 10; *Oberwetter*, in: *Stähler*, Inklusion behinderter Arbeitnehmer, 2013, S. 69.

825 Vgl. *Fabricius*, in: *Schlegel/Voelzke*, jurisPK-SGB IX, 2. Aufl. 2015, § 84 Rn. 49.

überwiegender Ansicht ist ein Vertrag zwischen Arbeitgeber und Arbeitnehmer erforderlich, der ein Wiedereingliederungsverhältnis begründet.[826] Die Mitwirkung des Arbeitgebers ist hier notwendig, damit der Mensch mit Behinderung sein Recht auf Arbeit ausüben kann.

Im Ergebnis ist zu unterscheiden zwischen dem Anspruch auf Leistungen zur stufenweisen Wiedereingliederung gegenüber dem zuständigen Rehabilitationsträger einerseits und dem Anspruch auf Durchführung gegenüber dem Arbeitgeber andererseits. Gem. §§ 26, 28 SGB IX haben auch einfachbehinderte Menschen oder solche mit einer drohenden Behinderung einen Regelanspruch („soll") auf medizinische und ergänzende Leistungen zur stufenweisen Wiedereingliederung. Falls ein Auswahlermessen des zuständigen Rehabilitationsträgers nach dem jeweiligen Leistungsgesetz besteht, ist das Ermessen im Lichte des Art. 27 Abs. 1 S. 2 lit. e UN-BRK auszuüben und kann zu einer Ermessensreduzierung auf Null führen.[827]

Gegenüber dem Arbeitgeber besteht grundsätzlich ein Anspruch auf Durchführung des Betrieblichen Wiedereingliederungsmanagements gem. § 84 Abs. 2 SGB IX. Ein Rechtsanspruch von Menschen mit (drohender) einfacher Behinderung auf die stufenweise Wiedereingliederung kann meiner Einschätzung nach dieser Norm auch im Wege der Auslegung mit Hilfe der UN-BRK nicht entnommen werden. Der Arbeitnehmer mit einfacher oder drohender Behinderung kann sein Recht auf Arbeit und eine ärztlich empfohlene stufenweise Wiedereingliederung jedoch nur dann ausüben, wenn der Arbeitgeber mitwirkt. Insofern ist Deutschland als Vertragsstaat verpflichtet, das Recht gem. Art. 27 Abs. 1 S. 2 lit. e zu sichern und zu fördern indem geeignete Gesetzgebungsmaßnahmen getroffen werden (vgl. Art. 4 Abs. 1 lit. a UN-BRK).

c) Integrationsvereinbarung

Auf Antrag der Schwerbehindertenvertretung oder in Ermangelung einer solchen auf Antrag der in § 93 SGB IX genannten Vertretung trifft der Arbeitgeber mit der Vertretung eine verbindliche Integrationsvereinbarung (§ 83 Abs. 1 SGB IX). Die Norm erfasst alle Arbeitgeber, also öffentliche

826 Die Rechtsnatur eines solchen Vertrages ist umstritten, während die Rechtsprechung und ein Teil der Literatur von einem Rechtsverhältnis eigener Art mit dem Zweck der Rehabilitation ausgehen, befürwortet ein anderer Teil der Literatur ein abgewandeltes Arbeitsverhältnis mit grundsätzlich bestehenden Hauptleistungspflichten. Vgl. m. w. N. *Winkler*, in: *Deinert/Welti*, SWK-BR, 2014, S. 815.

827 In Anlehnung an: *Winkler*, in: *Deinert/Welti*, SWK-BR, 2014, S. 819.

und private Arbeitgeber.[828] Die Integrationsvereinbarung enthält „Regelungen im Zusammenhang mit der Eingliederung schwbM, insbesondere zur Personalplanung, Gestaltung von Arbeitsplätzen und des Arbeitsumfeldes, der Arbeitsorganisation, Arbeitszeit sowie Regelungen über die Durchführung in den Betrieben und Dienststellen" (vgl. § 83 Abs. 2 SGB IX).[829] Das Gesetz nennt als nicht abschließende Beispiele Vereinbarungen über die angemessene Berücksichtigung scherbehinderter Menschen bei der Besetzung von Stellen, Vereinbarungen über Beschäftigungsquoten (einschl. eines angemessenen Anteils schwerbehinderter Frauen), Teilzeitarbeit, Ausbildung behinderter Jugendlicher usw. (vgl. § 83 Abs. 2a SGB IX). Es besteht eine Pflicht zum Abschluss einer Integrationsvereinbarung dem Grunde nach, wenn die Interessenvertretung einen entsprechenden Antrag stellt; eine Pflicht zur Initiative des Arbeitgebers besteht hingegen nicht.[830] Bei der Integrationsvereinbarung handelt es sich um einen „mehrseitigen kollektivrechtlichen Vertrag eigener Art (sui generis) zwischen Arbeitgeber und Interessenvertretung".[831]

3. Zusammenfassung

Als Zwischenbilanz lässt sich festhalten, dass der Erhalt und die Beibehaltung eines Arbeitsplatzes im deutschen Recht durch entsprechende Maßnahmen gewährleistet ist. Vorliegend wurden überwiegend Maßnahmen für Menschen mit schweren Behinderungen benannt, wie die Unterstützte Beschäftigung, das Budget für Arbeit in einzelnen Bundesländern und die Unterstützung durch die Integrationsfachdienste. Weitere (Geld-)Leistungen, auch für einfachbehinderte Menschen, richten sich an den Arbeitgeber als Anspruchsinhaber und werden unter IX. dieser Arbeit erörtert. Zu nennen sind auch andere Leistungen, die geeignet sind Arbeitsplätze zu erhalten / beizubehalten, insofern wird auf die übrigen Ausführungen verwiesen (vgl. z. B. E. X.). Mit dem Instrument der Integrationsvereinbarung kann die Beschäftigung schwerbehinderter Arbeitnehmerinnen und Arbeitnehmer überindividuell zwischen Arbeitgeber- und Arbeitnehmerseite geregelt werden.

---

828 *Schröder*, in: *Hauck/Noftz*, SGB IX Kommentar (Stand: Erg.-Lfg. IV/05), § 83 Rn. 3.
829 *Lampe*, in: *Großmann*, GK-SGB IX (Stand: 72 Dezember 2013), § 83 Rn. 11.
830 *Lampe*, in: *Großmann*, GK-SGB IX (Stand: 72 Dezember 2013), § 83 Rn. 21.
831 *Schröder*, in: *Hauck/Noftz*, SGB IX Kommentar (Stand: Erg.-Lfg. IV/05), § 83 Rn. 3.

Der berufliche Wiedereinstieg wird vor allem durch das Betriebliche Eingliederungsmanagement und die stufenweise Wiedereingliederung sichergestellt. Während Schwerbehinderte und Gleichgestellte einen Rechtsanspruch gegenüber dem Arbeitgeber auf eine stufenweise Wiedereingliederung haben, bleibt einfachbehinderten Menschen lediglich die Verpflichtung zur Durchführung eines Betrieblichen Eingliederungsmanagements. Eine effektive Förderung der beruflichen Eingliederung ist jedoch nur dann möglich, wenn der Arbeitgeber verpflichtet ist, einen Versuch zu unternehmen. Hier ist Deutschland als Vertragsstaat verpflichtet, verbindliche Regelungen zu schaffen (vgl. Art. 27 Abs. 1 S. 2 lit. e und Art. 4 Abs. 1 lit. a UN-BRK).

VII. Förderung der Selbstständigkeit

Das Recht auf Arbeit nach Art. 27 UN-BRK umfasst nicht nur die abhängige Beschäftigung, sondern auch die Tätigkeit als Selbstständiger und Unternehmer. Diese Möglichkeit sollen die Vertragsstaaten für Menschen mit Behinderungen sichern und fördern.

1. Inhalt, Auslegung und Verpflichtung

Inhalt: „States Parties shall safeguard and promote the realization of the right to work […] by taking appropriate steps, including through legislation, to, inter alia: […] Promote opportunities for self-employment, entrepreneurship, the development of cooperatives and starting one's own business; […].“[832]

Auslegung und Verpflichtung: Die Regelung verpflichtet die Vertragsstaaten dazu, die Selbstständigkeit und die Gründung von Unternehmen durch Menschen mit einer Behinderung zu fördern. Dies kann durch finanzielle Unterstützung (z. B. staatliche Darlehen und Zuschüsse) oder durch fachli-

832 Art. 27 Abs. 1 S. 2 lit. e UN-BRK. Die deutsche Übersetzung lautet: „Die Vertragsstaaten sichern und fördern die Verwirklichung des Rechts auf Arbeit […] durch geeignete Schritte, einschließlich des Erlasses von Rechtsvorschriften, um unter anderem […] Möglichkeiten für Selbständigkeit, Unternehmertum, die Bildung von Genossenschaften und die Gründung eines eigenen Geschäfts zu fördern; […].“

che Beratung geschehen.[833] Es handelt sich um eine Leistungspflicht, bei der die Ausübung des Rechts durch positive Leistungen des Staates sichergestellt werden sollen, wobei ein weiter Spielraum besteht.[834]

2. Innerstaatliche Rechtsvorschriften

Im deutschen Recht finden sich zum einen die Normen über den Gründungszuschuss in den §§ 93, 94 SGB III, die grundsätzlich auf alle Arbeitslosen mit und ohne eine Behinderung anzuwenden sind, wenn sie sich selbstständig machen wollen. Zum anderen können Menschen mit einer Schwerbehinderung und Gleichgestellte vom Integrationsamt finanzielle Unterstützung im Rahmen der Selbstständigkeit erhalten.[835]

a) Gründungszuschuss

Arbeitnehmerinnen und Arbeitnehmer können gem. § 93 Abs. 1 SGB III einen Gründungszuschuss erhalten, um so den Lebensunterhalt nach Aufnahme einer selbstständigen, hauptberuflichen Tätigkeit zu sichern. Der anspruchsberechtigte Personenkreis umfasst grundsätzlich alle, die aus der Arbeitslosigkeit heraus eine selbstständige und hauptberufliche Tätigkeit aufnehmen, also nicht nur Menschen mit einer Behinderung. Der Begriff Arbeitnehmer in § 93 Abs. 1 SGB III ist nicht wörtlich zu nehmen, denn die Vorschrift bezieht sich auf Arbeitslose.[836] Zu den Voraussetzungen gehören:

- Die Gewährung setzt zunächst einen Antrag auf den Gründungszuschusses voraus (vgl. § 324 Abs. 1 S. 1 SGB III).[837]
- Aufnahme einer selbstständigen, hauptberuflichen Tätigkeit: Eine selbstständige Tätigkeit zeichnet sich dadurch aus, dass regelmäßig ein unternehmerisches Risiko übernommen wird, die Tätigkeit frei von Weisungen Dritter erfolgt und grundsätzlich über die Arbeitskraft, -zeit und

---

833 Vgl. *Trenk-Hinterberger*, in: *Welke*, UN-BRK mit rechtlichen Erläuterungen, 2012, Art. 27 Rn. 24.

834 *Schneider*, Die Justiziabilität wirtschaftlicher, sozialer und kultureller Menschenrechte, 2004, S. 33; *Trenk-Hinterberger*, in: *Kreutz/Lachwitz/Trenk-Hinterberger*, Die UN-BRK in der Praxis, 2013, Art. 27 Rn. 21.

835 Vgl. *Kreutz*, in: *Stähler*, Inklusion behinderter Arbeitnehmer, 2013, S. 273 ff.

836 *Jüttner*, in: *Mutschler/Schmidt-De Caluwe/Coseriu*, GKM SGB III, 5. Aufl. 2013, § 93 Rn. 15.

837 *Hassel*, in: *Brand*, SGB III Kommentar, 6. Aufl. 2012, § 93 Rn. 17.

-ort frei verfügt werden kann. Hauptberuflich ist eine Tätigkeit dann, wenn auf ihr der zeitliche Schwerpunkt liegt.[838]

- Beendigung der Arbeitslosigkeit
- Anspruch auf Arbeitslosengeld: Es muss ein Restanspruch auf Arbeitslosengeld von mindestens 150 Tagen bestehen (vgl. § 93 Abs. 2 S. 1 Nr. 1 SGB III).
- Tragfähigkeit der Existenzgründung: Der Antragsteller oder die Antragstellerin muss der zuständigen Agentur für Arbeit den Nachweis einer fachkundigen Stelle vorlegen, die bestätigt, dass das Konzept für die Existenzgründung tragfähig ist (z. B. mutmaßliche Einnahmen, Finanzierung, Marktanalyse, Rentabilität usw.).[839] Zu den fachkundigen Stellen gehören bspw. Industrie- und Handelskammern, Handwerkskammern, berufsständische Kammern und daneben weitere Stellen (vgl. § 93 Abs. 2 S. 1 Nr. 2 und S. 2 SGB III).
- Nachweis der Kenntnisse und Fähigkeiten: Der Antragsteller oder die Antragstellerin muss durch Beibringung von Unterlagen belegen, dass er oder sie die notwendigen Kenntnisse und Fähigkeiten für die selbstständige Tätigkeit besitzt (z. B. Schulabschluss, Studienbescheinigung, Fortbildungsbescheinigung etc.).[840]
- Kein Ausschlussgrund (vgl. dazu § 93 Abs. 3 bis 5 SGB III)

Die Dauer und Höhe der Förderung ergibt sich aus § 94 SGB III. Die Norm unterscheidet zwischen einer Grundförderung und einer Aufbauförderung. Bei der Grundförderung erhält die Arbeitnehmerin bzw. der Arbeitnehmer für einen Zeitraum von sechs Monaten das zuletzt bezogene Arbeitslosengeld zzgl. einer monatlichen Pauschale i. H. v. 300 EUR. Im Anschluss kann für einen Zeitraum von max. neun Monaten die Aufbauförderung i. H. v. 300 EUR zur Absicherung der Selbstständigkeit gewährt werden. Voraussetzung ist, dass die geförderte Person anhand von Unterlagen ihre Geschäftstätigkeit nachweist (z. B. Geschäftsberichte, Auftragseingänge etc.).[841]

Der Gründungszuschuss ist ein Ermessensanspruch, d. h. für den Antragsteller oder die Antragstellerin besteht nur ein Anspruch auf pflichtgemäße Ausübung des Ermessens. Der Gesetzgeber wollte durch diese Regelung „eine höhere Flexibilität bei der Förderung von Gründungen“ errei-

---

838 *Hassel*, in: *Brand*, SGB III Kommentar, 6. Aufl. 2012, § 93 Rn. 7 f.

839 *Hassel*, in: *Brand*, SGB III Kommentar, 6. Aufl. 2012, § 93 Rn. 12.

840 *Jüttner*, in: *Mutschler/Schmidt-De Caluwe/Coseriu*, GKM SGB III, 5. Aufl. 2013, § 93 Rn. 51 f.

841 Vgl. *Kreutz*, in: *Stähler*, Inklusion behinderter Arbeitnehmer, 2013, S. 281.

chen.[842] Zu den Ermessensgesichtspunkten können Leistungen anderer Träger, der Abbau von Qualifikationsdefiziten, das Erreichen der Regelaltersgrenze oder die Eigenleistungsfähigkeit gehören.[843] Für Menschen mit einer Behinderung, die einen Gründungszuschuss beantragen gilt Folgendes: „Leistungen der beruflichen Rehabilitation des Rentenversicherungsträgers an Behinderte schließen eine Förderung nach § 93 nicht aus, da andernfalls ein Verstoß gegen Art. 3 Abs. 3 S. 2 GG vorläge (SG Duisburg v. 1.2.2000 – S 12 AL 38/99).“[844]

Allerdings sind über § 22 SGB III Leistungen anderer Träger zu berücksichtigen, sofern sie gleichartig und geeignet sind, die Teilhabe am Arbeitsleben zu erreichen.[845] Der Gründungszuschuss wird nicht nur durch die Bundesagentur für Arbeit erbracht. § 33 Abs. 3 Nr. 5 SGB IX sieht den Gründungszuschuss gem. § 93 SGB III ausdrücklich auch als Leistung zur Teilhabe am Arbeitsleben vor und benennt neben der Arbeitsverwaltung weitere Rehabilitationsträger, namentlich die Unfallversicherung, die Rentenversicherung, die Träger der Kriegsopferversorgung und -fürsorge, sowie die Träger des Rechts der sozialen Entschädigung.[846]

Gem. § 33 Abs. 3 Nr. 6 SGB IX umfassen die Leistungen zur Teilhabe am Arbeitsleben sonstige Hilfen, um behinderten Menschen u. a. eine selbstständige Tätigkeit zu ermöglichen und zu erhalten. Es handelt sich um eine Auffangbestimmung, die u. a. durch § 33 Abs. 8 SGB IX konkretisiert wird. Danach sind grundsätzlich folgende Leistungen möglich (vgl. § 33 Abs. 8 SGB IX):

- Kraftfahrzeughilfe (Nr. 1),
- Verdienstausfall des behinderten Menschen oder einer Begleitperson (z. B. Vorstellungsgespräch) (Nr. 2),
- Notwendige Arbeitsassistenz für schwerbehinderte Menschen (Nr. 3),
- Hilfsmittel (Nr. 4),

842 BT-Drucks. 17/6277, S. 86, zit. nach *Jüttner*, in: *Mutschler/Schmidt-De Caluwe/Coseriu*, GKM SGB III, 5. Aufl. 2013, § 93 Rn. 66.

843 *Jüttner*, in: *Mutschler/Schmidt-De Caluwe/Coseriu*, GKM SGB III, 5. Aufl. 2013, § 93 Rn. 67.

844 *Jüttner*, in: *Mutschler/Schmidt-De Caluwe/Coseriu*, GKM SGB III, 5. Aufl. 2013, § 93 Rn. 14.

845 *Jüttner*, in: *Mutschler/Schmidt-De Caluwe/Coseriu*, GKM SGB III, 5. Aufl. 2013, § 93 Rn. 14.

846 Vgl. *Götze*, in: *Hauck/Noftz*, SGB IX Kommentar (Stand: 24. Erg.-Lfg. XII/12), K § 33 Rn. 26 ff.

- Technische Arbeitshilfe (Nr. 5),
- Beschaffung, Ausstattung und Erhaltung einer behinderungsgerechten Wohnung in angemessenem Umfang (Nr. 6).

Neben diesen gesetzlich vorgesehenen Leistungen gewährt die Bundesagentur für Arbeit als sonstige Leistungen i. S. d. § 33 Abs. 3 Nr. 6 SGB IX ein erforderliches Mobilitätstraining zwischen Wohnung und Arbeitsstelle, Kosten für einen vorübergehend erforderlichen Gebärdendolmetscher oder zusätzliche Kosten für Berufsschulunterricht an einer Schule für Hörgeschädigte.[847]

b) Förderung durch das Integrationsamt

Im Rahmen der begleitenden Hilfe im Arbeitsleben kann das Integrationsamt aus den zur Verfügung stehenden Mitteln Geldleistungen an schwerbehinderte Menschen zur Gründung und Erhaltung einer selbstständigen beruflichen Existenz erbringen (§ 102 Abs. 3 S. 1 Nr. 1c SGB IX, vgl. auch § 21 Abs. 1 SchwbAV). Die Förderung kann in Form von verzinslichen oder zinslosen Darlehen oder aber durch Zinszuschüsse erfolgen (vgl. § 21 Abs. 1 SchwbAV). § 21 Abs. 4 SchwbAV verweist auf weitere Leistungen, die bei einer Selbstständigkeit grundsätzlich in Betracht kommen, so z. B. auch Leistungen bei außergewöhnlichen Belastungen (vgl. auch E. IX. 2. a) bb)). Die Regelung des § 102 Abs. 3 S. 1 Nr. 1 c SGB IX umfasst sowohl die Neugründung, als auch die Übernahme eines bestehenden Unternehmens.[848] Auch die Erhaltung einer selbstständigen Geschäftstätigkeit kann Gegenstand der Förderung sein (z. B. Investitionsmaßnahmen oder Produktumstellungen), wobei die Finanzierung der Kosten des laufenden Betriebs ausgeschlossen ist. Der antragstellende Mensch mit einer Schwerbehinderung muss die für die Tätigkeit notwendigen persönlichen und fachlichen Kompetenzen besitzen (z. B. betriebswirtschaftliche Kenntnisse, Kommunikationsfähigkeit, Zuverlässigkeit usw.) und voraussichtlich mit den Einnahmen aus der selbstständigen beruflichen Tätigkeit dauerhaft seinen Lebensunterhalt bestreiten können (§ 21 Abs. 1 Nr. 1 und 2 SchwbAV). Darüber hinaus muss die angestrebte Tätigkeit hinsichtlich der Lage und Entwicklung des Arbeitsmarkts zweckmäßig sein (§ 21 Abs. 1 Nr. 3 SchwbAV).[849] Es

847 Vgl. *Wendt*, in: *Großmann*, GK-SGB IX (Stand: 67 August 2012), § 33 Rn. 82.

848 *Adlhoch*, in: *Ernst/Adlhoch/Seel*, SGB IX Kommentar Bd. 2 (Stand: 9. Lfg. 02/2006), § 102 Rn. 117.

849 Vgl. *Erbach*, in: *Wiegand*, SGB IX Teil 2, (Stand: Lfg. 3/08-VI/08), § 102 Rn. 57 ff.

fehlt an der Zweckmäßigkeit, wenn eine dauerhafte Teilhabe am Arbeitsleben ebenso gut durch die Vermittlung in eine sozialversicherungspflichtige Beschäftigung erfolgen kann, wobei dies gerade bei Menschen mit einer Schwerbehinderung wegen schlechter Vermittlungschancen selten bejaht werden kann.[850]

Auf diese Leistung des Integrationsamtes besteht kein Rechtsanspruch. Es handelt sich um einen Ermessensanspruch, bei dem nur unter sehr engen Voraussetzungen eine Ermessensreduzierung auf Null eintreten kann.[851]

> „Um einen solchen Fall der Ermessensreduzierung auf null annehmen zu können, muss die Zuständigkeit des Integrationsamts im Rahmen der begleitenden Hilfe trotz der Nachrangigkeit seiner Leistungen gegenüber denjenigen der Rehabilitationsträger völlig zweifelsfrei sein, eine Leistungserbringung durch das Integrationsamt muss dringend erforderlich sein, um eine konkrete und ernsthafte Gefährdung der Teilhabe am Arbeitsleben abzuwenden, schließlich muss eine ganz bestimmte Hilfe die allein sachgerechte sowie wirtschaftlich angemessene sein [...]."[852]

Bei der Ermessensausübung ist zudem zu beachten, dass die Mittel wirtschaftlich und sparsam verwendet werden müssen. Eine Ermessensgrenze besteht auch darin, dass die Leistungen des Integrationsamtes auf vorhandene Gelder der Ausgleichsabgabe begrenzt sind (vgl. § 102 Abs. 3 S. 1 SGB IX i. V. m. § 14 Abs. 1 SchwbAV).[853]

3. Zusammenfassung

Die dargestellten finanziellen Förderinstrumente der Bundesagentur für Arbeit, anderer Rehabilitationsträger und des Integrationsamtes sind geeignet, Möglichkeiten für Selbstständigkeit, Unternehmertum, die Bildung von Genossenschaften (auf die hier nicht im Detail eingegangen wurde, insofern wird auf das Gesetz betreffend die Erwerbs- und Wirtschaftsgenossen-

---

850 *Adlhoch*, in: *Ernst/Adlhoch/Seel*, SGB IX Kommentar Bd. 2 (Stand: 9. Lfg. 02/2006), § 102 Rn. 118.

851 *Knittel*, SGB IX Kommentar, 7. Aufl. 2013, § 102 Rn. 25 f.

852 *Adlhoch*, in: *Ernst/Adlhoch/Seel*, SGB IX Kommentar Bd. 2 (Stand: 9. Lfg. 02/2006), § 102 Rn. 103.

853 *Adlhoch*, in: *Ernst/Adlhoch/Seel*, SGB IX Kommentar Bd. 2 (Stand: 9. Lfg. 02/2006), § 102 Rn. 104.

schaften [GenG] verwiesen) und die Gründung eines eigenen Geschäfts zu fördern. Zwar sind die Gewährung von Darlehen und Zinszuschüssen durch das Integrationsamt auf Menschen mit einer Schwerbehinderung und ihnen Gleichgestellte beschränkt. Allerdings ist die Möglichkeit, sich selbstständig zu machen, auch für Einfachbehinderte durch den Gründungszuschuss nach § 93 SGB III gesichert. Insofern hat Deutschland die Verpflichtung gem. Art. 27 Abs. 1 S. 2 lit. f UN-BRK erfüllt.

VIII. Beschäftigung im öffentlichen Sektor

Der öffentliche Dienst von Bund, Ländern und Gemeinden bietet zahlreiche Arbeits- und Dienstverhältnisse für Bürgerinnen und Bürger. Die UN-BRK fordert, auch im öffentlichen Dienst, die Beschäftigung von Menschen mit Behinderungen zu fördern.

1. Inhalt, Auslegung und Verpflichtung

Inhalt: „States Parties shall safeguard and promote the realization of the right to work [...] by taking appropriate steps, including through legislation, to, inter alia: [...] Employ persons with disabilities in the public sector; [...].“[854]

Auslegung und Verpflichtung: Die Vertragsstaaten sind dazu verpflichtet, die Beschäftigung von Menschen mit Behinderungen im öffentlichen Sektor zu sichern und zu fördern. In Frage kommen insoweit Beschäftigungsverhältnisse bei Bund, Ländern und Gemeinden und sonstigen Behörden, Stellen und Einrichtungen des öffentlichen Dienstes. Es handelt sich dabei um eine Leistungs- bzw. Erfüllungspflicht des Staates, wobei dieser frei in der Wahl der Maßnahmen zur Erfüllung der Pflicht ist. Als Beispiel kann eine Beschäftigungsquote im öffentlichen Dienst angeführt werden.[855]

---

854 Art. 27 Abs. 1 S. 2 lit. g UN-BRK. Die deutsche Übersetzung lautet: „Die Vertragsstaaten sichern und fördern die Verwirklichung des Rechts auf Arbeit [...] durch geeignete Schritte, einschließlich des Erlasses von Rechtsvorschriften, um unter anderem [...] Menschen mit Behinderungen im öffentlichen Sektor zu beschäftigen; [...].“

855 Vgl. dazu *Trenk-Hinterberger*, in: *Kreutz/Lachwitz/Trenk-Hinterberger*, Die UN-Behindertenrechtskonvention in der Praxis, 2013, Art. 27 Rn. 22.

2. Innerstaatliche Rechtsvorschriften

Zunächst kommen alle Maßnahmen und Leistungen zur Teilhabe am Arbeitsleben in Betracht, die bereits an anderer Stelle dieser Arbeit erläutert werden und nicht nur für den privatwirtschaftlichen Sektor, sondern auch für den öffentlichen Dienst Anwendung finden (z. B. Eingliederungszuschüsse, technische Arbeitshilfen, behindertengerechte Gestaltung des Arbeitsplatzes, Ausgleichsabgabe etc.). Insofern wird auf die Ausführungen an anderer Stelle verwiesen.

a) Art. 33 Abs. 2 GG

Nach Art. 33 Abs. 2 GG hat jeder Deutsche nach seiner Eignung, Befähigung und fachlichen Leistung gleichen Zugang zu jedem öffentlichen Amte. Art. 33 Abs. 2 GG enthalt ein grundrechtsgleiches Gleichheitsrecht und benennt für Dienstherren im öffentlichen Dienst, maßgebliche Entscheidungskriterien, die bei der Einstellung, Ernennung oder Beförderung zu beachten sind, nämlich Eignung, Befähigung und fachliche Leistung.[856] Damit sind andere „in der Person des Bewerbers gegebene Eigenschaften oder Umstände als Beweggründe der Auswahlentscheidung“ ausgeschlossen.[857] Grundsätzlich können bei gleicher Eignung weitere Hilfskriterien herangezogen werden. Zulässig ist z. B. die bevorzugte Einstellung von Schwerbehinderten bei gleicher Eignung.[858] In den personalen Schutzbereich sind alle Deutschen gem. Art. 116 GG einbezogen.[859] Zwar vermittelt Art. 33 Abs. 2 GG als für Bund und Länder unmittelbar bindendes Verfassungsrecht kein spezielles Recht für Menschen mit Behinderung.[860] Dennoch können bei gleicher Eignung von Bewerbern „verfassungsrechtlich anerkannte Förderungspflichten des Staates, wie im Fall der Behinderten (Art. 3 Abs. 3 S. 2 GG) […] in die Abwägung mit dem Gebot des Art. 33 Abs. 2 Eingang finden“.[861] Daneben ist im Rahmen der Auslegung des Art. 33 Abs. 2 GG aufgrund des Gebotes der Völkerrechtsfreundlichkeit der Verfassung u. a. Art. 27 UN-BRK zu berücksichtigen.

---

856 *Jarass*, in: *Jarass/Pieroth*, GG Kommentar, 13. Aufl. 2014, Art. 33 Rn. 7 ff.

857 *Badura*, in: *Maunz/Dürig*, GG Kommentar, (Stand: Mai 2009), Art. 33 Rn. 35 (zit. nach beck-online).

858 *Jarass*, in: *Jarass/Pieroth*, GG Kommentar, 13. Aufl. 2014, Art. 33 Rn. 24.

859 *Hense*, in: *Epping/Hillgruber*, BeckOK GG (Stand: 01.06.2015), Art. 33 Rn. 20.

860 Vgl. *Hense*, in: *Epping/Hillgruber*, BeckOK GG (Stand: 01.06.2015), Art. 33 vor Rn. 1.

861 *Badura*, in: *Maunz/Dürig*, GG Kommentar, (Stand: Mai 2009), Art. 33 Rn. 26 (zit. nach beck-online).

b) Pflichten der öffentlichen Arbeitgeber

Bei der Stellenausschreibung und Stellenbesetzung haben alle öffentlichen Arbeitgeber gem. § 82 SGB IX besondere Pflichten zu beachten: Demnach melden die Dienststellen der öffentlichen Arbeitgeber (vgl. dazu § 71 Abs. 3 SGB IX) den Agenturen für Arbeit frühzeitig frei werdende und neu zu besetzende sowie neue Arbeitsplätze nach § 73 SGB IX. Hier besteht kein Ermessen der öffentlichen Arbeitgeber.[862] Es besteht eine Pflicht zur Einladung zu einem Bewerbungsgespräch, wenn sich schwerbehinderte Menschen oder Gleichgestellte (vgl. § 68 Abs. 3 SGB IX) um einen solchen Arbeitsplatz beworben haben oder von der Bundesagentur für Arbeit oder von einem von dieser beauftragten Integrationsfachdienst vorgeschlagen wurden. Einer Einladung bedarf es nur dann nicht, wenn die fachliche Eignung offensichtlich fehlt. Dies ist z. B. der Fall, wenn in einer Stellenausschreibung Vorerfahrung im öffentlichen Dienst gefordert wird und der Bewerber oder die Bewerberin dieses Auswahlkriterium nicht erfüllt.[863] Wird ein Bewerber oder eine Bewerberin trotz bestehender Pflicht nicht zum Einstellungsgespräch eingeladen, besteht grundsätzlich ein Entschädigungsanspruch nach § 15 Abs. 2 AGG.

In einem vom BVerwG entschiedenen Fall verlangte eine Klägerin Entschädigungszahlung vom „Staatsministerium für Arbeit und Sozialordnung, Familie und Frauen", da sie unter Verstoß gegen § 82 S. 2 SGB IX nicht zu einem Vorstellungsgespräch eingeladen worden sei.[864] Die Klägerin hat die Befähigung zum Richteramt und hat sich um eine Einstellung in den höheren Justizdienst beworben – vorzugsweise als Richterin der Arbeitsgerichtsbarkeit. In der Ersten Juristischen Staatsprüfung erzielte sie die Note „befriedigend" (7,56 Punkte) und im Zweiten Juristischen Staatsexamen erreichte sie die Gesamtnote „befriedigend" (6,78 Punkte). Die Klägerin hat aufgrund einer Handverletzung einen GdB von 30 und eine Gleichstellung gem. § 2 Abs. 3 SGB IX. Das Staatsministerium sandte ihr die Bewerbungsunterlagen mit dem Hinweis zurück, dass aufgrund des hohen Notenniveaus der anderen Bewerber keine Möglichkeit zur Einstellung gesehen werde. Das BVerwG hat festgestellt, dass ein Entschädigungsanspruch vom Berufungsgericht zu Unrecht verneint wurde und die Sache dorthin zurückverwiesen: „Einstellungsbewerber werden i. S. des § 7 I AGG benachteiligt, wenn ein öffentlicher Arbeitgeber ihnen die in § 82 S. 2 SGB IX angeordnete Besserstellung gegenüber nicht schwerbehinderten Bewerberinnen und Bewerbern durch Einladung zu einem

862 *Knittel*, SGB IX Kommentar, 7. Aufl. 2013, § 82 Rn. 6.
863 *LAG Niedersachsen*, Urt. v. 03.04.2014 – 5 Sa 1272/13, Rn. 31 (zit. nach juris).
864 *BVerwG*, Urt. v. 03.03.2011 – 5 C 16/10 – NJW 33/2011, S. 2452.

Vorstellungsgespräch vorenthält, obwohl ihnen i. S. von § 82 S. 3 SGB IX die fachliche Eignung nicht offensichtlich fehlt."[865]

Strittig ist, ob die Meldepflicht und die Pflicht zur Einladung zu einem Bewerbungsgespräch auch bei internen Stellenausschreibungen ausgelöst werden.[866] Nach Rechtsprechung des BVerwG haben schwerbehinderte Beschäftigte keinen Anspruch auf Einladung zum Vorstellungsgespräch gem. § 82 S. 2 SGB IX, wenn der öffentliche Arbeitgeber die Stelle berechtigterweise nur intern ausschreibt.[867] Nach anderer Ansicht in der Literatur bestehen nach wörtlicher und historischer Auslegung anhand der Begründung des Gesetzentwurfes keinerlei Anhaltspunkte dafür, die Pflicht zur Ausschreibung und zur Einladung zum Vorstellungsgespräch auf die Besetzung von externen Stellen zu beschränken.[868] Zudem sei eine völkerrechtskonforme Auslegung im Lichte der Art. 27 Abs. 1 lit. e und Art. 4 Abs. 2 UN-BRK vorzunehmen; eine Ausnahme von der Meldepflicht bei interner Stellenbesetzung bestünde insofern nur bei zwingenden laufbahnrechtlichen Bestimmungen.[869]

§ 82 SGB IX ist grundsätzlich geeignet, um die Verpflichtung nach Art. 27 Abs. 1 S. 2 lit. g UN-BRK zu erfüllen. Allerdings gilt die Meldepflicht und die Pflicht zur Einladung zum Vorstellungsgespräch nur für Schwerbehinderte und Gleichgestellte, während das Recht auf Beschäftigung im öffentlichen Sektor nach der UN-BRK für alle Menschen mit Behinderung Geltung besitzt. Der Gesetzgeber hat jedoch einen weiten Spielraum, so dass es ihm obliegt, welche Maßnahmen und rechtlichen Regelungen zur Sicherung des Rechtes eingesetzt werden. So sind Benachteiligungen von Menschen mit Behinderungen im Zusammenhang mit der Einstellung bereits nach § 2 Abs. 1 Nr. 1 i. V. m. § 1 AGG unzulässig. Diese Regelung gilt grundsätzlich auch für den öffentlichen Dienst (vgl. § 24 AGG). Weitergehende Regelungen und besser geeignete Bestimmungen zur Verwirklichung der Rechte für Menschen mit Behinderungen, wie vorliegend in § 82 SGB IX für Schwerbehinderte, bleiben unberührt (vgl. Art. 4 Abs. 4 UN-BRK). Eine weite Auslegung des § 82 SGB IX im Lichte des Art. 27 UN-BRK ist aufgrund des Wortlautes („schwerbehinderte Menschen") nicht möglich.

865 *BVerwG*, Urt. v. 03.03.2011 – 5 C 16/10 – NJW 33/2011, S. 2452.

866 *Düwell*, in: *Dau/Düwell/Joussen*, LPK-SGB IX, 4. Aufl. 2014, § 82 Rn. 5.

867 *BVerwG*, Urt. v. 15.12.2011 – 2 A 13/10, Rn. 19 (zit. nach juris).

868 *Düwell*, in: *Dau/Düwell/Joussen*, LPK-SGB IX, 4. Aufl. 2014, § 82 Rn. 6.

869 *Düwell*, in: *Dau/Düwell/Joussen*, LPK-SGB IX, 4. Aufl. 2014, § 82 Rn. 5.

3. Zusammenfassung

Die Pflicht, Menschen im öffentlichen Dienst zu beschäftigen, erfüllt Deutschland durch unterschiedliche Regelungen. Zu nennen ist etwa Art. 33 Abs. 2 GG, die Ausgleichsabgabe, die Meldepflicht für freiwerdende Stellen im öffentlichen Dienst gem. § 82 SGB IX und die zahlreichen Leistungen zur Teilhabe am Arbeitsleben. Weitergehende Verpflichtungen können der UN-BRK nicht entnommen werden.

IX. Beschäftigung im privaten Sektor

In einer sozialen Marktwirtschaft ist die wirtschaftliche Tätigkeit von Menschen ganz überwiegend privatwirtschaftlich organisiert. Insofern vollzieht sich die Teilhabe von Menschen mit Behinderungen am allgemeinen Arbeitsmarkt maßgeblich im privaten Sektor. Die UN-BRK wird diesem Aspekt dadurch gerecht, indem sie die Vertragsstaaten dazu verpflichtet, die Beschäftigung in der Privatwirtschaft zu fördern.

1. Inhalt, Auslegung und Verpflichtung

Inhalt: „States Parties shall safeguard and promote the realization of the right to work [...] by taking appropriate steps, including through legislation, to, inter alia: [...] Promote the employment of persons with disabilities in the private sector through appropriate policies and measures, which may include affirmative action programmes, incentives and other measures; [...].“[870]

Auslegung und Verpflichtung: Die Norm verpflichtet die Vertragsstaaten ganz allgemein die Beschäftigung von Menschen mit Behinderungen durch geeignete Strategien und Maßnahmen zu fördern: „Diese Maßnahmen (im Sinne einer „positiven Diskriminierung") sind nach Wortlaut und Zweck

870 Art. 27 Abs. 1 S. 2 lit. h UN-BRK. Die deutsche Übersetzung lautet: „Die Vertragsstaaten sichern und fördern die Verwirklichung des Rechts auf Arbeit [...] durch geeignete Schritte, einschließlich des Erlasses von Rechtsvorschriften, um unter anderem [...] die Beschäftigung von Menschen mit Behinderungen im privaten Sektor durch geeignete Strategien und Maßnahmen zu fördern, wozu auch Programme für positive Maßnahmen, Anreize und andere Maßnahmen gehören können; [...].“

der Bestimmung in einem weiten Sinne zu verstehen, nämlich als alle denkbaren Handlungen, die darauf abzielen, den Beschäftigtenanteil von Menschen mit Behinderungen zu erhöhen."[871] Als Beispiele werden Programme für positive Maßnahmen, aber auch andere Anreize genannt. In Deutschland ist hier z. B. an die Ausgleichsabgabe, finanzielle Anreize für Arbeitgeber (z. B. Eingliederungszuschüsse) oder die „Initiative Inklusion" der Bundesregierung zu denken. Auch diese Bestimmung der UN-BRK überschneidet sich mit anderen Buchstaben des Art. 27, so z. B. mit lit. k, der ebenfalls Programme fordert, welche die berufliche Rehabilitation, den Erhalt des Arbeitsplatzes oder den beruflichen Wiedereinstieg fördern sollen. Oder lit. e, der eine Förderung von Beschäftigungsmöglichkeiten beinhaltet und lit. h, der angemessene Vorkehrungen am Arbeitsplatz verlangt. Eine disjunkte Subsumtion bestehender Maßnahmen in Deutschland unter die jeweilige Bestimmung der UN-BRK ist deshalb nicht möglich. Viele der im Folgenden skizzierten Leistungen, betreffen auch weitere Verpflichtungen des Art. 27 UN-BRK. Es wird insofern auch auf die Ausführungen an anderer Stelle dieser Arbeit verwiesen. Den Verpflichtungsgrad der Norm betreffend, handelt es sich um eine Leistungsverpflichtung, bei der der Staat das Recht auf Arbeit durch positive Maßnahmen ermöglichen muss.[872]

2. Innerstaatliche Rechtsvorschriften

Im deutschen Recht existieren zahlreiche Vorschriften, welche eine Beschäftigung im privaten Sektor fördern sollen. Zur besseren Systematisierung wird im Folgenden zwischen Leistungen an (private) Arbeitgeber (Anreize) und sonstigen Maßnahmen und Programmen differenziert.

a) Leistungen an (private) Arbeitgeber

Zu den Leistungen an Arbeitgeber gehören vor allem finanzielle Leistungen, mit denen eine Beschäftigung von Menschen mit Behinderung oder Schwerbehinderung gefördert werden soll.

871 *Trenk-Hinterberger*, in: *Kreutz/Lachwitz/ders*, Die UN-Behindertenrechtskonvention in der Praxis, 2013, Art. 27 Rn. 23.

872 Vgl. *Trenk-Hinterberger*, in: *Kreutz/Lachwitz/ders*, Die UN-Behindertenrechtskonvention in der Praxis, 2013, Art. 27 Rn. 23.

aa) Kosten der Probebeschäftigung

Arbeitgeber können bei den jeweils zuständigen Rehabilitationsträgern gem. § 6 Abs. 1 Nr. 2 bis 5 SGB IX teilweise oder volle Kostenerstattung für eine befristete Probebeschäftigung beantragen (§ 34 Abs. 1 S. 1 Nr. 4 SGB IX i. V. m. dem jeweiligen Leistungsgesetz). Für das Recht der Arbeitsförderung ist die Möglichkeit der Kostenerstattung in § 46 Abs. 1 SGB III geregelt. Es sind u. a. folgende Voraussetzungen zu erfüllen:

- Mensch mit einer Behinderung, Schwerbehinderung oder Gleichstellung (§ 2 SGB IX),
- befristete Probebeschäftigung (bis zur Dauer von 3 Monaten),
- wenn dadurch die Möglichkeit einer Teilhabe am Arbeitsleben verbessert oder eine vollständige und dauerhafte Teilhabe am Arbeitsleben erreicht wird (Prognose),
- Antrag des Arbeitgebers (vgl. § 19 S. 1 SGB IV),
- Nachrangigkeit der Bundesagentur für Arbeit (§ 22 Abs. 2 SGB III).

Der Zuschuss zu einer Probebeschäftigung dient der Überprüfung, ob der Arbeitnehmer mit einer Behinderung für die angestrebte Tätigkeit geeignet ist. Arbeitsrechtlich liegt ein Sachgrund für die Befristung vor, wenn diese zur Erprobung erfolgt (§ 14 Abs. 1 Nr. 5 TzBfG). Bei dieser Sozialleistung handelt es sich um einen Ermessensanspruch, d. h. der zuständige Rehabilitationsträger kann über das „ob" und „wie" der Leistungsgewährung entscheiden.[873] Es besteht kein Rechtsanspruch, sondern lediglich ein Anspruch auf pflichtgemäße Ausübung des Ermessens (vgl. § 39 Abs. 1 S. 2 SGB I). Die Ermessensentscheidung kann u. a. von der Prognose einer dauerhaften Teilhabe oder der Bereitschaft des Arbeitgebers nach erfolgreicher Probephase einen Arbeitsvertrag mit dem Probebeschäftigten zu schließen, abhängig gemacht werden.[874] Es fehlt an der Erforderlichkeit der Leistung, wenn eine Eingliederung nicht möglich ist oder auch ohne Kostenübernahme stattfinden würde.[875] Im Arbeitsförderungsrecht ergibt sich eine Einschränkung hinsichtlich der zeitlichen Gewährung von drei Monaten. Zu den Kosten, die übernommen werden können, gehören die Lohn- und Lohnnebenkosten (inkl. der Arbeitgeberbeiträge zur Sozialversicherung), aber auch sonstige gesetzliche oder tarifliche Leistungen. Da der Gesetzge-

873 *Luik*, in: *Schlegel/Voelzke*, SGB IX, 2. Aufl. 2015, § 34 Rn. 77.

874 Vgl. *Trenk-Hinterberger*, in: *Stähler*, Inklusion behinderter Arbeitnehmer, 2013, 138.

875 *Luik*, in: *Schlegel/Voelzke*, jurisPK-SGB IX, 2. Aufl. 2015, § 34 Rn. 78.

ber in § 46 Abs. 1 SGB III „nicht von einem Zuschuss spricht, entspricht es im Regelfall pflichtgemäßem Ermessen, die Kosten voll zu übernehmen".[876] Der Normzweck besteht erstens darin, die Motivation von Unternehmern zur Einstellung von Menschen mit Behinderungen durch Anreize zu erhöhen.[877]

Zweitens besteht der Normzweck darin, durch Einbeziehung des Arbeitgebers in den Rehabilitationsprozess die dauerhafte Teilhabe am Arbeitsleben von Menschen mit einer Behinderung – unabhängig vom Grad ihrer Behinderung – zu erreichen.[878] Somit handelt es sich im Sinne des Art. 27 Abs. 1 S. 2 lit. h UN-BRK um einen Anreiz zur Förderung der Beschäftigung von Menschen mit einer Behinderung im privaten (und öffentlichen) Sektor (vgl. auch E. VIII.). Da es sich nicht um einen Rechtsanspruch handelt, ist eine Ermessensentscheidung zu treffen. Der Rehabilitationsträgers hat seine Entscheidung dabei nach pflichtgemäßem Ermessen und im Lichte der UN-BRK zu treffen.

bb) Eingliederungszuschuss

Unter bestimmten Voraussetzungen können sich Arbeitgeber und Arbeitgeberinnen für Arbeitnehmerinnen und Arbeitnehmer mit einer Behinderung die Gehaltszahlung subventionieren lassen. Bei dem sog. Eingliederungszuschuss ist zwischen zwei Varianten zu differenzieren.

(1) Eingliederungszuschuss nach Ausbildung

Nach abgeschlossener Aus- oder Weiterbildung eines schwerbehinderten Menschen kann der ausbildende oder ein anderer Arbeitgeber bei Übernahme in ein Arbeitsverhältnis einen Eingliederungszuschuss beantragen. Die Voraussetzungen ergeben sich aus § 34 Abs. 1 S. 1 Nr. 2 SGB IX i. V. m. § 73 Abs. 3 SGB III. Zu den Voraussetzungen gehören u. a. (vgl. § 73 Abs. 3 SGB III):

- schwerbehinderter Mensch,
- Übernahme in ein Arbeitsverhältnis (AV) im Anschluss an eine abgeschlossene Aus- oder Weiterbildung und
- während der Aus- oder Weiterbildung wurden Zuschüsse erbracht.

---

876 *Kador*, in: *Mutschler/Schmidt-de Caluwe/Coseriu*, SGB III Kommentar, 5. Aufl. 2013, § 46 Rn. 13 (zit. nach beck-online).

877 *Voelzke*, in: *Deinert/Neumann*, Handbuch SGB IX, 2. Aufl. 2009, § 11 Rn. 103.

878 *Luik*, in: *Schlegel/Voelzke*, juris PK-SGB IX, 2. Aufl. 2015, § 34 Rn. 26.

Mit Übernahme in ein Arbeitsverhältnis ist grundsätzlich der Abschluss eines unbefristeten Arbeitsvertrages gemeint, da der Eingliederungszuschuss eine dauerhafte berufliche Eingliederung des schwerbehinderten Menschen bezwecken soll; möglich ist allerdings auch die Förderung befristeter Arbeitsverträge.[879] Die vorausgesetzte Aus- oder Weiterbildung muss mit Erfolg abgeschlossen sein. „Im Anschluss" bedeutet, dass ein unmittelbarer zeitlicher Zusammenhang vorliegen muss, der zumindest dann zu verneinen ist, wenn zwischen Abschluss der Aus- oder Weiterbildung und Beginn des Arbeitsverhältnisses ein Zeitraum von mehr als einem Monat liegt.[880]Antragsberechtigt und begünstigt ist der Arbeitgeber, nicht der schwerbehinderte Mensch; der Eingliederungszuschuss wird grundsätzlich von der Bundesagentur für Arbeit erbracht.[881] Die Höhe des Eingliederungszuschusses kann bis zu 70 % des zu berücksichtigenden Arbeitsentgelts betragen; die Förderhöchstdauer darf maximal ein Jahr betragen (vgl. § 73 Abs. 3 SGB III).

(2) Eingliederungszuschuss für neuen oder bestehenden Arbeitsvertrag

Unabhängig vom Abschluss einer Aus- oder Weiterbildung können Arbeitgeber gem. § 34 Abs. 1 S. 1 Nr. 2 SGB IX i. V. m. dem entsprechenden Leistungsgesetz einen Eingliederungszuschuss für Menschen mit einer Behinderung, Schwerbehinderung oder Gleichstellung beantragen. Der zuständige Leistungsträger ist entweder der Träger der Rentenversicherung, der Träger der Unfallversicherung, der Träger der Kriegsopferfürsorge oder aber im Regelfall die BA (vgl. § 34 Abs. 1 S. 1 SGB IX i. V. m. § 6 Abs. 1 Nr. 2 bis 5 SGB IX). Auch diese Variante des Eingliederungszuschusses bezweckt die Eingliederung in den Arbeitsmarkt durch eine dauerhafte sozialversicherungspflichtige Beschäftigung, wobei vornehmlich die Förderung neuer Arbeitsverhältnisse angestrebt wird; wenngleich die Bezuschussung bestehender Arbeitsverhältnisse bei einer Verschlechterung der Leistungsfähigkeit nicht ausgeschlossen ist.[882] Die Förderhöhe kann auf 50 bis 70 % des vom Arbeitgeber regelmäßig gezahlten tariflichen oder ortsüblichen Entgelts festgesetzt werden, wobei die Beitragsbemessungsgrenze für

879 Vgl. *Wagner*, in: *Mutschler/Schmidt-de Caluwe*/Coseriu, SGB III Kommentar, 5. Aufl. 2013, § 73 Rn. 37 ff. (zit. nach beck-online).

880 *Wagner*, in: *Mutschler/Schmidt-de Caluwe*/Coseriu, SGB III Kommentar, 5. Aufl. 2013, § 73 Rn. 40 f. (zit. nach beck-online).

881 *Trenk-Hinterberger*, in: *Stähler*, Inklusion behinderter Arbeitnehmer, 2013, S. 106.

882 *Trenk-Hinterberger*, in: *Stähler*, Inklusion behinderter Arbeitnehmer, 2013, S. 111 ff.

das SGB III nicht überschritten werden darf (§ 34 Abs. 3 S. 1, 2 SGB IX). Die Förderdauer kann bis zu einem Jahr betragen, soweit es für die Teilhabe am Arbeitsleben erforderlich ist auch bis zu zwei Jahre (§ 34 Abs. 3 S. 1, 2 SGB IX). Werden Eingliederungszuschüsse länger als ein Jahr erbracht, so ist die Förderhöhe in Abhängigkeit von der zunehmenden Leistungsfähigkeit um mindestens 10 % zu vermindern (§ 34 Abs. 3 S. 3 SGB IX). Zu beachten sind Rückzahlungsregelungen, falls das Arbeitsverhältnis vorzeitig endet.[883]

Der Eingliederungszuschuss wird in den meisten Fällen durch die BA gewährt.[884] Die entsprechenden Regelungen für Menschen mit Behinderungen (vgl. auch § 19 Abs. 1 SGB III) sind in §§ 90 ff. SGB III zu finden, die dann zur Anwendung kommen, wenn der reguläre Eingliederungszuschuss zum Ausgleich einer Minderleistung des § 88 SGB III nicht ausreicht. In § 90 SGB III sind auch weitergehende Regelungen hinsichtlich der Förderhöhe und -dauer zu finden. So können nach § 90 Abs. 2 SGB III besonders betroffene Menschen mit einer Schwerbehinderung mit bis zu 70 % des berücksichtigungsfähigen Arbeitsentgelts für einen Zeitraum bis zu 60 Monaten, solche die das 55. Lebensjahr vollendet haben für einen Zeitraum bis zu 96 Monaten gefördert werden.[885]

(3) Ermessensanspruch

Bei beiden Varianten des Eingliederungszuschusses handelt es sich um Ermessensleistungen. Die Bundesagentur für Arbeit hat sowohl ein Entschließungs-, als auch ein Auswahlermessen. Letzteres bezieht sich auf die Höhe der Förderung und auf die Dauer der Förderung, sofern der vorgegebene Zeitrahmen nicht überschritten wird.[886] Die Rehabilitationsträger haben das Ermessen entsprechend dem Zweck der Ermächtigung auszuüben und die gesetzlichen Grenzen des Ermessens einzuhalten (§ 39 Abs. 1 S. 1 SGB I). Die antragstellenden Arbeitgeber haben Anspruch auf pflichtgemäße Ausübung des Ermessens (§ 39 Abs. 1 S. 2 SGB I). Bei der Gewährung des Eingliederungszuschusses durch die BA können bei der Höhe und Dauer besondere Ermessensgesichtspunkte berücksichtigt werden, z. B. ob

883 Vgl. dazu und zu Ausnahmen bei außerordentlicher oder ordentlicher Kündigung § 34 Abs. 3 S. 5, 6 SGB IX.

884 *Trenk-Hinterberger*, in: *Stähler*, Inklusion behinderter Arbeitnehmer, 2013, S. 113.

885 Zu weiteren Einzelheiten vgl. § 90 SGB III.

886 *Trenk-Hinterberger*, in: *Stähler*, Inklusion behinderter Arbeitnehmer, 2013, S. 107 f.

der Mensch mit einer Schwerbehinderung außerhalb einer Beschäftigungspflicht eingestellt worden ist.[887]

(4) Vereinbarkeitsprüfung und Schlussfolgerung

Fraglich ist, ob der Eingliederungszuschuss speziell für Menschen mit einer Behinderung im deutschen Sozialrecht de lege lata mit Art. 27 Abs. 1 UN-BRK vereinbar ist. Deutschland ist als Vertragsstaat dazu verpflichtet, u. a. Menschen mit Behinderungen beim Erhalt und der Beibehaltung eines Arbeitsplatzes (vgl. lit. e) und bei der Beschäftigung im privaten Sektor durch geeignete Strategien und Maßnahmen, wozu auch Anreize gehören können, zu fördern.

Der Eingliederungszuschuss für behinderte und schwerbehinderte Menschen gem. § 90 SGB III verfolgt das Ziel, „diesen besonders benachteiligten Personenkreis verstärkt in den Arbeitsmarkt einzugliedern. Die Förderung soll den spezifischen arbeitsmarktlichen Belangen dieses besonderen Personenkreises gerecht werden.“[888] Der Eingliederungszuschuss wird leistungsgesetzübergreifend in § 34 Abs. 1 S. 1 Nr. 2 und Abs. 3 SGB IX geregelt und bezweckt, den Arbeitgeber durch finanzielle Anreize zur Schaffung neuer Arbeitsplätze für Menschen mit einer Behinderung anzuhalten sowie vorhandene Arbeitsplätze zu erhalten.[889] Auch soll ein Ausgleich dafür gewährt werden, dass der Arbeitgeber nicht sofort die uneingeschränkte Arbeitsleistung zur Verfügung hat.[890]

Folglich sind Eingliederungszuschüsse grundsätzlich geeignet, den Erhalt und die Beibehaltung eines Arbeitsplatzes, sowie die Beschäftigung im privaten Sektor zu fördern. Allerdings sind die Anspruchsinhaber die Arbeitgeber; nur sie sind berechtigt, Eingliederungszuschüsse zu beantragen. Zudem ist die Gewährung der Eingliederungszuschüsse in das Ermessen der Rehabilitationsträger gestellt. Da es sich um Kann-Vorschriften handelt (vgl. § 34 SGB IX, § 90 SGB III), haben die Rehabilitationsträger einen weiten Spielraum.

Der Ausschuss für die Rechte von Menschen mit Behinderungen (vgl. Art. 34 UN-BRK) kommt zu dem Ergebnis, dass die Eingliederungszuschüsse in ihrer derzeitigen Ausgestaltung und Anwendung grundsätzlich

887 Vgl. zu weiteren Einzelheiten *Winkler*, in: *Gagel*, SGB II/SGB III (Stand: EL 48 Dez. 2012), § 90 SGB III Rn. 21 ff. (zit. nach beck-online).

888 *Brandts*, in: *Brand*, SGB III Kommentar, 6. Aufl. 2012, § 90 Rn. 2 (zit. nach beck-online).

889 Vgl. *Jabben*, in: *Rolfs/Giesen/Kreikebohm/Udsching*, BeckOK SozR (Stand: 01.03.2015), § 34 SGB IX vor Rn. 1.

890 Vgl. *Jabben*, in: *Rolfs/Giesen/Kreikebohm/Udsching*, BeckOK SozR (Stand: 01.03.2015), § 34 SGB IX Rn. 6.

nicht den Verpflichtungen Deutschlands gem. Art. 27 Abs. 1 S. 2 lit. h i. V. m. Art. 3 lit. a, b, c und e, Art. 4 Abs. 1a und Art. 5 Abs. 1 UN-BRK entsprechen.[891] Dieser Feststellung liegt eine Individualbeschwerde (vgl. dazu B. VII. 4. b)) zu Grunde, mit der die Mutter eines Menschen mit Behinderung, der die deutsche Staatsangehörigkeit besitzt, geltend macht, ihr Sohn sei in seinen Rechten aus Art. 3, 4, 8 und 27 UN-BRK verletzt. U.a. ging es in der Beschwerde um die mutmaßliche Diskriminierung bei der Inklusion ihres Sohnes in den Arbeitsmarkt, den konfliktbeladenen Kontakt mit der zuständigen Agentur für Arbeit und behauptete Probleme bei der Gewährung von Eingliederungszuschüssen. Im Fall einer Gewährung des Eingliederungszuschusses sei zudem die Begrenzung auf max. drei Jahre[892] (vgl. § 219 SGB III a. F.) zu kurz und damit der Zeitraum im Einzelfall nicht ausreichend.[893]

Die Bundesrepublik weist in ihrer Stellungnahme die Behauptungen der Beschwerdeführerin zurück. Sie argumentiert, dass die Agentur für Arbeit niemals die Möglichkeit der Gewährung eines Eingliederungszuschusses verneint habe, insofern die rechtlichen Voraussetzungen vorlagen. Im Übrigen sei die Individualbeschwerde unzulässig, da die nationalstaatlichen Rechtsmittel noch nicht ausgeschöpft seien.[894]

Der Ausschuss für die Rechte der Menschen mit Behinderung hat die Individualbeschwerde für zulässig erklärt und die Eingliederungszuschüsse in ihrer jetzigen Form für konventionswidrig erachtet. Der Ausschuss begründet dies folgendermaßen:

> „In the instant case, the Committee is of the view that the existing model for the provision of integration subsidies does not effectively promote the employment of persons with disabilities. The Committee finds in particular that the apparent difficulties faced by potential employers when trying to access the integration subsidy that they are entitled to for the employment of a person with disabilities affect the effectiveness of the integration subsidies scheme. The already mentioned admi-

891 UN Committee on the Rights of Persons with Disabilities, Communication No. 2/2010 (date: 4. April 2014), S. 18.

892 Nach derzeitiger Rechtslage können Eingliederungszuschüsse für schwerbehinderte Menschen i. S. d. § 104 Abs. 1 Nr. 3 a bis d SGB IX für bis zu fünf Jahre, ab dem 55. Lebensjahr sogar bis zu acht Jahre gezahlt werden (vgl. § 90 Abs. 2 SGB III).

893 Zu weiteren Einzelheiten vgl. UN Committee on the Rights of Persons with Disabilities, Communication No. 2/2010 (date: 4. April 2014), S. 5 ff.

894 Zu weiteren Einzelheiten vgl. UN Committee on the Rights of Persons with Disabilities, Communication No. 2/2010 (date: 4. April 2014), S. 6 ff.

nistrative complexities put applicants in disadvantageous position and may in turn result in indirect discrimination."[895]

Abschließend stellt der Ausschuss fest, dass Deutschland als Vertragsstaat seine Verpflichtungen aus Art. 27 Abs. 1 S. 2 lit. d, e und h i. V. m. Art. 3 lit. a, b, c und e, Art. 4 Abs. 1 lit. a und b und Art. 5 Abs. 1 UN-BRK nicht erfüllt.[896] Folgende Empfehlungen hat der Ausschuss deshalb an Deutschland übermittelt:

> „General: taking into consideration that the State party's legislation on the matter was adopted before the ratification of the Convention, the State party is under an obligation to take steps to prevent similar violations in the future, including by reviewing the content and functioning of the scheme for the provision of integration subsidies to individuals who are permanently disabled, to ensure its full compliance with the principles of the Convention, and ensuring that potential employers can effectively benefit from the scheme whenever appropriate."[897]

Der Eingliederungszuschuss für behinderte und schwerbehinderte Menschen wurde mit der Reform des Arbeitsförderungsrechtes verändert – in Kraft seit 01.04.2012 und damit nach Inkrafttreten der Konvention: Mit der Neuregelung in § 90 SGB III wurde die mögliche Förderdauer für schwerbehinderte Menschen i. S. d. § 104 Abs. 1 Nr. 3 a bis d SGB IX und der nach

895 UN Committee on the Rights of Persons with Disabilities, Communication No. 2/2010 (date: 4. April 2014), S. 18; Sinngemäß übersetzt: „Im vorliegenden Fall sieht das Komitee das vorhandene Modell der Bereitstellung für Eingliederungszuschüsse als uneffektiv an, um Beschäftigung von Menschen mit Behinderungen zu fördern. Das Komitee findet insbesondere, dass die augenscheinlichen Schwierigkeiten, die die potenziellen Arbeitgeber erwarten, sollten sie versuchen Eingliederungszuschüsse abzurufen, die Effektivität der Eingliederungszuschüsse in Frage stellt. Die bereits erwähnten administrativen Schwierigkeiten stellen Bewerber in eine benachteiligende Position und könnten so in indirekte Diskriminierung übergehen."

896 UN Committee on the Rights of Persons with Disabilities, Communication No. 2/2010 (date: 4. April 2014), S. 19.

897 UN Committee on the Rights of Persons with Disabilities, Communication No. 2/2010 (date: 4. April 2014), S. 19; Sinngemäß übersetzt: „Generell: Unter Berücksichtigung, dass die Gesetzgebung des Vertragsstaats in dieser Sache vor der Ratifizierung der Konvention stattgefunden hat, ist der Vertragsstaat in der Pflicht, Schritte einzuleiten, um zukünftige Verstöße zu verhindern, dies bezieht eine Überarbeitung des Inhaltes und der Funktionsweise der Maßnahme in Bezug auf die Bereitstellung von Eingliederungszuschüssen für Individuen mit dauerhafter Behinderung mit ein, um die volle Einhaltung der Prinzipien der Konvention sicherzustellen und um zu gewährleisten, dass potenzielle Arbeitgeber effektiv von der Maßnahme profitieren können, wann immer diese angemessen erscheint."

§ 2 Abs. 3 SGB IX gleichgestellten Menschen auf fünf Jahre, ab dem 55. Lebensjahr auf acht Jahre erhöht.[898] Aber auch unter Berücksichtigung der Änderungen sind § 90 SGB III, sowie § 34 Abs. 1 S. 1 Nr. 2 und Abs. 3 SGB IX in der jetzigen Fassung nicht mit Art. 27 Abs. 1 S. 2 lit. h i. V. m. Art. 3 lit. a, b, c und e, Art. 4 Abs. 1 lit. a und Art. 5 Abs. 1 UN-BRK vereinbar. Zwar ist der Gesetzgeber grundsätzlich frei in der Wahl der Maßnahmen zur Förderung der Beschäftigung im privaten Sektor. Durch Schaffung der Eingliederungszuschüsse hat er grundsätzlich eine Maßnahme geschaffen, die auch geeignet ist, das Beschäftigungsziel zu erreichen. Allerdings kann die konkrete Ausgestaltung der Rechtsnormen für behinderte und schwerbehinderte Menschen eine mittelbare Diskriminierung darstellen und sie in ihrem Anspruch auf gleichen Schutz durch das Gesetz und gleiche Vorteile durch das Gesetz beeinträchtigen (vgl. Art. 3 lit. b und Art. 5 Abs. 1 UN-BRK). Die Regelungen über Eingliederungszuschüsse sehen nämlich eine zeitliche Begrenzung und Minderung in Abhängigkeit von der zu erwartenden Zunahme der Leistungsfähigkeit vor. Dies benachteiligt indirekt allerdings diejenigen Arbeitnehmerinnen und Arbeitnehmer mit einer (Schwer-) Behinderung oder Gleichstellung, bei denen auf Dauer eine Zunahme der Leistungsfähigkeit nicht zu erwarten ist und die deshalb wirtschaftlich vertretbar nur dann von Arbeitgeberinnen und Arbeitgebern beschäftigt werden können, wenn der Eingliederungszuschuss dauerhaft gezahlt wird. Darüber hinaus handelt es sich um einen Ermessensanspruch des Arbeitgebers, der einen effektiven Zugang zu Eingliederungszuschüssen auf einen Anspruch auf fehlerfreie Ermessensausübung begrenzt. Arbeitgeber werden Menschen mit einer Behinderung grundsätzlich nur dann (unbefristet) einstellen, wenn das Ermessen hinsichtlich der Gewährung, Höhe und Dauer zu ihren Gunsten ausgeübt wird. Dadurch wird aber die volle und wirksame Teilhabe am Arbeitsmarkt und die Chancengleichheit der betroffenen Menschen mit Behinderung in Abhängigkeit von der Gewährung beeinträchtigt (vgl. Art. 3 lit. c und e UN-BRK).

Im Ergebnis ist der deutsche Gesetzgeber dazu verpflichtet, die Regelungen über Eingliederungszuschüsse (vgl. § 90 SGB III, aber auch § 34 SGB IX) an die Rechte der UN-BRK anzupassen, um die volle Verwirklichung des Rechtes auf Arbeit für alle Menschen mit Behinderungen zu gewährleisten und zu fördern (vgl. Art. 4 Abs. 1lit. a UN-BRK).

898 Vgl. § 90 SGB III, in Kraft seit 01.04.2012 durch Gesetz v. 20.12.2011 (BGBl. I S. 2854).

cc) Leistungen bei außergewöhnlichen Belastungen

Gem. § 102 Abs. 3 S. 1 Nr. 2 e SGB IX i. V. m. § 27 SchwbAV können Arbeitgeber beim Integrationsamt Leistungen für außergewöhnliche Belastungen beantragen. Dabei handelt es sich um in der Regel laufende Zuschüsse, die in ihrer Höhe und Dauer einzelfallabhängig sind (§ 27 Abs. 3 und 4 SchwbAV). Die Gewährung setzt zunächst voraus, dass der antragstellende Arbeitgeber die Leistung für einen Beschäftigten beantragt, der

- i. S. d. § 72 Abs. 1 Nr. 1 lit. a bis d SGB IX schwerbehindert ist und nach Art oder Schwere seiner Behinderung im Arbeitsleben besonders betroffen ist oder
- als schwerbehinderter Mensch im Anschluss an eine Beschäftigung in einer anerkannten WfbM auf den allgemeinen Arbeitsmarkt wechselt oder
- als schwerbehinderter Mensch i. S. d. § 75 Abs. 2 SGB IX in Teilzeit beschäftigt wird.

Dies gilt insbesondere, wenn ohne die Leistung bei außergewöhnlichen Belastungen das Beschäftigungsverhältnis gefährdet würde (vgl. § 102 Abs. 3 S. 1 Nr. 2 e SGB IX). Die Leistung soll also nur für die schwerbehinderten Arbeitnehmerinnen und Arbeitnehmer gezahlt werden, die besonders betroffen sind und deren Anstrengungen nicht ausreichen, um ohne nennenswerte Leistungseinschränkungen oder ohne die Hilfe Dritter die konkreten Anforderungen des Arbeitsplatzes dauerhaft zu erfüllen.[899] Die Leistung kann grundsätzlich auch im Rahmen von Praktika und Probebeschäftigungen beim Übergang von der WfbM auf den allgemeinen Arbeitsmarkt erbracht werden, wenn kein Rehabilitationsträger vorrangig gegenüber dem Integrationsamt zuständig ist.[900] Zu den weiteren Voraussetzungen gehören (vgl. § 27 Abs. 2 SchwbAV):[901]

- außergewöhnliche Belastung des Arbeitgebers,
- alle anderen Möglichkeiten und Leistungen wurden vorrangig ausgeschöpft,

---

899 Vgl. *Adlhoch*, in: *Ernst/Adlhoch/Seel*, SGB IX Kommentar Band 2, Stand: 10. Lfg. 07/2006, § 102 Rn. 174.

900 *Adlhoch*, in: *Ernst/Adlhoch/Seel*, SGB IX Kommentar Band 2, Stand: 10. Lfg. 07/2006, § 102 Rn. 180.

901 *Adlhoch*, in: *Ernst/Adlhoch/Seel*, SGB IX Kommentar Band 2, Stand: 10. Lfg. 07/2006, § 102 Rn. 175.

- Belastung ist für den Arbeitgeber unzumutbar,
- Belastung ist überdurchschnittlich,
- Beschäftigungsverhältnis des oder der Beschäftigten mit Schwerbehinderung ist gefährdet.

Insbesondere in den Prüfungspunkten „Überdurchschnittliche Belastung" und „Gefährdung des Beschäftigungsverhältnisses" zeigt sich die Verknüpfung von Arbeits- und Sozialrecht. Denn grundsätzlich hat der Arbeitgeber das Recht, bei einer dauerhaften Minderleistung eine personenbedingte Kündigung auszusprechen.[902] Dies kommt u. a. dann in Betracht, wenn der Arbeitnehmer oder die Arbeitnehmerin die Arbeitsleistung erbringen will, es aber aufgrund der Minderung der Leistungsfähigkeit nicht kann.[903] Die Minderung der Leistungsfähigkeit muss zu einer Störung des Austauschverhältnisses führen, welches laut BAG bei einer Unterschreitung des Leistungs-Solls um mehr als 1/3 anzunehmen ist.[904] Zudem muss die negative Prognose gegeben sein, dass auch in Zukunft das Leistungs-Soll unterschritten wird.[905] Entscheidend ist die Prüfung, ob ein milderes Mittel zur Abwendung einer personenbedingten Kündigung zur Verfügung steht. Denn ein solches milderes Mittel kann die Gewährung von Leistungen bei außergewöhnlichen Belastungen durch das Integrationsamt sein.

Der Gesetzgeber wollte mit der Regelung des § 102 Abs. 3 S. 1 Nr. 2 e SGB IX i. V. m. § 27 SchwbAV die Arbeitgeber dazu anreizen, Menschen mit einer Schwerbehinderung zu beschäftigen und dadurch die Chancen einer dauerhaften Teilhabe am Arbeitsleben zu verbessern.[906] Durch die Leistung bei außergewöhnlichen Belastungen sollen betriebswirtschaftliche Belastungen ausgeglichen werden, die nicht durch andere Leistungen zur Teilhabe am Arbeitsleben oder berufsbegleitende Hilfen kompensiert wer-

---

902 Es handelt sich im Regelfall um eine krankheitsbedingte Kündigung, die in dem hier diskutierten Zusammenhang auch als behinderungsbedingte Kündigung bezeichnet werden kann. Vgl. *Welti*, Behinderung und Rehabilitation im sozialen Rechtsstaat, 2005, S. 702 f.

903 *Tschöpe*, in: BB 2006, S. 213 (218).

904 *BAG*, Urt. v. 11.12.2003 – 2 AZR 667/02; vgl. auch *Tschöpe*, in: BB 2006, S. 213 (218).

905 *Tschöpe*, in: BB 2006, S. 213 (218).

906 *Erbach*, in: *Wiegand*, SGB IX Teil 2 Handkommentar, Stand: Erg.-Lfg. 1/09-VI/09, § 102 Rn. 75. Vgl. dazu auch BT-Drucks. 10/3138, S. 24 u. BR-Drucks. 482/87, S. 66 f.

den.[907] Es handelt sich um eine Ermessensleistung. Das Ermessen erstreckt sich auf das „Ob" und „Wie" des finanziellen Zuschusses.[908]

Die Regelungen über Leistungen bei außergewöhnlichen Belastungen sind, wie zuvor dargestellt, grundsätzlich geeignet, die Verpflichtung des Art. 27 Abs. 1 S. 2 lit. h UN-BRK zu erfüllen und damit die Beschäftigung im privaten Sektor zu fördern. Problematisch erscheinen zwei Punkte, zum einen die Begrenzung des Personenkreises auf besonders betroffene Schwerbehinderte und zum anderen die Kodifizierung als Ermessensleistung. Die Begrenzung des Personenkreises ist allerdings nicht konventionswidrig, denn es ist zulässig über die Anforderungen der UN-BRK hinaus begünstigende Regelungen für bestimmte Personengruppen zu schaffen (vgl. auch Art. 4 Abs. 4 UN-BRK zu besser geeigneten Bestimmungen). Deutschland ist als Vertragsstaat frei darin zu entscheiden, welche Maßnahmen und Strategien es zur Förderung der Beschäftigung im privaten Sektor schafft. Eine Einschränkung auf Schwerbehinderte wäre zumindest dann mit Art. 27 Abs. 1 S. 2 lit. h UN-BRK unvereinbar, wenn es keine weiteren Maßnahmen auch für Menschen mit einfacher Behinderung geben würde; doch solche sind bereits vorhanden (z. B. Eingliederungszuschüsse, Kostenerstattung für eine befristete Probebeschäftigung usw.). Die Kodifizierung als Ermessensleistung erschwert zunächst den Leistungszugang für die antragsberechtigten Arbeitgeber. Damit das Recht auf Arbeit für besonders betroffene Schwerbehinderte effektiv gesichert und gefördert wird, ist die Ermessensausübung durch das Integrationsamt im Lichte der UN-BRK, insbesondere des Art. 27 UN-BRK vorzunehmen. Dies kann im Extremfall zu einer Ermessensreduzierung auf Null führen, nämlich dann, wenn eine Beschäftigung ohne die finanzielle Hilfe des Integrationsamtes für einen besonders betroffenen Schwerbehinderten nicht zu erreichen ist. Eine Verpflichtung zur Umwandlung der Leistungsnorm in einen gebundenen Anspruch ist Art. 27 Abs. 1 S. 2 lit. h UN-BRK nicht zu entnehmen, wäre aber geeignet, um die Beschäftigung im privaten Sektor zu fördern.

b) Sonstige Maßnahmen und Programme

Um die Beschäftigung im privaten Sektor zu fördern hat der deutsche Staat weitere Maßnahmen geschaffen und initiiert, wie die Ausgleichsabgabe, die

907 Vgl. *Adlhoch*, in: *Ernst/Adlhoch/Seel*, SGB IX Kommentar Band 2, Stand: 10. Lfg. 07/2006, § 102 Rn. 173.

908 Vgl. *Adlhoch*, in: *Ernst/Adlhoch/Seel*, SGB IX Kommentar Band 2, Stand: 10. Lfg. 07/2006, § 102 Rn. 103 f.

Prüfpflicht des Arbeitgebers bei der Stellenbesetzung, sowie Programme der Beschäftigungsförderung (z. B. die Initiative Inklusion des Bundesministeriums für Arbeit und Soziales).

aa) Ausgleichsabgabe

Die Ausgleichsabgabe hat zwei Funktionen: Zum einen soll sie eine ökonomische Anreizfunktion ausüben, Menschen mit einer Schwerbehinderung zu beschäftigen und damit der Beschäftigungspflicht nachzukommen. Zum anderen dient sie einem Lastenausgleich zwischen den Unternehmen. Denn die ihrer Beschäftigungspflicht nachkommenden Unternehmen zahlen keine Ausgleichsabgabe und bekommen voraussetzungsabhängig finanzielle Hilfen vom Integrationsamt, die wiederum aus der gezahlten Ausgleichsabgabe – der ihrer Beschäftigungspflicht nicht nachkommenden Unternehmen – finanziert werden.[909]

(1) Inhalt

Private aber auch öffentliche Arbeitgeber haben auf fünf Prozent ihrer Arbeitsplätze schwerbehinderte Menschen zu beschäftigen, wenn sie im Jahresdurchschnitt monatlich mindestens 20 Arbeitsplätze besetzen.[910] Abweichend davon haben Arbeitgeber mit jahresdurchschnittlich monatlich weniger als 40 Arbeitsplätzen jahresdurchschnittlich je Monat einen schwerbehinderten Menschen, Arbeitgeber mit jahresdurchschnittlich monatlich weniger als 60 Arbeitsplätzen jahresdurchschnittlich je Monat zwei schwerbehinderte Menschen zu beschäftigen (§ 71 Abs. 1 S. 3 SGB IX). Bei der Stellenbesetzung sind schwerbehinderte Frauen besonders zu berücksichtigen (§ 71 Abs. 1 S. 2 SGB IX). Kommen Arbeitgeber der Beschäftigungspflicht nicht nach, zahlen sie für jeden unbesetzten Pflichtarbeitsplatz in Abhängigkeit von der tatsächlichen monatlichen Beschäftigungsquote eine Ausgleichsabgabe (zu Einzelheiten vgl. § 77 Abs. 1 und 2 SGB IX). Arbeitgeber können die Höhe der Ausgleichsabgabe dadurch vermindern, dass sie Aufträge an Werkstätten für behinderte Menschen erteilen. Es dürfen 50 % des auf die Arbeitsleistung entfallenden Rechnungsbetrages abgezogen werden, wenn der Auftrag im Jahr der Ausgleichsabgabenberechnung ausgeführt und bis spätestens zum 31. März des Folgejahres bezahlt wurde.[911] Die Geldmittel aus der Ausgleichsabgabe fließen zu 80 % den Integrations-

909 *Welti*, Behinderung und Rehabilitation im sozialen Rechtsstaat, 2005, S. 701.

910 Dazu und zu Einschränkungen vgl. § 71 Abs. 1 SGB IX.

911 Vgl. *Deinert*, in: *Deinert/Welti*, Stichwort Kommentar Behindertenrecht, 2014, Ausgleichsabgabe, Rn. 10; Vgl. auch § 140 SGB IX.

ämtern zu und zu 20 % dem sog. Ausgleichsfonds.[912] Die Integrationsämter sind verpflichtet, die Gelder zweckgebunden zur Finanzierung der Teilhabe am Arbeitsleben von Schwerbehinderten oder Gleichgestellten einzusetzen.[913] Der Ausgleichsfonds ist beim Bundesarbeitsministerium angesiedelt, das die Mittel für „die besondere Förderung der Einstellung und Beschäftigung schwerbehinderter Menschen sowie die Förderung von Einrichtungen und Maßnahmen, die den Interessen mehrerer Länder auf dem Gebiet der Teilhabe am Arbeitsleben dienen" verwenden soll.[914]

(2) Vereinbarkeitsprüfung und Ergebnis

Der Verwendungszweck der Ausgleichsabgabe wird in der Schwerbehinderten-Ausgleichsabgabeverordnung (SchwbAV) geregelt. So dürfen die Integrationsämter ihren Teil der Ausgleichsabgabe gem. § 14 Abs. 1 SchwbAV nur für folgende Zwecke verwenden:

- Förderung des Arbeits- und Ausbildungsplatzangebots für schwerbehinderte Menschen,
- Leistungen zur begleitenden Hilfe im Arbeitsleben,
- Leistungen für Einrichtungen zur Teilhabe schwerbehinderter Menschen am Arbeitsleben,
- Leistungen zur Durchführung von Forschungs- und Modellvorhaben auf dem Gebiet der Teilhabe schwerbehinderter Menschen am Arbeitsleben.

Die Gelder für den beim Bundesministerium für Arbeit und Soziales installierten Ausgleichsfonds stehen ebenfalls nicht zur freien Verfügung, sondern sind gem. § 41 SchwbAV für folgende Zwecke zu verwenden:

- Zuweisungen an die Bundesagentur für Arbeit zur Förderung schwerbehinderter Menschen am Arbeitsleben (z. B. Eingliederungszuschüsse),
- Verwendung für befristete überregionale Programme zum Abbau der Arbeitslosigkeit schwerbehinderter Menschen,

912 *Deinert*, in: *Deinert/Welti*, Stichwort Kommentar Behindertenrecht, 2014, Ausgleichsabgabe, Rn. 12; vgl. auch § 77 Abs. 6 SGB IX.

913 Ebd., Rn 13.

914 *Deinert*, in: *Deinert/Welti*, Stichwort Kommentar Behindertenrecht, 2014, Ausgleichsabgabe, Rn. 12.

- U.a. Verwendung für bestimmte Einrichtungen der Berufsbildung (vgl. § 30 Abs. 1 Nr. 1–3 SchwbAV), wenn sie den Interessen mehrerer Länder dienen,
- überregionale Modellvorhaben (z. B. Förderung der Ausbildung schwerbehinderter Jugendlicher),
- Entwicklung technischer Arbeitshilfen,
- Aufklärungs-, Fortbildungs- und Forschungsmaßnahmen auf dem Gebiet der Teilhabe schwerbehinderter Menschen am Arbeitsleben.

Die Vertragsstaaten haben sich verpflichtet, durch positive Maßnahmen die Beschäftigung von Menschen mit Behinderungen im privaten Sektor zu fördern; dazu gehören auch Anreize. Die Beschäftigungsquote verfolgt genau diesen Zweck, nämlich die Beschäftigung von Schwerbehinderten und Gleichgestellten zu erhöhen. Zugleich ist sie ein Anreiz für Arbeitgeber, Menschen mit einer Behinderung anzustellen. Zwar wird in der Literatur angemerkt, dass die kausale Wirksamkeit der Beschäftigungspflicht fraglich sei, da private Arbeitgeber im Durchschnitt die Soll-Quote von fünf Prozent auch in konjunkturellen Prosperitätsphasen nicht erreichen.[915] Dennoch wird mittels der Ausgleichsabgabe die Beschäftigung von Schwerbehinderten und Gleichgestellten im privaten Sektor, wie zuvor dargestellt, auch durch unterschiedlichste Maßnahmen und Programme unterstützt, wenn auch nicht im gewünschten Ausmaß. Unvereinbar erscheint bei oberflächlicher Betrachtung auch hier die Beschränkung der Beschäftigungspflicht auf Menschen mit einer Schwerbehinderung bzw. Gleichstellung. Allerdings verpflichtet Art. 27 Abs. 1 S. 2 lit. h UN-BRK nicht zu einer bestimmten Maßnahme, wie der Beschäftigungspflicht und der Ausgleichsabgabe. Die Nichterfüllung der Pflicht zur Förderung der Beschäftigung im privaten Sektor wäre dann gegeben, wenn in der deutschen Rechtsordnung keine andere Maßnahme kodifiziert wäre, die nicht auch die Beschäftigung von Menschen mit einfacher Behinderung im privaten Sektor fördern würde. Dies ist allerdings nicht der Fall, denn § 33 SGB IX und die einzelnen Leistungsgesetze sehen auch für diese Personengruppe Leistungen zur Teilhabe am Arbeitsleben vor. Wenn dieses nicht gegeben wäre, müsste der Gesetzgeber tätig werden und Maßnahmen schaffen. Eine Ausweitung der Beschäftigungspflicht auf Einfachbehinderte wäre aber auch dann nicht zwingend, insofern sind die Vorschriften der §§ 71 ff. SGB IX konventionskonform.

---

915 *Banafsche*, in: NZS 2012, S. 205 (209).

bb) Prüfpflicht des Arbeitgebers (§ 81 Abs. 1 SGB IX)

Arbeitgeber haben gem. § 81 Abs. 1 SGB IX die Pflicht zu prüfen, ob freie Arbeitsplätze mit schwerbehinderten Menschen, insbesondere mit bei der Agentur für Arbeit arbeitslos oder arbeitssuchend gemeldeten schwerbehinderten Menschen, besetzt werden können. Dazu nimmt der Arbeitgeber frühzeitig Kontakt mit der Agentur für Arbeit auf. Letztere oder ein Integrationsfachdienst unterbreitet dann Vermittlungsvorschläge. Die Schwerbehindertenvertretung und die in § 93 SGB IX genannten Vertretungen sind zu unterrichten.[916] Die Prüfpflicht der Arbeitgeber hat den Zweck, die Beschäftigung Schwerbehinderter zu fördern.[917] Sie ist unabhängig von der Beschäftigungspflicht nach § 71 SGB IX, d. h. auch wenn die Beschäftigungsquote erfüllt ist, besteht die Prüfpflicht.[918] Diese setzt ein, sobald ein freier Arbeitsplatz gegeben ist.[919] Umstritten ist, ob der Arbeitsplatzbegriff des § 73 SGB IX hier uneingeschränkt anwendbar ist. Denn in diesem Fall – so eine Ansicht – würden Arbeitsplätze mit weniger als 18 Stunden wöchentlich nicht der Prüfpflicht unterliegen.[920] Nach anderer Ansicht gilt die Pflicht auch für freie Arbeitsplätze mit weniger als 18 Stunden wöchentlich, denn die Schutzpflicht gem. § 81 Abs. 5 SGB IX verbiete eine Einschränkung auf 18 und mehr Stunden, weil die Arbeitgeber auch die Einrichtung von Teilzeitarbeitsplätzen fördern sollen.[921]

Die Nichtbeachtung des § 81 Abs. 1 SGB IX kann unter Umständen den Tatbestand der Diskriminierung erfüllen und zu Schadensersatz- bzw. Entschädigungsforderungen nach § 15 Abs. 1 und 2 AGG führen.[922] Der Arbeitgeber erfüllt allerdings seine Prüfpflicht, wenn er Kontakt mit der Agentur für Arbeit aufnimmt und diese oder der eingeschaltete Integrationsfachdienst ihm keine Vermittlungsvorschläge machen kann.[923] Der private Arbeitgeber ist nicht dazu verpflichtet „sich aktiv um Bewerbungen schwerbehinderter oder gleichgestellter behinderter Menschen zu bemühen".[924]

---

916 Zu weiteren Einzelheiten des Verfahrens vgl. § 81 Abs. 1 SGB IX.

917 Fabricius, in: jurisPK-SGB IX, 2010, § 81 Rn. 8; zu weitergehenden Pflichten der öffentlichen Arbeitgeber vgl. § 82 SGB IX.

918 *Deinert*, in: *Deinert/Welti*, SWK-BR, 2014, Prüfpflicht Rn. 1.

919 Fabricius, in: jurisPK-SGB IX, 2010, § 81 Rn. 9.

920 Vgl. § 73 Abs. 3 SGB IX.

921 Zum Meinungsstreit vgl. *Knittel*, SGB IX Kommentar, 7. Aufl. 2013, § 81 Rn. 12 m. w. N.

922 Fabricius, in: jurisPK-SGB IX, 2010, § 81 Rn. 22.

923 *Knittel*, SGB IX Kommentar, 7. Aufl. 2013, § 81 Rn. 40.

924 *Knittel*, SGB IX Kommentar, 7. Aufl. 2013, § 81 Rn. 40.

§ 81 Abs. 1 SGB IX gilt nur für schwerbehinderte bzw. gleichgestellte Arbeitnehmerinnen und Arbeitnehmer, d. h. Menschen mit einfacher Behinderung werden nicht erfasst.[925] Nach Ansicht des BAG können sich einfach behinderte Bewerber „nicht im Sinne von Vermutungstatsachen auf Verstöße des Arbeitgebers im Bewerbungsverfahren gegen die §§ 81 ff. SGB 9 berufen".[926] Nach anderer Ansicht in der Literatur ist die Prüfpflicht infolge europarechtskonformer Auslegung auch auf arbeitslose und arbeitssuchende Menschen mit einfacher Behinderung anwendbar.[927] Denn Art. 5 der Richtlinie 2000/78/EG verpflichtet Arbeitgeber zu angemessenen Vorkehrungen, also Maßnahmen, um Menschen mit Behinderungen den Zugang zur Beschäftigung zu ermöglichen. Damit sei eine einschränkende Auslegung der Prüfpflicht nicht vereinbar. Die Entscheidung dieses Rechtsstreits soll an dieser Stelle offen bleiben: Eine Unvereinbarkeit des § 81 Abs. 1 SGB IX mit Art. 27 Abs. 1 S. 2 lit. h UN-BRK ist jedenfalls nicht gegeben.[928] Denn der Vertragsstaat ist nach Wortlaut der Bestimmung grundsätzlich frei in seiner Entscheidung, mit welchen Strategien und Maßnahmen er die Beschäftigung von Menschen mit auch einfachen Behinderungen fördert. Eine Verpflichtung zur Ausweitung der Prüfpflicht besteht deshalb nicht. Auch eine Auslegung des § 81 Abs. 1 SGB IX im Lichte des Art. 27 Abs. 1 S. 2 lit. h UN-BRK scheidet meiner Ansicht nach aus, denn der Wortlaut ist eindeutig („[...] ob freie Arbeitsplätze mit schwerbehinderten Menschen [...]") und deshalb der Auslegung nicht zugänglich.

cc) Programme zur Beschäftigungsförderung

Die Bundesregierung hat Programme zur Förderung der Beschäftigung von (schwer-) behinderten Menschen auf dem allgemeinen Arbeitsmarkt aufgelegt. Finanziert werden die Programme überwiegend aus dem Ausgleichsfonds. Zu nennen sind u. a. die „Initiative Inklusion" und das Programm „Job 4000". Zentral für die Umsetzung der UN-BRK ist der „Nationale Aktionsplan" der Bundesregierung. Daneben gibt es einzelne Maßnahmen, Programme und Aktionspläne in den jeweiligen Bundesländern, die an dieser Stelle unerwähnt bleiben sollen.[929]

---

925 *BAG*, Urt. v. 27.01.2011 – 8 AZR 580/09, Rn. 32 (zit. nach juris).

926 *BAG*, Urt. v. 27.01.2011 – 8 AZR 580/09, Rn. 38 (zit. nach juris).

927 *Deinert*, in: *Deinert/Welti*, SWK-BR, 2014, Prüfpflicht Rn. 1.

928 *Deinert*, in: *Deinert/Welti*, SWK-BR, 2014, Prüfpflicht Rn. 1.

929 So z. B. die Aktion 1000/1000 plus in Baden-Württemberg; vgl. dazu *Deusch*, in: *Stähler*, Inklusion behinderter Arbeitnehmer, 2013, S. 326 ff. und *Ernst*, in: br 4/2014, S. 93 ff.

(1) Nationaler Aktionsplan

Die Bundesregierung hat am 15. Juni 2011 einen Nationalen Aktionsplan (NAP) beschlossen, mit dem die UN-BRK umgesetzt werden soll. In dem Plan sind zahlreiche Handlungsfelder beschrieben, zu denen Maßnahmenkataloge aufgestellt wurden. Das hier interessierende Handlungsfeld „Arbeit und Beschäftigung" wird auf zehn Seiten beschrieben und beinhaltet einen 15 Seiten umfassenden Maßnahmenkatalog. Ausgangspunkt ist, dass Menschen mit Behinderungen, insbesondere mit einer Schwerbehinderung, Schwierigkeiten bei der Akquise eines Arbeitsplatzes auf dem allgemeinen Arbeitsmarkt haben. Die Bundesregierung benennt fünf Handlungsfelder und welche Maßnahmen dort bereits getroffen wurden. An dieser Stelle sollen die Handlungsfelder lediglich aufgezählt werden[930]:

- Beschäftigungspolitische Maßnahmen, Vermittlung und Beratung,
- Berufsorientierung und Ausbildung,
- Berufliche Rehabilitation und Prävention,
- Werkstätten für behinderte Menschen,
- Sensibilisierung von Arbeitgeberinnen und Arbeitgebern.

Dem Handlungsfeld „Arbeit und Beschäftigung" ordnet die Bundesregierung eine Reihe von Maßnahmen und Programmen zu, die teilweise schon abgeschlossen wurden. Zu nennen sind[931]:

- Initiative für Ausbildung und Beschäftigung (2012–2016) (= konkrete Verabredungen mit Arbeitgeberverbänden, Gewerkschaften usw. für mehr Inklusion auf dem Arbeitsmarkt),
- Programm „Initiative Inklusion" (ab 2011) (= vgl. dazu (2) dieses Abschnitts),
- Fortführung „job" und „Job 4000" (Job 4000: 2007–2013) (vgl. dazu (3) dieses Abschnitts),
- Bewerbungsvideos für junge Menschen mit Behinderungen (2011) (= Pilotprojekt mit einem BBW),
- Gebärdentelefon bei der Bundesagentur für Arbeit (ab 2012),

930 Vgl. *BMAS*, Unser Weg in eine inklusive Gesellschaft. Der Nationale Aktionsplan der Bundesregierung zur Umsetzung der UN-Behindertenrechtskonvention, Stand: September 2011.

931 Vgl. *BMAS*, Unser Weg in eine inklusive Gesellschaft. Der Nationale Aktionsplan der Bundesregierung zur Umsetzung der UN-Behindertenrechtskonvention, Stand: September 2011.

- Behebung von Beratungsdefiziten nach dem SGB II (ab 2011) (= Beratung soll auf die Belange von Menschen mit Behinderungen ausgerichtet werden),
- Evaluation von Leistungen zur Teilhabe behinderter Menschen am Arbeitsleben (2009–2015) (= Überprüfung der Wirksamkeit von Teilhabeleistungen nach dem SGB II und SGB III),
- berufliche Orientierung (ab 2011) (= Maßnahmen der Länder für verstärkte berufliche Orientierung von schwerbehinderten Jugendlichen im Rahmen des Programms „Initiative Inklusion"),
- inklusive Ausbildungsstrukturen in außerbetrieblicher Ausbildung (2011–2016) (= Erprobung von inklusiven Ausbildungsstrukturen),
- stärkere Orientierung am Arbeitsmarkt: Eingangsverfahren und Berufsbildungsbereich (2010/2011) (= u. a. verbindliche Betriebspraktika),
- Ausbildungspakt (2010–2014) (= Pakt mit der Wirtschaft zur individuellen Förderung und Unterstützung junger Menschen mit Behinderungen),
- Berufseinstiegsbegleitung in die betriebliche Ausbildung (fortlaufend) (= professionelle Berufseinstiegsbegleitung vor und nach dem Schulabschluss),
- einheitliche Sonderregelungen in der Ausbildung (2010–2014) (= bundesweite Vereinheitlichung und Reduzierung der rund 1000 Bestimmungen für die Ausbildung von jungen Menschen mit Behinderungen),
- Ausbildungszuschuss / Unterstützte Beschäftigung (fortlaufend),
- verzahnte Ausbildung mit Berufsbildungswerken (fortlaufend) (= frühzeitiges Kennenlernen der Praxisabläufe in Unternehmen),
- Projekt TrialNet: Ausbildung mit Ausbildungsbausteinen (bis 2014),
- Modellprojekt „Integration inklusive" (bis 2011) (= Zusammenarbeit von Berufsbildungswerken und regionalen Unternehmensverbänden zur Vermittlung von Arbeitsstellen),
- IdA (Integration durch Austausch) (bis 2015) (= Berufserfahrung von Menschen mit Behinderungen im EU-Ausland),
- Förderung der Studie „Zugangswege junger Menschen mit Behinderung in Ausbildung und Beruf" durch das BMBF (fortlaufend),
- RehaFutur-Initiative (bis Ende 2011) (= Zukunftssicherung des Systems der beruflichen Rehabilitation),
- betriebliches Eingliederungsmanagement (BEM),
- Neuausrichtung des Werkstättenrechts (2011/2012),
- Dialog mit Werkstatträten (2012),
- bundesweite Berücksichtigung von Werkstätten bei der Vergabe öffentlicher Aufträge (2011/2012),

- Zusammenarbeit von landwirtschaftlichen Betrieben mit Werkstätten für behinderte Menschen (2008–2011),
- Förderung der Inklusionskompetenz bei Kammern (ab 2011) (= z. B. IHK, Handwerkskammer etc.),
- nationale CSR-Strategie (fortlaufend) (= Förderung der gesellschaftlichen Verantwortung von Unternehmen durch Corporate Social Responsibility),
- „Charta der Vielfalt“ (fortlaufend) (= unterzeichnende Unternehmen setzen sich für ein diskriminierungsfreies Arbeitsumfeld ein),
- Auszeichnungen für Arbeitgeber, die Menschen mit Behinderungen beschäftigen (fortlaufend),
- Verankerung der Barrierefreiheit in der Arbeitsstättenverordnung (2011/2012).

(2) Initiative Inklusion

Die Bundesregierung fördert zudem mit der „Initiative Inklusion“ die Teilhabe schwerbehinderter Menschen am Arbeitsleben auf dem allgemeinen Arbeitsmarkt. Die Initiative ist Teil des Nationalen Aktionsplans zur Umsetzung der UN-BRK und wird mit 100 Millionen EUR aus dem Ausgleichsfonds (vgl. dazu bereits E. IX. 2. b) aa)) finanziert.[932] Zu den erklärten Zielen gehört die finanzielle Förderung folgender Zielgruppen:

- „schwerbehinderte Schülerinnen und Schüler in den Vorabgangsklassen, die Berufsorientierung erhalten;
- Betriebe und Dienststellen, die neue Ausbildungsplätze für schwerbehinderte junge Menschen auf dem allgemeinen Arbeitsmarkt schaffen;
- Betriebe und Dienststellen, die schwerbehinderte Arbeitslose und Arbeitsuchende, die das 50. Lebensjahr vollendet haben, neu einstellen;
- sowie Handwerkskammern, Industrie- und Handelskammern, Landwirtschaftskammern, die Inklusions-Kompetenz aufbauen […].“

Die „Initiative Inklusion“ wird vom Bundesministerium für Arbeit und Soziales in Abstimmung mit den entsprechenden Landesministerien von 2011 bis 2018 umgesetzt. Nähere Bestimmungen zu den jeweiligen Voraussetzungen für eine Förderung, zur Verteilung der Finanzmittel, zum Ver-

932 Vgl. http://www.bmas.de/DE/Themen/Teilhabe-behinderter-Menschen/Meldungen/initiatve-inklusion-richtlinie.html (letzter Zugriff: 24.09.2014).

fahren und zur Öffentlichkeitsarbeit beinhaltet eine Richtlinie des Bundesministeriums für Arbeit und Soziales.[933]

(3) Job 4000

Eine weitere Maßnahme der Bundesregierung ist das Programm „Job 4000", das im Anschluss und aufgrund der guten Erfahrungen mit dem Programm „job – Jobs ohne Barrieren" verabschiedet wurde.[934] Mit „Job 4000" soll die berufliche Integration schwerbehinderter Menschen und die Schaffung von Arbeitsmöglichkeiten, insbesondere außerhalb der Werkstätten für behinderte Menschen, gefördert werden. Dementsprechend beinhaltet das Programm folgende Ziele:

- Schaffung von mindestens 1000 neuen Arbeitsplätzen auf dem allgemeinen Arbeitsmarkt für besonders betroffene schwerbehinderte Menschen (§ 72 Abs. 1 Nr. 1 SGB IX),
- Schaffung von mindestens 500 neuen Ausbildungsplätzen für schwerbehinderte Jugendliche,
- Unterstützung von mindestens 2.500 schwerbehinderten Menschen durch Integrationsfachdienste.

Für das Programm „Job 4000" werden aus dem Ausgleichsfonds 30 Millionen EUR und zusätzlich von den Bundesländern 20 Millionen EUR bereitgestellt. Das Programm wird durch die Länder durchgeführt. Arbeitgeber können sich an die Integrationsämter, Agenturen für Arbeit und Integrationsfachdienste wenden.

(4) Ergebnis

Die nicht abschließende Auflistung von Programmen und Maßnahmen allein der Bundesregierung zeigt, dass die Vorgaben der UN-BRK erfüllt werden. Die genannten Programme und Maßnahmen zielen darauf ab, die Beschäftigung im privaten Sektor zu fördern. Eine strenge Verpflichtung zur Durchführung solcher Programme ergibt sich nicht aus der Konven-

---

933 Vgl. *BMAS*, Bekanntmachung der Richtlinie Initiative Inklusion, Verbesserung der Teilhabe schwerbehinderter Menschen am Arbeitsleben auf dem allgemeinen Arbeitsmarkt v. 9. September 2011, in: elektronischer Bundesanzeiger, veröffentlicht am 30. September 2011, http://www.bmas.de/SharedDocs/Downloads/DE/PDF-Meldungen/richtlinie-initiative-inklusion.pdf?__blob=publicationFile (letzter Zugriff: 10.05.2016).

934 Die Ausführungen in diesem Abschnitt entstammen folgender Quelle: http://www.bmas.de/DE/Themen/Teilhabe-behinderter-Menschen/Initiative-Jobs-ohne-Barrieren/Programm-Job4000/inhalt.html (letzter Zugriff: 10.05.2016).

tion. Es handelt sich vielmehr um eine Kann-Verpflichtung („promote the employment of persons with disabilities in the private sector [...], which may include affirmative action programmes [...]“, Art. 27 Abs. 1 S. 2 lit. h UN-BRK), deren Erfüllung im Ermessen von Bund und Ländern steht. Sie sind grundsätzlich frei darin zu entscheiden, ob und welche Programme und Maßnahmen sie verabschieden und durchführen.

3. Zusammenfassung

Um die Beschäftigung von Menschen mit Behinderungen im privaten Sektor zu fördern, hat Deutschland zahlreiche Leistungen, Maßnahmen und Programme zur Verfügung gestellt. Zu nennen sind etwa die Kostenerstattung für eine befristete Probebeschäftigung, Eingliederungszuschüsse, die Ausgleichsabgabe oder die Prüfpflicht der Arbeitgeber bei der Stellenbesetzung. In Bezug auf die Eingliederungszuschüsse ist die entsprechende Ausgestaltung als Ermessensvorschrift und die damit zusammenhängenden rechtlichen und tatsächlichen Probleme bei der Gewährung der Zuschüsse vom Ausschuss für die Rechte von Menschen mit Behinderungen moniert worden. So stellten die administrativen Schwierigkeiten Bewerber in eine benachteiligende Position und könnten so in indirekte Diskriminierung übergehen.[935] Der Ausschuss sieht in der derzeitigen rechtlichen Ausgestaltung der Eingliederungszuschüsse einen Verstoß gegen Art. 27 Abs. 1 S. 2 lit. d, e und h i. V. m. Art. 3 lit. a, b, c und e, Art. 4 Abs. 1 a und b und Art. 5 Abs. 1 UN-BRK. Demnach ist Deutschland verpflichtet, die bestehenden Regelungen zu Eingliederungszuschüssen (Inhalt und Funktionsweise) zu ändern, damit Arbeitgeber zukünftig effektiven Zugang zu dieser Geldleistung haben, wann immer dies angemessen erscheint.

X. Vorkehrungen am Arbeitsplatz

Menschen mit Behinderungen können ihre volle Arbeitsleistung häufig erst dann erbringen, wenn der Arbeitsplatz entsprechend gestaltet ist. Gerade Menschen mit einer Körper-, Seh- oder Hörbehinderung benötigen besondere Hilfsmittel und Vorkehrungen am Arbeitsplatz, um ihre Fähigkeiten und Fertigkeiten einsetzen zu können. Ein barrierefreier Arbeitsplatz ist in-

---

935 UN Committee on the Rights of Persons with Disabilities, Communication No. 2/2010 (date: 4. April 2014), S. 18.

sofern für viele Menschen die notwendige Voraussetzung für Inklusion in den Arbeitsmarkt. Für Arbeitgeber stellt diese Umgestaltung einen Kostenfaktor dar, der zunächst ein betriebswirtschaftliches Hindernis für eine Einstellung ist. Die UN-BRK greift diesen Zusammenhang auf und fordert entsprechende Vorkehrungen für Menschen mit Behinderungen zu treffen.

1. Inhalt, Auslegung und Verpflichtung

Inhalt: „States Parties shall safeguard and promote the realization of the right to work [...] by taking appropriate steps, including through legislation, to, inter alia: [...] Ensure that reasonable accommodation is provided to persons with disabilities in the workplace; [...].“[936]

Auslegung und Verpflichtung: Bei dieser Vorschrift geht es um die Berücksichtigung individueller Bedürfnisse, während es z. B. bei der Förderung der Beschäftigung im privaten Sektor (lit. h) um allgemeine Maßnahmen und Instrumente für eine Vielzahl von Personen mit Behinderung geht.[937] Der Vertragsstaat hat durch den Erlass von Rechtsvorschriften sicherzustellen, dass für den Einzelnen am Arbeitsplatz angemessene Vorkehrungen getroffen werden. Angemessene Vorkehrungen sind gem. Art. 2 Unterabs. 4 UN-BRK „necessary and appropriate modification and adjustments not imposing a disproportionate or undue burden, where needed in a particular case, to ensure to persons with disabilities the enjoyment or exercise on an equal basis with others of all human rights and fundamental freedoms“.[938] Hinsichtlich unverhältnismäßiger und unbilliger Belastungen führt das BAG aus:

> „Ob solche Vorkehrungen den jeweiligen Arbeitgeber unverhältnismäßig belasten, haben die nationalen Gerichte festzustellen, wobei sie insbesondere den damit

---

936 Art. 27 Abs. 1 S. 2 lit. i UN-BRK. Die deutsche Übersetzung lautet: „Die Vertragsstaaten sichern und fördern die Verwirklichung des Rechts auf Arbeit [...] durch geeignete Schritte, einschließlich des Erlasses von Rechtsvorschriften, um unter anderem [...] sicherzustellen, dass am Arbeitsplatz angemessene Vorkehrungen für Menschen mit Behinderungen getroffen werden; [...].“

937 Vgl. *Trenk-Hinterberger*, in: *Welke*, UN-BRK, 2012, Art. 27 Rn. 27.

938 Die deutsche Übersetzung lautet: „[...] notwendige und geeignete Änderungen und Anpassungen, die keine unverhältnismäßige oder unbillige Belastung darstellen und die, wenn sie in einem bestimmten Fall erforderlich sind, vorgenommen werden, um zu gewährleisten, dass Menschen mit Behinderungen gleichberechtigt mit anderen alle Menschenrechte und Grundfreiheiten genießen oder ausüben können“.

> verbundenen finanziellen und sonstigen Aufwand unter Berücksichtigung der Größe und der Finanzkraft des Arbeitgebers sowie der Möglichkeit, öffentliche Mittel oder andere Unterstützungen in Anspruch zu nehmen, in die Abwägung einzubeziehen haben [...]. Die Mitgliedstaaten müssen aufgrund von Art. 5 RL 2000/78/EG iVm. Art. 2 Unterabs. 4 UN-BRK die Arbeitgeber verpflichten, die im konkreten Einzelfall jeweils erforderlichen angemessenen Vorkehrungen zu ergreifen. Das bloße Schaffen von Anreiz- und Hilfsmaßnahmen genügt nicht [...].“[939]

Die Bestimmung stellt einen wichtigen Beitrag zur Verwirklichung des Rechts von Menschen mit Behinderung auf Arbeit dar. Denn dieses kann letztlich nur dann verwirklicht werden, wenn die Hindernisse aus dem Weg geräumt werden, die für die Betroffenen eine unüberwindbare Hürde für die Erbringung der Arbeit darstellen, obwohl die grundsätzliche Fähigkeit zur Arbeitsleistung gegeben ist (Beispiel: blinder Arbeitnehmer benötigt für einen Computerarbeitsplatz spezielle Software).[940] Als Regelbeispiele für angemessene Vorkehrungen am Arbeitsplatz werden u. a. finanzielle Leistungen zur Schaffung von Arbeits- und Ausbildungsplätzen, technische Arbeitshilfen, aber auch spezielle Dienste, wie die Arbeitsassistenz genannt.[941]

Es handelt sich um eine Leistungsverpflichtung des Staates.[942] Die Vertragsstaaten müssen durch positive Leistungen sicherstellen, dass Menschen mit Behinderungen das Recht auf Arbeit tatsächlich ausüben können. Zu beachten ist, dass die Staaten bei der Wahl der Mittel einen großen Gestaltungsspielraum haben.

2. Innerstaatliche Rechtsvorschriften

Zu den innerstaatlichen Rechtsvorschriften über angemessene Vorkehrungen am Arbeitsplatz gehören sowohl Leistungen an Arbeitnehmerinnen und Arbeitnehmer mit einer Behinderung (Arbeitsassistenz und technische Arbeitshilfen), als auch Leistungen an Arbeitgeberinnen und Arbeitgeber (z. B. Förderung der behindertengerechten Ausgestaltung von Arbeitsplät-

939 *BAG*, Urt. v. 19.12.2013 – 6 AZR 190/12, Rn. 52 (zit. nach juris).

940 Vgl. *Rothfritz*, Die Konvention der Vereinten Nationen zum Schutz der Rechte von Menschen mit Behinderungen, 2010 (Diss.), S. 409.

941 *Trenk-Hinterberger*, in: *Welke*, UN-BRK, 2012, Art. 27 Rn. 27.

942 *Trenk-Hinterberger*, in: *Kreutz/Lachwitz/Trenk-Hinterberger*, Die UN-Behindertenrechtskonvention in der Praxis, 2013, Art. 27 Rn. 24.

zen). Daneben existieren Vorschriften über die barrierefreie Gestaltung der Arbeitsstätten.

a) Arbeitsassistenz

Der Anspruch für schwerbehinderte Menschen auf Übernahme der Kosten für eine Arbeitsassistenz basiert auf zwei Anspruchsgrundlagen: Unter den Voraussetzungen des § 33 Abs. 1 und Abs. 3 Nr. 1 und Nr. 6 i. V. m. Abs. 8 S. 1 Nr. 3 SGB IX haben schwerbehinderte Menschen einen Anspruch auf Arbeitsassistenz gegenüber dem zuständigen Rehabilitationsträger (gem. § 6 Abs. 1 Nr. 2 bis 7 SGB IX[943]) als Unterstützung zur Erlangung eines Arbeitsplatzes.[944] Die Leistung wird für die Dauer von bis zu drei Jahren erbracht und in Abstimmung mit dem zuständigen Rehabilitationsträger durch das Integrationsamt gem. § 102 Abs. 4 SGB IX i. V. m. § 17 Abs. 1a SchwbAV ausgeführt (§ 33 Abs. 8 S. 2). Im Anschluss oder unabhängig davon kann zur dauerhaften Erhaltung eines Arbeitsplatzes vom Integrationsamt nach § 102 Abs. 4 SGB IX eine notwendige Arbeitsassistenz finanziert werden. Der Anspruch besteht im Rahmen der dem Integrationsamt aus der Ausgleichsabgabe zur Verfügung stehenden Mittel und kann grundsätzlich zeitlich unbegrenzt erbracht werden.[945]

Unter Arbeitsassistenz „ist die über gelegentliche Handreichungen hinausgehende, zeitlich wie tätigkeitsbezogen regelmäßig wiederkehrende Unterstützung von schwerbehinderten Menschen (Assistenznehmern) [...] bei der Arbeitsausführung in Form einer von ihnen beauftragten Assistenzkraft im Rahmen der Erlangung oder Erhaltung eines Arbeitsplatzes auf dem allgemeinen Arbeitsmarkt“ zu verstehen.[946] Typische Beispiele für Unterstützungstätigkeiten einer Arbeitsassistenz sind einfache Handreichungen (z. B. kopieren, Ordner aus dem Regal holen etc.), Kommunikationsassistenz (z. B. Gebärdendolmetscher) sowie Vorlesen, Sichten und

943 *Luik*, in: *Deinert/Welti*, SWK-BR, 2014, Arbeitsassistenz Rn. 1.

944 *Deusch*, in: *Dau/Düwell/*Joussen, LPK-SGB IX, 4. Aufl. 2014, § 33 Rn. 51.

945 *Knittel*, SGB IX Kommentar, 7. Aufl. 2013, § 33 Rn. 206.

946 *BIH*, Empfehlungen der Bundesarbeitsgemeinschaft der Integrationsämter und Hauptfürsorgestellen (BIH) für die Erbringung finanzieller Leistungen zur Arbeitsassistenz schwerbehinderter Menschen gemäß § 102 Abs. 4 SGB IX (Stand: 15.04.2014), 2.1, www.integrationsaemter.de (letzter Zugriff: 22.07.2015).

Ordnen von Schriften für blinde oder sehbehinderte Menschen.[947] Zu den Voraussetzungen für eine Arbeitsassistenz gehören u. a.:[948]

- Schwerbehinderung oder Gleichstellung (vgl. § 33 Abs. 8 S. 1 Nr. 3, § 2 SGB IX),
- Erhaltung, Verbesserung, Herstellung oder Wiederherstellung der Erwerbsfähigkeit und möglichst dauerhafte Sicherung der Teilhabe am Arbeitsleben (vgl. § 33 Abs. 1 SGB IX),
- der Kernbereich der arbeitsvertraglich geschuldeten Aufgaben muss vom Schwerbehinderten oder Gleichgestellten selbstständig zu erfüllen sein (es darf sich lediglich um wiederkehrende Unterstützung bei der Arbeitsausführung handeln),[949]
- Nachrangigkeit (gegenüber anderen Leistungen des SGB IX oder Dritten, z. B. Arbeitgeber / bei der Leistung des Integrationsamtes gem. § 102 Abs. 4 SGB IX gilt Nachrangigkeit gegenüber den Rehabilitationsträgern und Dritten),[950]
- Erforderlichkeit.

Erforderlichkeit bzw. Notwendigkeit der Arbeitsassistenz besteht nach den BIH-Empfehlungen, „wenn dem Assistenznehmer erst durch diese Leistung eine wettbewerbsfähige Erbringung der arbeitsvertraglich/dienstrechtlich geschuldeten Tätigkeiten möglich wird“.[951] Es handelt sich bei der Arbeitsassistenz hinsichtlich des „ob“ der Leistung um einen Rechtsanspruch. Hinsichtlich des „Wie“ der Leistungsgewährung besteht ein Auswahlermessen, d. h. die Festlegung von Höhe und Dauer der Leistung sind in das pflichtgemäße Ermessen des Sozialleistungsträgers gestellt.[952] Die Gewährung einer Arbeitsassistenz kommt auch für einen Arbeitsplatz in einer WfbM im Eingangs- und Berufsbildungsbereich in Betracht (nicht: im Arbeitsbereich).[953]

---

947 *BAG UB e.V.*, Handbuch Arbeitsassistenz, Stand: Juli 2005, S. 6, http://www.bag-ub.de/aaz/handbuch (letzter Zugriff: 10.05.2016).

948 *Trenk-Hinterberger*, in: *Stähler*, Inklusion behinderter Arbeitnehmer, 2013, S. 173.

949 *Knittel*, SGB IX Kommentar, 7. Aufl. 2013, § 33 Rn. 208.

950 *Luik*, in: *Deinert/Welti*, SWK-BR, 2014,Arbeitsassistenz Rn. 6.

951 *BIH*, Empfehlungen der Bundesarbeitsgemeinschaft der Integrationsämter und Hauptfürsorgestellen (BIH) für die Erbringung finanzieller Leistungen zur Arbeitsassistenz schwerbehinderter Menschen gemäß § 102 Abs. 4 SGB IX (Stand: 15.04.2014), 2.2, www.integrationsaemter.de (letzter Zugriff: 22.07.2015).

952 *Luik*, in: *Deinert/Welti*, SWK-BR, 2014, Arbeitsassistenz Rn. 12.

953 *LSG Sachsen-Anhalt*, Beschluss v. 27.11.2014 – L 2 AL 41/14 B ER (zit. nach juris).

Im vorliegenden Fall begehrte eine schwerstbehinderte Antragstellerin (GdB 100, Merkzeichen aG, H usw.) vom zuständigen Rehabilitationsträger (Bundesagentur für Arbeit) eine ganztägige Arbeitsassistenz im Berufsbildungsbereich einer WfbM. Dieser lehnte die Leistung nach anfänglicher Gewährung im Eingangsverfahren für den Berufsbildungsbereich ab. Das LSG Sachsen-Anhalt hielt die zulässige Beschwerde der schwerbehinderten Antragstellerin jedoch für überwiegend begründet. Bei der Prognose, ob nach Durchlaufen des Berufsbildungsbereiches eine wirtschaftlich verwertbare Arbeitsleistung ohne Assistenzleistung zu erwarten sei, ist Art 27 UN-BRK zu beachten: Diese Vorschrift verlangt „[...] das gleiche Recht von Menschen mit Behinderung auf Arbeit. Es muss insoweit im konkreten Fall im Berufsbildungsbereich ausgetestet werden können, ob der behinderte Mensch einen Arbeitsplatz in einer WfbM erreichen kann."[954]

Die Arbeitsassistenz stellt eine angemessene Vorkehrung i. S. d. Art. 27 Abs. 1 S. 2 lit. i i. V. m. Art. 2 Unterabs. 4 UN-BRK dar. Sie ist eine individuelle Maßnahme, welche einzelnen Menschen mit einer Schwerbehinderung oder Gleichstellung die Arbeitsausführung am konkreten Arbeitsplatz ermöglicht. Die als Rechtsanspruch im SGB IX verankerte Leistung sichert und fördert damit das Recht auf Arbeit auf einem inklusiven Arbeitsmarkt. Bei der Auslegung des Begriffes Erforderlichkeit ist zukünftig Art. 27 UN-BRK einzubeziehen. Dies bedeutet, dass in Zweifelsfällen, insbesondere bei der Ungewissheit darüber, ob eine Assistenzkraft ausreicht, um eine dauerhafte Teilhabe am Arbeitsleben zu erreichen, nach Sinn und Zweck des Art. 27 UN-BRK die Leistung zu gewähren ist. Denn die Konvention fordert von den Vertragsstaaten die Möglichkeit den Lebensunterhalt auf dem allgemeinen Arbeitsmarkt zu verdienen, zu sichern und zu fördern. Bei der Ausübung des Ermessens hinsichtlich der Dauer und Höhe der Leistungsgewährung ist die Entscheidung im Lichte des Art. 27 UN-BRK zu treffen. Auch hier ist im Zweifelsfall das Recht auf Arbeit höher zu bewerten als eine mögliche Kostenineffektivität bei einem Scheitern der dauerhaften Teilhabe am Arbeitsleben.

b) Technische Arbeitshilfen

Menschen mit einer einfachen Behinderung, Schwerbehinderung oder Gleichstellung haben unter den Voraussetzungen des § 33 Abs. 8 S. 1 Nr. 5 SGB IX einen Rechtsanspruch auf technische Arbeitshilfen, die wegen Art oder Schwere der Behinderung zur Berufsausübung erforderlich sind. Typi-

954 *LSG Sachsen-Anhalt*, Beschluss v. 27.11.2014 – L 2 AL 41/14 B ER – Rn. 30 (zit. nach juris).

sche Beispiele für solche Arbeitshilfen sind PC-Zusatzgeräte für Sehbehinderte, Greifprothesen oder optisch-elektronische Lesehilfen.[955] Zu den Voraussetzungen gehören:[956]

- Erhaltung, Verbesserung, Herstellung oder Wiederherstellung der Erwerbsfähigkeit und möglichst dauerhafte Sicherung der Teilhabe am Arbeitsleben (vgl. § 33 Abs. 1 SGB IX),
- Erforderlichkeit,
- die technischen Arbeitshilfen gehen in das Eigentum des Menschen mit Behinderung über,
- ärztliches Attest über langfristige Einschränkung,
- Arbeitshilfe wird ausschließlich für die berufliche Tätigkeit genutzt.

Die Gewährung einer technischen Arbeitshilfe kann auch durch das Integrationsamt erfolgen. Die Leistung durch das Integrationsamt ist nachrangig gegenüber der Leistungserbringung durch die Rehabilitationsträger.[957] Im Gegensatz zur Pflicht der Rehabilitationsträger handelt es sich hier gegenüber dem Integrationsamt um einen Ermessensanspruch. Das Integrationsamt kann aus Mitteln der Ausgleichsabgabe an schwerbehinderte Menschen und Gleichgestellte technische Arbeitshilfen erbringen (vgl. § 102 Abs. 3 S. 1Nr. 1 lit. a SGB IX i. V. m. § 19 SchwbAV). Die Kostenübernahme umfasst neben den Anschaffungskosten auch die Schulung im Gebrauch, Wartung, Instandsetzung, Ersatzbeschaffung und Beschaffung im Falle einer technischen Weiterentwicklung (vgl. § 19 SchwbAV).

Abzugrenzen ist der Rechtsanspruch gegen die Rehabilitationsträger oder der Ermessensanspruch gegen das Integrationsamt von der Verpflichtung der Arbeitgeber nach § 81 Abs. 4 S. 1 Nr. 5 SGB IX: Danach haben schwerbehinderte Menschen gegen den Arbeitgeber ebenfalls Anspruch auf Ausstattung ihres Arbeitsplatzes mit den erforderlichen technischen Arbeitshilfen. Der Arbeitgeber ist grundsätzlich verpflichtet, dem konkreten Mitarbeiter durch die Bereitstellung von technischen Arbeitshilfen die Erfüllung der geschuldeten Tätigkeit zu ermöglichen.[958] Im Verhältnis zu einem bestehenden Anspruch des Arbeitnehmers oder der Arbeitnehmerin mit einer Schwerbehinderung gegen einen Rehabilitationsträger tritt der Anspruch gegen den Arbeitgeber zurück (Subsidiarität). Anders verhält es

955 *Knittel*, SGB IX Kommentar, 7. Aufl. 2013, § 33 Rn. 258.

956 *Trenk-Hinterberger*, in: *Stähler*, Inklusion behinderter Arbeitnehmer, 2013, S. 181.

957 *Dau*, in: *Dau/Düwell/Joussen*, LPK-SGB IX, 4. Aufl. 2014, § 102 Rn. 20.

958 *Winkler*, Die Teilhabe behinderter Menschen am Arbeitsleben, 2010, S. 159.

sich im Fall der Zuständigkeit des Integrationsamtes; hier wird der Rechtsanspruch gegen den Arbeitgeber nicht berührt (vgl. § 102 Abs. 5 S. 1 SGB IX).[959]

Die Regelungen über die Gewährung von technischen Arbeitshilfen gem. §§ 33 und 102 SGB IX sind geeignet, die Verpflichtung aus Art. 27 Abs. 1 S. 2 lit. i UN-BRK zu erfüllen. Die Leistungen zielen darauf ab, angemessene Vorkehrungen am Arbeitsplatz zu schaffen. Dies gilt für Schwerbehinderte sowie Gleichgestellte und im Fall des § 33 Abs. 8 S. 1 Nr. 5 SGB IX auch für Menschen mit einer einfachen Behinderung. Gegen die Rehabilitationsträger besteht bei Vorliegen der tatbestandsmäßigen Voraussetzungen ein Rechtsanspruch.

c) Finanzielle Förderung der Arbeitsplatzgestaltung

Arbeitgeber können bei der Einrichtung und Gestaltung von Arbeitsplätzen für Menschen mit Behinderungen grundsätzlich Fördermittel bei den Rehabilitationsträgern oder dem Integrationsamt beantragen. Im Gegensatz zu den vorstehend dargestellten technischen Arbeitshilfen, sind die Arbeitgeber antragsberechtigt und die erbrachten Leistungen gehen als Teil der sächlichen Betriebsausstattung in das Eigentum der Arbeitgeber über.[960] Als Leistungen können erbracht werden:[961]

- Behinderungsgerechte Einrichtung von Arbeits- und Ausbildungsplätzen: Die behinderungsgerechte Einrichtung von Arbeits- und Ausbildungsplätzen (Erst- und Ersatzbeschaffung) kann in Form eines Zuschusses oder Darlehens finanziert werden. Als Leistungsträger kommen zum einen die Rehabilitationsträger gem. § 34 Abs. 1 Nr. 3 SGB IX i. V. m. dem jeweiligen Leistungsgesetz in Betracht. Zum anderen kann das Integrationsamt gem. § 102 Abs. 3 S. 1 Nr. 2 a SGB IX i. V. m. § 26 SchwbAV Leistungen zur behinderungsgerechten Einrichtung von Arbeits- und Ausbildungsplätzen für schwerbehinderte Menschen erbringen. Die Klärung der Zuständigkeit kann im Einzelfall schwierig sein.[962]
- Schaffung von neuen Arbeits- und Ausbildungsplätzen für schwerbehinderte Menschen: Arbeitgeber können Darlehen oder Zuschüsse für die

959 *Deinert*, in: *Deinert/Welti*, SWK-BR, 2014, Fürsorgepflicht Rn. 8.

960 *Knittel*, SGB IX Kommentar, 7. Aufl. 2013, § 34 Rn. 10.

961 *BIH*, ABC Behinderung & Beruf, Leistungen für behinderte Menschen im Beruf, 2011, S. 282 ff.

962 Vgl. dazu *Trenk-Hinterberger*, in: *Stähler*, Inklusion behinderter Arbeitnehmer, 2013, S. 123 ff.

Schaffung von neuen Arbeits- und Ausbildungsplätzen für schwerbehinderte Menschen unter den Voraussetzungen des § 102 Abs. 3 S. 1 Nr. 2 a SGB IX i. V. m. § 15 SchwbAV erhalten. Leistungsträger ist ausschließlich das Integrationsamt.

- Bezuschussung von Arbeitshilfen im Unternehmen: Möglich ist auch eine Bezuschussung oder komplette Übernahme der Kosten für eine behinderungsgerechte Ausgestaltung von Ausbildungs- und Arbeitsplätzen. Die Rechtsgrundlage für die Rehabilitationsträger ergibt sich ebenfalls aus § 34 Abs. 1 Nr. 3 SGB IX. Im Recht der Arbeitsförderung ist eine Spezialvorschrift zu finden: Nach § 46 Abs. 2 SGB III (für die Jobcenter i. V. m. § 16 Abs. 1 SGB II) können Arbeitgeber Zuschüsse bekommen, wenn durch die erforderliche behindertengerechte Ausgestaltung von Ausbildungs- und Arbeitsplätzen die dauerhafte Teilhabe am Arbeitsleben erreicht und gesichert wird. Allerdings darf nach den Regelungen des Schwerbehindertenrechtes keine entsprechende Verpflichtung des Arbeitgebers bestehen, insbesondere nicht gem. § 81 Abs. 4 SGB IX. Für das Integrationsamt kann sich eine Leistungsgewährung aus § 102 Abs. 3 S. 1 Nr. 2 a SGB IX i. V. m. § 26 SchwbAV ergeben.

Als Beispiele für entsprechende Leistungen können Hilfsmittel genannt werden, wie Bildschirm-Lesegeräte, Braille-Drucker oder sonstige Einrichtungsgegenstände, aber auch individuell erforderliche Umbaumaßnahmen, wie Rampen und sanitäre Einrichtungen; jedoch nicht solche Maßnahmen und Gegenstände, welche auch von Menschen ohne Behinderung benötigt werden.[963]

Bei den Leistungen zur Einrichtung und Gestaltung von Arbeits- und Ausbildungsplätzen handelt es sich um Ermessensansprüche, wobei ein Entschließungs- und Auswahlermessen besteht.[964] Insbesondere ist bei der Entscheidung zu berücksichtigen, ob die Leistungen erforderlich und die Kosten notwendig sind (vgl. § 46 Abs. 2 SGB III, § 26 SchwbAV). Bei der Auslegung dieser unbestimmten Rechtsbegriffe ist eine Prognoseentscheidung über die dauerhafte Teilhabe zu treffen und festzustellen, ob nicht weniger kostenintensivere mildere Mittel zur Verfügung stehen. Dazu folgendes Beispiel:

963 *Luik*, in: *Schlegel/Voelzke*, juris PK-SGB IX, 2. Aufl. 2015, § 34 Rn. 65.

964 Vgl. *Trenk-Hinterberger*, in: *Stähler*, Inklusion behinderter Arbeitnehmer, 2013, S. 181.

In einem Fall begehrte ein Dienstherr für eine verbeamtete gehörlose Mitarbeiterin die Kosten für einen Gebärdendolmetschdienst i. H. v. 220 EUR monatlich zur Unterstützung bei der Nutzung eines Bildtelefons. Die Ermessensentscheidung des zuständigen Integrationsamtes fiel nach anfänglicher Bewilligung ablehnend aus. Als Begründung führte die Behörde eine zu geringe tägliche Nutzung an; die wenigen anfallenden Telefonate könnten durch E-Mail oder SMS ersetzt werden. Im Übrigen sei die dauerhafte Teilhabe durch die Verbeamtung nicht gefährdet. Der Dienstherr beruft sich darauf, dass die Nutzung des Dienstes für die betroffene Mitarbeiterin erforderlich sei, da die Anforderungen des Arbeitsplatzes sonst nicht erfüllt werden könnten (Außendienstmitarbeiter seien nicht per E-Mail zu erreichen). Das VG bemängelte, dass bei der Ermessensentscheidung über die Ausstattung des Arbeitsplatzes mit der notwendigen technischen Arbeitshilfe „das Interesse der Klägerin daran, dass ihre Mitarbeiterin das jeweilige Aufgabengebiet möglichst selbständig" erledigt, unberücksichtigt geblieben ist und hob den Verwaltungsakt des Integrationsamtes auf und ordnete eine erneute Entscheidung an.[965] Dabei sei allerdings der zukünftige Einsatz von SMS zu prüfen.

Grundsätzlich sind die Zuschüsse und Darlehen geeignet, die Anforderungen des Art. 27 Abs. 1 S. 2 lit. i UN-BRK zu erfüllen. Durch die Einrichtung und Gestaltung von behinderungsgerechten Arbeits- und Ausbildungsplätzen werden angemessene Vorkehrungen am Arbeitsplatz getroffen. Bei der Auslegung der unbestimmten Rechtsbegriffe „erforderlich" und „notwendig" und bei der pflichtgemäßen Ausübung des Ermessens sind Art. 27 und Art. 2 Unterabs. 4 UN-BRK zu berücksichtigen. In Zweifelsfällen führt das gleiche Recht von Menschen mit Behinderungen auf Arbeit in einem inklusiven Arbeitsmarkt zur Feststellung der Erforderlichkeit und Notwendigkeit der Leistungen. Der Progressionsvorbehalt (Art. 4 Abs. 2 UN-BRK) würde nur dann zu einem Leistungsausschluss führen, wenn die Geldmittel der Leistungsträger oder die dem Integrationsamt zur Verfügung stehende Ausgleichsabgabe nicht ausreichen. Ein Ausschluss wäre auch dann zu bejahen, wenn mildere und wirtschaftlich vertretbare Maßnahmen rechtlich und tatsächlich gegeben sind.

d) Barrierefreie Arbeitsstätte

Gem. § 81 Abs. 4 S. 1 Nr. 4 SGB IX haben schwerbehinderte Menschen gegenüber ihrem Arbeitgeber einen Rechtsanspruch auf behinderungsgerechte Einrichtung und Unterhaltung der Arbeitsstätten. Welche Veränderungen der Arbeitgeber oder die Arbeitgeberin vornehmen muss, hängt

965 *VG Augsburg*, Urt. v. 23.07.2013 – Au 3 K 13.350 (zit. nach juris).

vom konkreten Einzelfall ab.[966] Beispiele für eine behinderungsgerechte Gestaltung der Arbeitsstätte sind behinderungsgerechte Aufzüge und Toiletten, ein barrierefreier Zugang zu den Gebäuden, den Sozialräumen, sowie zur Kantine, die Schaffung von Behindertenparkplätzen usw.[967] Die Regelung des § 81 Abs. 4 S. 1 Nr. 4 SGB IX wird im Arbeitsschutzrecht durch die Arbeitsstättenverordnung (ArbStättV) ergänzt.[968]

aa) Vorgaben des § 3a Abs. 2 ArbStättV

§ 3a Abs. 2 S. 1 ArbStättV ist eine Regelung zur Barrierefreiheit und verpflichtet Arbeitgeber, wenn sie Menschen mit Behinderungen beschäftigen, Arbeitsstätten so einzurichten und zu betreiben, dass die Belange dieser Beschäftigtengruppe hinsichtlich der Sicherheit und des Gesundheitsschutzes Berücksichtigung finden.[969] Im Gegensatz zu § 81 Abs. 4 S. 1 SGB IX gilt dies nicht nur, wenn Arbeitgeber schwerbehinderte oder gleichgestellte Menschen beschäftigen, sondern für alle Arbeitnehmer mit einer Behinderung gem. § 2 Abs. 1 SGB IX.[970] Nach § 3a Abs. 2 S. 2 ArbStättV gilt dies insbesondere für die barrierefreie Gestaltung von Arbeitsplätzen sowie von zugehörigen Türen, Verkehrswegen, Fluchtwegen, Notausgängen, Treppen, Orientierungssystemen, Waschgelegenheiten und Toilettenräumen. Es sollen alle Bereiche der Arbeitsstätte behindertengerecht und barrierefrei gestaltet werden, die von den Beschäftigten mit Behinderung aufgesucht werden.[971] Was in diesem Zusammenhang barrierefrei bedeutet ist § 4 BGG zu entnehmen[972]: Barrierefrei sind bauliche und sonstige Anlagen, Verkehrsmittel, technische Gebrauchsgegenstände, Systeme der Informationsverarbeitung, akustische und visuelle Informationsquellen und Kommunikationseinrichtungen sowie andere gestaltete Lebensbereiche, wenn sie für behinderte Menschen in der allgemein üblichen Weise, ohne besondere Erschwernis und grundsätzlich ohne fremde Hilfe zugänglich und nutzbar sind.

---

966 *Kossens*, in: *Kossens/von der Heide/Maaß*, SGB IX Kommentar, 4. Aufl. 2015, § 81 Rn. 84; vgl. allgemein zur Barrierefreiheit im Arbeitsleben *Welti*, in: SGb 2015, S. 533 (538 f.).

967 Vgl. *Müller-Wenner*, in: *Müller-Wenner/Winkler*, SGB IX Teil 2, Schwerbehindertenrecht Kommentar, 2. Aufl. 2011, § 81 Rn. 83; *Kossens*, in: *Kossens/von der Heide/Maaß*, SGB IX Kommentar, 4. Aufl. 2015, § 81 Rn. 87.

968 Vgl. *Kittner/Pieper*, Arbeitsschutzrecht, 3. Aufl. 2006, § 3 ArbStättV Rn. 23.

969 Vgl. *Welti*, in: NVwZ 2012, S. 725 (728).

970 *Lorenz*, in: *Kollmer/Klindt*, ArbSchG Kommentar, 2. Aufl. 2011, § 3a ArbStättV Rn. 10.

971 *Kollmer*, ArbStättV Kommentar, 3. Aufl. 2009, § 3 Rn. 41.

972 *Kittner/Pieper*, Arbeitsschutzrecht, 3. Aufl. 2006, § 3 ArbStättV Rn. 24.

Der Verordnungsgeber hat mit der Verordnung zur Änderung von Arbeitsschutzverordnungen[973] u. a. eine Neuregelung des § 3a Abs. 2 ArbStättV eingeleitet, die zum Zeitpunkt der Abfassung dieser Arbeit[974] noch vom Bundeskabinett nach Zustimmung des Bundesrates nach Maßgaben erneut beschlossen werden muss.[975] Mit der Arbeitsstättenverordnung soll Art. 27 UN-BRK und die Pflicht zur Barrierefreiheit umgesetzt werden – in der Neufassung lautet § 3a Abs. 2 ArbStättV: Beschäftigt der Arbeitgeber Menschen mit Behinderungen, hat er die Arbeitsstätte so einzurichten und zu betreiben, dass die besonderen Belange dieser Beschäftigten im Hinblick auf die Sicherheit und den Schutz der Gesundheit berücksichtigt werden. Dies gilt insbesondere für die barrierefreie Gestaltung von Arbeitsplätzen, Sanitär-, Pausen- und Bereitschaftsräumen, Kantinen, Erste-Hilfe-Räumen und Unterkünften sowie den zugehörigen Türen, Verkehrswegen, Fluchtwegen, Notausgängen, Treppen und Orientierungssystemen, die von den Beschäftigten mit Behinderungen benutzt werden.[976] Der Verordnungsgeber weitet damit die Arbeitgeberpflichten zur Barrierefreiheit auf Pausen- und Bereitschaftsräume, Kantinen, Erste-Hilfe-Räume und Unterkünfte aus und berücksichtigt damit Anmerkungen der Aufsichtsbehörden.[977]

Arbeitsstätten müssen allerdings – auch nach der Neufassung des § 3a Abs. 2 ArbStättV – nur dann barrierefrei eingerichtet und betrieben werden, wenn tatsächlich Arbeitnehmerinnen und Arbeitnehmer mit Behinderungen beschäftigt werden.[978] Die BRK-Allianz kritisiert deshalb an der Regelung, dass Unternehmen nicht generell der Verpflichtung unterliegen, Arbeitsstätten und Arbeitsplätze barrierefrei zu gestalten.[979] Dies sei eine Diskriminierung von Bewerbern und Bewerberinnen mit einer Behinderung, da die Gefahr besteht, dass Unternehmen die Kosten für einen barrierefreien Umbau fürchten und deshalb von der Einstellung eines Menschen mit Behinderung absehen.

---

973 BR-Drs. 509/14 v. 29.10.2014 und BR-Drs. 509/14 (Beschluss).

974 Stand: 04.04.2015.

975 *Düwell*, in: Forum Rehabilitations- und Teilhaberecht, Forum B, Diskussionsbeitrags-Nr. 3/2015, S. 1 (www.reha-recht.de).

976 BR-Drs. 509/14 v. 29.10.2014.

977 *Düwell*, in: Forum Rehabilitations- und Teilhaberecht, Forum B, Diskussionsbeitrags-Nr. 3/2015, S. 2 (www.reha-recht.de).

978 *Kollmer*, ArbStättV Kommentar, 3. Aufl. 2009, § 3 Rn. 46; *Kittner/Pieper*, Arbeitsschutzrecht, 3. Aufl. 2006, § 3 ArbStättV Rn. 24; a. A. *Nebe*, in: Forum Rehabilitations- und Teilhaberecht, Forum B, Diskussionsbeitrags-Nr. 4/2015, S. 1 ff. (www.reha-recht.de).

979 Vgl. *BRK-Allianz*, Für Selbstbestimmung, gleiche Rechte, Barrierefreiheit, Inklusion! Erster Bericht der Zivilgesellschaft zur Umsetzung der UN-Behindertenrechtskonvention in Deutschland, 2013, S. 62.

bb) Prüfung der Vereinbarkeit und Ergebnis

Durch Art. 27 Abs. 1 S. 2 lit. i UN-BRK ist Deutschland zur Sicherstellung angemessener Vorkehrungen für Menschen mit Behinderungen am Arbeitsplatz verpflichtet. Dazu bestehen in der deutschen Rechtsordnung bereits Vorschriften, die grundsätzlich geeignet sind die Anforderungen der Konvention zu erfüllen; zu nennen ist u. a. § 81 Abs. 4 S. 1 Nr. 4 SGB IX, der durch § 3a Abs. 2 ArbStättV ergänzt wird. Eine Studie des UN-Hochkommissariats für Menschenrechte zum Thema „Arbeit und Beschäftigung von Menschen mit Behinderungen" würdigt diese rechtlichen Gegebenheiten: „[...] Germany and Mexico, among others, have legislated that accessibility must be ensured in both private- and public-sector workplaces with more than a certain number of employees."[980] Fraglich ist allein, ob der Staat per Gesetz sicherstellen muss, dass Arbeitgeber vor Begründung eines Arbeitsverhältnisses mit einem Beschäftigten mit Behinderung, ihre Arbeitsstätten und Arbeitsplätze barrierefrei gestalten müssen.

Nach Ansicht von Nebe ist die Regelung bereits jetzt und auch nach der Neufassung nicht auf die tatsächliche Beschäftigung von Menschen mit Behinderung begrenzt. Eine solche Wortauslegung wäre ihrer Ansicht nach nicht mit dem Verfassungs-, Völker- und Unionsrecht vereinbar.[981] In Bezug auf die UN-BRK sei eine Begrenzung der Pflicht zur barrierefreien Gestaltung von Arbeitsstätten und Arbeitsplätzen bei tatsächlicher Beschäftigung nicht mit dem Verbot der Diskriminierung bei den Einstellungsbedingungen (Art. 27 Abs. 1 S. 2 lit. a UN-BRK) vereinbar. Denn § 3a Abs. 2 ArbStättV biete einen Anreiz für Arbeitgeber von Einstellungen abzusehen, um nicht der Pflicht zur barrierefreien Einrichtung und Gestaltung der Arbeitsstätten und Arbeitsplätze bei tatsächlicher Beschäftigung zu unterliegen. Darüber hinaus widerspreche eine restriktive Auslegung dem Prinzip des universal design (Art. 2 Abs. 5 UN-BRK) und der allgemeinen Pflicht zur Ermöglichung von Zugänglichkeit.[982]

Nach der hier vertretenen Ansicht wäre § 3a Abs. 2 ArbStättV auch nach der Neufassung nur dann konventionswidrig, wenn der unbestimmte Rechtsbegriff „angemessene Vorkehrungen" des Art. 27 Abs. 1 S. 2 lit. i

---

980 *UN*, Thematic study on the work and employment of persons with disabilities, Report of the office of the United Nations High Commissioner for Human Rights, 17. Dezember 2012, S. 8 f.

981 Vgl. dazu *Nebe*, in: Forum Rehabilitations- und Teilhaberecht, Forum B, Diskussionsbeitrags-Nr. 4/2015, S. 2 ff. (www.reha-recht.de).

982 Vgl. zum Verstoß gegen völkerrechtliche Maßstäbe *Nebe*, in: Forum Rehabilitations- und Teilhaberecht, Forum B, Diskussionsbeitrags-Nr. 4/2015, S. 2 ff. (www.reha-recht.de).

UN-BRK dahingehend ausgelegt werden müsste, dass in zeitlicher Hinsicht vor Begründung des Arbeitsverhältnisses Arbeitsstätten barrierefrei zu gestalten sind. Dann müsste § 3a Abs. 2 ArbStättV entsprechend geändert werden. Angemessene Vorkehrungen sind laut Art. 2 Unterabs. 4 UN-BRK notwendige und geeignete Änderungen und Anpassungen, die keine unverhältnismäßige oder unbillige Belastung darstellen und die, wenn sie in einem bestimmten Fall erforderlich sind, vorgenommen werden, um zu gewährleisten, dass Menschen mit Behinderungen gleichberechtigt mit anderen alle Menschenrechte und Grundfreiheiten genießen oder ausüben können. Das BAG führt dazu aus, dass der Begriff weit zu verstehen sei und die Beseitigung verschiedener Barrieren – zu denen neben materiellen auch organisatorische Maßnahmen gehören können – umfasse, welche die volle, wirksame und gleichberechtigte Teilhabe am Berufsleben behindern.[983] Grundsätzlich kann die Versagung angemessener Vorkehrungen eine Diskriminierung darstellen.[984]

Allerdings ist Voraussetzung, dass die Vorkehrungen im Einzelfall erforderlich sind.[985] Was konkret im Einzelfall erforderlich ist, kann der Arbeitgeber allerdings erst dann wissen, wenn sich ein Mensch mit Behinderung bei ihm bewirbt. Insofern ist dem Arbeitgeber nicht abzuverlangen, die Arbeitsstätten und Arbeitsplätze ex-ante für jegliche Art von Behinderung barrierefrei zu gestalten, so wie es in letzter Konsequenz nach der Ansicht von Nebe der Fall wäre. Dies würde nämlich bedeuten, dass der Arbeitgeber bzw. die Arbeitgeberin z. B. allein für Menschen mit Sinnesbeeinträchtigungen visuelle Zeichen (z. B. Schriften, Symbole und Leuchtzeichen), akustische Zeichen (z. B. Sirene und dynamisch-akustische Fluchtleitsysteme) und taktile Zeichen (z. B. Bodenindikatoren und tastbare Zeichen in Blindenschrift) u. v. m. vorhalten müsste.[986]

Art. 27 Abs. 1 S. 2 lit. i UN-BRK ist dem Wortlaut nach die Forderung nach angemessenen Vorkehrungen am Arbeitsplatz („reasonable accommodation") zu entnehmen und gerade nicht die Forderung nach genereller Zugänglichkeit („Accessibility", häufig mit Barrierefreiheit übersetzt; vgl. auch Art. 3 lit. f und Art. 9 UN-BRK). Aichele und Althoff explizieren den Unterschied folgendermaßen: „Barrierefreiheit strebt die umfassende Ver-

983 *BAG*, Urt. v. 19.12.2013 – 6 AZR 190/12, Rn. 52 (zit. nach juris).

984 Vgl. Art. 2 Unterabs. 3 S. 2 UN-BRK; *Welti*, in: RdLH 1/2012, S. 1 (2).

985 So *Aichele/Althoff*, in: *Welke*, UN-BRK, 2012, Nicht-Diskriminierung und angemessene Vorkehrungen, Rn. 43; *Welti*, in: RdLH 2012, S. 1 (3).

986 Vgl. *ASTA* (Ausschuss für Arbeitsstätten), Barrierefreie Gestaltung von Arbeitsstätten (Stand: August 2012), www.baua.de/de/Themen-von-A-Z/Arbeitsstaetten/ASR/ASR.html (letzter Zugriff: 10.05.2016).

meidung von Barrieren in einer unbestimmbaren Vielzahl von Fällen an, während angemessene Vorkehrungen darauf ausgerichtet sind, Barrieren „nur" in einem Einzelfall zu überwinden und erkennbare, situative Hindernisse in Bezug auf eine bestimmte Person aus dem Weg zu räumen."[987] Demnach ist der deutsche Staat nicht dazu verpflichtet, in Bezug auf Arbeitsplätze eine generelle Barrierefreiheit für alle Arten der Behinderung per Gesetz zu schaffen. Nur im konkreten Einzelfall soll ein Arbeitgeber verpflichtet sein, die angemessenen Vorkehrungen am Arbeitsplatz zu treffen, und auch nur dann, wenn dies keine unverhältnismäßige und unbillige Belastung darstellt (vgl. Art. 2 Unterabs. 4 UN-BRK). Bei den Belastungen sind allerdings die Leistungen der Rehabilitationsträger oder des Integrationsamtes zu berücksichtigen.[988] Folglich ist § 3a Abs. 2 ArbStättV mit Art. 27 Abs. 1 S. 2 lit. i UN-BRK vereinbar.

e) Pflichten des Arbeitgebers gem. § 81 Abs. 4 SGB IX

Der Gesetzgeber hat in § 81 Abs. 4 SGB IX einen Rechtsanspruch auf behinderungsgerechte Beschäftigung für schwerbehinderte Menschen verankert. Bereits nach § 106 S. 3 GewO ist der Arbeitgeber verpflichtet, bei der Ausübung seines Weisungsrechts auf die Behinderungen des Arbeitnehmers Rücksicht zu nehmen. Im Fall, dass ein Mensch mit einer Schwerbehinderung seiner bisher ausgeübten Beschäftigung nicht mehr nachgehen kann (z. B. nach einem Unfall), führt dies nicht ohne weiteres zum Wegfall des Beschäftigungsanspruchs.[989] Sondern der schwerbehinderte Arbeitnehmer kann einen Anspruch nach § 81 Abs. 4 SGB IX gegen den Arbeitgeber auf folgende Maßnahmen haben; es sei denn, die Maßnahmen sind für den Arbeitgeber nicht zumutbar oder mit unverhältnismäßigen Aufwendungen verbunden oder es existieren entgegenstehende Vorschriften:

- Beschäftigung, bei der die Schwerbehinderten ihre Fähigkeiten und Kenntnisse voll verwerten und weiterentwickeln können (Nr. 1),
- bevorzugte Berücksichtigung bei innerbetrieblichen Maßnahmen der beruflichen Bildung zur Förderung des beruflichen Fortkommens (Nr. 2),

987 *Aichele/Althoff*, in: *Welke*, UN-BRK, 2012, Nicht-Diskriminierung und angemessene Vorkehrungen, Rn. 51.

988 Vgl. *BAG*, Urt. v. 19.12.2013 – 6 AZR 190/12, Rn. 52 (zit. nach juris).

989 *Kuhlmann*, in: br 2014, S. 57.

- Teilnahme an außerbetrieblichen Maßnahmen der beruflichen Bildung (Nr. 3),
- behinderungsgerechte Einrichtung und Unterhaltung der Arbeitsstätten (z. B. Maschinen, Gestaltung des Arbeitsplatzes und der Arbeitszeit) (Nr. 4),
- Ausstattung des Arbeitsplatzes mit technischen Arbeitshilfen (Nr. 5).

Wann die Maßnahmen für den Arbeitgeber nicht zumutbar oder mit unverhältnismäßigen Aufwendungen verbunden sind, hängt vom Einzelfall ab.[990] So kann der Schwerbehinderte z. B. die Weiterbeschäftigung auf einem anderen geeigneten Arbeitsplatz verlangen, nicht jedoch die Freikündigung eines solchen Arbeitsplatzes.[991] Frei ist ein Arbeitsplatz grundsätzlich allerdings dann, wenn dort ein Zeitarbeitnehmer tätig ist.[992] In Zweifelsfällen muss die Unzumutbarkeit im arbeitsgerichtlichen Verfahren geklärt werden.[993] Die Beschäftigungspflichten und Pflichten zur Anpassung des Arbeitsplatzes des Arbeitgebers sind sehr weitgehend und kollidieren teilweise mit den Leistungsansprüchen gegen die Rehabilitationsträger, wobei es im SGB IX keinen generellen Vorrang der Leistungsgewährung durch die Rehabilitationsträger gibt.[994] Vielmehr bedarf es eines koordinierenden Verfahrens, in dem die Pflichten des Arbeitgebers nach § 81 Abs. 4 SGB IX geprüft und daneben die zusätzlichen Leistungsansprüche gegen die Rehabilitationsträger oder das Integrationsamt einbezogen werden (vgl. dazu das Präventionsverfahren gem. § 84 SGB IX).[995]

3. Zusammenfassung

Die Verpflichtung, am Arbeitsplatz angemessene Vorkehrungen für Menschen mit Behinderungen zu treffen, erfüllt Deutschland durch Leistungen und finanzielle Hilfen an Arbeitgeber und Arbeitnehmer wie die Arbeitsassistenz, technische Arbeitshilfen und Leistungen zur finanziellen Förderung der Arbeitsplatzgestaltung. Es handelt sich teils um Rechts-, teils auch um Ermessensansprüche. Im Rahmen der Auslegung unbestimmter Rechtsbe-

---

990 Vgl. dazu *Winkler*, Die Teilhabe behinderter Menschen am Arbeitsleben, 2010, S. 167 ff.
991 *Kuhlmann*, in: br 2014, S. 57 (58).
992 *Kuhlmann*, in: br 2014, S. 57 (58).
993 *Wiegand*, in: *Wiegand* SGB IX Kommentar Teil 2 (Stand: Lfg. 1/09 – VI/09), § 81 Rn. 58.
994 *Winkler*, Die Teilhabe behinderter Menschen am Arbeitsleben, 2010, S. 165.
995 *Winkler*, Die Teilhabe behinderter Menschen am Arbeitsleben, 2010, S. 165.

griffe oder bei der Ermessensausübung haben Behörden und Gerichte die Regelungen der UN-BRK, insbesondere Art 27 UN-BRK zu beachten. In der anwaltlichen Praxis wird deshalb angemerkt, dass z. B. die Anspruchsbeschränkung bei der Arbeitsassistenz für Schwerbehinderte mit der UN-BRK nicht zu vereinbaren sei:

> „Diese Beschränkung ist inakzeptabel mit Blick auf die EG-Richtlinie 2000/78/EG und vor allem auf Art. 2 der UN-BRK, die Behinderung nicht nach Schweregraden differenzieren. Allerdings dürfte für den Fall, dass ein Mensch mit einem GdB von weniger als 50 eine Arbeitsassistenz benötigt, unter Umständen nicht das SGB IX als Anspruchsgrundlage genommen werden, sondern das zivilrechtlich ausgerichtete AGG, allerdings dann nur im Rechtsstreit mit dem Arbeitgeber. Die UN-BRK schafft hier gegebenenfalls eine Grundlage über Art. 2, 5 Abs. 2 und 27 (Arbeit und Beschäftigung), um die Beschränkung von § 33 Abs. 8 Nr. 3 SGB IX auf schwerbehinderte Menschen zu überwinden."[996]

Anzumerken ist hier allerdings, dass eine Arbeitsassistenz für Menschen mit einem GdB unter 50 im Wege der Gleichstellung zu erreichen ist. In diesen Fällen fehlt es an einer unmittelbaren oder mittelbaren Diskriminierung. Durch die Arbeitsstättenverordnung sichert der deutsche Staat im Einzelfall, dass Produktionsgebäude und Arbeitsplätze, aber auch Arbeitsabläufe durch den Arbeitgeber so gestaltet werden müssen, dass Menschen mit einer Behinderung Zugang haben. Diese angemessenen Vorkehrungen am Arbeitsplatz, die keine unverhältnismäßige und unbillige Belastung darstellen dürfen, reichen zunächst aus, um die Anforderungen der Konvention zu erfüllen. Eine Verpflichtung der Arbeitgeber zu genereller Barrierefreiheit der Arbeitsplätze – unabhängig vom Einzelfall – ist der UN-BRK nicht zu entnehmen und insofern muss der Gesetzgeber hier keine Änderungen vornehmen. Abschließend ist noch darauf zu verweisen, dass schwerbehinderte Menschen gegenüber ihrem Arbeitgeber gem. § 81 Abs. 4 SGB IX einen Rechtsanspruch auf behinderungsgerechte Beschäftigung haben.

996 *Tolmein*, Gleichbehandlung und die UN-Behindertenrechtskonvention in der sozialrechtlichen Praxis. Handreichung, Sept. 2014, S. 10 (http://www.institut-fuer-menschenrechte.de).

XI. Arbeitserfahrung auf dem allgemeinen Arbeitsmarkt

Gerade für Menschen mit einer Behinderung ist das Sammeln von Arbeitserfahrungen auf dem allgemeinen Arbeitsmarkt von großer Bedeutung. Im Übergang von Werkstätten zu regulären Beschäftigungsverhältnissen, aber auch beim Übergang von der Schule in den Beruf, bieten z. B. Praktika oder der Einsatz auf Außenarbeitsplätzen den Arbeitgebern die Möglichkeit sich von der Leistungsfähigkeit der Bewerberinnen und Bewerber zu überzeugen. Die UN-BRK verpflichtet die Vertragsstaaten dazu, die Praxiserfahrung von Menschen mit Behinderungen auf dem ersten Arbeitsmarkt zu fördern.

1. Inhalt, Auslegung und Verpflichtung

Inhalt: „States Parties shall safeguard and promote the realization of the right to work [...] by taking appropriate steps, including through legislation, to, inter alia: [...] Promote the acquisition by persons with disabilities of work experience in the open labour market; [...]."[997]

Auslegung und Verpflichtung: Nach dem Wortlaut des Art. 27 Abs. 1 S. 2 lit. j UN-BRK hat Deutschland als Vertragsstaat das Sammeln von Arbeitserfahrungen auf dem allgemeinen Arbeitsmarkt („open labour market") durch Menschen mit einer Behinderung zu fördern. Nicht ausreichend ist folglich das Anbieten von Arbeitsplätzen auf Sonderarbeitsmärkten, wie den Werkstätten für behinderte Menschen.[998] In der Verpflichtung spiegeln sich die zwei Leitideen des Art. 27 UN-BRK wider, nämlich erstens so wenig Sonderarbeitswelten wie möglich aufrechtzuerhalten und zweitens einen inklusiven Arbeitsmarkt anzustreben.[999] Es handelt sich vorliegend um

997 Art. 27 Abs. 1 S. 2 lit. j UN-BRK. Die deutsche Übersetzung lautet: „Die Vertragsstaaten sichern und fördern die Verwirklichung des Rechts auf Arbeit [...] durch geeignete Schritte, einschließlich des Erlasses von Rechtsvorschriften, um unter anderem [...] das Sammeln von Arbeitserfahrung auf dem allgemeinen Arbeitsmarkt durch Menschen mit Behinderungen zu fördern; [...]."

998 *Trenk-Hinterberger*, in: *Kreutz/Lachwitz/Trenk-Hinterberger*, Die UN-Behindertenrechtskonvention in der Praxis, 2013, Art. 27 Rn. 25.

999 *Masuch*, in: Archiv für Wissenschaft und Praxis der sozialen Arbeit 2014, S. 18 (25).

eine Leistungsverpflichtung der Vertragsstaaten, sukzessiv Instrumente zu schaffen und zu finanzieren, um den Zweck der Bestimmung zu erfüllen.[1000]

2. Innerstaatliche Rechtsvorschriften

Zu den einschlägigen innerstaatlichen Rechtsvorschriften gehören die Regelungen zu Integrationsprojekten (§§ 132 ff. SGB IX) und Außenarbeitsplätzen für Werkstattbeschäftigte (§ 136 SGB IX). Hinsichtlich weiterer Normen, die das Sammeln von Arbeitserfahrungen auf dem allgemeinen Arbeitsmarkt ermöglichen, wird auf bereits gemachte Ausführungen verwiesen (z. B. Kostenerstattung für eine befristete Probebeschäftigung).[1001]

a) Integrationsprojekte

In Integrationsprojekten werden Menschen mit einer Schwerbehinderung gemeinsam mit Arbeitnehmerinnen und Arbeitnehmern ohne eine Behinderung beschäftigt.[1002] Ziel ist die dauerhafte Eingliederung dieser Personen auf dem allgemeinen Arbeitsmarkt. Gem. § 132 Abs. 1 SGB IX sind Integrationsprojekte entweder rechtlich und wirtschaftlich selbstständige Unternehmen (Integrationsunternehmen) oder unternehmensinterne oder von öffentlichen Arbeitgebern geführte Betriebe (Integrationsbetriebe) oder Abteilungen (Integrationsabteilungen). Dabei ist der Mindestanteil an schwerbehinderten Menschen am gesamten Personalbestand in Integrationsunternehmen auf mindestens 25% festgelegt, während im Regelfall ein Anteil von 50% nicht überschritten werden soll (§ 132 Abs. 3 SGB IX). Dieses dient in erster Linie der Sicherung der Wirtschaftlichkeit und Wettbewerbsfähigkeit der Integrationsunternehmen, die zum allgemeinen Arbeitsmarkt zählen.[1003]

Zur Zielgruppe der Integrationsprojekte gehören „besonders betroffene schwerbehinderte Menschen, die bisher wegen Art und Schwere der Behinderung (ohne ein solches Beschäftigungsangebot) trotz Ausschöpfens aller

1000 *Trenk-Hinterberger*, in: *Kreutz/Lachwitz/ders*, Die UN-Behindertenrechtskonvention in der Praxis, 2013, Art. 27 Rn. 25.

1001 Vgl. E. IX. 2. a) aa).

1002 *BIH*, Empfehlungen der Bundesarbeitsgemeinschaft der Integrationsämter und Hauptfürsorgestellen zur Förderung von Integrationsprojekten nach §§ 132 ff. SGB IX (Stand: 23.04.2012), http://www.bag-if.de/wp-content/uploads/2012/05/BIH-Empfehlungen-IP-Stand_23-04-2012.pdf (letzter Zugriff: 10.05.2016).

1003 *Knittel*, SGB IX Kommentar, 7. Auflage 2013, § 132 Rn. 8 ff.

Fördermöglichkeiten und des Einsatzes von Integrationsfachdiensten nicht oder nur unter besonderen Schwierigkeiten am Arbeitsleben des allgemeinen Arbeitsmarktes teilhaben konnten".[1004] § 132 Abs. 2 SGB IX benennt nicht abschließend einzelne Personengruppen, die insbesondere zur Zielgruppe der Beschäftigten in Integrationsprojekten gehören (z. B. schwerbehinderte Menschen mit geistiger oder psychischer Behinderung, die sich im Arbeitsleben besonders nachteilig auswirkt und allein oder mit weiteren vermittlungshemmenden Umständen die Teilhabe am allgemeinen Arbeitsmarkt erschwert oder verhindert (Nr. 1)).

Laut § 133 SGB IX bieten die Integrationsprojekte schwerbehinderten Menschen Beschäftigung, arbeitsbegleitende Betreuung und soweit erforderlich auch berufliche Weiterbildung oder Gelegenheit zur Teilnahme an entsprechenden außerbetrieblichen Maßnahmen an. Des Weiteren sieht die Regelung Unterstützung bei der Vermittlung in eine Beschäftigung auf dem allgemeinen Arbeitsmarkt und die Vorbereitung auf die Beschäftigung in einem Integrationsprojekt als Aufgaben vor.

Integrationsprojekte können durch die Integrationsämter aus Mitteln der Ausgleichsabgabe finanziell gefördert werden (vgl. § 134 SGB IX und § 102 Abs. 3 S. 1 Nr. 3 SGB IX).[1005] In Frage kommen Leistungen für den Aufbau, die Erweiterung, die Modernisierung und die Ausstattung der Projekte (z. B. Gebäude, Maschinen, Arbeitsplatzausstattung, nicht jedoch Grundstücks- und Personalkosten).[1006] Weitere Leistungen können eine betriebswirtschaftliche Beratung sowie laufende finanzielle Zuwendungen aus Mitteln der Ausgleichsabgabe für einen besonderen Aufwand sein (z. B. arbeitsbegleitende Betreuung).[1007] Zudem können individuelle Leistungen durch das Integrationsamt gem. § 102 Abs. 3 S. 1 Nr. 1, Nr. 2 und Abs. 4 SGB IX, § 15 SchwbAV an Arbeitgeber und schwerbehinderte Arbeitnehmer gewährt werden.[1008]

Auf die finanzielle Förderung von Integrationsprojekten durch Integrationsämter besteht kein Rechtsanspruch. Es handelt sich bei § 134 SGB IX um einen Ermessensanspruch.[1009] Anhaltspunkte für die Ermessensent-

---

1004 *Deusch*, in: *Dau/Düwell/Joussen*, LPK-SGB IX, 4. Aufl. 2014, § 102 Rn. 20.

1005 *Griese*, in: *Schlegel/Voelzke*, juris PK-SGB IX, 2. Aufl. 2015, § 134 Rn. 18.

1006 *Knittel*, SGB IX Kommentar, 7. Auflage 2013, § 134 Rn. 8.

1007 *BIH*, Empfehlungen der Bundesarbeitsgemeinschaft der Integrationsämter und Hauptfürsorgestellen zur Förderung von Integrationsprojekten nach §§ 132 ff. SGB IX (Stand: 23.04.2012), 4.1 ff. http://www.bag-if.de/wp-content/uploads/2012/05/BIH-Empfehlungen-IP-Stand_23-04-2012.pdf (letzter Zugriff: 10.05.2016).

1008 *Knittel*, SGB IX Kommentar, 7. Auflage 2013, § 134 Rn. 5.

1009 *Griese*, in: *Schlegel/Voelzke*, juris PK-SGB IX, 2. Aufl. 2015, § 134 Rn. 4.

scheidung geben die „Empfehlungen der Bundesarbeitsgemeinschaft der Integrationsämter und Hauptfürsorgestellen zur Förderung von Integrationsprojekten nach §§ 132 ff. SGB IX“. Danach ist eine ablehnende Ermessensbetätigung z. B. dann gerechtfertigt, wenn es bereits an einem tragfähigen Konzept für das Integrationsprojekt fehlt (vgl. 3.1 der BIH-Empfehlungen zu §§ 132 ff. SGB IX).[1010] Andererseits ist nach Prüfung der BIH-Empfehlungen und positiver Übereinstimmung mit dem eingereichten Konzept auch eine Ermessensreduzierung auf null denkbar.[1011] Es kann sich aber auch eine Ermessensbindung aufgrund einer vorhergehenden Verwaltungspraxis i. V. m. Art. 3 GG ergeben.[1012]

Integrationsprojekte sind geeignet die Anforderungen der Konvention zu erfüllen. Sie ermöglichen insbesondere besonders betroffenen schwerbehinderten Menschen die Möglichkeit auf dem allgemeinen Arbeitsmarkt Arbeitserfahrungen zu sammeln (§ 27 Abs. 1 S. 2 lit. j UN-BRK). Zudem werden durch Integrationsprojekte Beschäftigungsmöglichkeiten für Menschen mit Behinderungen im öffentlichen und privaten Sektor gefördert (§ 27 Abs. 1 S. 2 lit. e, g und h UN-BRK). Bei der Ermessensentscheidung gem. § 134 SGB IX haben Integrationsämter Art. 27 UN-BRK zu berücksichtigen.

b) Außenarbeitsplätze

Zum Angebot der Werkstätten für behinderte Menschen gehören auch Außenarbeitsplätze, die dem Zweck der Berufsbildung und der (dauerhaften) Beschäftigung oder dem Übergang auf den allgemeinen Arbeitsmarkt dienen (vgl. § 136 Abs. 1 S. 5 und 6 SGB IX). Diese Vorschrift wird durch § 5 Abs. 4 WVO in der Weise konkretisiert, dass die Werkstatt in der Übergangsphase die arbeitsbegleitende Betreuung sicherzustellen hat und darauf hin zu wirken hat, dass der zuständige Rehabilitationsträger oder nach dem Ausscheiden des Menschen mit Behinderung aus der Werkstatt das Integrationsamt, Leistungen der begleitenden Hilfe im Arbeits- und Berufsleben erbringt. Ein Außenarbeitsplatz kann grundsätzlich auch bei einem Integrationsprojekt nach § 132 SGB IX angesiedelt sein.[1013]

Regelmäßig handelt es sich um Einzel- oder Gruppenarbeitsplätze, bei denen Menschen mit einer Behinderung in einem Unternehmen des allge-

1010 *OVG NRW*, Beschl. v. 30.04.2007 – 12 B 255/07, Rn. 7 (zit. nach juris).
1011 *OVG NRW*, Beschl. v. 30.04.2007 – 12 B 255/07, Rn. 7 (zit. nach juris).
1012 *OVG NRW*, Beschl. v. 30.04.2007 – 12 B 255/07, Rn. 7 (zit. nach juris).
1013 *Knittel*, SGB IX Kommentar, 7. Auflage 2013, § 136 Rn. 9.

meinen Arbeitsmarktes eingesetzt sind. Sie bleiben dabei Werkstattbeschäftigte und erhalten vom Werkstattträger das Werkstattentgelt. Das Unternehmen zahlt für die geleistete Arbeit ein Entgelt an die WfbM.[1014] Außenarbeitsplätze können allgemein in drei Formen angeboten werden[1015]:

- Außenarbeitsgruppen: Es handelt sich um geschlossene Gruppen einer WfbM, die in den Räumen eines Betriebes oder Unternehmens des allgemeinen Arbeitsmarktes tätig werden.
- Mobile Dienstleistungsgruppen: Diese Gruppen erbringen Dienstleistungen im öffentlichen Raum für das Gemeinwesen oder Unternehmen (z. B. Garten- und Landschaftspflegegruppen).
- Ausgelagerte Einzelarbeitsplätze: Werkstätten besetzen auch Einzelarbeitsplätze in Betrieben und Unternehmen des allgemeinen Arbeitsmarktes. Diese sind entweder als Dauerarbeitsplätze angelegt, für Menschen mit einer Schwerbehinderung, die aufgrund der Leistungsfähigkeit nicht zu regulären arbeitsvertraglichen oder tariflichen Bedingungen tätig werden können. Oder die Einzelarbeitsplätze sind temporär angelegt und dienen dem Übergang auf den allgemeinen Arbeitsmarkt.

Die Außenarbeitsplätze sollen eine größere Nähe zur betrieblichen Realität bieten, die soziale Annäherung von Arbeitnehmerinnen und Arbeitnehmern mit und ohne Behinderung fördern und letztendlich den Übergang auf den allgemeinen Arbeitsmarkt zum Ziel haben. In der Praxis werden meist die leistungsstärkeren Werkstattbeschäftigten auf Außenarbeitsplätzen eingesetzt.[1016]

3. Zusammenfassung

Das Sammeln von Arbeitserfahrung auf dem allgemeinen Arbeitsmarkt fördert Deutschland u. a. durch Integrationsprojekte und Außenarbeitsplätze von Werkstätten für Menschen mit Behinderungen. Bei Ermessensentscheidungen darüber ist Art. 27 UN-BRK zu berücksichtigen. Weiterge-

1014 Vgl. *Doose*, Unterstützte Beschäftigung: Berufliche Integration auf lange Sicht, 3. Aufl. 2012, S. 128.

1015 *Doose*, Unterstützte Beschäftigung: Berufliche Integration auf lange Sicht, 3. Aufl. 2012, S. 128 f.

1016 *Doose*, Unterstützte Beschäftigung: Berufliche Integration auf lange Sicht, 3. Aufl. 2012, S. 129.

hende Verpflichtungen aus der Konvention sind an dieser Stelle nicht ersichtlich.

XII. Berufliche Rehabilitation

In Art. 27 Abs. 1 S. 2 lit. k UN-BRK werden abschließend die Vertragsstaaten verpflichtet, Programme für die berufliche Rehabilitation zu fördern.

1. Inhalt, Auslegung und Verpflichtung

Inhalt: „States Parties shall safeguard and promote the realization of the right to work [...] by taking appropriate steps, including through legislation, to, inter alia: [...] Promote vocational and professional rehabilitation, job retention and return to work programmes for persons with disabilities.“[1017]

Auslegung und Verpflichtung: Die Bestimmung konkretisiert Art. 26 Abs. 1 UN-BRK („Habilitation und Rehabilitation“) für den Bereich der Arbeit und Beschäftigung, indem Programme zur Förderung der Rehabilitation, den Erhalt des Arbeitsplatzes und den beruflichen Wiedereinstieg eingefordert werden.[1018] Es bleibt aber offen, wie und ob sich lit. k von beispielsweise lit. e oder lit. d unterscheidet. Der Wortlaut spricht dafür, dass hier Programme und Maßnahmen doppelt erfasst werden (z. B. „Programme für [...] den Erhalt des Arbeitsplatzes“ in lit. k und „Unterstützung beim Erhalt und der Beibehaltung eines Arbeitsplatzes“ in lit. e). Insofern stellt sich die Frage, inwiefern es überhaupt eines lit. k bedurfte. Denn die geforderten Programme und Maßnahmen sind bereits durch die vorhergehenden Bestimmungen erfasst. Nach Sinn und Zweck, sowie in systematischer Hin-

1017 Art. 27 Abs. 1 S. 2 lit. k UN-BRK. Die deutsche Übersetzung lautet: „Die Vertragsstaaten sichern und fördern die Verwirklichung des Rechts auf Arbeit [...] durch geeignete Schritte, einschließlich des Erlasses von Rechtsvorschriften, um unter anderem [...] Programme für die berufliche Rehabilitation, den Erhalt des Arbeitsplatzes und den beruflichen Wiedereinstieg von Menschen mit Behinderungen zu fördern.“

1018 *Trenk-Hinterberger*, in: *Kreutz/Lachwitz/ders*, Die UN-Behindertenrechtskonvention in der Praxis, 2013, Art. 27 Rn. 26.

sicht lässt sich die Bestimmung als Auffangnorm verstehen. Es handelt sich um eine progressiv zu erfüllende Leistungspflicht des Staates.[1019]

2. Innerstaatliche Rechtsvorschriften

Unter beruflicher Rehabilitation können ganz allgemein Maßnahmen verstanden werden, die der (Wieder-) Eingliederung von Menschen mit Behinderungen in das Erwerbsleben nach §§ 33 ff. SGB IX dienen. Seit Inkrafttreten des SGB IX spricht man von Leistungen zur Teilhabe am Arbeitsleben.[1020] Insofern kann an dieser Stelle auf die bereits dargestellten Programme und Maßnahmen verwiesen werden, insbesondere zur beruflichen Bildung (z. B. in Berufsbildungswerken, Berufsförderungswerken, Werkstätten für Menschen mit Behinderungen und weiteren Einrichtungen), zur beruflichen (Wieder-) Eingliederung (z. B. Leistungen an Arbeitgeber und Beschäftigte mit einer Behinderung, Stufenweise Wiedereingliederung oder das Betriebliche Eingliederungsmanagement), zur Gründung einer beruflichen Existenz (z. B. Gründungszuschuss) bis hin zu Leistungen in einer Werkstatt für behinderte Menschen. Gerade WfbM sind Einrichtungen der beruflichen Rehabilitation und sollen den Übergang geeigneter Personen auf den allgemeinen Arbeitsmarkt fördern (vgl. § 136 Abs. 1 S. 3 SGB IX). Ob die Möglichkeit eines Zugangs für Menschen mit Behinderung zu einer WfbM in Deutschland konventionskonform geregelt ist, soll aus systematischen Gründen unter F. XII. 4. a) geprüft werden.

XIII. Keine Sklaverei und Schutz vor Zwangsarbeit

Durch die UN-BRK sind die Vertragsstaaten verpflichtet, Sklaverei oder Leibeigenschaft von Menschen mit Behinderungen zu verbieten und gleichberechtigten Schutz vor Zwangs- oder Pflichtarbeit zu gewähren.

1019 *Trenk-Hinterberger*, in: *Kreutz/Lachwitz/ders*, Die UN-Behindertenrechtskonvention in der Praxis, 2013, Art. 27 Rn. 26.

1020 Datenbank REHADAT, http://www.talentplus.de/lexikon/B/berufliche_rehabilitation.html (letzter Zugriff: 10.05.2016).

1. Inhalt, Auslegung und Verpflichtung

Inhalt: „States Parties shall ensure that persons with disabilities are not held in slavery or in servitude, and are protected, on an equal basis with others, from forced or compulsory labour.“[1021]

Auslegung und Verpflichtung: Art. 27 Abs. 2 UN-BRK verbietet Menschen mit einer Behinderung in Sklaverei oder Leibeigenschaft zu halten. Sklaverei bedeutet in rechtlicher Hinsicht, „dass der Sklavenhalter an der versklavten Person sachenrechtliches Eigentum hat und dieser die Rechtsfähigkeit fehlt [...] Damit kann der Sklave oder die Sklavin ungestraft ausgebeutet und verkauft werden.“[1022] Die Leibeigenschaft zeichnet sich dadurch aus, „dass Leibeigene ihre Rechtsfähigkeit an sich nicht verlieren, sie aber ihrem Herrn ihre Arbeitskraft zur Verfügung stellen müssen, bis dieser sich bereit erklärt, das Verhältnis zu ändern.“[1023] Dem Verbot der Sklaverei und Leibeigenschaft entspricht ein einklagbares subjektiv-öffentliches Recht gegenüber dem Vertragsstaat.[1024]

Unter Zwangsarbeit ist nach Art. 2 des ILO-Übereinkommens Nr. 29 „jede Art von Arbeit oder Dienstleistung, die von einer Person unter Androhung irgendeiner Strafe verlangt wird und für die sie sich nicht freiwillig zur Verfügung gestellt hat“ zu verstehen. Unter folgenden Voraussetzungen fallen Tätigkeiten nicht unter den Begriff der Zwangsarbeit:[1025]

- „(1) Zwangsarbeit als strafrechtliche Sanktion oder übliche Verpflichtungen zu Arbeitsleistung im Rahmen eines rechtmässigen und menschenrechtskonformen Freiheitsentzugs oder bei bedingter Entlassung aus dem Strafvollzug,
- (2) Militärdienst oder ziviler Ersatzdienst für Dienstverweigerer aus Gewissensgründen,
- (3) Dienstleistungen bei Notständen oder Katastrophen, die das Leben oder das Wohl der Gemeinschaft bedrohen, und

---

1021 Art. 27 Abs. 2 UN-BRK. Die deutsche Übersetzung lautet: „Die Vertragsstaaten stellen sicher, dass Menschen mit Behinderungen nicht in Sklaverei oder Leibeigenschaft gehalten werden und dass sie gleichberechtigt mit anderen vor Zwangs- oder Pflichtarbeit geschützt werden.“

1022 *Kälin/Künzli*, Universeller Menschenrechtsschutz, 3. Aufl. 2013, S. 496.

1023 *Kälin/Künzli*, Universeller Menschenrechtsschutz, 3. Aufl. 2013, S. 496.

1024 *Trenk-Hinterberger*, in: *Welke*, UN-BRK, 2012, Art. 27 Rn. 31.

1025 *Kälin/Künzli*, Universeller Menschenrechtsschutz, 3. Aufl. 2013, S. 503.

- (4) Arbeiten und Dienstleistungen, welche zu den normalen Bürgerpflichten gehören."

Sowohl dem Verbot von Sklaverei und Leibeigenschaft, sowie der Pflicht zum gleichberechtigten Schutz vor Zwangs- und Pflichtarbeit entsprechen Unterlassungs-, Schutz- und Gewährleistungspflichten der Vertragsstaaten.[1026]

2. Innerstaatliche Rechtsvorschriften

Das Verbot der Sklaverei ist Teil des Völkergewohnheitsrechts und des zwingenden Rechts (Ius cogens).[1027] In der deutschen Rechtsordnung sind das Verbot der Sklaverei, der Leibeigenschaft und der Schutz vor Zwangsarbeit in der Verfassung, als auch im Strafrecht verankert.

a) Menschenwürde (Art. 1 GG) und keine Zwangsarbeit (Art. 12 GG)

Art. 1 GG bestimmt: „Die Würde des Menschen ist unantastbar. Sie zu achten und zu schützen ist Verpflichtung aller staatlichen Gewalt." Zum Schutzbereich gehört auch, dass jede Form von Sklaverei oder Leibeigenschaft unzulässig ist.[1028] Grundrechtsträger sind alle natürlichen Personen vom Beginn ihrer Existenz an, auch schon im Mutterleib.[1029] Ein Eingriff in die Menschenwürde wäre nicht gerechtfertigt, denn die Menschenwürde ist unantastbar und unterliegt keinen Beschränkungsmöglichkeiten.

Nach Art. 12 Abs. 2 GG darf niemand zu einer bestimmten Arbeit gezwungen werden, außer im Rahmen einer herkömmlichen allgemeinen, für alle gleichen öffentlichen Dienstleistungspflicht. Unter Arbeitszwang ist dabei jede zeitlich und gegenständlich begrenzte Tätigkeit zu verstehen, die durch „Beugung des individuellen Willens durch hoheitliche Maßnahmen"

1026 *Trenk-Hinterberger*, in: *Welke*, UN-BRK, 2012, Art. 27 Rn. 31 f.

1027 Art. 8 IPbpR; Art. 11 WAK; Sklavereiabkommen v. 25. Sept. 1926; Zusatzübereinkommen v. 7. Sept. 1956 über die Abschaffung der Sklaverei, des Sklavenhandels und sklavereiähnlicher Einrichtungen und Praktiken (Sklavereizusatzübereinkommen); Art. 4 EMRK; vgl. dazu *Kälin/Künzli*, Universeller Menschenrechtsschutz, 3. Aufl. 2013, S. 495.

1028 *Jarass*, in: *Jarass/Pieroth*, GG Kommentar, 13. Aufl. 2014, Art. 1 Rn. 19; *Dreier*, in: *Dreier*, GG Kommentar Band I, 3. Aufl. 2013, Art. 1 I Rn. 138.

1029 *Hillgruber*, in: *Epping/Hillgruber*, GG Kommentar, 2009, Art. 1 Rn. 3 ff.; *Jarass*, in: *Jarass/Pieroth*, GG Kommentar, 13. Aufl. 2014, Art. 1 Rn. 8.

erreicht wird.[1030] Art. 12 Abs. 3 GG bestimmt: „Zwangsarbeit ist nur bei einer gerichtlich angeordneten Freiheitsentziehung zulässig." Unter Zwangsarbeit ist „die allgemeine und gegenständlich unbegrenzte Inanspruchnahme von Arbeitskraft gegen den Willen des Betroffenen" zu verstehen.[1031] Die Absätze 2 und 3 des Art. 12 GG sind „Ausprägungen des Schutzes der persönlichen Freiheit vor Unterdrückung" in Form von Sklaverei, Leibeigenschaft und Zwangsarbeit.[1032] Grundrechtsträger ist jeder Mensch.[1033] In bestimmten Fällen kann der Arbeitszwang gerechtfertigt sein, nämlich im Rahmen einer allgemeinen herkömmlichen Dienstleistungspflicht (z. B. Feuerwehrdienstpflicht); die Rechtfertigung der Zwangsarbeit ist nur bei einer richterlich angeordneten Freiheitsentziehung möglich.

b) Keine Ausbeutung der Arbeitskraft (§ 233 StGB)

Nach § 233 Abs. 1 StGB wird mit Freiheitsstrafe von sechs Monaten bis zu zehn Jahren bestraft, wer eine andere Person unter Ausnutzung einer Zwangslage oder der Hilflosigkeit, die mit ihrem Aufenthalt in einem fremden Land verbunden ist, in Sklaverei, Leibeigenschaft oder Schuldknechtschaft oder zur Aufnahme oder Fortsetzung einer Beschäftigung bei ihm oder einem Dritten zu Arbeitsbedingungen, die in einem auffälligen Missverhältnis zu den Arbeitsbedingungen anderer Arbeitnehmerinnen oder Arbeitnehmer stehen, welche die gleiche oder eine vergleichbare Tätigkeit ausüben, bringt. Mit diesem Straftatbestand soll „die Freiheit der Person, über Einsatz und Verwertung ihrer Arbeitskraft zu verfügen", geschützt werden.[1034] Der Tatbestand setzt voraus, dass die Opfer in „ausbeuterische Arbeitsverhältnisse" gebracht werden; dieses ist der Fall bei Ausbeutungsverhältnissen (wie Sklaverei, Leibeigenschaft und Schuldknechtschaft) sowie bei der Beschäftigung zu ungünstigen Arbeitsbedingungen.[1035] Die polizeiliche Kriminalstatistik hat für das Jahr 2005 ein (!) Ermittlungsverfahren im Rahmen des § 233 StGB erfasst; damit bleibt der Straftatbestand in der Praxis weitgehend bedeutungslos.[1036]

1030 *Ruffert*, in: *Epping/Hillgruber*, GG Kommentar, 2009, Art. 12 Rn. 141 f.

1031 *Ruffert*, in: *Epping/Hillgruber*, GG Kommentar, 2009, Art. 12 Rn. 146.

1032 *Ruffert*, in: *Epping/Hillgruber*, GG Kommentar, 2009, Art. 12 Rn. 137.

1033 *Jarass*, in: *Jarass/Pieroth*, GG Kommentar, 13. Aufl. 2014, Art. 12 Rn. 114.

1034 *Fischer*, StGB Kommentar, 62. Aufl. 2015, § 233 Rn. 2.

1035 *Eisele*, in: *Schönke/Schröder*, StGB Kommentar, 29. Aufl. 2014, § 233 Rn. 3 ff.

1036 *Fischer*, StGB Kommentar, 62. Aufl. 2015, § 233 Rn. 3.

3. Zusammenfassung

Der von der UN-BRK vorgeschriebene Schutz von Menschen mit Behinderung vor Sklaverei oder Leibeigenschaft sowie vor Zwangs- oder Pflichtarbeit ist in Deutschland verfassungsrechtlich und strafrechtlich verankert. Art. 1 und Art. 12 GG schützen vor Sklaverei, Leibeigenschaft und rechtswidriger Zwangs- oder Pflichtarbeit. § 233 StGB stellt die entsprechende Ausbeutung von Arbeitskräften unter Strafe. Damit ist die Verpflichtung aus Art. 27 Abs. 2 UN-BRK erfüllt.

XIV. Fazit

Menschen mit einer Behinderung haben gem. Art. 27 UN-BRK das gleiche Recht auf Arbeit wie andere Menschen auch. Das Recht bezieht sich nicht lediglich auf Sonderarbeitswelten wie Werkstätten für behinderte Menschen, sondern richtet sich in erster Linie auf den allgemeinen Arbeitsmarkt, ohne jedoch einen Rechtsanspruch auf einen konkreten Arbeitsplatz zu vermitteln. Der allgemeine Arbeitsmarkt muss inklusiv gestaltet sein, d. h. Menschen mit einer Behinderung müssen die Möglichkeit haben, trotz ihrer Behinderung Zugang zu bekommen, indem Barrieren abgebaut werden und nicht indem Menschen mit Behinderungen verpflichtet sind, sich anzupassen. Dazu bedarf es angemessener Vorkehrungen durch den Arbeitgeber und es bedarf staatlicher Leistungen zur Anpassung der Arbeitswelt an die Bedürfnisse von Arbeitnehmerinnen und Arbeitnehmern mit einer Behinderung. Die UN-BRK verpflichtet ihre Vertragsstaaten und damit auch die Bundesrepublik Deutschland, dieses Recht auf Arbeit und die Möglichkeit den Lebensunterhalt auf einem inklusiven Arbeitsmarkt zu verdienen, durch geeignete Schritte, einschließlich des Erlasses von Rechtsvorschriften zu sichern und zu fördern. Dabei ist der Progressionsvorbehalt des „finanziell Machbaren“ zu beachten, aber auch die Verpflichtung einer sukzessiven Verwirklichung, wenn nicht bestimmte Rechte sofort anwendbar sind. Zu den unmittelbar anwendbaren Rechten gehören das Verbot der Diskriminierung und das Verbot der Zwangsarbeit.

Mit dem vorliegenden Teil der Untersuchung sollte geprüft werden, ob Deutschland den überwiegend nicht unmittelbar anwendbaren Katalog des Art. 27 Abs. 1 S. 2 lit. a-k UN-BRK (non self-executing) bereits erfüllt, ob bestehende Regelungen geändert oder neue Regelungen geschaffen werden müssen oder ob bestimmte Normen nicht mehr angewendet werden dürfen. Als Ergebnis kann zunächst festgehalten werden, dass im deutschen

Rechtssystem, insbesondere im Sozialrecht, zahlreiche Leistungen vorgesehen sind, die Menschen mit Behinderungen eine Teilnahme am allgemeinen Arbeitsmarkt ermöglichen sollen. Viele dieser Leistungsnormen sind allerdings als Ermessensansprüche ausgestaltet, entweder in Form eines Entschließungsermessens (z. B. § 112 Abs. 1 SGB III, § 102 Abs. 3 SGB IX) oder in Form eines Auswahlermessens (z. B. § 33 Abs. 3 und 4 SGB IX i. V. m. dem jeweiligen Leistungsgesetz). Gerade Ermessensnormen stellen Arbeitgeber und Menschen mit Behinderungen vor eine große Rechtsunsicherheit, welche die Entscheidung der Arbeitgeber für oder gegen eine Einstellung und damit die Möglichkeit der Beschäftigung von Menschen mit Behinderungen auf dem allgemeinen Arbeitsmarkt maßgeblich beeinflussen kann. Die Ungewissheit, ob Leistungen erbracht und in welcher Höhe und für welche Dauer sie geleistet werden, kann ausschlaggebend sein für die Möglichkeit von Menschen mit Behinderungen, ihren Lebensunterhalt auf einem inklusiven Arbeitsmarkt verdienen zu können. Grundsätzlich besteht aber in Abhängigkeit von dem jeweiligen Leistungsgesetz und den entsprechenden Voraussetzungen ein Rechtsanspruch auf Leistungen zur Teilhabe am Arbeitsleben (vgl. § 33 Abs. 1 SGB IX i. V. m. dem jeweiligen Leistungsgesetz).

Es konnte festgestellt werden, dass Deutschland den Diskriminierungsschutz von Menschen mit einer Behinderung in allen Angelegenheiten im Zusammenhang mit einer Beschäftigung bereits gewährleistet. Zwar sind weitergehende Schutzregelungen möglich, beispielsweise die Ausweitung des besonderen Kündigungsschutzes auf Menschen mit einer einfachen Behinderung. Dazu gibt es aus Art. 27 UN-BRK heraus aber keinerlei Verpflichtung. Allerdings muss zukünftig bei der Anwendung und Auslegung der Regelungen des Diskriminierungsschutzes die UN-BRK beachtet werden.

Auch das gleiche Recht auf gerechte und günstige Arbeitsbedingungen ist grundsätzlich durch entsprechende Schutznormen im deutschen Arbeits- und Sozialrecht abgesichert. Unvereinbar mit der UN-BRK ist, dass der Zusatzurlaub gem. § 125 SGB IX nicht auf Gleichgestellte anzuwenden ist. Hier muss der Gesetzgeber nachbessern, indem der Verweis auf § 125 SGB IX in § 68 Abs. 3 SGB IX ersatzlos gestrichen wird. Die deutschen Regelungen des Arbeits- und Gesundheitsschutzes sowie des Schutzrechtes im Fall einer Belästigung und bei Missständen erfüllen bereits die Anforderungen des Art. 27 UN-BRK. Deutschland muss aber gegen die mehrfache Diskriminierung von Frauen mit einer Behinderung durch gesetzgeberische Maßnahmen verstärkt vorgehen.

Die Gewerkschaftsrechte in Form von positiver und negativer Koalitionsfreiheit sind für alle Menschen in Deutschland sichergestellt. Hier bedarf es grundsätzlich keiner Änderungen. Menschen mit einer Behinderung haben darüber hinaus rechtlich wirksam Zugang zu Berufsberatung und Stellenvermittlung. Wo dieses tatsächlich noch nicht gegeben ist (z. B. fehlende Berufsinformation in leichter Sprache) muss die zuständige Behörde nachbessern. Der Zugang zu Berufsausbildung und Weiterbildung ist weitestgehend durch Ermessensansprüche gekennzeichnet. Ein wirksamer Zugang zu Aus- und Weiterbildung ist im Zweifelsfall durch eine Auslegung der entsprechenden Normen im Lichte des Art. 27 UN-BRK zu erreichen.

Der Erhalt und die Beibehaltung eines Arbeitsplatzes für Menschen mit einer Behinderung werden im deutschen Sozialrecht durch eine Vielzahl von Geld-, Sach- und Dienstleistungen gefördert. Der berufliche Wiedereinstieg nach behinderungs- oder krankheitsbedingter Abwesenheit von der Arbeit wird durch das betriebliche Eingliederungsmanagement und die stufenweise Wiedereingliederung forciert. Deutschland ist nunmehr verpflichtet, auch für Einfachbehinderte einen Rechtsanspruch auf eine stufenweise Wiedereingliederung zu schaffen.

In Bezug auf die Möglichkeit von Menschen mit Behinderungen, sich selbstständig zu machen und unternehmerisch tätig zu werden, ist anzumerken, dass Deutschland diese Anforderung der UN-BRK erfüllt. Als vorgesehene Leistung ist beispielsweise der Gründungszuschuss gem. § 93 SGB III zu nennen. Eine zwingende Umwandlung von Ermessens- in Rechtsansprüche kann auch hier nicht aus der UN-BRK abgeleitet werden. Darüber hinaus ermöglicht Deutschland u. a. über Art. 33 Abs. 2 GG und die Meldepflicht gem. § 82 SGB IX und weiteren Rechten und Ansprüchen die Beschäftigung von Menschen mit Behinderungen im öffentlichen Sektor. Die Schaffung weitergehender Rechte und Pflichten in diesem Zusammenhang ergeben sich nicht aus der Konvention.

Die Förderung der Beschäftigung von Menschen mit Behinderungen im privaten Sektor erfolgt in Deutschland über ganz unterschiedliche Strategien und Maßnahmen. Es können z. B. angeführt werden die Eingliederungszuschüsse, die Ausgleichsabgabe, Zuschüsse zu einer befristeten Probebeschäftigung, die Prüfpflicht des Arbeitgebers sowie die vielen Programme von Bund und Ländern zur Beschäftigungsförderung von Menschen mit einer Behinderung. Die rechtliche Ausgestaltung und Gewährungspraxis im Zusammenhang mit den Eingliederungszuschüssen ist derzeit nicht konventionskonform. Hier ist Deutschland verpflichtet, die bestehenden Regelungen zu ändern.

In Bezug auf angemessene Vorkehrungen am Arbeitsplatz, hat Deutschland entsprechende Leistungen gesetzlich geregelt. Dazu gehören u. a. die Arbeitsassistenz, technische Arbeitshilfen oder eine finanzielle Förderung bei der Arbeitsplatzgestaltung. Barrierefreie Arbeitsstätten und die Verpflichtung der Arbeitgeber, im Einzelfall Zugänglichkeit und für schwerbehinderte Menschen eine behinderungsgerechte Beschäftigung zu ermöglichen, sind durch die Arbeitsstättenverordnung und das SGB IX gewährleistet. Weitere Verpflichtungen aus der Konvention sind nicht ersichtlich.

Das Sammeln von Arbeitserfahrungen von Menschen mit Behinderungen auf dem allgemeinen Arbeitsmarkt stellt Deutschland u. a. durch Integrationsprojekte, Außenarbeitsplätze einer WfbM oder aber die Leistung einer Kostenerstattung bei einer befristeten Probebeschäftigung sicher. Weitergehende Verpflichtungen aus der UN-BRK in Bezug auf das Sammeln von Arbeitserfahrungen sind ebenfalls nicht ersichtlich. Die berufliche Rehabilitation, den Erhalt des Arbeitsplatzes und den beruflichen Wiedereinstieg fördert Deutschland u. a. ganz allgemein durch die Leistungen zur Teilhabe am Arbeitsleben und im Besonderen durch BBW, BFW, den stufenweisen Wiedereinstieg, das berufliche Eingliederungsmanagement, Werkstätten für Menschen mit Behinderungen usw. Offen ist, ob die Beschränkung des Zugangs zu einer WfbM für Menschen mit einer Behinderung, die nicht werkstattfähig sind, da auf absehbare Zeit mit keinem wirtschaftlich verwertbaren Arbeitsergebnis gerechnet werden kann, konventionskonform ist. Dies soll aus systematischen Gründen unter F. XII. 4. a) geprüft werden. Zum Verbot der Sklaverei ist anzumerken, dass diese bereits durch Völkergewohnheitsrecht verboten ist. In der deutschen Rechtsordnung sind das Verbot der Sklaverei, der Leibeigenschaft und der Schutz vor Zwangs- oder Pflichtarbeit sowohl in der Verfassung, als auch im Strafrecht verankert.

F. Barrieren der Inklusion in Arbeit und Reformvorschläge

Die dargestellten Rechte von Menschen mit Behinderungen im Zusammenhang mit dem Zugang zum allgemeinen Arbeitsmarkt und/oder der Erhaltung eines vorhandenen Arbeitsplatzes, als auch das differenzierte System der Leistungen zur Teilhabe am Arbeitsleben zeigen, dass Deutschland seit langem den Versuch unternommen hat, durch rechtliche Regelungen dic **Integration** von Menschen mit einer Behinderung zu erreichen. Viele Normen des deutschen Arbeits- und vor allem des Sozialrechts sind, wie sich aus der bisherigen Darstellung ergibt, grundsätzlich geeignet, die aus Art. 27 UN-BRK vorgegebenen allgemeinen und für den Gesetzgeber einen weiten Spielraum eröffnenden Verpflichtungen zu erfüllen. Das System der zahlreichen Rehabilitationsträger und Leistungsarten ist historisch gewachsen, hochkomplex und deshalb für potentiell Leistungsberechtigte nur schwer zu erfassen. Hinzu kommt, dass gerade Leistungen der Arbeitsförderung nach dem SGB III oder Leistungen des Integrationsamtes, aber auch andere Leistungen der Rehabilitationsträger (z. B. § 34 SGB IX i. V. m. dem jeweiligen Leistungsgesetz) häufig Ermessensansprüche sind und keine einklagbaren Rechtsansprüche vermitteln. Der Ausschuss für wirtschaftliche, soziale und kulturelle Rechte der Vereinten Nationen hat bereits 2011 in seinen abschließenden Bemerkungen nach Prüfung der Staatenberichte zum IPwskR auf die besorgniserregende Arbeitsmarktsituation von Menschen mit Behinderungen hingewiesen:

> „Der Ausschuss ist besorgt darüber, dass die Arbeitslosigkeit von Menschen mit Behinderungen trotz der getroffenen Maßnahmen hoch ist und dass dieser Umstand durch die Arbeitsagenturen des Vertragsstaates nicht wirksam angegangen worden ist. Der Ausschuss ist ferner besorgt über den Mangel an zuverlässigen Daten über die Beschäftigungssituation von Menschen mit Behinderungen (Art. 6, 2(2)). **Der Ausschuss fordert den Vertragsstaat nachdrücklich auf, dafür Sorge zu tragen, dass die Bundesagentur für Arbeit Dienstleistungen anbietet, durch die Menschen mit Behinderungen in die Lage versetzt werden, eine geeignete**

Beschäftigung zu finden und zu behalten und sich beruflich weiterzuentwickeln [Hervorhebung im Original].“[1037]

Der Ausschuss für die Rechte von Menschen mit Behinderungen hat zudem am 26. und 27. März 2015 den ersten Staatenbericht Deutschlands geprüft und am 13. April 2015 dazu abschließende Bemerkungen verabschiedet.[1038] Hinsichtlich des Art. 27 UN-BRK hat der Ausschuss folgende Problembereiche und Empfehlungen benannt:

„Der Ausschuss ist besorgt über
(a) Segregation auf dem Arbeitsmarkt des Vertragsstaates;
(b) finanzielle Fehlanreize, die Menschen mit Behinderungen am Eintritt oder Übergang in den allgemeinen Arbeitsmarkt hindern;
(c) den Umstand, dass segregierte Behindertenwerkstätten weder auf den Übergang zum allgemeinen Arbeitsmarkt vorbereiten noch diesen Übergang fördern.
[...]
Der Ausschuss empfiehlt dem Vertragsstaat, durch entsprechende Vorschriften wirksam einen inklusiven, mit dem Übereinkommen in Einklang stehenden Arbeitsmarkt zu schaffen, durch
(a) die Schaffung von Beschäftigungsmöglichkeiten an zugänglichen Arbeitsplätzen gemäß der Allgemeinen Bemerkung Nr. 2 (2014) des Ausschusses, insbesondere für Frauen mit Behinderungen;
(b) die schrittweise Abschaffung der Behindertenwerkstätten durch sofort durchsetzbare Ausstiegsstrategien und Zeitpläne sowie durch Anreize für die Beschäftigung bei öffentlichen und privaten Arbeitgebern im allgemeinen Arbeitsmarkt;
(c) die Sicherstellung, dass Menschen mit Behinderungen keine Minderung ihrer Sozial- und Altersversicherung erfahren, die gegenwärtig an die Behindertenwerkstätten gebunden ist;
(d) die Sammlung von Daten über die Zugänglichkeit von Arbeitsplätzen auf dem allgemeinen Arbeitsmarkt. [Hervorh. im Original].“[1039]

1037 *UN*, Prüfung der Staatenberichte nach Art. 16 und 17 des Paktes. Abschließende Bemerkungen des Ausschusses für wirtschaftliche, soziale und kulturelle Rechte, C. 17.

1038 Vgl. *Ausschuss für die Rechte von Menschen mit Behinderungen*, Abschließende Bemerkungen über den ersten Staatenbericht Deutschlands, Dreizehnte Tagung 25. März – 17.04.2015, Vereinte Nationen CRPD/C/DEU/CO/1 (keine amtliche, sondern von der Monitoring-Stelle zur UN-BRK beauftragte und geprüfte Übersetzung auf Grundlage der „advance unedited version“ vom 17.04.2015).

1039 *UN – Ausschuss für die Rechte von Menschen mit Behinderungen*, Abschließende Bemerkungen über den ersten Staatenbericht Deutschlands, Dreizehnte Tagung 25. März – 17. April 2015, Vereinte Nationen CRPD/C/DEU/CO/1, S. 9 (keine amtliche, sondern

Auch die Bundesregierung weist im Nationalen Aktionsplan zur Umsetzung der UN-Behindertenrechtskonvention im Bereich „Arbeit und Beschäftigung“ auf Handlungsbedarf hin. Verbesserungen seien insbesondere bei der Erwerbsbeteiligung von Schwerbehinderten, speziell älteren Menschen und insbesondere bei der Gruppe schwerbehinderter Frauen indiziert.[1040] Die „arbeitsmarktpolitischen Instrumente und gesetzlichen Förderleistungen [...] sollen offensiv genutzt werden, um Menschen mit Behinderungen eine qualifizierte Beschäftigung zu ermöglichen.“[1041]

Der Sinn und Zweck vieler Regelungen im deutschen Recht basiert auf dem Leitgedanken der Integration. Dies ist vor allem dann anzunehmen, wenn Leistungen nur vorübergehend und nicht auf Dauer erbracht werden (z. B. Eingliederungszuschüsse gem. § 90 SGB III, § 34 Abs. 3 SGB IX etc.). Der UN-BRK liegt allerdings der Leitgedanke der **Inklusion** zugrunde, d. h. es soll ein inklusiver Arbeitsmarkt angestrebt werden.[1042] Dazu bedarf es verbindlicher und bei zeitlich nicht begrenzten Leistungseinschränkungen dauerhafter finanzieller und personeller Unterstützung für Menschen mit einer Behinderung und Arbeitgeber. Dazu sind Leistungsnormen erforderlich, die für Arbeitgeber und Arbeitnehmer absehbar in Voraussetzungen und Rechtsfolgen (dauerhafte) Leistungen zur Teilhabe am Arbeitsleben vorsehen. Es bedarf einer Vereinfachung der rechtlichen Regelungen – wenn dies kurzfristig nicht erreichbar ist – einer (!) Anlaufstelle, die umfassend in Vertretung für alle Leistungsträger beratend tätig wird, vielleicht sogar im Außenverhältnis bescheiden kann. Summa Summarum bedarf es einer kritischen Betrachtung der vorhandenen Rechtsnormen vor dem Hintergrund der Frage: Was behindert aus rechtlicher Sicht die Inklusion von Menschen mit Behinderungen in den allgemeinen Arbeitsmarkt? Im Folgenden sollen dazu – ohne Anspruch auf Vollständigkeit – aus dem bisher Dargestellten wesentliche Barrieren benannt und im Sinne rechtspolitischer Forderungen rechtliche Änderungsvorschläge skizziert werden.

---

von der Monitoring-Stelle zur UN-BRK beauftragte und geprüfte Übersetzung auf Grundlage der „advance unedited version“ vom 17.04.2015).

1040 *BMAS*, Unser Weg in eine inklusive Gesellschaft. Der Nationale Aktionsplan der Bundesregierung zur Umsetzung der UN-Behindertenrechtskonvention, Stand: September 2011, S. 37 f.

1041 *BMAS*, Unser Weg in eine inklusive Gesellschaft. Der Nationale Aktionsplan der Bundesregierung zur Umsetzung der UN-Behindertenrechtskonvention, Stand: September 2011, S. 38.

1042 *Masuch*, in: Archiv für Wissenschaft und Praxis der sozialen Arbeit 2014, S. 18 (25).

I. Neuer Behinderungsbegriff

Barriere: In der derzeitigen Verwaltungspraxis wird die Feststellung einer Behinderung im Wesentlichen an dem zugrunde liegenden medizinischen Defizit festgemacht. Die durch das SGB IX, die UN-BRK und Rechtsprechung vorgegebene individuell zu beurteilende gesellschaftliche Teilhabebeeinträchtigung wird „(noch) nicht hinreichend berücksichtigt“.[1043] Löbner veranschaulicht am Beispiel der Gewährung des Merkzeichens G und der damit verbundenen Nachteilsausgleiche die fehlende Berücksichtigung der individuellen Beeinträchtigung und die damit einhergehende Ungleichbehandlung folgendermaßen:

> „Im städtischen Leben und Wohnen ist es einem beeinträchtigten Menschen wohl nahezu unproblematisch möglich, den zuerkannten Nachteilsausgleich im öffentlichen Nahverkehr tatsächlich zu nutzen. Im ländlichen Raum, wo häufig lediglich einmal täglich „irgendwo im Ort“ eine Bushaltestelle bedient wird, ist diese Nutzung ungleich schwieriger, wenn nicht sogar ausgeschlossen. Dass hier dann, anhand der Kontextfaktoren, eine unterschiedliche Bewertung angezeigt ist/sein muss, weil doch im ländlichen Raum der geschaffene Nachteilsausgleich nahezu nutzlos ist, liegt auf der Hand. Bisher erfolgt diese aber praktisch nicht, da beiden Fallgestaltungen gleiche medizinische Defizite zugrunde liegen.“[1044]

Dieses Beispiel macht die Notwendigkeit einer Weiterentwicklung des nationalen Behinderungsbegriffes deutlich. In den abschließenden Bemerkungen über den ersten Staatenbericht Deutschlands benennt der Ausschuss für die Rechte von Menschen mit Behinderungen die fehlende Harmonisierung des Behinderungsbegriffes im deutschen Recht mit der UN-BRK als Problem und empfiehlt der Bundesrepublik, sicherzustellen,

> „dass die gesetzliche Definition von Behinderung auf Bundes- wie auch auf Länderebene im Recht und in der Politik neu gefasst wird, mit dem Ziel, sie mit den allgemeinen Prinzipien und Bestimmungen des Übereinkommens zu harmonisieren, insbesondere in Bezug auf Fragen der Nichtdiskriminierung und den vollständigen Übergang zu einem menschenrechtsbasierten Modell […].“[1045]

1043 *Löbner*, in: br 2015, S. 1 (9).

1044 *Löbner*, in: br 2015, S. 1 (9 f.).

1045 *UN – Ausschuss für die Rechte von Menschen mit Behinderungen*, Abschließende Bemerkungen über den ersten Staatenbericht Deutschlands, Dreizehnte Tagung 25. März – 17. April 2015, Vereinte Nationen CRPD/C/DEU/CO/1, S. 2 (keine amtliche, sondern von der Monitoring-Stelle zur UN-BRK beauftragte und geprüfte Übersetzung auf Grundlage der „advance unedited version“ vom 17.04.2015).

Reformvorschlag: In Teilen stimmt der Behinderungsbegriff der UN-BRK zwar mit der Legaldefinition in § 2 Abs. 1 SGB IX überein. Allerdings ist die Begriffsbestimmung der UN-BRK weiter gefasst als der Behinderungsbegriff im deutschen Recht und indiziert eine Weiterentwicklung der deutschen Behinderungsdefinition. Die Formulierung „einstellungs- und umweltbedingte Barrieren" kann sich dabei sowohl auf subjektiv als auch auf intersubjektiv empfundene individuelle Teilhabebeeinträchtigungen in den unterschiedlichsten Lebensbereichen beziehen.[1046]

Zwar ist eine Heranziehung des konventionskonformen Behinderungsbegriffes aus der Rechtsprechung des EuGH grundsätzlich möglich.[1047] So hat das BAG in einem Diskriminierungsfall das Merkmal Behinderung im § 1 AGG unions- und völkerrechtskonform ausgelegt, indem eine symptomlose HIV-Infektion als Behinderung anerkannt wurde.[1048] Demnach ist eine Behinderung im Rechtssinne auch dann anzunehmen, wenn eine Beeinträchtigung „zu einer Stigmatisierung und Diskriminierung/Ungleichbehandlung führt oder auch nur führen kann […]."[1049]

Allerdings empfiehlt sich m. E. nach eine ausdrückliche Anpassung der Definition im deutschen Recht an die Anforderungen der UN-BRK.[1050] Abschließend soll hier folgender Vorschlag für eine Änderung des § 2 Abs. 1 SGB IX und § 3 BGG gemacht werden:

> Menschen haben eine Behinderung, wenn ihre körperliche Funktion, geistige Fähigkeit oder seelische Gesundheit langfristig beeinträchtigt ist oder eine solche Beeinträchtigung zu erwarten ist und diese Beeinträchtigung sie in Wechselwirkung mit verschiedenen Barrieren an der vollen, wirksamen und gleichberechtigten Teilhabe an der Gesellschaft hindern kann.

Der Begriff der Schwerbehinderung und die Gleichstellung in § 2 Abs. 2, 3 SGB IX sollten aber beibehalten werden. Denn darüber kann im Schwerbehindertenrecht weiterhin eine an Art und Schwere der Behinderung orientierte Leistungsgewährung stattfinden.[1051] Dem Argument, Arbeitgeber

1046 *Löbner*, in: br 2015, S. 1 (8 f.).

1047 *EuGH*, Urteil v. 11.04.2013, Rs. C-335/11 und C-337/11 – Ring, Skouboe Werge (zit. nach juris).

1048 *BAG*, Urt. v. 19.12.2013 – 6 AZR 190/12 (zit. nach juris).

1049 *Stähler*, in: Sozialrecht aktuell 2014, S. 205 (216).

1050 Vgl. *Wenckebach*, in: Forum B – Nr. 15/2014, S. 3 ff. (www.reha-recht.de).

1051 Vgl. dazu *BIH*, Fachpolitische Leitgedanken und Vorschläge der BIH zur Weiterentwicklung des Rechts der Menschen mit Behinderungen im beruflichen Kontext, 2015, S. 11 ff. (www.reha-recht.de).

würden durch einen weiten Behinderungsbegriff übermäßig belastet, kann entgegengehalten werden, dass Behinderungen ohne Auswirkungen auf das Arbeitsverhältnis regelmäßig nicht zu Diskriminierungen führen.[1052]

II. Anspruch auf stufenweise Wiedereingliederung

Barriere: Die stufenweise Wiedereingliederung (§ 28 SGB IX) soll es arbeitsunfähigen Leistungsberechtigten, die ihre bisherige Tätigkeit teilweise verrichten können, ermöglichen, sich sukzessiv wieder „an die volle Arbeitsbelastung“ des bisherigen Arbeitsplatzes zu gewöhnen.[1053] Einen Rechtsanspruch auf die stufenweise Wiedereingliederung haben aber grundsätzlich nur schwerbehinderte und diesen gleichgestellte Arbeitnehmerinnen und Arbeitnehmer über § 81 Abs. 4 S. 1 Nr. 1 SGB IX (vgl. dazu bereits E. VI. 2. b) bb)). Menschen mit einfacher Behinderung sowie andere arbeitsunfähige Arbeitnehmerinnen und Arbeitnehmer haben gegenüber dem Rehabilitationsträger lediglich einen Ermessensanspruch. Der Arbeitgeber ist zur Durchführung der stufenweisen Wiedereingliederung nur bei Schwerbehinderten und Gleichgestellten verpflichtet.

Reformvorschlag: Die stufenweise Wiedereingliederung erscheint besonders geeignet, den beruflichen Wiedereinstieg und damit die Inklusion in den allgemeinen Arbeitsmarkt zu fördern (vgl. Art 27 Abs. 1 S. 2 lit. e) und k) UN-BRK). Um dieses Ziel sicherzustellen, erscheint es sinnvoll, auch Menschen mit einfacher Behinderung sowie anderen arbeitsunfähigen Arbeitnehmerinnen und Arbeitnehmern einen Rechtsanspruch auf die stufenweise Wiedereingliederung zu gewähren. Deshalb wird an dieser Stelle vorgeschlagen, folgenden S. 2 in § 28 SGB IX aufzunehmen:

> Arbeitsunfähige Leistungsberechtigte haben gegenüber ihrem Arbeitgeber einen Anspruch auf eine stufenweise Wiederaufnahme ihrer Tätigkeit, soweit seine Erfüllung für den Arbeitgeber nicht unzumutbar oder mit unverhältnismäßigen Aufwendungen verbunden wäre oder soweit die staatlichen oder berufsgenossenschaftlichen Arbeitsschutzvorschriften oder beamtenrechtliche Vorschriften nicht entgegenstehen.[1054]

1052 *BAG*, Urt. v. 19.12.2013 – 6 AZR 190/12 – Rn. 69 (zit. nach juris).

1053 *Nellissen*, in: Schlegel/Voelzke, jurisPK-SGB IX, 2. Aufl. 2015, § 28 Rn. 10.

1054 Vgl. § 81 Abs. 4 S. 3 SGB IX.

Für Arbeitnehmerinnen und Arbeitnehmer, die keine Behinderung im Sinne des § 2 SGB IX haben, sollte in § 84 Abs. 2 SGB IX folgender S. 2 neu eingefügt werden: § 28 S. 2 ist auf die Beschäftigten im Sinne des S. 1 entsprechend anzuwenden.

III. Budget für Arbeit als bundesweiter Rechtsanspruch

Barriere: Der Übergang von einer WfbM auf den allgemeinen Arbeitsmarkt stellt für viele Werkstattbeschäftigte im Arbeitsbereich eine unüberwindbare Hürde dar. Zwar kann der Übergang durch zahlreiche Leistungen (z. B. Eingliederungszuschüsse, technische Arbeitshilfen etc.) gefördert werden. Allerdings bleibt die gewünschte Wirkung dort aus, wo Menschen mit einer Schwerbehinderung dauerhaft Leistungseinschränkungen haben – ein Beispiel soll dies veranschaulichen:

> Im vorliegenden Fall begehrte die in NRW ansässige Klägerin mit einer geistigen Behinderung Leistungen zur Teilhabe am Arbeitsleben i. H. d. Leistungen für einen Werkstattplatz in Form eines persönlichen Budgets zur Sicherung ihres Arbeitsplatzes auf dem allgemeinen Arbeitsmarkt.[1055] Die Klägerin war im Rahmen eines Dauer-Praktikums in einem Altenheim im Bereich der Küche beschäftigt. Der im Außenverhältnis umfassend zuständige Träger der Sozialhilfe (vgl. § 14 SGB IX) lehnte den Antrag ab, da aufgrund eines Gutachtens der Bundesagentur für Arbeit eine Integration in den allgemeinen Arbeitsmarkt ausgeschlossen sei. Es komme höchstens eine WfbM-Beschäftigung oder die Tätigkeit auf einem Außenarbeitsplatz in Betracht. Das Altenheim würde die Klägerin zwar weiter beschäftigen, allerdings nicht im Rahmen eines Außenarbeitsplatzes, da dafür an die WfbM eine Vergütung geleistet werden müsse. Dieses lehnt das Altenheim jedoch aufgrund der schwachen Arbeitsleistung ab. Das Sozialgericht hat die Klage abgewiesen. Es fehle eine entsprechende Anspruchsgrundlage, denn ein persönliches Budget setzt zunächst einen durchsetzbaren Leistungsanspruch voraus. Diesen konnte das Gericht aber weder §§ 117 Abs. 1 bzw. Abs. 2 SGB III oder § 54 SGB XII i. V. m. § 41 Abs. 1 SGB IX, noch § 56 SGB XII entnehmen.[1056]

Im geschilderten Fall wird die von Art. 27 UN-BRK geforderte Inklusion in den allgemeinen Arbeitsmarkt durch fehlende rechtliche Regelungen behindert. Es erscheint zumindest fragwürdig, weshalb ein Werkstattplatz durch den Sozialhilfeträger gem. §§ 53 Abs. 1, 54 Abs. 1 SGB XII i. V. m.

1055 *SG Detmold*, Urt. v. 07.05.2013 – S 16 SO 93/12 (zit. nach juris).
1056 *SG Detmold*, Urt. v. 07.05.2013 – S 16 SO 93/12 (zit. nach juris).

§ 41 SGB IX finanziert wird, aber das Kapital nicht für die Beschäftigung und Betreuung auf dem allgemeinen Arbeitsmarkt eingesetzt werden kann.

Reformvorschlag: Deshalb sollte das Budget für Arbeit für Menschen, die einen Anspruch auf Beschäftigung im Arbeitsbereich einer WfbM haben, bundeseinheitlich als Rechtsanspruch geregelt werden.[1057] Dabei sollte die Höhe des Budgets die Höhe der Leistungen bei einer Werkstattbeschäftigung nicht überschreiten, um Missbrauch und Mitnahmeeffekten vorzubeugen.[1058] Es ist auch zu überlegen, einen solchen Anspruch auf den Berufsbildungsbereich auszuweiten. Dies würde dazu führen, dass Beschäftigungs- und Ausbildungsverhältnisse auf dem allgemeinen Arbeitsmarkt für die Dauer des Vorliegens der Werkstattvoraussetzungen finanziell gefördert werden könnten. Dabei ist nicht nur an eine Lohnsubvention zu denken, sondern auch an eine ausreichende psychosoziale Betreuung am Arbeitsplatz. Hierzu könnten mobile Dienste bei den Werkstätten eingerichtet werden oder die Integrationsfachdienste genutzt werden. Rechtlich könnte eine solche Regelung beispielsweise in einem in § 41 SGB IX neu einzufügenden Abs. 1a mit folgendem Wortlaut verankert werden:

> (1a) Behinderte Menschen haben auf die Leistungen nach Abs. 1 einen Anspruch in Form eines Budgets für Arbeit, wenn sie trotz Art und Schwere der Behinderung auf dem allgemeinen Arbeitsmarkt eine Beschäftigung finden. Für eine ausreichende psychosoziale Betreuung am Arbeitsplatz hat der zuständige Rehabilitationsträger die notwendigen Kosten zu tragen. Die Regelungen des § 17 Abs. 2 bis 5 sind entsprechend anzuwenden.

Eine ähnlich lautende Regelung könnte für den Berufsbildungsbereich in § 40 SGB IX verankert werden. Weiterhin ist bei einer gescheiterten Inklusion auf dem allgemeinen Arbeitsmarkt die Rückkehrmöglichkeit in die WfbM sicherzustellen. Zudem befürchten viele Betroffene – häufig zu Unrecht – bei einem Scheitern auf dem allgemeinen Arbeitsmarkt den An-

1057 Für eine flächendeckende bundesweite Einführung votiert z. B. auch die Bundesarbeitsgemeinschaft der Integrationsfirmen, vgl. *BAG-IF*, Inklusion durch Arbeit, Mehr Teilhabe im allgemeinen Arbeitsmarkt für Menschen mit Behinderungen, 2015, S. 13 (http://www.bag-if.de/wp-content/uploads/2015/04/150408_broschure_Inklusion_neu.pdf). Bei der Bundestagung des Deutschen Sozialrechtsverbandes am 08. und 09.10.2015 wies *Gitschmann* aus der Sicht der Länder auf ein Budget für Arbeit als dauerhafter Lohnkostenzuschuss als notwendiger Inhalt des Bundesteilhabegesetzes hin. Vgl. *Schumacher*, in ZFSH/SGB 3/2016, S. 121 (123).

1058 Vgl. dazu auch *Jürgens*, in: Forum D, Beitrag D23-2015 unter www.reha-recht.de, 05.07.2015, S. 2 ff.

spruch auf volle Erwerbsminderungsrente nach 20 Jahren zu verlieren. Deshalb fordern Nebe/Waldenburger „zur Klarstellung in § 43 Abs. 2 S. 3 SGB VI eine Nr. 3 [...] [einzufügen], wonach der im Rahmen eines Budget für Arbeit Beschäftigte, der sogenannte Budgetbeschäftigte, als voll erwerbsgemindert gilt".[1059] Zudem ist eine rentenrechtliche Beratungspflicht für Budgetnehmer wünschenswert. Die Ansicht in einigen Bundesländern, dass Budgetnehmer gem. § 28 Abs. 1 Nr. 2 SGB III nicht arbeitslosenversichert sind, sollte überdacht werden. Es erscheint sinnvoll, auch Budgetnehmer in die Arbeitslosenversicherung einzubeziehen, damit sie im Versicherungsfall Anspruch auf Arbeitslosen-, Kurzarbeiter- oder Insolvenzgeld haben.[1060]

IV. Zukunft der Werkstätten

Zu den Leitideen des Art. 27 UN-BRK zählt die Literatur zunächst „So wenig Sonderarbeitswelten wie möglich" zu schaffen und weiterhin „Wenn schon Sonderarbeitswelten, dann so normal wie möglich".[1061] Der Ausschuss für die Rechte von Menschen mit Behinderungen geht davon aus, dass Werkstätten für Menschen mit Behinderungen nicht der Vorstellung eines inklusiven Arbeitsmarktes gem. Art. 27 UN-BRK entsprechen: So fordert der Ausschuss die „schrittweise Abschaffung der Behindertenwerkstätten durch sofort durchsetzbare Ausstiegsstrategien und Zeitpläne sowie durch Anreize für die Beschäftigung bei öffentlichen und privaten Arbeitgebern im allgemeinen Arbeitsmarkt".[1062] Ein bundesweit geltender Rechtsanspruch auf ein Budget für Arbeit könnte hier ein erster Schritt sein, um Menschen mit einer schweren Behinderung aus den Werkstätten heraus auf den ersten Arbeitsmarkt zu bringen. Es ist allerdings sicherzustellen, dass die notwendige (psychosoziale) Betreuung auch auf dem allgemeinen Arbeitsmarkt stattfindet.

1059 *Nebe/Waldenburger*, in: Forum D – Nr. 26/2014 (www.reha-recht.de), S. 5.

1060 Vgl. *Nebe/Waldenburger*, in: Forum D – Nr. 26/2014 (www.reha-recht.de), S. 5 f.

1061 *Trenk-Hinterberger*, in: *Degener/Diehl*, Handbuch Behindertenrechtskonvention, 2015, S. 105.

1062 *UN – Ausschuss für die Rechte von Menschen mit Behinderungen*, Abschließende Bemerkungen über den ersten Staatenbericht Deutschlands, Dreizehnte Tagung 25. März – 17. April 2015, Vereinte Nationen CRPD/C/DEU/CO/1, S. 9 (keine amtliche, sondern von der Monitoring-Stelle zur UN-BRK beauftragte und geprüfte Übersetzung auf Grundlage der „advance unedited version" vom 17.04.2015).

Dem Ausschuss für Menschen mit Behinderungen soll hier insoweit gefolgt werden, als dass Werkstätten für Menschen mit Behinderungen nicht einem inklusiven Arbeitsmarkt entsprechen, sondern einen Sonderarbeitsmarkt darstellen. Es bedarf insofern vermehrter Anstrengungen, um Menschen aus einer WfbM den Übergang auf den allgemeinen Arbeitsmarkt zu ermöglichen. Dazu muss der Arbeitsmarkt inklusiv ausgestaltet und zugänglich gemacht werden. Hierzu sind u. a. Sozialleistungen notwendig, die für Menschen mit Behinderungen und Arbeitgeber rechtsverbindlich und damit in Höhe und Dauer rechtssicher sind. Man könnte es auf die Kurzformel bringen: Mehr Inklusion durch mehr Rechts- anstatt Ermessensansprüche. Allerdings aus Art. 27 UN-BRK die Verpflichtung der Vertragsstaaten abzuleiten, schrittweise alle Werkstätten abzuschaffen, erscheint zumindest fraglich. Eine derartige Auslegung des Art. 27 UN-BRK konnte nicht vorgenommen werden. Zwar sind die Vertragsstaaten verpflichtet, das gleiche Recht auf Arbeit von Menschen mit Behinderungen anzuerkennen, wobei dies das Recht auf die Möglichkeit beinhaltet, den Lebensunterhalt in einem inklusiven Arbeitsmarkt zu verdienen (vgl. Art. 27 Abs. 1 S. 1 UN-BRK). Die Formulierung „[...] this includes the right to the opportunity to gain a living by work [...] in a labour market [...] that is open, inclusive and accessible" schließt aber andere Möglichkeiten wie Werkstätten für behinderte Menschen nicht kategorisch aus. Es fehlt im Art. 27 UN-BRK zunächst an einer ausdrücklichen Verpflichtung zu einer Abschaffung der Werkstätten. Der Wortlaut gibt hierzu keine Anhaltspunkte. Der Zweck des Art. 27 UN-BRK besteht darin, einen inklusiven Arbeitsmarkt zu schaffen, nicht aber den Menschen mit Behinderungen, die von der Möglichkeit keinen Gebrauch machen wollen, die Alternative der Werkstatt zu nehmen.

Insofern bedarf es mehr staatlicher Anstrengungen als bisher, um Menschen mit Behinderungen die Möglichkeit zu eröffnen, von der Werkstatt auf den allgemeinen Arbeitsmarkt zu wechseln. Der Gesetzgeber hat allerdings einen großen Spielraum. Denkbar wäre ein Umbau der Werkstätten zu Integrationsprojekten, um die WfbMs für den allgemeinen Arbeitsmarkt zu öffnen. Es müsste in den so geöffneten Werkstätten die Möglichkeit für Menschen mit Behinderungen geben, den Lebensunterhalt durch Arbeit zu verdienen (Art. 27 Abs. 1 S. 1 UN-BRK). Weiterhin könnten die Werkstätten als soziale Dienstleister auftreten und Beschäftigte mit Behinderungen auf dem allgemeinen Arbeitsmarkt unterstützen und begleiten.[1063] An dieser Stelle soll also nicht für die Abschaffung der Werkstätten für Menschen mit

1063 Vgl. *Trenk-Hinterberger*, in: *Welke*, UN-BRK, 2012, S. 194.

Behinderung, sondern für einen gezielten Umbau zu Integrationsprojekten (im Sinne von Inklusionsprojekten) und zu sozialen Dienstleistern plädiert werden.

V. Unbefristeter Eingliederungszuschuss

Barriere: Arbeitgeber können für Menschen mit einer Behinderung oder Schwerbehinderung einen Eingliederungszuschuss erhalten (vgl. § 34 Abs. 1 S. 1 Nr. 2, Abs. 3 SGB IX). Es handelt sich dabei um einen Ermessensanspruch, der entweder nach einer bezuschussten, abgeschlossenen Ausbildung (vgl. § 73 Abs. 3 SGB III) oder im Rahmen eines neu geschlossenen oder bestehenden Arbeitsvertrages (vgl. § 90 SGB III) erbracht werden kann. Diese für Arbeitgeber an sich lukrative Leistung zur Teilhabe am Arbeitsleben verliert häufig dadurch an Attraktivität, dass bei der Übernahme oder Begründung eines Arbeitsverhältnisses unklar ist, ob, in welcher Höhe und für welche Dauer der Zuschuss gewährt wird. Aufgrund einer Individualbeschwerde hat der Ausschuss für die Rechte von Menschen mit Behinderung die Regelungen über Eingliederungszuschüsse im deutschen Recht für konventionswidrig erachtet.[1064] Der Ausschuss bezieht sich zwar auf die alte Rechtslage vor Inkrafttreten der UN-BRK. Aber auch nach der Reform des SGB III im Jahre 2012, bleiben m. E. nach die grundsätzlichen Bedenken bestehen. Denn es handelt sich weiterhin um Ermessens-Vorschriften. Zudem wurden keine Neuregelungen getroffen, die Menschen mit einer dauerhaften Einschränkung unbefristete Eingliederungszuschüsse ermöglichen. Die derzeitige Ausgestaltung der Eingliederungszuschüsse stellt Arbeitgeber deshalb vor unwägbare administrative Schwierigkeiten und kann damit Bewerberinnen und Bewerber in eine benachteiligende Position bringen.

Reformvorschlag: Demnach wäre eine entsprechende Überarbeitung der Normen über den Eingliederungszuschuss angezeigt. Nebe/Waldenburger empfehlen daher eine Anspruchsgrundlage für die Gewährung eines unbefristeten Eingliederungszuschusses zu schaffen.[1065] Eine andere Alternative wäre, die bestehenden Regelungen in den §§ 73, 90 SGB III zu ändern und über § 34 SGB IX einen Verweis herzustellen, damit neben der Arbeitsver-

---

1064 UN Committee on the Rights of Persons with Disabilities, Communication No. 2/2010 (date: 4. April 2014), S. 18.

1065 Vgl. *Nebe/Waldenburger*, in: Forum D – Nr. 26/2014 (www.reha-recht.de), S. 6.

waltung auch die übrigen Rehabilitationsträger zur Leistung von unbefristeten Eingliederungszuschüssen verpflichtet wären. Eine eigene Anspruchsgrundlage könnte folgenden Wortlaut haben:

(1) Arbeitgeber sollen zur Eingliederung von Arbeitnehmerinnen und Arbeitnehmern mit einer Behinderung oder Schwerbehinderung einen Zuschuss zum Arbeitsentgelt zum Ausgleich einer Minderleistung erhalten (Eingliederungszuschuss).
(2) Für behinderte und schwerbehinderte Menschen beträgt der Eingliederungszuschuss in Abhängigkeit von Art und Schwere der Behinderung bis zu 70 % des zu berücksichtigenden Arbeitsentgelts. Die Förderdauer soll bis zu 24 Monate betragen. Im Fall besonders betroffener schwerbehinderter Menschen ist der Eingliederungszuschuss unbefristet zu gewähren, wenn die Eingliederung in den allgemeinen Arbeitsmarkt dies erfordert.

VI. Regelungen zur Zugänglichkeit und angemessene Vorkehrungen

Barriere: Das Recht von Menschen mit Behinderung auf Arbeit in einem inklusiven Arbeitsmarkt ist für die Betroffenen nur dann realisierbar, wenn eine rechtliche Verpflichtung zu angemessenen Vorkehrungen besteht und auch tatsächlich im Einzelfall umgesetzt wird. Die Versagung angemessener Vorkehrungen kann eine Diskriminierung darstellen. Deshalb weisen die Vereinten Nationen im General comment No. 20 zu Art. 2 des IPwskR auf die Notwendigkeit einer nationalstaatlichen Regelung hin:

„Die Versagung angemessener Vorkehrungen sollte als eine verbotene Form der Diskriminierung aufgrund von Behinderung in die innerstaatlichen Rechtsvorschriften aufgenommen werden. Die Vertragsstaaten sollten gegen Diskriminierung, beispielsweise gegen Verbote betreffend das Recht auf Bildung, sowie gegen die Versagung angemessener Vorkehrungen an öffentlichen Orten wie öffentlichen Gesundheitseinrichtungen und am Arbeitsplatz ebenso wie an nicht öffentlichen Orten vorgehen, denn solange beispielsweise Räume so konzipiert und gebaut werden, dass sie für Rollstühle unzugänglich sind, wird Rollstuhlfahrern ihr Recht auf Arbeit effektiv versagt.“[1066]

1066 *UN*, Allgemeine Bemerkung Nr. 20, Nichtdiskriminierung bei den wirtschaftlichen, sozialen und kulturellen Rechten (Artikel 2 Absatz 2 des Internationalen Paktes über wirtschaftliche, soziale und kulturelle Rechte), III. B. 28.

Demnach kann eine tatsächliche Teilhabe am Arbeitsleben für viele Menschen mit bestimmten Behinderungen nur dann erreicht werden, wenn die Arbeitsstätten und Arbeitsplätze generell zugänglich sind. Denn es liegt die Vermutung nahe, dass Arbeitgeber – selbst wenn sie Leistungen bei einem Rehabilitationsträger oder beim Integrationsamt beantragen könnten – von einer Einstellung absehen, da sie den damit verbundenen (Investitions-) Aufwand vermeiden wollen.

Nunmehr weist auch der Ausschuss für Menschen mit Behinderungen in seinen abschließenden Bemerkungen über den ersten Staatenbericht Deutschlands darauf hin, dass die deutschen Normen keine Definition der angemessenen Vorkehrungen enthalten und dass ein Versagen angemessener Vorkehrungen im deutschen Recht nicht als Diskriminierung gelte. Zudem sei das Verständnis bei der Umsetzung in der Verwaltung, Gerichtsbarkeit und bei Anbietern von Sozialleistungen unterentwickelt.[1067] Deshalb empfiehlt der Ausschuss dem deutschen Gesetzgeber,

> „(a) im innerstaatlichen Recht, auch auf Länderebene, den Schutz von Menschen mit Behinderungen vor Diskriminierung, einschließlich intersektioneller Diskriminierung, als umfassendes querschnittsbezogenes Recht zu entwickeln und einschlägige Daten zur Rechtsprechung zu sammeln;
> (b) Schritte zu unternehmen, um sicherzustellen, dass Regelungen zu angemessenen Vorkehrungen als ein in allen Rechts- und Politikbereichen unmittelbar durchsetzbares Recht gesetzlich verankert werden, mit einer gesetzlich ausdrücklich festgelegten Begriffsbestimmung nach Artikel 2 des Übereinkommens, und dass die Versagung angemessener Vorkehrungen als eine Form der Diskriminierung anerkannt und sanktioniert wird.
> (c) auf Bundes-, Länder und Kommunalebene in allen Sektoren und mit dem Privatsektor systematisch Schulungen zu angemessenen Vorkehrungen durchzuführen."[1068]

1067 *UN – Ausschuss für die Rechte von Menschen mit Behinderungen*, Abschließende Bemerkungen über den ersten Staatenbericht Deutschlands, Dreizehnte Tagung 25. März – 17. April 2015, Vereinte Nationen CRPD/C/DEU/CO/1, S. 3 (keine amtliche, sondern von der Monitoring-Stelle zur UN-BRK beauftragte und geprüfte Übersetzung auf Grundlage der „advance unedited version" vom 17.04.2015).

1068 *UN – Ausschuss für die Rechte von Menschen mit Behinderungen*, Abschließende Bemerkungen über den ersten Staatenbericht Deutschlands, Dreizehnte Tagung 25. März – 17. April 2015, Vereinte Nationen CRPD/C/DEU/CO/1, S. 3 (keine amtliche, sondern von der Monitoring-Stelle zur UN-BRK beauftragte und geprüfte Übersetzung auf Grundlage der „advance unedited version" vom 17.04.2015).

Reformvorschlag: Wenckebach empfiehlt daher eine ausdrückliche Regelung des Rechtsanspruches auf angemessene Vorkehrungen unter Nennung von Voraussetzungen, unter denen Angemessenheit gegeben sein soll.[1069] Nebe weist in Bezug auf die ArbStättV zu Recht darauf hin, dass Arbeitgeber ihrer Pflicht nach § 3a Abs. 2 ArbStättV, nämlich Arbeitsstätten und Arbeitsplätze barrierefrei zu gestalten bei entsprechender Auslegung dadurch entgehen können, dass sie schlicht keine Menschen mit Behinderung einstellen. Deshalb empfiehlt Nebe eine ausdrückliche Korrektur der Regelung.[1070] Dem ist grundsätzlich zuzustimmen. Allerdings erscheint fraglich, ob Arbeitgeber dazu verpflichtet werden sollten, ihre Arbeitsstätten und Arbeitsplätze generell für alle Arten von Behinderungen bereits vor der Einstellung barrierefrei zu gestalten. Dies wäre mit Sicherheit unverhältnismäßig. Als Kompromiss soll hier die rechtspolitische Forderung nach einer zwischen den Aufwandsargumenten der Arbeitgeber und den Diskriminierungsargumenten von Menschen mit Behinderungen vermittelnden Regelung vertreten werden.

In einem neu zu schaffenden § 34 a SGB IX könnte der Rechtsanspruch auf angemessene Vorkehrungen eines Menschen mit Behinderung – also sowohl mit einfacher Behinderung, als auch mit Schwerbehinderung und Gleichstellung – gegen den zukünftigen Arbeitgeber geregelt werden. Dabei ist darauf einzugehen, wo die Grenzen der Angemessenheit verlaufen, und es sollte auf die Fördermöglichkeiten durch die Rehabilitationsträger bzw. des Integrationsamtes Bezug genommen werden. Eine Formulierung könnte wie folgt lauten:

> Menschen mit einer Behinderung haben einen Anspruch gegen den Arbeitgeber auf angemessene Vorkehrungen am Arbeitsplatz. Angemessene Vorkehrungen sind notwendige und geeignete Änderungen und Anpassungen, die keine unverhältnismäßige oder unbillige Belastung darstellen und die, wenn sie in einem bestimmten Fall erforderlich sind, vorgenommen werden, um zu gewährleisten, dass Menschen mit Behinderungen gleichberechtigt mit anderen alle Menschenrechte und Grundfreiheiten genießen oder ausüben können. Angemessenheit liegt insbesondere vor, wenn dem Arbeitgeber unter Berücksichtigung der finanziellen Förderung durch die Rehabilitationsträger und durch das Integrationsamt der Aufwand zuzumuten ist.

1069 *Wenckebach*, in: Forum B – Nr. 15/2014 (www.reha-recht.de), S. 5 f.

1070 *Nebe*, in: Forum Rehabilitations- und Teilhaberecht, Forum B, Diskussionsbeitrags-Nr. 4/2015, S. 1 ff. (www.reha-recht.de).

Daneben könnte eine generelle Zugänglichkeit i. S. d. Art. 9 UN-BRK in § 3a Abs. 2 ArbStättV verankert werden. Damit Arbeitgeber hier nicht für alle Arten von Behinderungen vor einer konkreten Einstellung Zugänglichkeit sicherstellen müssen, sollte in die Neufassung der Regelung des § 3a Abs. 2 ArbStättV (vgl. dazu E. X. d)) ein konkreter, rechtsverbindlicher und abschließender Katalog an Vorkehrungen aufgenommen werden, die von Arbeitgebern ab einer bestimmten Betriebsgröße erfüllt werden müssen. Dazu könnten z. B. behindertengerechte Toiletten und Waschräume, Behindertenparkplätze usw. gehören. Die Festlegung des abschließenden Kataloges von Vorkehrungen könnte der beim Bundesministerium für Arbeit und Soziales gebildete Ausschuss für Arbeitsstätten übernehmen. Daneben sollten fehlende angemessene Vorkehrungen im AGG und den Behindertengleichstellungsgesetzen von Bund und Ländern verankert werden.[1071]

Neben diesen arbeitsrechtlichen Regelungen bedarf es laut Nebe auch einer Anpassung sozialrechtlicher Regelungen an das Erfordernis angemessener Vorkehrungen. Dies betrifft Leistungsvoraussetzungen, Verfahrensregelungen und die Leistungsausführung.[1072] Dem ist grundsätzlich zuzustimmen. Nebe vertritt die Ansicht, dass aus der unmittelbaren Anwendbarkeit des Diskriminierungsverbotes aus Art. 5 UN-BRK eine Pflicht zur Adaption sozialrechtlicher Normen (u. a. Leistungen zur Teilhabe am Arbeitsleben) an die Anforderungen angemessener Vorkehrungen folgt. Sie kommt demnach zu dem Ergebnis:

> „Führen wir beide Aspekte zusammen, dann müssen sowohl die Leistungsträger als auch die Leistungserbringer von LTA im Einzelfall über angemessene Vorkehrungen entscheiden, um eine drohende Teilhabebeeinträchtigung zu verhindern. Dies schließt die Adaption von sozialrechtlichen Verfahrensbestimmungen, von Leistungsvoraussetzungen wie auch von Ausführungsmodalitäten ein, soweit dies für die Teilhabesicherung erforderlich und für den Leistungsträger bzw. Leistungserbringer weder unbillig noch unverhältnismäßig ist.“[1073]

Eine Verpflichtung zur Anpassung sozialrechtlicher Normen kann m. E. nach allerdings nur dann unmittelbar aus der Konvention abgeleitet werden, wenn das Ziel nicht durch Anwendung und Auslegung des geltenden Rechts erreicht werden kann. Als Beispiel soll hier § 33c SGB I angeführt werden (vgl. dazu bereits E. II. 2. e) aa)). Danach darf niemand bei der In-

---

1071 Vgl. dazu *Aichele*, in: DIM Positionen Nr. 5, 2012, (www.institut-fuer-menschenrechte.de) (letzter Zugriff: 29.06.2015)

1072 *Nebe*, in: Sozialrecht aktuell, Sonderheft 2014, S. 1 (3).

1073 *Nebe*, in: Sozialrecht aktuell, Sonderheft 2014, S. 1 (4).

anspruchnahme sozialer Rechte, wozu auch die Leistungen zur Teilhabe am Arbeitsleben gehören, wegen einer Behinderung benachteiligt werden. Eine Benachteiligung im Sinne der UN-BRK (vgl. u. a. Art. 5 Abs. 2 und 3 i. V. m. Art. 2 Unterabs. 4 UN-BRK) stellt auch die Vorenthaltung angemessener Vorkehrungen dar. Zu diesem Ergebnis führt bereits die Auslegung des unbestimmten Rechtsbegriffes „Benachteiligung". Dennoch sollte der Gesetzgeber die Regelung durch eine klarstellende Formulierung ergänzen, ohne dass er dazu unmittelbar aus der UN-BRK verpflichtet ist. § 33c SGB I könnte dann wie folgt lauten:

> „Bei der Inanspruchnahme sozialer Rechte darf niemand aus Gründen der Rasse, wegen der ethnischen Herkunft oder einer Behinderung benachteiligt werden. Eine Benachteiligung wegen einer Behinderung liegt insbesondere dann vor, wenn die Bereitstellung angemessener Vorkehrungen versagt wird. Ansprüche können nur insoweit geltend gemacht oder hergeleitet werden, als deren Voraussetzungen und Inhalt durch die Vorschriften der besonderen Teile dieses Gesetzbuchs im Einzelnen bestimmt sind."

In diesem Sinne wird an dieser Stelle die Überprüfung aller sozialrechtlichen Regelungen zur Teilhabe am Arbeitsleben vorgeschlagen, um klarstellend die Gewährleistung „angemessener Vorkehrungen" einzufügen. Dies betrifft vor allem die Ermessensleistungen, bei denen im Rahmen der Ermessensausübung berücksichtigt werden muss, ob durch die Gewährung einer Leistung – im Sinne einer angemessenen Vorkehrung – eine Teilhabebeeinträchtigung abgewendet werden kann. Im Zweifel ist eine Entscheidung im Sinne der Inklusion zu fällen!

VII. Einheitlicher Leistungsträger

Barriere: Die Darstellung des gegliederten Systems zur Erbringung von Leistungen zur Teilhabe am Arbeitsleben (vgl. D.) hat deren Unübersichtlichkeit deutlich werden lassen. Die Anzahl der potentiell zuständigen Rehabilitationsträger und daneben die Zuständigkeit des Integrationsamtes erschweren eine zügige, koordinierte und einheitliche Leistungsgewährung. Sowohl Menschen mit einer Behinderung, die am allgemeinen Arbeitsmarkt teilhaben wollen, als auch Arbeitgeber, die bereit sind mit Unterstützung durch öffentliche Leistungen Arbeitnehmerinnen und Arbeitnehmer mit einer Behinderung zu beschäftigen, sehen sich einer Vielfalt von Vorschriften und Zuständigkeitsnormen gegenüber, die ohne versierten Rechtsbeistand nur schwer zu verstehen sind. Dies erschwert den notwendigen Zugang zu Geld-, Sach- und Dienstleistungen, um die Inklusion von Menschen mit einer Behinderung in den Arbeitsmarkt zu erreichen.

Reformvorschlag: An dieser Stelle soll auf einen Vorschlag von Hartmannshenn rekurriert werden, der im Folgenden skizziert wird.[1074] Er schlägt vor, die Arbeitsmarktintegration (nachfolgend: Inklusion in den Arbeitsmarkt) bei der Bundesagentur für Arbeit anzusiedeln.[1075] Dies bedeutet, dass sämtliche Leistungen zur Teilhabe am Arbeitsleben von Menschen mit einer Behinderung bei der Bundesagentur für Arbeit beantragt, geprüft und von ihr gewährt werden. Dieses soll auch für diejenigen Personen gelten, die Leistungen nach dem SGB II beziehen, d. h. in Bezug auf die Rehabilitationsleistungen gäbe es keine Zuständigkeitsänderungen bei einem Wechsel vom Arbeitslosengeld I (SGB III) zum Arbeitslosengeld II (SGB II).

Für die Konzentrierung der Zuständigkeit spricht vor allem die Kompetenz der Agenturen für Arbeit aufgrund ihrer originären Zuständigkeit für Leistungen mit Arbeitsmarktbezug, wie z. B. die Berufsberatung, Stellenvermittlung, Leistungen zur Umschulung und Weiterbildung etc. Der Vorschlag bezieht sich auch auf die Arbeitsmarktleistungen, die vom Integrationsamt erbracht werden. Die Zusammenlegung der Aufgaben müsste mit der Konzentrierung der finanziellen Mittel der Rehabilitationsträger und des Integrationsamtes für Leistungen zur Teilhabe am Arbeitsleben bei der Bundesagentur für Arbeit verbunden sein. Um die erweiterten Aufgaben erfüllen zu können, schlägt Hartmannshenn vor, das bisher bei anderen Trägern für die Leistungen zur Teilhabe am Arbeitsleben zuständige Personal schrittweise zur Bundesagentur für Arbeit wechseln zu lassen.

Der Vorteil dieses Vorschlages besteht darin, dass Menschen mit Behinderungen Leistungen ortsnah und tatsächlich aus einer Hand bekämen. Die Auseinandersetzung mit den Zuständigkeitsregeln und der Frage, welche Leistungen zur Teilhabe am Arbeitsleben von welchem Träger erbracht werden, fällt damit in die Verantwortung der Bundesagentur für Arbeit. Die Betroffenen haben für Leistungen zur Teilhabe am Arbeitsleben nur noch eine Behörde als Anlaufstelle. Dies führt allerdings auch zu höheren Stellenanforderungen der bisherigen und zur Bundesagentur für Arbeit wechselnden Mitarbeiterinnen und Mitarbeiter. Diese müssten alle Leistungen zur Teilhabe am Arbeitsleben aller Träger im Detail kennen und anwenden

1074 Vgl. dazu und zu den folgenden Ausführungen *Hartmannshenn*, Neuordnung der Arbeitsmarktintegration behinderter Menschen, 2014 (Diss.), S. 138 ff.

1075 Zur Verfassungsmäßigkeit des Vorschlags vgl. *Hartmannshenn*, Neuordnung der Arbeitsmarktintegration behinderter Menschen, 2014 (Diss.), S. 149 ff.

können. Hier wäre durch sukzessive umfassende Fortbildung das erforderliche Wissen zu vermitteln, um eine Aufgabenwahrnehmung sicherzustellen.

VIII. Abschluss einer Integrationsvereinbarung

Barriere: In § 83 SGB IX ist die Verpflichtung des Arbeitgebers geregelt mit der Schwerbehindertenvertretung und dem Betriebsrat bzw. Personalrat eine Integrationsvereinbarung abzuschließen.[1076] Die Rechtsnatur der Integrationsvereinbarung ist umstritten; es könnte sich um eine Betriebsvereinbarung handeln oder um einen mehrseitigen kollektiven Vertrag sui generis.[1077] Die Integrationsvereinbarung enthält u. a. „Regelungen im Zusammenhang mit der Eingliederung schwerbehinderter Menschen, insbesondere zur Personalplanung, Arbeitsplatzgestaltung, Gestaltung des Arbeitsumfelds, Arbeitsorganisation, Arbeitszeit [...]" und Regelungen zur Beschäftigung schwerbehinderter Frauen (§ 83 Abs. 2 SGB IX). Für die Inklusion schwerbehinderter Menschen und Gleichgestellter in den allgemeinen Arbeitsmarkt kann die Integrationsvereinbarung von außerordentlicher Bedeutung sein, insbesondere dann, wenn Vereinbarungen über die Berücksichtigung Schwerbehinderter bei der Besetzung freier, frei werdender oder neuer Stellen oder über die Ausbildung behinderter Jugendlicher getroffen werden (§ 83 Abs. 2a Nr. 1 und 4 SGB IX). Eine Barriere besteht allerdings darin, dass die Integrationsvereinbarung nicht erzwingbar ist. Der Arbeitgeber muss lediglich in Verhandlungen eintreten.[1078] Nach h. M. besteht kein Kontrahierungszwang und damit keine Möglichkeit für die Schwerbehindertenvertretung, den Abschluss einer Integrationsvereinbarung gerichtlich herbeizuführen.[1079] Nur der Betriebsrat hat die Möglich-

---

1076 *Rolfs*, in: *Müller-Glöge/Preis/Schmidt*, ErfK, 16. Aufl. 2016, § 83 SGB IX Rn. 1.

1077 Vgl. dazu *Oluk*, Die betriebliche Integrationsvereinbarung nach § 83 SGB IX, Forum B, Beitrag B1-2012 09.03.2012, unter www.reha-recht.de (letzter Zugriff: 01.07.2015), die auch auf einen „Normenvertrag" oder eine „Regelungsabrede" als Rechtsnatur verweist; gegen die Annahme einer Betriebsvereinbarung *Rolfs*, in: *Müller-Glöge/Preis/Schmidt*, ErfK, 16. Aufl. 2016, § 83 SGB IX Rn. 1.

1078 *Neumann*, in: *Neumann/Pahlen/Majerski-Pahlen*, SGB IX Kommentar, 12. Aufl. 2010, § 83 Rn. 4; *Düwell*, in: *Dau/Düwell/Joussen*, LPK-SGB IX, 4. Aufl. 2014, § 83 Rn. 16; *Rolfs*, in: *Müller-Glöge/Preis/Schmidt*, ErfK, 16. Aufl. 2016, § 83 SGB IX Rn. 1; a. A. u. a. *Feldes*, in: *Feldes/Fraunhoffer/Rehwald/von Seggern/Westermann/Witt*, Schwerbehindertenrecht, Basiskommentar, 11. Aufl. 2012, § 83 Rn. 26.

1079 *Trenk-Hinterberger*, in: *Lachwitz/Schellhorn/Welti*, HK-SGB IX, 3. Aufl. 2010, § 83 Rn. 8. m. w. N., der darauf hinweist, dass der Arbeitgeber zur Aufnahme von Verhandlungen über eine Integrationsvereinbarung im arbeitsgerichtlichen Beschlussverfahren gem. § 2a

keit, ein Einigungsstellenverfahren herbeizuführen, wenn Gegenstände der erzwingbaren Mitbestimmung gem. § 87 BetrVG betroffen sind.[1080]

Reformvorschlag: Damit der Abschluss einer Integrationsvereinbarung mehr rechtliche Verbindlichkeit erhält, soll hier für eine Verschärfung der Durchsetzbarkeit plädiert werden. Zwei Wege sind hier denkbar: Zum einen könnte der Nichtabschluss einer Integrationsvereinbarung dadurch sanktioniert werden, dass dieses als Ordnungswidrigkeit geregelt wird. Dazu könnte in § 156 Abs. 1 SGB IX eine Nr. 10 eingefügt werden, die bestimmt, dass ordnungswidrig handelt, wer vorsätzlich oder fahrlässig gem. § 83 SGB IX keine verbindliche Integrationsvereinbarung abschließt. Zum anderen könnte § 83 SGB IX so formuliert werden, dass die Schwerbehindertenvertretung einen Anspruch auf Abschluss einer Integrationsvereinbarung hat. Folgender Wortlaut wäre denkbar:[1081]

> (1) Die Arbeitgeber treffen mit der Schwerbehindertenvertretung und den in § 93 genannten Vertretungen in Zusammenarbeit mit dem Beauftragten des Arbeitgebers (§ 98) eine verbindliche Integrationsvereinbarung. Auf Antrag der Schwerbehindertenvertretung ist der Arbeitgeber verpflichtet, eine Integrationsvereinbarung abzuschließen. Bei Meinungsverschiedenheiten ist entsprechend zu § 76 BetrVG eine Einigungsstelle zu bilden, deren Spruch die Einigung zwischen Arbeitgeber und den in S. 1 genannten Vertretungen ersetzt. [...]

IX. Kündigungsschutz

Beschäftigte mit einer Behinderung, deren Arbeitsverhältnis beendet werden soll, unterliegen dem allgemeinen Kündigungsschutz nach dem KSchG und dem besonderen Kündigungsschutz u. a. nach den §§ 85 ff. SGB IX. Im Folgenden wird auf die bestehenden Besonderheiten für Behinderte eingegangen und es werden Änderungsvorschläge unterbreitet.

Abs. 1 Nr. 3a ArbGG i. V. m. § 95 SGB IX verpflichtet werden kann, nicht jedoch zum Abschluss einer Integrationsvereinbarung.

1080 *Oluk*, Die betriebliche Integrationsvereinbarung nach § 83 SGB IX, Forum B, Beitrag B1-2012 09.03.2012, S. 5 unter www.reha-recht.de (letzter Zugriff: 01.07.2015)

1081 Vgl. § 83 Abs. 1 SGB IX.

1. Änderung des KSchG

Zum Kündigungsschutz im engeren Sinne gehört der allgemeine Kündigungsschutz gem. §§ 1 ff. KSchG.[1082] Bei gegebener Anwendbarkeit des KSchG ist eine Kündigung rechtsunwirksam, wenn sie sozial ungerechtfertigt ist (vgl. § 1 Abs. 1 KSchG). Damit die soziale Rechtfertigung nach § 1 Abs. 2 KSchG gegeben ist, müssen personenbedingte, verhaltensbedingte oder betriebsbedingte Gründe vorliegen. Nachfolgend soll lediglich auf personenbedingte Gründe und dringende betriebliche Erfordernisse eingegangen werden.

a) Krankheit als Unterfall der personenbedingten Kündigung

Barriere: Wenn einem Arbeitnehmer oder einer Arbeitnehmerin die persönliche Eignung oder Fähigkeit zur Ausübung einer Tätigkeit fehlt, soll der Arbeitgeber durch die personenbedingte Kündigung die Möglichkeit haben, das Arbeitsverhältnis zu beenden.[1083] In der Praxis ist die krankheitsbedingte Kündigung als Unterfall der personenbedingten Kündigung von besonderer Bedeutung.[1084] Eine Krankheit wird als Kündigungsgrund erst dann relevant, wenn störende Auswirkungen auf das Arbeitsverhältnis gegeben sind. Dieses kann bei einer Langzeiterkrankung, häufigen Kurzerkrankungen oder einer krankheitsbedingten Leistungsminderung der Fall sein.[1085] Dem Kündigungsrecht liegt folgender Krankheitsbegriff zugrunde:

> „[...] ein ärztl. diagnostizierbarer, nach außen in Erscheinung tretender, auf die Funktionstauglichkeit abgestellter Körper- oder Geisteszustand [...], der idR durch eine ärztl. Heilbehandlung behoben, gelindert oder zumindest vor einer drohenden Verschlimmerung bewahrt werden kann. Regelwidrig ist ein derartiger körperl. oder geistiger Zustand, wenn er nach allg. Erfahrung unter Berücksichtigung eines natürl. Verlaufs des Lebensganges nicht bei jedem anderen Menschen gleichen Alters oder Geschlechts zu erwarten ist [...].“[1086]

1082 *Zöllner/Loritz/Hergenröder*, Arbeitsrecht, 7. Aufl. 2015, S. 363.

1083 *Zöllner/Loritz/Hergenröder*, Arbeitsrecht, 7. Aufl. 2015, S. 368.

1084 *Dörner/Vossen*, in: *Ascheid/Preis/Schmidt*, GKM Kündigungsrecht, 4. Aufl. 2012, § 1 KSchG Rn. 134.

1085 *Oetker*, in: *Müller-Glöge/Preis/Schmidt*, ErfK, 16. Aufl. 2016, § 1 KSchG Rn. 110 f.

1086 *Oetker*, in: *Müller-Glöge/Preis/Schmidt*, ErfK, 16. Aufl. 2016, § 1 KSchG Rn. 112.

Bei der Prüfung einer krankheitsbedingten Kündigung ist ein vierstufiges Prüfungsschema zu berücksichtigen:[1087] Es bedarf zunächst (1) einer negativen Prognose, dass der Gesundheitszustand auch zukünftig das Arbeitsverhältnis beeinträchtigen wird. Zudem müssen (2) die krankheitsbedingten Fehlzeiten zur Beeinträchtigung betrieblicher Interessen in erheblichem Ausmaß führen. Daneben (3) dürfen keine milderen Mittel oder eine Weiterbeschäftigungsmöglichkeit gegeben sein. Zu den milderen Mitteln zählen auch angemessene Vorkehrungen, die bei Vorliegen einer Behinderung zu treffen sind – wobei diese keine unverhältnismäßige Belastung des Arbeitgebers darstellen dürfen. Abschließend (4) ist eine Interessenabwägung zwischen den Arbeitnehmer- und Arbeitgeberinteressen vorzunehmen. Im Rahmen dieser Verhältnismäßigkeitsprüfung ist die Durchführung des betrieblichen Eingliederungsmanagements (§ 84 Abs. 2 SGB IX) zu berücksichtigen, selbst wenn es sich dabei um keinen formellen Unwirksamkeitsgrund handelt (vgl. dazu bereits E. VI. 2. b) aa)).

Problematisch ist die Abgrenzung einer Krankheit von einer Behinderung, vor allem wenn unklar ist, ob die körperliche, geistige oder seelische Beeinträchtigung mit hoher Wahrscheinlichkeit länger als sechs Monate andauern wird. In der Literatur erfolgt der Hinweis darauf, dass der Krankheitsbegriff mit dem Behinderungsbegriff nicht gleichgesetzt werden kann[1088] und die Kündigung eines Menschen mit Behinderung aufgrund krankheitsbehinderter Fehlzeiten nach § 7 Abs. 1 AGG i. V. m. § 134 BGB nichtig sein kann.[1089] Das AGG ist aufgrund der RL 2000/78/EG verabschiedet worden und diese schütze vor einer Kündigung wegen einer Behinderung, erfasse jedoch nicht Fälle in denen Arbeitgeber ausschließlich aufgrund einer Krankheit kündigen.[1090] Die Abgrenzung scheint allerdings im Einzelfall problematisch zu sein, gerade im Rechtskreis der Kündigung wegen einer Langzeiterkrankung oder häufiger Kurzerkrankungen.

1087 Vgl. dazu *Zöllner/Loritz/Hergenröder*, Arbeitsrecht, 7. Aufl. 2015, S. 369 f.; *Gallner/Denecke*, in: *Gallner/Mestwerdt/Nägele*, HaKo Kündigungsschutzrecht, 5. Aufl. 2015, § 1 Rn. 546, die darauf hinweisen, dass der Zweite Senat des BAG die krankheitsbedingte Kündigung nur in drei Stufen prüft.

1088 Vgl. *Gallner/Denecke*, in: *Gallner/Mestwerdt/Nägele*, HaKo Kündigungsschutzrecht, 5. Aufl. 2015, § 1 Rn. 546; *Dörner/Vossen*, in: *Ascheid/Preis/Schmidt*, GKM Kündigungsrecht, 4. Aufl. 2012, § 1 KSchG Rn. 137b.

1089 *Dörner/Vossen*, in: *Ascheid/Preis/Schmidt*, GKM Kündigungsrecht, 4. Aufl. 2012, § 1 KSchG Rn. 137b.

1090 *Dörner/Vossen*, in: *Ascheid/Preis/Schmidt*, GKM Kündigungsrecht, 4. Aufl. 2012, § 1 KSchG Rn. 137a.

Reformvorschlag: Der EuGH hat in seiner Entscheidung v. 11.04.2013 auch längerfristige Erkrankungen unter Rückgriff auf den Behinderungsbegriff der UN-BRK (Art. 1 Abs. 2 UN-BRK) unter den Schutz der RL 2000/78/EG gestellt.[1091]

> „Der Begriff der Behinderung im Sinne der Richtlinie ist dahin auszulegen, dass er einen Zustand einschließt, der durch eine ärztlich diagnostizierte heilbare oder unheilbare Krankheit verursacht wird, wenn diese Krankheit eine Einschränkung mit sich bringt, die insbesondere auf physische, geistige oder psychische Beeinträchtigungen zurückzuführen ist, die in Wechselwirkung mit verschiedenen Barrieren den Betreffenden an der vollen und wirksamen Teilhabe am Berufsleben, gleichberechtigt mit anderen Arbeitnehmern, hindern können, und wenn diese Einschränkung von langer Dauer ist."[1092]

Erfasst sind jetzt auch Arbeitnehmerinnen und Arbeitnehmer mit einer chronischen Erkrankung.[1093] Dies bedeutet allerdings nicht, dass eine Kündigung von chronisch Kranken zukünftig ausgeschlossen ist. Vielmehr erhält die Verhältnismäßigkeitsprüfung bzw. die Prüfung milderer Mittel zukünftig eine noch größere Bedeutung dadurch, dass der Arbeitgeber zum Treffen angemessener Vorkehrungen verpflichtet ist: „War das Unterlassen solcher Maßnahmen kausal für die Fehlzeiten des Arbeitnehmers, ist eine Kündigung unwirksam."[1094]Daran anknüpfend soll an dieser Stelle eine Änderung des KSchG vorgeschlagen werden, die den Anforderungen der Konvention hinsichtlich einer krankheitsbedingten Kündigung und der zuvor zitierten Rechtsprechung gerecht wird. Ein neu einzufügender § 1 Abs. 3a KSchG könnte wie folgt lauten:

> (3a) Ist einem Arbeitnehmer oder einer Arbeitnehmerin aus krankheitsbedingten Gründen im Sinne des Absatzes 2, die in der Person des Arbeitnehmers oder der Arbeitnehmerin liegen, gekündigt worden, so ist die Kündigung trotzdem sozial ungerechtfertigt, wenn diese Krankheit eine Einschränkung mit sich bringt, die insbesondere auf physische, geistige oder psychische Beeinträchtigungen zurückzufüh-

1091 *EuGH*, Urteil v. 11.04.2013, Rs. C-335/11 und C-337/11 – Ring, Skouboe Werge (zit. nach juris).

1092 *EuGH*, Urteil v. 11.04.2013, Rs. C-335/11 und C-337/11 – Ring, Skouboe Werge (zit. nach *Gallner/Denecke*, in: *Gallner/Mestwerdt/Nägele*, HaKo Kündigungsschutzrecht, 5. Aufl. 2015, § 1 Rn. 546).

1093 Vgl. *Gallner/Denecke*, in: *Gallner/Mestwerdt/Nägele*, HaKo Kündigungsschutzrecht, 5. Aufl. 2015, § 1 Rn. 546.

1094 *Gallner/Denecke*, in: *Gallner/Mestwerdt/Nägele*, HaKo Kündigungsschutzrecht, 5. Aufl. 2015, § 1 Rn. 546.

ren ist, die in Wechselwirkung mit verschiedenen Barrieren den Betreffenden an der vollen und wirksamen Teilhabe am Berufsleben, gleichberechtigt mit anderen Arbeitnehmern, hindern können, wenn diese Einschränkung von langer Dauer ist und der Arbeitgeber oder die Arbeitgeberin keine angemessenen Vorkehrungen getroffen hat.

b) Sozialauswahl bei der betriebsbedingten Kündigung

Barriere: Eine betriebsbedingte Kündigung ist sozial ungerechtfertigt, wenn der Arbeitgeber bei der Auswahl der zu kündigenden Arbeitnehmer die Dauer der Betriebszugehörigkeit, das Lebensalter, die Unterhaltspflichten und die Schwerbehinderung nicht oder nicht ausreichend berücksichtigt (§ 1 Abs. 3 KSchG). Die Sozialkriterien wurden durch das Gesetz zu Reformen am Arbeitsmarkt v. 24.12.2003 um das Kriterium der Schwerbehinderung erweitert.[1095] Schwerbehinderte sind zunächst – nachdem die Zustimmung zur Kündigung durch das Integrationsamt erteilt wurde (vgl. §§ 85, 91 Abs. 1 SGB IX) – in die Sozialauswahl einzubeziehen.[1096] Abwägungsrelevant sind lediglich eine Schwerbehinderung und Gleichstellung, nicht jedoch eine einfache Behinderung, wobei unter den genannten Sozialkriterien der Schwerbehinderung kein Vorrang zukommt.[1097]

Reformvorschlag: Die UN-BRK differenziert gerade nicht zwischen Schwerbehinderung und einfacher Behinderung, sondern will grundsätzlich alle Menschen mit einer Behinderung schützen (vgl. u. a. Art. 1 und Art. 5 UN-BRK). Insofern wird hier vorgeschlagen, das Kriterium „Schwerbehinderung" in § 1 Abs. 3 HS 1 KSchG durch den Wortlaut „Behinderung" zu ersetzen. Dabei soll allerdings weiterhin eine Differenzierung nach Art und Umfang der Behinderung bei der Sozialauswahl möglich sein. Denn auch bisher wurde nicht beanstandet, „wenn der Schwerbehinderung nach Maßgabe des Grades der Behinderung diff. Rechnung getragen wird […]."[1098] Daher sollte zukünftig der GdB bei der Vergabe von Punktwerten im Rahmen der Sozialauswahl Berücksichtigung finden.

1095 *Zöllner/Loritz/Hergenröder*, Arbeitsrecht, 7. Aufl. 2015, S. 378.

1096 *Zöllner/Loritz/Hergenröder*, Arbeitsrecht, 7. Aufl. 2015, S. 379.

1097 *Mestwerdt/Zimmermann*, in: *Gallner/Mestwerdt/Nägele*, HaKo Kündigungsschutzrecht, 5. Aufl. 2015, § 1 Rn. 870 ff.

1098 *Oetker*, in: *Müller-Glöge/Preis/Schmidt*, ErfK, 16. Aufl. 2016, § 1 KSchG Rn. 334.

2. Erweiterung des Anwendungsbereichs der §§ 85 ff. SGB IX

Barriere: Der Anwendungsbereich des besonderen Kündigungsschutzes gem. §§ 85 ff. SGB IX ist auf Schwerbehinderte und Gleichgestellte begrenzt (vgl. §§ 69 Abs. 1, 85 SGB IX). Damit unterliegen einfachbehinderte Menschen im Falle einer Kündigung nicht dem Zustimmungserfordernis durch das Integrationsamt. Aber auch Menschen mit einer einfachen Behinderung sind dem erhöhten Risiko einer (krankheitsbedingten) Kündigung und damit einer behinderungsbedingten Diskriminierung ausgesetzt.[1099] Dies hat u. a. die Entscheidung des BAG zu einem symptomlosen HIV-infizierten Beschäftigten gezeigt, der lediglich einen GdB von 10 hatte und bei dem das Gericht die Prüfung einer Diskriminierung wegen einer Behinderung durch das Berufungsgericht anordnete.[1100] Eine Verpflichtung Deutschlands zur Erweiterung des Anwendungsbereiches von §§ 85 ff. SGB IX ist Art. 27 UN-BRK – wie bereits dargelegt – nicht zu entnehmen.[1101] In der Literatur wird sogar die Meinung vertreten, der besondere Kündigungsschutz für Schwerbehinderte solle ganz abgeschafft werden.[1102] Jenseits solcher Ansichten wäre zu prüfen, ob die Beschränkung des Anwendungsbereiches der §§ 85 ff. SGB IX mit dem Diskriminierungsverbot aus Art. 5 Abs. 2 UN-BRK vereinbar ist. In Bezug auf europarechtliche Regelungen sieht das BAG jedenfalls keinen Verstoß gegen Art. 2 Abs. 1 RL 78/2000/EG in der kündigungsrechtlich unterschiedlichen Behandlung, da die weniger stark behinderten Arbeitnehmer nicht „wegen ihrer Behinderung" eine ungünstigere Behandlung erfahren: „Sie werden nicht weniger günstig als nicht behinderte Arbeitnehmer behandelt, sondern weniger günstig als stärker behinderte."[1103] Des Weiteren stellt sich die Frage, ob die Ungleichbehandlung von Menschen mit einfacher Behinderung verfassungswidrig ist. Dies wäre der Fall, wenn ein Verstoß gegen Art. 3 Abs. 3 S. 2 GG vorliegt und kein Rechtfertigungsgrund gegeben ist.[1104] Die notwendigen juristischen Prüfungen sollen an dieser Stelle nicht vorgenommen werden und bleiben weiteren Abhandlungen vorbehalten.

Bei einer Ausweitung des besonderen Kündigungsschutzes auf einfachbehinderte Arbeitnehmer ist fraglich, ob diese Maßnahme nicht kontrapro-

1099 *Banafsche*, in: ZFSH/SGB 2014, S. 729 (731).
1100 Vgl. *Welti*, in: Forum D, Beitrag D22-2014, S. 6 f.
1101 Vgl. dazu E. II. 2. d).
1102 Vgl. *Ganz*, in: NZA 2006, S. 24 m. w. N.
1103 *BAG*, Urt. v. 10.04.2014 – 2 AZR 647/13 – Rn. 41 (zit. nach juris).
1104 *Banafsche*, in: ZFSH/SGB 2014, S. 729 (731).

duktiv wirkt und Arbeitgeber noch zurückhaltender bei der Einstellung von Menschen mit einer Behinderung agieren würden. Ein Blick in die Praxis zeigt allerdings, dass Integrationsämter im Jahr 2013 von 27.098 angezeigten Kündigungsfällen rund 80 % der Kündigungsanträgen zugestimmt und in lediglich 20 % der Fällen der Kündigung des Arbeitgebers ihre Zustimmung verweigert haben.[1105] Insofern führt der besondere Kündigungsschutz nicht zur Unkündbarkeit von Beschäftigten mit einer Behinderung und das Argument, der besondere Kündigungsschutz sei ein Einstellungshindernis, verliert an Argumentationskraft.[1106] Vielmehr ist davon auszugehen, dass in der Praxis die Einholung der Zustimmung des Integrationsamtes die Chance eröffnet, dass über Hilfen und Leistungen aufgeklärt wird und durch die Gewährung von Leistungen zur Teilhabe am Arbeitsleben Arbeitsverhältnisse erhalten werden können.[1107]

Reformvorschlag: Einerseits soll die Kündigungsschutzregelung den Menschen mit Behinderung vor behinderungsbedingten Kündigungen schützen. Andererseits stellt die Regelung eine enorme Belastung für Arbeitgeber mit bürokratischem Aufwand und belastenden Auseinandersetzungen dar. Denn eine ohne vorherige Zustimmung des Integrationsamtes ausgesprochene ordentliche oder außerordentliche Kündigung ist aufgrund Verstoßes gegen ein gesetzliches Verbot gem. § 134 BGB unwirksam.[1108] Eine Reform sollte deshalb sowohl die Interessen von Arbeitgebern als auch von Beschäftigten mit einer Behinderung berücksichtigen.

Dieses Ziel könnte dadurch erreicht werden, dass der besondere Kündigungsschutz gem. §§ 85 ff. SGB IX „entschärft“ wird und gleichzeitig einfachbehinderte Menschen in den Schutzbereich einbezogen werden. Der auf Ganz zurückgehende Vorschlag sieht die Umwandlung des Kündigungszustimmungsverfahrens in ein Kündigungsanhörungsverfahren vor, vergleichbar mit der Anhörung des Betriebsrates vor Ausspruch einer Kündigung gem. § 102 BetrVG.[1109] Mit der Einbeziehung einfachbehinderter Arbeitnehmerinnen und Arbeitnehmer sollte die Anhörung nicht beim Integrationsamt, sondern bei der Bundesagentur für Arbeit als neu zu schaffendem einheitlichem Leistungsträger verankert werden. Vor Ausspruch

1105 Vgl. *BIH*, Hilfen für schwerbehinderte Menschen im Beruf, Jahresbericht 2013/2014, S. 47.

1106 Vgl. *Hohmann*, in: *Wiegand*, SGB IX Handkommentar Teil 2, § 85 Rn. 5.

1107 *BIH*, Hilfen für schwerbehinderte Menschen im Beruf, Jahresbericht 2013/2014, S. 47.

1108 *Fuhlrott*, in: AuA 2015, S. 154.

1109 *Ganz*, in: NZA 2006, S. 24 (25).

einer Kündigung von Menschen mit einer Behinderung wäre dann die zuständige Agentur für Arbeit anzuhören. Deren Stellungnahme hätte aber keine Auswirkungen auf die Zulässigkeit der Kündigung, sondern könnte insbesondere durch das Anbieten von Leistungen zur Teilhabe am Arbeitsleben eine Beendigung des Arbeitsverhältnisses zu verhindern suchen. Eine Entscheidung über die Rechtmäßigkeit einer nach ordnungsgemäßer Anhörung der Agentur für Arbeit ausgesprochenen Kündigung läge bei den Arbeitsgerichten.[1110] Konkret könnten die §§ 85 ff. SGB IX aus dem Schwerbehindertenrecht herausgenommen und am Ende des Teils 1 des SGB IX als Kapitel 9 eingefügt werden. Der neue § 85 SGB IX könnte dann wie folgt lauten:[1111]

> (1) Die Bundesagentur für Arbeit ist vor jeder Kündigung eines Menschen mit Behinderung durch den Arbeitgeber zu hören. Der Arbeitgeber hat der Bundesagentur für Arbeit die Gründe für die Kündigung mitzuteilen. Eine ohne Anhörung der Bundesagentur für Arbeit ausgesprochene Kündigung ist unwirksam.
> (2) Hat die Bundesagentur für Arbeit gegen eine ordentliche Kündigung Bedenken, so hat sie diese in einer Stellungnahme unter Angabe der Gründe dem Arbeitgeber spätestens innerhalb eines Monats schriftlich mitzuteilen. Hat die Bundesagentur für Arbeit gegen eine außerordentliche Kündigung Bedenken, so hat sie diese in einer Stellungnahme unter Angabe der Gründe dem Arbeitgeber unverzüglich, spätestens jedoch innerhalb von drei Tagen, schriftlich mitzuteilen. Die Bundesagentur für Arbeit soll, soweit dies erforderlich erscheint, vor ihrer Stellungnahme den betroffenen Arbeitnehmer oder die betroffene Arbeitnehmerin mit Behinderung hören. Sie soll auf die Gewährung von Leistungen zur Teilhabe am Arbeitsleben in ihrer Stellungnahme eingehen, falls eine Kündigung dadurch abgewendet werden kann.

X. Anhebung der Ausgleichsabgabe

<u>Barriere:</u> Arbeitslosen mit einer Schwerbehinderung gelingt es seltener eine Beschäftigung auf dem ersten Arbeitsmarkt zu erhalten, als Arbeitslosen ohne eine Schwerbehinderung.[1112] „Im Oktober 2014 waren 178.000 schwerbehinderte Menschen arbeitslos – knapp 2.000 (+1 Prozent) mehr als

---

1110 *Ganz*, in: NZA 2006, S. 24 (25).

1111 Vgl. § 102 BetrVG.

1112 BA (2014): Kurzinformation: Der Arbeitsmarkt in Deutschland – Der Arbeitsmarkt für schwerbehinderte Menschen. Veröffentlichung der Arbeitsmarktberichterstattung, Nürnberg, S. 3.

ein Jahr zuvor", wobei der Anstieg auf eine Steigerung der Zahl der älteren Arbeitslosen mit einer Schwerbehinderung zurückzuführen ist.[1113] Mit der Beschäftigungspflicht und der Ausgleichsabgabe sollen Arbeitgeber dazu angehalten werden, Arbeitsplätze für die genannte Gruppe zur Verfügung zu stellen und gezielt nach schwerbehinderten Arbeitnehmerinnen und Arbeitnehmern zu suchen.[1114] 145.708 öffentliche und private Arbeitgeber waren 2012 beschäftigungspflichtig, wobei 111.433 Arbeitgeber die Beschäftigungsquote i. H. v. 5 % nicht erfüllten.[1115] Bezeichnend ist, dass 37.586 Arbeitgeber überhaupt keinen Menschen mit einer Schwerbehinderung beschäftigten.[1116] Insofern erscheint es zunächst nicht zielführend, die Pflichtquote zu erhöhen, da die bestehende Quote zumindest in der Privatwirtschaft noch nicht erfüllt wird und ein nicht unerheblicher Teil der Arbeitgeber überhaupt keinen Schwerbehinderten beschäftigt und stattdessen die Ausgleichsabgabe zahlt. Die derzeitige Höhe der Ausgleichsabgabe führt offensichtlich noch nicht zur gewünschten Beschäftigung von schwerbehinderten Menschen auf dem allgemeinen Arbeitsmarkt.[1117]

Reformvorschlag: Aus den dargelegten rechtspolitischen Gründen erscheint eine Erhöhung der Ausgleichsabgabe geeignet und notwendig.[1118] Zwar sieht § 77 Abs. 3 SGB IX eine Dynamisierung der Ausgleichsabgabe derart vor, dass sich die Ausgleichsabgabe entsprechend der Bezugsgröße gem. § 18 Abs. 1 SGB IV erhöht. Dies tritt allerdings nur ein, wenn sich die Bezugsgröße seit der letzten Neubestimmung der Beträge der Ausgleichsabgabe um wenigstens 10 Prozent erhöht hat (§ 77 Abs. 3 S. 2 SGB IX). Dies war zuletzt am 01.01.2012 der Fall.[1119] Nach der hier vertretenen Auffassung

---

1113 BA (2014): Kurzinformation: Der Arbeitsmarkt in Deutschland – Der Arbeitsmarkt für schwerbehinderte Menschen. Veröffentlichung der Arbeitsmarktberichterstattung, Nürnberg, S. 5.

1114 *Knittel*, SGB IX Kommentar, 7. Aufl. 2013, § 71 Rn. 3.

1115 *BIH (Hrsg.)*: Hilfen für schwerbehinderte Menschen im Beruf, Jahresbericht 2013/2014, S. 14 (www.integrationsaemter.de).

1116 *BIH (Hrsg.)*: Hilfen für schwerbehinderte Menschen im Beruf, Jahresbericht 2013/2014, S. 14 (www.integrationsaemter.de).

1117 In der Literatur wird diametral dazu der ersatzlose Wegfall sowohl der Pflichtquote als auch der Ausgleichsabgabe bei gleichzeitiger Aufrechterhaltung der finanziellen Fördermaßnahmen gefordert. Diese Ansicht nach dem Motto „Wasch mich, aber mach mich nicht nass" vermag nicht zu überzeugen. Vgl. *Dolata*, in: br 2004, S. 128 (132).

1118 Für eine Erhöhung der Ausgleichsabgabe votieren u. a. auch die Behindertenbeauftragte der Bundesregierung Verena Bentele und der Präsident des Behindertenrates Adolf Bauer, vgl. *Theissen*, in: FAZ v. 04.12.2014, S. 23.

1119 *Goebel*, in: *Schlegel/Voelzke*, jurisPK-SGB IX, 2. Aufl. 2015, § 77 Rn. 18 (zit. nach juris).

wird die neu berechnete Höhe der Ausgleichsabgabe als nicht ausreichend angesehen. Deshalb soll an dieser Stelle eine Erhöhung um 20 % vorgeschlagen werden. Die dadurch generierten zusätzlichen Einnahmen können genutzt werden, um angemessene Vorkehrungen am Arbeitsplatz für schwerbehinderte Menschen zu schaffen. § 77 Abs. 2 SGB IX hätte nach der Änderung folgenden Wortlaut:

> „(2) Die Ausgleichsabgabe beträgt je unbesetzten Pflichtarbeitsplatz
> 1. 126 Euro bei einer jahresdurchschnittlichen Beschäftigungsquote von 3 Prozent bis weniger als dem geltenden Pflichtsatz,
> 2. 216 Euro bei einer jahresdurchschnittlichen Beschäftigungsquote von 2 Prozent bis weniger als 3 Prozent,
> 3. 312 Euro bei einer jahresdurchschnittlichen Beschäftigungsquote von weniger als 2 Prozent.
>
> Abweichend von Satz 1 beträgt die Ausgleichsabgabe je unbesetzten Pflichtarbeitsplatz für schwerbehinderte Menschen
> 1. für Arbeitgeber mit jahresdurchschnittlich weniger als 40 zu berücksichtigenden Arbeitsplätzen bei einer jahresdurchschnittlichen Beschäftigung von weniger als einem schwerbehinderten Menschen 126 Euro und
> 2. für Arbeitgeber mit jahresdurchschnittlich weniger als 60 zu berücksichtigenden Arbeitsplätzen bei einer jahresdurchschnittlichen Beschäftigung von weniger als zwei schwerbehinderten Menschen 126 Euro und bei einer jahresdurchschnittlichen Beschäftigung von weniger als einem schwerbehinderten Menschen 216 Euro."

Des Weiteren könnte eine Regelung eingefügt werden, nach der die Nichtberücksichtigung schwerbehinderter Frauen bei der Erfüllung der Pflichtquote (vgl. dazu § 71 Abs. 1 S. 2 SGB IX) die Ausgleichsabgabe erhöht, da es derzeit an einer entsprechenden Sanktionierung fehlt (vgl. dazu E. III. 2. c) cc) (1)). Zudem könnte eine Umverteilung der Mittel aus der Ausgleichsabgabe stattfinden. Wie unter E. IX. 2. b) aa) dargelegt, fließen 20 % der Abgabe nicht den Integrationsämtern, sondern einem Ausgleichsfonds zu. Hier soll einem Vorschlag des BIH gefolgt werden, der für die Verringerung des Anteils für den Ausgleichsfond plädiert, um prognostizierte demografiebedingte Mindereinnahmen aus der Ausgleichsabgabe zu kompensieren.[1120]

1120 *BIH*, Fachpolitische Leitgedanken und Vorschläge der BIH zur Weiterentwicklung des Rechts der Menschen mit Behinderungen im beruflichen Kontext, 2015, S. 16. (www.reha-recht.de).

XI. Behindertenvertretung

Barriere: Düwell weist darauf hin, dass aufgrund des demografischen Wandels und dem damit verbundenen steigenden Lebensalter die Häufigkeit von Behinderungen zunehmen wird.[1121] In Bezug auf eine verlängerte Lebensarbeitszeit erfordere dies nicht zuletzt aufgrund der Verpflichtung zur Inklusion in den allgemeinen Arbeitsmarkt und den Erhalt von Arbeitsplätzen für Beschäftigte mit einer Behinderung, behinderungsgerechte Maßnahmen am Arbeitsplatz. Um dies zu erreichen, seien nicht nur externe Behörden und Rehabilitationsträger gefordert Unterstützung zu leisten, sondern auch unternehmensinterne Akteure, wie die Schwerbehindertenvertretung.[1122] Die Schwerbehindertenvertretung ist allerdings ausschließlich für schwerbehinderte und ihnen gleichgestellte Menschen mit Behinderung zuständig.[1123] Damit sind Menschen mit einer einfachen Behinderung von der Zuständigkeit ausgenommen. Zu den Aufgaben der Schwerbehindertenvertretung gehört gem. § 95 Abs. 1 SGB IX:

- „**Förderung** der Eingliederung in den Betrieb oder die Dienststelle (z. B. im Hinblick auf die Personalauswahlgespräche oder die behinderungsgerechte Gestaltung des Arbeitsplatzes),
- **Interessenvertretung** im Betrieb oder der Dienststelle (z. B. bei Konflikten mit dem Arbeitgeber oder Mitarbeitern),
- **Beistand** dadurch, dass die Schwerbehindertenvertretung den [...] [schwerbehinderten] Menschen beratend (z. B. im Hinblick auf mögliche Rehabilitationsmaßnahmen oder Ansprüche gegenüber dem Arbeitgeber) und helfend (z. B. bei Ausfüllen von Anträgen) zur Seite steht.“[1124]

Reformvorschlag: Düwell fordert eine Ausweitung der Zuständigkeit der Schwerbehindertenvertretung „auf Beistandsleistungen für alle behinderten Beschäftigten“ und damit eine Ausweitung des Anwendungsbereiches der §§ 94 ff. SGB IX.[1125] In der sog. Kölner Erklärung vom 06.06.2014 fordern die Sprecher der Arbeitskreise der Schwerbehindertenvertretungen aus Wirtschaft und Verwaltung ebenfalls eine Ausweitung: „Die SBV muss zur

---

1121 *Düwell*, in: br 2015, S. 39.

1122 Vgl. *Düwell*, in: br 2015, S. 39.

1123 *Trenk-Hinterberger*, in: *Lachwitz/Schellhorn/Welti*, HK-SGB IX, 3. Aufl. 2010, § 95 Rn. 1.

1124 *Trenk-Hinterberger*, in: *Lachwitz/Schellhorn/Welti*, HK-SGB IX, 3. Aufl. 2010, § 95 Rn. 3.

1125 *Düwell*, in: br 2015, S. 39.

Behindertenvertretung werden. Sie ist zuständig für die Hilfe und Unterstützung aller Menschen mit Behinderung im Betrieb bzw. in der Dienststelle und wird in allen BEM-Verfahren herangezogen."[1126]

Hiermit verbunden ist die Frage, ob Teile des Schwerbehindertenrechtes (§§ 68 ff. SGB IX) auch auf Menschen mit einfacher Behinderung Anwendung finden sollen (vgl. dazu bereits F. VI.) – vorliegend die Regelungen über die betriebliche Vertretung von Menschen mit Behinderungen. Dies erscheint zunächst schwierig, da besondere Normen für Schwerbehinderte aufgrund ihrer erhöhten Belastungen gegenüber einfach Behinderten sachlich gerechtfertigt sind. Allerdings macht die Anwendbarkeit der Regelung über das betriebliche Eingliederungsmanagement auf grundsätzlich alle Beschäftigten eines Unternehmens und die Kodifizierung im Schwerbehindertenrecht des SGB IX deutlich (vgl. § 84 Abs. 2 SGB IX), dass hier eine klare Abgrenzung zwischen Schwerbehinderung einerseits und einfacher Behinderung andererseits durch den Gesetzgeber partiell aufgelöst wurde. Insofern scheint es durchaus vertretbar, im Sinne des gleichen Rechtes auf Arbeit für alle Menschen mit Behinderung und die Möglichkeit den Lebensunterhalt auf einem inklusiven Arbeitsmarkt zu verdienen, eine Überprüfung der Normen des Schwerbehindertenrechtes unter der Frage vorzunehmen, ob diese durch rechtliche Neuregelung nicht auch auf einfachbehinderte Menschen Anwendung finden sollten. Gerade die Regelungen über die Schwerbehindertenvertretung sind hier für eine Anwendungserweiterung zur Behindertenvertretung besonders geeignet. Denn die Belange und Interessen von Menschen mit einer Behinderung können von einer spezialisierten Vertretung in Ergänzung zum Betriebsrat besser wahrgenommen werden. Deshalb soll an dieser Stelle für eine Weiterentwicklung der §§ 93 ff. SGB IX plädiert werden.

XII. Rechtsprechung zu Art. 27 UN-BRK

Bei der Anwendung und Auslegung des geltenden Rechts haben Gerichte die UN-BRK zu beachten.[1127] Im Folgenden soll geprüft werden, inwiefern in Bezug auf den hier interessierenden Bereich Arbeit und Beschäftigung eine Berücksichtigung des Art. 27 UN-BRK in der deutschen Rechtsprechung stattgefunden hat und welche Teilhabe-Barrieren dort möglicherweise dokumentiert wurden. In der Datenbank juris sind zum Artikel 27

1126 *Düwell*, in: br 2015, S. 39 (40).

1127 Vgl. dazu bereits B. IV. 3.

UN-BRK insgesamt lediglich zwölf Urteile oder Beschlüsse – sechs Jahre nach Inkrafttreten der Konvention – veröffentlicht.[1128] Dies deutet zunächst auf eine äußerst geringe Rezeption und Einbeziehung in die Auslegung durch die Rechtsprechung im Bereich Arbeit und Beschäftigung hin.[1129] Von den zwölf Einträgen (drei Beschlüsse und neun Urteile) stammen acht aus der Sozialgerichtsbarkeit, drei aus der Arbeitsgerichtsbarkeit und einer aus der Verwaltungsgerichtsbarkeit.

1. Sozialgerichtsbarkeit

Mehrere Urteile bzw. Beschlüsse der Sozialgerichtsbarkeit betreffen die Beschäftigung in einer WfbM, entweder die generelle Aufnahme oder aber Streitigkeiten über beantragte Assistenzleistungen. Im Einzelnen handelt es sich um folgende Streitgegenstände:

Das LSG Sachsen-Anhalt hatte darüber zu entscheiden, ob einer schwerstbehinderten Antragstellerin mit einem GdB von 100 im Berufsbildungsbereich einer WfbM vom Antragsgegner eine ganztägige Arbeitsassistenz zu gewähren ist.[1130] Der Antragstellerin wurden bereits im Eingangsverfahren Leistungen zur Teilhabe am Arbeitsleben gewährt, u. a. eine Arbeitsassistenz, ein Therapiestuhl und ein Computer mit Spezialsoftware.[1131] Die Arbeitsassistenz wurde im Berufsbildungsbereich nur teilweise vorfinanziert. Die Vorinstanz lehnte einen Anordnungsanspruch auf Gewährung einer ganztägigen Assistenz im Berufsbildungsbereich mit der Begründung ab, dass die Werkstattfähigkeit der Antragstellerin nicht glaubhaft gemacht wurde.[1132] Das LSG änderte den Beschluss der Vorinstanz jedoch ab und verpflichtete den Antragsgegner, eine tägliche Arbeitsassistenz im Berufsbildungsbereich zu übernehmen.[1133] Bei der Prüfung der Werkstattfähigkeit gem. § 136 Abs. 2 SGB IX legt das Gericht u. a. die UN-BRK zugrunde:

1128 Stand: 13.08.2015.

1129 Vgl. dazu auch *Ritz*, in: *Kossens/von der Heide/Maaß*, SGB IX Kommentar, 4. Aufl. 2015, Vorbemerkung zum BGG Rn. 1 (zit. nach beck-online); *Nebe*, in: Sozialrecht aktuell Sonderheft 2014, S. 1 (9 f.).

1130 *LSG Sachsen-Anhalt*, Beschluss v. 27.11.2014 – L 2 AL 41/14 B ER – Rn. 1 f. (zit. nach juris).

1131 *LSG Sachsen-Anhalt*, Beschluss v. 27.11.2014 – L 2 AL 41/14 B ER – Rn. 5 (zit. nach juris).

1132 *LSG Sachsen-Anhalt*, Beschluss v. 27.11.2014 – L 2 AL 41/14 B ER – Rn. 9 f. (zit. nach juris).

1133 *LSG Sachsen-Anhalt*, Beschluss v. 27.11.2014 – L 2 AL 41/14 B ER (zit. nach juris).

„Bei der Frage welche Kriterien für die Prognose einer Werkstattfähigkeit anzulegen sind, sind die grundgesetzliche Relevanz in Bezug auf die Menschenwürde, das Sozialstaatsgebot und das Diskriminierungsverbot (Art. 3 Abs. 3 Satz 2 des Grundgesetzes) sowie Art. 27 der UN-Behindertenrechtskonvention zu beachten. Diese Vorschriften verlangen die Förderung behinderter Menschen bzw. das gleiche Recht von Menschen mit Behinderung auf Arbeit. Es muss insoweit im konkreten Fall im Berufsbildungsbereich ausgetestet werden können, ob der behinderte Mensch einen Arbeitsplatz in einer WfbM erreichen kann."[1134]

Das LSG Niedersachsen-Bremen hatte über die Gewährung einer Kommunikationsassistenz für eine Autistin mit einem GdB von 100 im Zusammenhang mit der Aufnahme in eine WfbM zu entscheiden. Konkret ging es um eine Assistentin oder einen Assistenten, die oder der durch Berührungen an Hand, Arm oder Schulter der Autistin Bewegungsabläufe bei dieser auslöst und dadurch eine Kommunikation mittels PC anstößt (gestützte Kommunikation nach der FC-Methode, Facilitated Communication).[1135] Für die Aufnahme in das Eingangsverfahren und den Berufsbildungsbereich der WfbM benötige die Autistin eine 1:1 Betreuung durch die Assistentin oder den Assistenten. Der zuständige Leistungsträger (hier Agentur für Arbeit gem. § 42 Abs. 1 Nr. 1 SGB IX) lehnte die Kostenübernahme für die Kommunikationsassistenz mit der Begründung ab, dass die personelle Ausstattung in den Verantwortungsbereich der Werkstatt falle und § 33 Abs. 8 S. 1 Nr. 3 SGB IX nicht einschlägig sei, da dadurch nur die Teilhabe am allgemeinen Arbeitsmarkt erfasst würde.[1136] Das LSG Niedersachsen-Bremen lehnte einen Anspruch auf Kostenübernahme für eine Kommunikations- bzw. Arbeitsassistenz für die Aufnahme in das Eingangsverfahren und den Berufsbildungsbereich ab, da die Werkstattfähigkeit nicht gegeben sei und die Klägerin mit Autismus nach Durchlaufen des Eingangsverfahrens und des Berufsbildungsbereiches prognostisch im Arbeitsbereich mit dem dort vorgegebenen Personalschlüssel (1:12) keine wirtschaftlich verwertbare Arbeitsleistung werde erbringen können und daneben keine Pflicht der Agentur für Arbeit gegeben sei, im Eingangsverfahren und Berufsbildungsbereich eine 1:1 Betreuung zu gewähren.[1137] Ein Anspruch folge auch nicht aus Art. 27 UN-BRK:

1134 *LSG Sachsen-Anhalt*, Beschluss v. 27.11.2014 – L 2 AL 41/14 B ER – Rn. 30. (zit. nach juris).

1135 *LSG Niedersachsen-Bremen*, Urt. v. 23.09.2014 – L 7 AL 56/12 – Rn. 1 f. (zit. nach juris).

1136 *LSG Niedersachsen-Bremen*, Urt. v. 23.09.2014 – L 7 AL 56/12 – Rn. 5 f. (zit. nach juris).

1137 *LSG Niedersachsen-Bremen*, Urt. v. 23.09.2014 – L 7 AL 56/12 (zit. nach juris).

„Art. 27 UN-Behindertenrechtskonvention ist aber nicht so hinreichend bestimmt, dass daraus ein unmittelbarer Individualanspruch auf Förderung einer bestimmten Maßnahme abgeleitet werden könnte. Im Übrigen führt Art. 27 UN-Behindertenrechtskonvention nicht dazu, dass sie bei der Auslegung einer hier einschlägigen Regelungen [sic!] des SGB III, SGB IX der Werkstattverordnung das Begehren der Klägerin rechtfertigen könnte. Denn vorliegend scheitert ihr Anspruch auf Förderung der Teilhabe am Arbeitsleben bezüglich des Eingangs- und Berufsbildungsbereichs in einer Werkstatt für behinderte Menschen nicht am Fehlen rechtlicher Regelungen oder deren streitige Auslegung, sondern allein an dem tatsächlichen Umstand, dass der Beigeladene zu 1) [Anm. d. Autors: WfbM] sich nicht in der Lage sieht, personelle Strukturen zur Verfügung zu stellen, die eine berufliche Eingliederung der Klägerin ermöglichen könnten. Gegen diese müsste sich die Klägerin also in erster Line wenden, um ihre Ansprüche aus der UN-Behindertenrechtskonvention zu realisieren."[1138]

Das LSG Bayern hatte ebenfalls über einen Menschen mit Autismus zu entscheiden, der die Aufnahme in das Eingangsverfahren und den Berufsbildungsbereich einer WfbM begehrte.[1139] Der Betreuungsaufwand des Klägers ist sehr hoch, so kann er sich z. B. nur durch Zeigen auf eine Buchstabentafel verständlich machen und bedarf bei dem Ausführen von Arbeitsaufgaben einer intensiven Anleitung und Unterstützung.[1140] Das LSG Bayern lehnte einen Anspruch auf Aufnahme in das Eingangsverfahren und den Berufsbildungsbereich ab. Die Werkstattfähigkeit wurde zwar grundsätzlich nicht in Frage gestellt. Allerdings benötige der Kläger eine engmaschige Betreuung, die die Struktur der Werkstatt nicht gewährleiste und deshalb sei ein Mindestmaß an wirtschaftlich verwertbarer Arbeitsleistung zukünftig nicht zu erwarten.[1141] Auch die Berücksichtigung der UN-BRK führte – ähnlich wie beim vorstehend skizzierten Urteil des LSG Niedersachsen-Bremen zu keinem gegenteiligen Ergebnis:

„Die vom Kläger in Bezug genommenen Normen der Art. 26 und 27 UN-BRK sind jedoch nicht so hinreichend bestimmt, um aus diesen Regelungen unmittelbar einen Individualanspruch auf Zuweisung in die vom Kläger angestrebte Maßnahme ableiten zu können [...]. Im Weiteren führen die Regelungen der UN-BRK auch zu keiner anderen Betrachtungsweise, soweit sie bei der Auslegung der für den Anspruch des Klägers einschlägigen Regelungen des SGB III, SGB IX und der WVO zu beachten sind, denn vorliegend scheitert ein Anspruch des Klägers nicht am Feh-

1138 *LSG Niedersachsen-Bremen*, Urt. v. 23.09.2014 – L 7 AL 56/12 – Rn. 35 (zit. nach juris).
1139 *LSG Bayern*, Urt. v. 23.05.2012 – L 10 AL 8/11 (zit. nach juris).
1140 *LSG Bayern*, Urt. v. 23.05.2012 – L 10 AL 8/11 – Rn. 2 (zit. nach juris).
1141 *LSG Bayern*, Urt. v. 23.05.2012 – L 10 AL 8/11 – Rn. 13 ff. (zit. nach juris).

len rechtlicher Regelungen oder deren streitiger Auslegung, sondern allein an dem tatsächlichen Umstand, dass sich sowohl die Beklagte als auch der Maßnahmeträger weigern, Strukturen zur Verfügung zu stellen, die eine berufliche Eingliederung des Klägers ermöglichen könnten."[1142]

In Bezug auf das vorstehende Verfahren hat der Kläger gegen die Nichtzulassung der Revision Beschwerde eingelegt. Das BSG hat die Beschwerde für unzulässig erklärt u. a. mit der Begründung, dass die grundsätzliche Bedeutung der Rechtssache nicht in der gebotenen Weise dargelegt werde.[1143] Insofern bleiben folgende Rechtsfragen höchstrichterlich ungeklärt:

> „Hat auch ein Mensch mit einer so schweren Behinderung wie der Kläger Anspruch auf Teilhabe am Arbeitsleben dergestalt, dass ihm die Beklagte den für seinen konkreten Fall erforderlichen höheren Personalschlüssel (1 Fachkraft für 2 Betreute) zur Verfügung stellen muss, wenn es ihm nicht möglich ist, unter der üblicherweise und auch im konkreten Fall gegebenen Personalausstattung einer Werkstatt von 1 Fachkraft für 6 Betreute eine wirtschaftlich verwertbare Leistung zu erbringen und die zuständige Werkstatt ihn bei Erstattung der zusätzlichen Personalkosten aufnehmen würde? Stellt die Verweigerung des erforderlichen Personalschlüssels eine rechtswidrige Diskriminierung im Sinne des Art. 5 der UN-Behindertenrechtskonvention durch das Unterlassen angemessener Vorkehrungen dar?"[1144]

Die unzureichende Darlegung der Klärungsbedürftigkeit der beiden aufgeworfenen Rechtsfragen begründet das BSG u. a. wie folgt:

> „Insbesondere der Widerspruch zur BRK wird lediglich behauptet. Eine substantiierte Darlegung, weshalb in der Ablehnung einer Kostenübernahme für eine (erforderliche) 1:2-Betreuung eine „Diskriminierung" des behinderten Menschen iS der BRK zu sehen sein soll, erfolgt nicht. Insoweit fehlt es schon an einer Auseinandersetzung mit der in Art 2 BRK enthaltenen Begriffsbestimmung der „Diskriminierung aufgrund von Behinderung". Ähnliches gilt für die weiteren, vom Kläger herangezogenen Bestimmungen der BRK (zB Art 5 und Art 27 Abs 2 Buchst i BRK – Gleichberechtigung und Nichtdiskriminierung bzw Sicherstellung angemessener Vorkehrungen am Arbeitsplatz für Menschen mit Behinderungen). Inwieweit Bestimmungen der BRK geeignet sind, unmittelbare innerstaatliche Rechtsansprüche zu begründen, legt der Kläger ebenso wenig dar wie die Ableitung der Begründung eines subjektiv-öffentlichen Rechts des Einzelnen aus den Regelungen der BRK, eine

---

1142 *LSG Bayern*, Urt. v. 23.05.2012 – L 10 AL 8/11 – Rn. 33. (zit. nach juris).
1143 *BSG*, Beschl. v. 19.12.2012 – B 11 AL 92/12 B (zit. nach juris).
1144 *BSG*, Beschl. v. 19.12.2012 – B 11 AL 92/12 B – Rn. 4 (zit. nach juris).

> 1:2-Betreuung in einer „zuständigen" WfbM zu verlangen, etwa im Wege einer entsprechenden Gesetzesumsetzung bzw Gesetzesauslegung [...]."[1145]

In einem weiteren Rechtsstreit lehnte das LSG Bayern das Begehren eines Klägers mit leichter Intelligenzminderung und mit autistischen Zügen auf Aufnahme in das Eingangsverfahren und den Berufsbildungsbereich einer WfbM ab.[1146] Aufgrund des Betreuungsaufwandes geht das Gericht auch hier davon aus, dass der Kläger bei der bestehenden Personalstruktur der Werkstatt zukünftig ein Mindestmaß an wirtschaftlich verwertbarer Arbeitsleistung nicht erbringen kann und verneint einen Anspruch auf Gewährung durch den zuständigen Rehabilitationsträger.[1147] Dabei stützt sich das Gericht u. a. auf einen Praktikumsbericht, nach dem der Kläger einer „engmaschigen Betreuung" (1:2) aufgrund selbstgefährdenden Verhaltens und Konflikten mit Kollegen bedarf, für die ein Personalschlüssel von 1:6 nicht ausreicht.[1148] Art. 27 UN-BRK führt zu keinem anderen Ergebnis (zur Begründung vgl. bereits Fn. 1195).

In weiteren Verfahren der Sozialgerichtsbarkeit war die Gleichstellung mit Schwerbehinderten Gegenstand.[1149] Das BSG hatte in einem Rechtsstreit über die Gleichstellung einer Angestellten im mittleren Dienst, die an einer chronisch-entzündlichen Darmerkrankung (Colitis ulcerosa) erkrankt ist und einen GdB von 30 hat, zu urteilen.[1150] Die Klägerin stand zum Zeitpunkt des Urteils in einem unbefristeten und ungekündigten Beschäftigungsverhältnis, bewarb sich aber für einen Ausbildungsplatz zur Dipl.-Finanzwirtin (gehobener Dienst) und bekam vorbehaltlich der personalärztlichen Untersuchung ein Anstellungsangebot, das nach Vorliegen des Gutachtens des ärztlichen Dienstes zurückgenommen wurde.[1151] Ein von der Angestellten gestellter Gleichstellungsantrag wurde von der Bundesagentur für Arbeit mit der Begründung abgelehnt, „der berufliche Aufstieg könne nicht durch eine Gleichstellung gefördert werden."[1152] Das SG hat die Klage der Angestellten abgewiesen, während das LSG der Berufung stattge-

---

1145 *BSG*, Beschl. v. 19.12.2012 – B 11 AL 92/12 B – Rn. 5 f. (zit. nach juris).
1146 *LSG Bayern*, Urt. v. 23.05.2012 – L 10 AL 207/10 – Rn. 1 f. (zit. nach juris).
1147 *LSG Bayern*, Urt. v. 23.05.2012 – L 10 AL 207/10 – Rn. 14 (zit. nach juris).
1148 *LSG Bayern*, Urt. v. 23.05.2012 – L 10 AL 207/10 – Rn. 24 f. (zit. nach juris).
1149 *LSG Hamburg*, Urt. v. 30.10.2013 – L 2 AL 66/12 und *BSG*, Urt. v. 06.08.2014 – B 11 AL 5/14 R (zit. nach juris).
1150 *BSG*, Urt. v. 06.08.2014 – B 11 AL 5/14 R – Rn. 1 f. (zit. nach juris).
1151 *BSG*, Urt. v. 06.08.2014 – B 11 AL 5/14 R – Rn. 3 (zit. nach juris).
1152 *BSG*, Urt. v. 06.08.2014 – B 11 AL 5/14 R – Rn. 5 (zit. nach juris).

geben hat.[1153] Die Revision der Bundesagentur für Arbeit vor dem BSG hatte keinen Erfolg. Die Angestellte sei gem. § 2 Abs. 3 Alt. 1 SGB IX einer Schwerbehinderten gleichzustellen, um einen geeigneten Arbeitsplatz im Sinne des § 73 SGB IX erlangen zu können.[1154] In Bezug auf Art. 27 der UN-BRK führt das BSG aus:

> „Auch Art 27 Abs 1 S 2 Lit a und e UN-BRK [...] geben [...] Hinweise zur Auslegung des § 2 Abs 3 SGB IX, denn nach diesen völkerrechtlichen [...] Normen ist ein diskriminierungsfreier Zustand anzustreben. Dieser ist nicht bereits dadurch hergestellt, dass ein behinderter Mensch in irgendeiner Weise eine Tätigkeit ausüben kann, vielmehr muss auch der Zugang zu anderen bzw der Wechsel von Berufsfeldern diskriminierungsfrei ermöglicht werden [...].“[1155]

Folglich stünde der Gleichstellung nicht entgegen, dass die Angestellte bereits einen geeigneten Arbeitsplatz besetzt.[1156]

In einem Verfahren hatte das LSG Berlin-Brandenburg über Förderleistungen zur Teilhabe behinderter Menschen am Arbeitsleben in Form der Kostenerstattung für eine Tiefgarage sowie Kosten für den behindertengerechten Umbau des Innen- und Außenbereiches eines Hauses und Umzugskosten durch die Agentur für Arbeit zu entscheiden (vgl. § 33 Abs. 8 S. 1 Nr. 6 SGB IX).[1157] Der Kläger hat eine Querschnittslähmung infolge eines Badeunfalls mit einem GdB von 100.[1158] Der Umzug von einer Wohnung in ein Haus erfolgte aufgrund seiner Familiengründung. In erster Instanz wies das SG Potsdam die Klage u. a. mit der Begründung ab, es fehle an einem kausalen Zusammenhang zwischen der Arbeitstätigkeit und der Leistung, da eine Wohnung zur Verfügung stehe und ihre Nutzung nicht gefährdet sei.[1159] Die Berufung des Klägers hatte ebenfalls keinen Erfolg: Das LSG Berlin-Brandenburg sah die Voraussetzungen für eine Kostenerstattung gem. § 15 SGB IX als nicht erfüllt an. Die Voraussetzungen für die Förderleistungen lägen nicht vor, da der „unmittelbare Bezug zur Berufsausübung“ fehle und damit der Umzug nicht vornehmlich dem Lebensbereich Arbeit zuzuordnen sei.[1160] Zudem verneint das Gericht einen An-

1153 *BSG*, Urt. v. 06.08.2014 – B 11 AL 5/14 R – Rn. 5 f. (zit. nach juris).
1154 *BSG*, Urt. v. 06.08.2014 – B 11 AL 5/14 R – Rn. 17 ff. (zit. nach juris).
1155 *BSG*, Urt. v. 06.08.2014 – B 11 AL 5/14 R – Rn. 21 (zit. nach juris).
1156 *BSG*, Urt. v. 06.08.2014 – B 11 AL 5/14 R – Rn. 23 (zit. nach juris).
1157 *LSG Berlin-Brandenburg*, Urt. v. 17.12.2012 – L 29 AL 337/09 – Rn. 1 (zit. nach juris).
1158 *LSG Berlin-Brandenburg*, Urt. v. 17.12.2012 – L 29 AL 337/09 – Rn. 2 f. (zit. nach juris).
1159 *LSG Berlin-Brandenburg*, Urt. v. 17.12.2012 – L 29 AL 337/09 – Rn. 52 (zit. nach juris).
1160 Vgl. *LSG Berlin-Brandenburg*, Urt. v. 17.12.2012 – L 29 AL 337/09 – Rn. 98 (zit. nach juris).

spruch auf die begehrten Leistungen im Rahmen der Leistungen zur Teilhabe am Leben in der Gemeinschaft gem. §§ 19 Abs. 3, 53, 54 Abs. 1 S. 1 SGB XII i. V. m. § 55 Abs. 1 SGB IX, für deren Prüfung und Bewilligung die Agentur für Arbeit im Außenverhältnis gem. § 14 SGB IX im vorliegenden Fall zuständig geworden ist.[1161] Das LSG Berlin-Brandenburg erkennt auch keinen Kostenerstattungsanspruch unter Berücksichtigung der UN-BRK an. Das Gericht stellt fest, dass u. a. Art. 27 UN-BRK keine eigenständige Rechtsgrundlage zur Leistungsbewilligung darstelle, der Artikel aber „als Auslegungshilfe für die Bestimmung von Inhalt und Reichweite der Grundrechte“ und einfachgesetzlicher Normen (z. B. § 33 SGB IX, §§ 53 ff. SGB XII) herangezogen werden könne.[1162] Unmittelbar anwendbar sei das Diskriminierungsverbot des Art. 5 UN-BRK. Das LSG führt aus:

> „Wie das GG fordert auch die UN-BRK zur Achtung des Diskriminierungsverbots keine unverhältnismäßigen oder unbilligen Belastungen. Die sich daraus ergebenden Rechtfertigungsanforderungen sind nicht höher als die nach dem GG. Hieraus ergeben sich insbesondere keine weitergehenden Leistungsansprüche gegen die Beklagte und die Beigeladene im Rahmen der Leistungen zur Teilhabe am Arbeitsleben und der Eingliederungshilfe. Das Verbot einer Benachteiligung behinderter Menschen ist mit einem Auftrag an den Staat verbunden, auf die gleichberechtigte Teilhabe behinderter Menschen hinzuwirken. Diesem Auftrag zur Umsetzung und Konkretisierung hat der Gesetzgeber mit dem SGB IX Rechnung getragen, ohne dass damit der Auftrag als erledigt anzusehen wäre. Der somit fortbestehende Auftrag zur Ausgestaltung des Sozialstaatsgebots begründet indes keine konkreten Leistungsansprüche.“[1163]

2. Arbeitsgerichtsbarkeit

In einem Rechtsstreit vor dem BAG waren eine Diskriminierung und ein entsprechender Entschädigungsanspruch i. H. v. 17.292 EUR zu prüfen, die ein Diplom-Kommunikationswirt (Studiengang Gesellschafts- und Wirtschaftskommunikation) geltend machte, der aufgrund einer Gehbehinderung mit einem GdB von 100 schwerbehindert ist. Zusätzlich studierte der Kläger Business Administration in Island. Er bewarb sich bei einer deutschen Universität auf zwei befristete Stellen als Communitymanager und

1161 *LSG Berlin-Brandenburg*, Urt. v. 17.12.2012 – L 29 AL 337/09 – Rn. 110 ff. (zit. nach juris).
1162 *LSG Berlin-Brandenburg*, Urt. v. 17.12.2012 – L 29 AL 337/09 – Rn. 134 (zit. nach juris).
1163 *LSG Berlin-Brandenburg*, Urt. v. 17.12.2012 – L 29 AL 337/09 – Rn. 135 (zit. nach juris).

Gründungsberater.[1164] Die Universität kam ihrer Prüf- und Meldepflicht (§§ 81 Abs. 1, 82 S. 1 SGB IX) im Vorfeld der Stellenbesetzung nicht nach. Der Kläger wurde zu einem Test und einem Bewerbungsgespräch für beide Stellen eingeladen und erfuhr dort u. a., dass die Abteilung Gründungsservice in das erste und zweite Obergeschoss eines Gebäudes ohne Fahrstuhl umziehen werde. Beide Bewerbungen blieben erfolglos.[1165] Das Arbeitsgericht hat die Universität zur Zahlung einer Entschädigung i. H. v. 5.764 EUR verurteilt. Im Rahmen der Berufung verneinte das LAG einen Entschädigungsanspruch. Die Revision des schwerbehinderten Bewerbers vor dem BAG hatte keinen Erfolg, da nach Prüfung des Gerichtes keine Benachteiligung aufgrund der Behinderung vorlag.[1166] Insbesondere könne aus der Verletzung der Prüf- und Meldepflicht nicht geschlossen werden, die Universität wolle keine Bewerbungen von Schwerbehinderten (u. a. wurde in beiden Stellenanzeigen auf die bevorzugte Berücksichtigung schwerbehinderter Bewerber hingewiesen und der Kläger wurde in beiden Besetzungsverfahren in die Auswahl einbezogen).[1167] In der Bewerbung hat der Kläger selbst die Schwerbehinderung angesprochen und wurde dann während des Bewerbungsgespräches danach befragt. Nach Auffassung des BAG und unter Berücksichtigung der UN-BRK stelle dies keine unzulässige Frage nach der Schwerbehinderung dar:

> „In der Bewerbungssituation nachzufragen, welche Einschränkungen sich aus einer in den Bewerbungsunterlagen angegebenen Behinderung ergeben, ist unter der Voraussetzung unbedenklich, dass damit die Verpflichtung zu „angemessenen Vorkehrungen“ (Art. 5 der Richtlinie 2000/78/EG iVm Art. 27 Abs. 1 S. 2 Buchst. i, Art. 2 Unterabs. 4 […] UN-BRK […]) zum Tragen kommt.“[1168]

> „Das BAG führt weiter aus: „Zwar entspricht die vom Landesarbeitsgericht der Beklagten unterstellte „Fragerichtung“ (ob und inwieweit die körperliche Beeinträchtigung einem etwaigen Einsatz als Communitymanager entgegenstehe) nicht den oben genannten Vorgaben von Art. 5 der Richtlinie 2000/78/EG iVm. Art. 27 Abs. 1 Satz 2 Buchst. i, Art. 2 Unterabs. 4 UN-BRK und auch nicht den ähnlich gelagerten von § 81 Abs. 4 Satz 1 Nr. 4 und Nr. 5 SGB IX. Danach steht „ermöglichen“ im Fokus, nicht „entgegenstehen“. Es ist gleichwohl nicht zu beanstanden, dass das Landesarbeitsgericht unter Zugrundelegung des gesamten vom Kläger

1164 *BAG*, Urt. v. 26.06.2014 – 8 AZR 547/13 – Rn. 1 ff. (zit. nach juris).
1165 *BAG*, Urt. v. 26.06.2014 – 8 AZR 547/13 – Rn. 6 f. (zit. nach juris).
1166 *BAG*, Urt. v. 26.06.2014 – 8 AZR 547/13 – Rn. 10 ff. (zit. nach juris).
1167 *BAG*, Urt. v. 26.06.2014 – 8 AZR 547/13 – Rn. 49 f. (zit. nach juris).
1168 *BAG*, Urt. v. 26.06.2014 – 8 AZR 547/13 – Rn. 53 (zit. nach juris).

geschilderten Gesprächsverlaufs kein Indiz gesehen hat, das eine Benachteiligung wegen einer Behinderung vermuten lässt. Es hat dabei besonders bedacht, dass am Schluss des Gesprächs eine abschließende Feststellung der Abteilungsleiterin erfolgt sein soll, dass der Kläger „trotz seiner Gehbehinderung wohl keinen Aufzug benötige", um in die im Obergeschoss gelegenen Büroräume zu gelangen. Das Landesarbeitsgericht hat dies dahin gehend gewertet, dass „aus der Sicht der Beklagten die Gehbehinderung des Klägers seinem Einsatz auf den ausgeschriebenen Stellen nicht entgegenstand"."[1169]

Ein weiterer Fall vor dem BAG, betraf eine an multipler Sklerose erkrankte Fachangestellte für Bäderbetriebe mit einem GdB von 50. Sie bewarb sich kurz vor Abschluss ihrer dreijährigen Ausbildung um eine Stelle in einem Hallen- und Freibad, die u. a. die Badeaufsicht, den Rettungsdienst, die Durchführung von Schwimm- und Aquafitnesskursen beinhaltete.[1170] Der Betreiber des Hallen- und Freibades stellte der Bewerberin einen befristeten Arbeitsvertrag in Aussicht, zog dieses Angebot aber zurück, nachdem die Bewerberin bei einer Arbeitsplatzbesichtigung ihre Schwerbehinderung offenbarte. Die Bewerberin erhob daraufhin Klage, gerichtet auf Schadensersatz- und Entschädigungsansprüche gem. § 15 Abs. 1 und Abs. 2 AGG.[1171] Sie führt an, dass ihre Krankheit der Ausübung der Tätigkeit nicht entgegenstehe, da diese frühzeitig erkannt worden sei und medikamentös behandelt werde.[1172] Der Betreiber des Hallen- und Freibades verweist darauf, dass „eine Person mit vollständiger Gesundheit und darüber hinaus überdurchschnittlicher gesundheitlicher Konstitution" gesucht werde und beruft sich im Übrigen auf die Zulässigkeit der unterschiedlichen Behandlung gem. § 8 Abs. 1 AGG.[1173] Das Arbeitsgericht hat der Klage stattgegeben, während das Landesarbeitsgericht die Klage abgewiesen hat. Vor dem BAG hatte die Bewerberin Erfolg und erreichte die Zurückverweisung an das Landesarbeitsgericht.[1174] Das BAG stellt u. a. fest, dass eine unmittelbare Benachteiligung gem. § 3 Abs. 1 S. 1 AGG gegeben sei, wobei vom LAG noch zu prüfen sei, ob es sich dabei um eine zulässige Benachteiligung i. S. d. § 8 Abs. 1 AGG handelt.[1175] In Bezug auf die UN-BRK weist das BAG auf Folgendes hin:

1169 *BAG*, Urt. v. 26.06.2014 – 8 AZR 547/13 – Rn. 58 (zit. nach juris).
1170 *BAG*, Urt. v. 22.05.2014 – 8 AZR 662/13 – Rn. 2 (zit. nach juris).
1171 *BAG*, Urt. v. 22.05.2014 – 8 AZR 662/13 – Rn. 1 ff. (zit. nach juris).
1172 *BAG*, Urt. v. 22.05.2014 – 8 AZR 662/13 – Rn. 3 (zit. nach juris).
1173 *BAG*, Urt. v. 22.05.2014 – 8 AZR 662/13 – Rn. 5 (zit. nach juris).
1174 *BAG*, Urt. v. 22.05.2014 – 8 AZR 662/13 – Rn. 6 f. (zit. nach juris).
1175 *BAG*, Urt. v. 22.05.2014 – 8 AZR 662/13 – Rn. 33 (zit. nach juris).

„Zudem wird entscheidend zu berücksichtigen sein, dass ein Arbeitgeber, der eine Nichteinstellung darauf stützt, dass der Arbeitnehmer wegen seiner Behinderung nicht eingesetzt werden könne, sich nur dann auf § 8 Abs. 1 AGG berufen kann, wenn auch angemessene Vorkehrungen iSv. Art. 5 der Richtlinie 2000/78/EG iVm. Art. 27 Abs. 1 Satz 2 Buchst. i, Art. 2 Unterabs. 4 des Übereinkommens der Vereinten Nationen vom 13. Dezember 2006 über die Rechte von Menschen mit Behinderungen ergriffen werden."[1176]

Das BAG hat in einem weiteren Urteil entschieden, dass eine symptomlose HIV-Infektion eine Behinderung i. S. d. AGG darstellt, solange damit soziales Vermeidungsverhalten und Stigmatisierungen der Gesellschaft verbunden sind.[1177] Im konkreten Sachverhalt ging es um die Kündigung eines chemisch-technischen Assistenten (vgl. dazu bereits E. II. 2. b) cc)). In diesem Zusammenhang hat das BAG auf die Verpflichtung der Vertragsstaaten aus der UN-BRK zur Sicherstellung angemessener Vorkehrungen hingewiesen und dazu u. a. ausgeführt:

„Die Mitgliedstaaten müssen aufgrund von Art. 5 RL 2000/78/EG iVm. Art. 2 Unterabs. 4 UN-BRK die Arbeitgeber verpflichten, die im konkreten Einzelfall jeweils erforderlichen angemessenen Vorkehrungen zu ergreifen. Das bloße Schaffen von Anreiz- und Hilfsmaßnahmen genügt nicht [...]."[1178]

Allerdings dürfe Art. 2 Unterabs. 4 UN-BRK nicht unmittelbar angewendet werden und Arbeitgeber dürften nur zu solchen angemessenen Vorkehrungen verpflichtet werden, die gemessen an „der Größe und der Finanzkraft" und unter Berücksichtigung öffentlicher Leistungen keine unverhältnismäßige oder unbillige Belastung darstellen.[1179] Wann dies der Fall ist, hätten die nationalen Gerichte zu ermitteln.[1180] Für Kündigungen würden sich folgende Auswirkungen ergeben:

„Eine Kündigung eines behinderten Arbeitnehmers wegen fehlender Einsatzmöglichkeiten ist demnach nur wirksam, wenn der Arbeitgeber nicht imstande ist, das infolge der Behinderung vorliegende Beschäftigungsverhältnis durch angemessene Vorkehrungen zu beseitigen [...]. Beurteilungsgrundlage für die Rechtfertigungsprüfung ist dabei nicht der ursprüngliche (ausgeschriebene) Arbeitsplatz, sondern der mit verhältnismäßigem Aufwand geänderte Arbeitsplatz. Andernfalls könnte

---

1176 *BAG*, Urt. v. 22.05.2014 – 8 AZR 662/13 – Rn. 42 (zit. nach juris).
1177 *BAG*, Urt. v. 19.12.2013 – 6 AZR 190/12 (zit. nach juris).
1178 *BAG*, Urt. v. 19.12.2013 – 6 AZR 190/12 – Rn. 52 (zit. nach juris).
1179 *BAG*, Urt. v. 19.12.2013 – 6 AZR 190/12 – Rn. 52 ff. (zit. nach juris).
1180 *BAG*, Urt. v. 19.12.2013 – 6 AZR 190/12 – Rn. 52 (zit. nach juris).

[...] der Arbeitgeber stets berufsbezogen argumentieren und behinderte Arbeitnehmer berechtigt von der Teilhabe am Berufsleben ausschließen."[1181]

3. Verwaltungsgerichtsbarkeit

Der VGH Bayern hatte darüber zu entscheiden, ob ein Arbeitgeber vom zuständigen Integrationsamt die Übernahme der Kosten für einen Gebärdensprachdolmetscher für eine gehörlose Mitarbeiterin verlangen kann, die im Rahmen ihrer Aufgaben als Betriebsrätin, Schwerbehindertenvertretung und Konzernschwerbehindertenvertretung angefallen sind.[1182] Die vor dem Verwaltungsgericht erhobene Verpflichtungsklage des Arbeitgebers gerichtet gegen das Integrationsamt hatte keinen Erfolg.[1183] Zur Begründung wurde u. a. angeführt, dass die begleitenden Hilfen im Arbeitsleben gem. § 102 Abs. 3 Nr. 2 lit. e SGB IX i. V. m. § 27 SchwbAV Ermessensleistungen seien und vor allem dann gewährt werden sollen, wenn ohne die Leistungen eine Gefährdung des Beschäftigungsverhältnisses eintreten würde.[1184] Insofern sei ein Ermessensfehler im konkreten Fall nicht festzustellen. Die Berufung vor dem VGH Bayern blieb ebenfalls erfolglos. Der VGH Bayern führte u. a. aus, dass eine Diskriminierung der schwerbehinderten Mitarbeiterin gem. § 33c SGB I durch Nichterstattung der Kosten an den Arbeitgeber nicht vorliege, da letzterer bereits gesetzlich dazu verpflichtet sei, die Kosten für die Aufgaben im Zusammenhang mit der Tätigkeit als Betriebsrätin bzw. Schwerbehindertenvertretung zu übernehmen (vgl. § 40 Abs. 1 BetrVG und § 96 Abs. 8 S. 1 SGB IX).[1185] Auch aus Art. 27 Abs. 1 S. 2 lit. c UN-BRK, aus dem die Gewährleistung gleichberechtigter Arbeitnehmer- und Gewerkschaftsrechte folge, könne keine anderslautende Entscheidung getroffen werden:

„Denn die Versagung eines Zuschusses zu Dolmetscherkosten zeitigt im vorliegenden Fall Auswirkungen nicht im Hinblick auf die Wahrnehmung von Arbeitnehmerrechten durch die gehörlose Mitarbeiterin der Klägerin, sondern allein auf die Klägerin selbst, die ihrerseits von Gesetzes wegen zur Kostentragung verpflichtet ist und diese Kosten als außergewöhnliche Belastungen erstattet haben möchte."[1186]

1181 *BAG*, Urt. v. 19.12.2013 – 6 AZR 190/12 – Rn. 54 (zit. nach juris).
1182 *VGH Bayern*, Beschl. v. 25.05.2012 – 12 ZB 11.152 (zit. nach juris).
1183 *VGH Bayern*, Beschl. v. 25.05.2012 – 12 ZB 11.152 – Rn. 3 (zit. nach juris).
1184 *VGH Bayern*, Beschl. v. 25.05.2012 – 12 ZB 11.152 – Rn. 3 (zit. nach juris).
1185 *VGH Bayern*, Beschl. v. 25.05.2012 – 12 ZB 11.152 – Rn. 9 (zit. nach juris).
1186 *VGH Bayern*, Beschl. v. 25.05.2012 – 12 ZB 11.152 – Rn. 10 (zit. nach juris).

4. Barrieren und Verbesserungsvorschläge

Die äußerst geringe Anzahl an veröffentlichten Urteilen und Beschlüssen zum Bereich Arbeit und Beschäftigung unter Einbeziehung des Art. 27 UN-BRK deutet auf eine geringe Rezeption der Konvention durch die Gerichtsbarkeiten und eine geringe Bedeutung in der Praxis hin.[1187] Infolgedessen bedarf es adäquater Fort- und Weiterbildungsangebote sowohl für Richterinnen und Richter als auch für die Anwaltschaft, um die UN-BRK als geltendes Recht im Rang eines Bundesgesetzes inhaltlich zu verbreiten und insbesondere auf die Möglichkeiten der menschenrechtskonformen Auslegung hinzuweisen.[1188] Hier bedarf es entsprechender Seminarangebote, die von den relevanten Berufsgruppen wahrgenommen werden können. Insbesondere bei der Anwaltschaft bedarf es einer entsprechenden Sensibilisierung für die UN-BRK, da Anwältinnen und Anwälte maßgeblich Verfahren initiieren und betreiben und über die Klageschriften und das Aufwerfen von ungeklärten Rechtsfragen im Zusammenhang mit der Konvention zur Expansion der völkerrechtlich geprägten Rechtsprechung beitragen.

Die Durchsicht der bisherigen Rechtsprechung zu Art. 27 UN-BRK hat im Wesentlichen zwei Problemkreise deutlich werden lassen: Barrieren für Menschen mit Behinderung hinsichtlich der Teilhabe am Arbeitsleben bestehen zum einen bei der Aufnahme in eine Werkstatt für behinderte Menschen und zum anderen bei der Einstellung bzw. Nichteinstellung auf dem allgemeinen Arbeitsmarkt infolge möglicher Diskriminierung wegen einer Behinderung.

a) Werkstattaufnahme

Grundsätzlich hat jeder Mensch mit einer Behinderung unabhängig von der Ursache, Art oder Schwere der Behinderung unter den Voraussetzungen der §§ 136, 137 SGB IX einen Rechtsanspruch auf Aufnahme in eine WfbM (vgl. zu den Voraussetzungen D. VI. 4.). Der Anspruch auf Aufnahme scheitert jedoch häufig an der Voraussetzung, dass spätestens nach Durchlaufen des Berufsbildungsbereiches ein Mindestmaß wirtschaftlich verwertbarer Arbeitsleistung zu erwarten sein muss (vgl. § 136 Abs. 2 SGB IX). Ein Mindestmaß wirtschaftlich verwertbarer Arbeitsleistung ist gegeben, „wenn das Ergebnis der Arbeitsleistung des behinderten Menschen die Arbeits-

1187 Vgl. dazu *Giese*, in: Fachbeitrag D2-2016, S. 2 f. (www.reha-recht.de).

1188 So auch *Roller*, in: SGb 2016, S. 17 (24).

leistung der WfbM insgesamt bereichert."[1189] Dies muss nicht bereits bei Eintritt in die WfbM der Fall sein, sondern spätestens nach Beendigung des Berufsbildungsbereiches und es ist auch kein betriebswirtschaftliches Verhältnis des Personalaufwandes zum Arbeitsergebnis erforderlich.[1190] Allerdings darf die Betreuung und Pflege des Werkstattbeschäftigten gegenüber der Beschäftigung an sich nicht im Vordergrund stehen.[1191] § 9 Abs. 3 WVO bestimmt, dass das Verhältnis von Fachkräften zu Menschen mit Behinderung im Berufsbildungsbereich 1:6 und im Arbeitsbereich 1:12 betragen soll. Eine 1:2 oder 1:1 Betreuung ist dadurch zwar nicht ausgeschlossen, aber die Werkstätten verfügen – wie aus einzelnen Urteilen der Sozialgerichtsbarkeit deutlich geworden ist – nicht über die entsprechenden Personalstrukturen, um eine solche Betreuung im Berufsbildungs- und Arbeitsbereich bieten zu können. Eine Pflicht zur Kostenübernahme durch die Rehabilitationsträger für Arbeitsassistenten, Kommunikationsassistenten usw. im Eingangsverfahren und Berufsbildungsbereich einer WfbM wurde überwiegend durch die Gerichte verneint, u. a. dann, wenn prognostisch spätestens im Arbeitsbereich unter dem gegebenen Personalschlüssel kein Mindestmaß an wirtschaftlich verwertbarer Arbeitsleistung zu erwarten sei.[1192]

Fraglich ist, ob das gleiche Recht von Menschen mit Behinderungen auf Arbeit gem. Art. 27 Abs. 1 UN-BRK die Pflicht zur Aufnahme in eine WfbM und die Schaffung von angemessenen Vorkehrungen im Extremfall in Form einer Einzelbetreuung umfasst. Es ist demnach zu prüfen, ob § 136 Abs. 2 SGB IX i. V. m. § 9 Abs. 3 WVO mit Art. 27 Abs. 1 HS. 1 UN-BRK vereinbar ist. Dies wäre dann nicht der Fall, wenn das gleiche Recht von Menschen mit Behinderungen auf Arbeit („the right of persons with disabilities to work, on an equal basis with others", Art. 27 Abs. 1 S. 1 UN-BRK) auch die Aufnahme von Menschen mit Behinderung umfasst, bei denen auch nach Teilnahme an Maßnahmen im Berufsbildungsbereich unter dem gegebenen Betreuungsschlüssel kein Mindestmaß wirtschaftlich verwertbarer Arbeitsleistung zu erwarten ist. Dazu muss Art. 27 Abs. 1 HS. 1 UN-BRK im Folgenden ausgelegt werden.

1189 *Kossens*, in: *Kossens/von der Heide/Maaß*, SGB IX Kommentar, 4. Aufl. 2015, § 136 Rn. 14 (zit. nach beck-online).

1190 *Kossens*, in: *Kossens/von der Heide/Maaß*, SGB IX Kommentar, 4. Aufl. 2015, § 136 Rn. 14 f. (zit. nach beck-online).

1191 *Kossens*, in: *Kossens/von der Heide/Maaß*, SGB IX Kommentar, 4. Aufl. 2015, § 136 Rn. 14 (zit. nach beck-online).

1192 Vgl. dazu *LSG Niedersachsen-Bremen*, Urt. v. 23.09.2014 – L 7 AL 56/12 (zit. nach juris).

aa) Wortlaut

Dem Wortlaut ist zunächst nicht zu entnehmen, ob sich das gleiche Recht von Menschen mit Behinderungen auf Arbeit auch auf die Bezugsgruppe der Werkstattbeschäftigten und die Aufnahme in eine WfbM bezieht. Unter E. III. 2.a) bb) (1) (a) (dd) konnte allerdings bereits dargelegt werden, dass sich der Wortlaut „on an equal basis with others“ (Art. 27 Abs. 1 S. 1 UN-BRK) nicht nur auf Menschen ohne eine Behinderung, sondern auch auf Menschen mit einer Behinderung als Bezugsgruppe bezieht. Denn die Regelungen der UN-BRK sollen Diskriminierungen von Menschen mit Behinderungen ohne sachlichen Grund grundsätzlich auch gegenüber anderen Menschen mit Behinderungen verhindern. Im Übrigen wird auf die oben vorgenommene Prüfung verwiesen. Bleibt zu klären, ob „the right of persons with disabilities to work“ auch die Beschäftigung in einer WfbM umfasst. Der Wortlaut führt hier zu keinem eindeutigen Ergebnis.

bb) Systematische Auslegung

In systematischer Hinsicht kann zunächst auf Art. 27 Abs. 1 HS. 2 verwiesen werden, der das gleiche Recht auf Arbeit konkretisiert. Danach umfasst das Recht die Möglichkeit, den Lebensunterhalt durch Arbeit auf einem inklusiven Arbeitsmarkt zu verdienen („[…] this includes the right to gain a living by work freely chosen or accepted in a labour market and work environment that is open, inclusive and accessible to persons with disabilities.“ (Art. 27 Abs. 1 HS. 2 UN-BRK)). Daraus lässt sich allerdings nicht schließen, dass sich das Recht auf Arbeit nur auf den allgemeinen Arbeitsmarkt und nicht auf die Aufnahme in eine WfbM bezieht. Zwar ist das Hauptziel des Art. 27 UN-BRK die Inklusion auf dem allgemeinen Arbeitsmarkt. Aber gerade die Beschäftigung im Berufsbildungsbereich und / oder Arbeitsbereich einer WfbM soll den Menschen mit Behinderungen die Möglichkeit des Übergangs auf den ersten Arbeitsmarkt eröffnen (vgl. § 136 Abs. 1 S. 3 UN-BRK) und dient somit perspektivisch der Verwirklichung des gleichen Rechtes auf Arbeit.

Weitere Konkretisierungen finden sich in Art. 27 Abs. 1 S. 2 UN-BRK: Zunächst sollen die Vertragsstaaten gem. lit. a) Diskriminierungen aufgrund von Behinderung in allen Angelegenheiten im Zusammenhang mit einer Beschäftigung gleich welcher Art verbieten. Der Begriff der Beschäftigung ist meiner Ansicht nach weit zu verstehen und umfasst auch arbeitnehmerähnliche Beschäftigungsverhältnisse in einer WfbM (vgl. dazu bereits E. I. 3.). Darüber hinaus sieht Art. 27 Abs. 1 S. 2 lit. i) UN-BRK zur Verwirklichung des Rechts auf Arbeit vor, dass am Arbeitsplatz angemessene Vorkehrungen für Menschen mit Behinderungen getroffen werden. Zu diesen angemessenen Vorkehrungen kann grundsätzlich auch eine Anpassung des Betreuungsschlüssels bzw. Gewährung einer Arbeits- oder Kommunikationsassistenz gehören, wenn sie u. a. keine unverhältnismäßige und unbillige Belastung darstellt und im Einzelfall geboten ist (vgl. dazu Art. 2 Unterabs. 4 UN-BRK).

In systematischer Hinsicht ist an dieser Stelle auch Art. 5 Abs. 3 UN-BRK einzubeziehen, der bestimmt, dass zur Förderung der Gleichberechtigung und zur Beseitigung von Diskriminierung die Vertragsstaaten alle geeigneten Schritte unternehmen, um die Bereitstellung angemessener Vorkehrungen zu gewährleisten. Der Begriff Diskriminierung aufgrund von Behinderung bedeutet gem. Art. 2 Unterabs. 3 S. 1 UN-BRK jede Unterscheidung, Ausschließung oder Beschränkung aufgrund von Behinderung, die zum Ziel oder zur Folge hat, dass das auf die Gleichberechtigung mit anderen gegründete Anerkennen, Genießen oder Ausüben aller Menschenrechte und Grundfreiheiten im politischen, wirtschaftlichen, sozialen, kulturellen, bürgerlichen oder jedem anderen Bereich beeinträchtigt oder vereitelt wird. Dazu gehört nach Art. 2 Unterabs. 3 S. 2 UN-BRK auch die Versagung angemessener Vorkehrungen.

Daher umfasst das gleiche Recht von Menschen mit Behinderungen auf Arbeit im Zusammenhang mit weiteren Regelungen der UN-BRK auch die Aufnahme in eine Werkstatt für Menschen mit Behinderungen. Eine diskriminierende Begrenzung der Aufnahme ist grundsätzlich unzulässig. Insbesondere müssen angemessene Vorkehrungen getroffen werden, um die Aufnahme zu ermöglichen. Eine Grenze wäre nur dort gegeben, wo die angemessenen Vorkehrungen eine unverhältnismäßige oder unbillige Belastung darstellen würden. Es bedarf hier einer Abwägung zwischen dem Recht des Menschen mit Behinderung auf Arbeit und dem öffentlichen Interesse auf Kostenreduktion. Das Recht des Menschen mit Behinderung auf Arbeit überwiegt zumindest dort, wo angemessene Vorkehrungen auch in anderen Lebensbereichen gewährt werden (z. B. Kommunikationsassistent für den Schulbesuch oder zur Teilhabe am Leben in der Gemeinschaft). In diesen Fällen kann die Leistung nicht mit Bezug auf das öffentliche Interesse der Versicherten oder Steuerzahler auf Kostenreduktion verweigert werden. Das Verbot der Diskriminierung und das Recht auf Arbeit wiegen hier schwerer.

cc) Teleologische Auslegung

Der Zweck der UN-BRK ist gem. Art. 1 Unterabs. 1 UN-BRK, den vollen und gleichberechtigten Genuss aller Menschenrechte und Grundfreiheiten durch alle Menschen mit Behinderungen zu fördern, zu schützen und zu gewährleisten und die Achtung der ihnen innewohnenden Würde zu fördern. Infolgedessen ist das Recht auf Arbeit auch dadurch zu fördern und zu schützen, dass Menschen mit einer schweren Behinderung durch die Aufnahme in eine WfbM die Möglichkeit erhalten, am Arbeitsleben teilzunehmen. Das Ermöglichen steht hier im Vordergrund, selbst dann, wenn zunächst oder dauerhaft keine Erwerbstätigkeit auf dem allgemeinen Arbeitsmarkt zu erwarten ist. Denn perspektivisch kann der Zweck der UN-BRK, die Menschenrechte und Grundfreiheiten und damit auch das Recht auf Arbeit zu schützen, zu fördern und zu gewährleisten nur dadurch erreicht werden, das unter Bereitstellung angemessener Vorkehrungen eine Förderung durch eine WfbM in Richtung auf den allgemeinen Arbeitsmarkt verfolgt wird. Dieser Zweck kann nur dort eine Grenze finden, wo die Würde der Werkstattbeschäftigten oder anderer Beschäftigter verletzt wird. Insbesondere muss das Recht auf Arbeit denklogisch dort eingeschränkt sein, wo eine Selbst- oder Fremdgefährdung gegeben ist.

dd) Ergebnis

Vorliegend bedarf es keiner historischen Auslegung, die gem. Art. 32 WVK nur ergänzend vorzunehmen ist, wenn die übrigen Auslegungsmethoden zu keinem eindeutigen Ergebnis führen (vgl. dazu bereits B. V. 1.). Als Auslegungsergebnis kann hier festgehalten werden, dass § 136 Abs. 2 SGB IX nicht mit Art. 27 Abs. 1 HS. 1 UN-BRK vereinbar ist. Das gleiche Recht von Menschen mit Behinderungen auf Arbeit umfasst auch die Aufnahme in eine Werkstatt für Menschen mit Behinderungen. Dieses Recht kann nicht mit dem Argument verwehrt werden, dass (prognostisch) eine wirtschaftlich verwertbare Arbeitsleistung nicht zu erwarten ist, insbesondere weil das Ausmaß der erforderlichen Betreuung und Pflege eine Teilnahme am Arbeitsbereich oder Berufsbildungsbereich nicht zulässt. Art. 27 UN-BRK verpflichtet dazu angemessene Vorkehrungen zu treffen, damit das gleiche Recht von Menschen mit Behinderung auf Arbeit verwirklicht werden kann. Der Betreuungsschlüssel im Berufsbildungsbereich von 1:6 oder im Arbeitsbereich von 1:12 (vgl. § 9 Abs. 3 WVO) darf hier keine Grenze darstellen. Die weiter oben dargestellten Fälle haben gezeigt, dass durch die bisherige Rechtslage Menschen mit einer schweren Behinderung, die eine engmaschige Betreuung in einer WfbM durch einen Arbeits- oder Kommunikationsassistent benötigen, die angemessenen Vorkehrungen verwehrt wurden. Zu dieser Personengruppe gehören insbesondere Menschen mit Autismus, die eine Unterbringung in den Werkstätten angegliederten

Gruppen und Einrichtungen ohne Lohnzahlung und Sozialversicherungsschutz als diskriminierend empfinden.[1193] Hier bedarf es einer individualisierten und personenzentrierten Unterstützung.[1194] Der Gesetzgeber hat durch eine Änderung der Rechtsregeln, insbesondere des § 136 Abs. 2 SGB IX sicherzustellen, dass auch Personen von denen keine wirtschaftlich verwertbaren Arbeitsergebnisse zu erwarten sind, durch Gewährung angemessener Vorkehrung in einer WfbM das gleiche Recht auf Arbeit verwirklichen können. Eine Grenze besteht nur dann, wenn die Würde des Einzelnen, der sein Recht auf Arbeit verwirklichen will oder die Würde der anderen Werkstattbeschäftigten und sonstigen Mitarbeiterinnen und Mitarbeiter verletzt wird. Dies ist insbesondere bei einer Selbst- oder Fremdgefährdung anzunehmen. Bei einer Neuregelung hat der Gesetzgeber einen Spielraum, ob er beispielsweise die Kosten einer Einzelbetreuung als angemessene Vorkehrung den Rehabilitationsträgern und Integrationsamt oder den Trägern der Werkstätten für Menschen mit Behinderungen auferlegt, die sich freilich bei Vertragsverhandlungen mit den Kostenträgern über Entgelte darauf berufen werden.

b) Diskriminierungsschutz bei Einstellung

Im Rahmen der vorgestellten Klagen vor der Arbeitsgerichtsbarkeit standen Diskriminierungsfälle im Zusammenhang mit einer Einstellung und Kündigung (vgl. dazu bereits F. IX.) im Mittelpunkt. Hierzu konnte bereits dargelegt werden, dass insbesondere die Verpflichtungen aus Art. 27 Abs. 1 S. 2 lit. a UN-BRK (Verbot der Diskriminierung im Zusammenhang mit einer Beschäftigung) i. V. m. Art. 5 UN-BRK durch einen umfassenden Diskriminierungsschutz im deutschen Recht – vor allem durch die Schadensersatz- und Entschädigungsansprüche des AGG – gewährleistet werden (vgl. dazu E. II.). Die bestehenden Rechtsregelungen sind nunmehr im Lichte der UN-BRK auszulegen. So hat bereits das BAG auf die Bedeutung der Sicherstellung angemessener Vorkehrungen am Arbeitsplatz (Art. 27 Abs. 1 Satz 2 Buchst. i, Art. 2 Unterabs. 4 UN-BRK) im Zusammenhang mit einer Diskriminierungsklage bei Nichteinstellung hingewiesen.[1195] Weitergehende Änderungen des deutschen Diskriminierungsschutzes sind meiner Ansicht nach nicht notwendig.

1193 *Wendt*, in: Sozialrecht aktuell 2015, S. 133.

1194 Vgl. dazu *Wendt*, in: Sozialrecht aktuell 2015, S. 133 (135 f.), u. a. zur Möglichkeit von Werkstattleistungen als persönliches Budget.

1195 Vgl. *BAG*, Urt. v. 22.05.2014 – 8 AZR 662/13 – Rn. 42 (zit. nach juris).

G. Ausblick

Ausgangspunkt dieser Arbeit war die Frage, welche Rechtswirkungen Art. 27 UN-BRK in der deutschen Rechtsordnung entfaltet. Es war festzustellen, ob sich aus Art. 27 UN-BRK unmittelbare Rechtsansprüche für Menschen mit Behinderungen ableiten lassen und ob sich die Anwendung und Auslegung des deutschen Rechtes durch Inkrafttreten von Art 27 UN-BRK ändert. Zudem sollte überprüft werden, welche Verpflichtungen sich aus Art. 27 UN-BRK ableiten lassen, ob Deutschland diese bereits erfüllt oder ob gesetzgeberischer Handlungsbedarf besteht.

Zunächst ist festzustellen, dass die UN-BRK nach Erlass des Zustimmungsgesetzes und mit Inkrafttreten in Form eines einfachen Bundesgesetzes in der deutschen Rechtsordnung Geltung erlangt hat. Die Gesetzgebung ist bei der Schaffung von Normen, Verwaltung und Rechtsprechung sind bei der Anwendung und Auslegung von Rechtsregelungen an die Vorgaben der UN-BRK gebunden. Die Auslegung von Art. 27 UN-BRK hat grundsätzlich keine unmittelbaren Rechtsansprüche ergeben, insbesondere keinen Anspruch auf einen Arbeitsplatz auf dem allgemeinen Arbeitsmarkt oder bestimmte Leistungsansprüche zur Teilhabe am Arbeitsleben. Die unmittelbare Anwendbarkeit des Art. 27 UN-BRK ist grundsätzlich ausgeschlossen, da die Norm nicht hinreichend und klar genug formuliert und insofern nicht selbstvollziehend ist (non self-executing-norm). Dennoch ist Art. 27 UN-BRK nicht „zahnlos", denn Deutschland ist als Vertragsstaat zur Umsetzung verpflichtet. Die Auslegung von Art. 27 UN-BRK hat zahlreiche Achtungs-, Schutz- und Leistungsverpflichtungen ergeben. Ein Abgleich mit bestehendem Arbeits- und Sozialrecht hat zu dem Ergebnis geführt, dass Deutschland die sich aus Art. 27 UN-BRK ergebenden Verpflichtungen überwiegend erfüllt. Gerade mit den Leistungen zur Teilhabe am Arbeitsleben steht ein umfassendes Spektrum an Sozialleistungen für Menschen mit Behinderungen und deren Arbeitgeber zur Verfügung, um Beschäftigung auf dem allgemeinen Arbeitsmarkt zu ermöglichen. Allerdings konnte auch gezeigt werden, dass viele dieser Leistungen keinen Rechtsanspruch, sondern lediglich einen Ermessensanspruch vermitteln. Zukünftig wird Art. 27 UN-BRK bei der Ausübung des Ermessens zu berücksichtigen sein und in Einzelfällen im Sinne der Ermöglichung von Inklusion zu einer

Ermessensreduzierung auf Null führen. Die Stärke des gleichen Rechtes von Menschen mit Behinderung auf Arbeit ist auch darin zu sehen, dass die Auslegung unbestimmter Rechtsbegriffe des Sozialrechtes zukünftig im Lichte des Art. 27 UN-BRK erfolgen muss.

Weiterhin verpflichtet Art. 27 UN-BRK Deutschland zur Verwirklichung eines inklusiven Arbeitsmarktes, in dem Menschen mit einer Behinderung das gleiche Recht auf Arbeit haben, um ihren Lebensunterhalt zu verdienen. Der Verpflichtung zu angemessenen Vorkehrungen kommt dabei eine exponierte Stellung zu, da es bei Inklusion nicht um die Anpassung der Menschen mit Behinderung, sondern um die Beseitigung von Barrieren geht. Konkret ist der Arbeitsmarkt an die Bedürfnisse und Belange von Menschen mit Behinderungen anzupassen, damit diese ihr Menschenrecht auf Arbeit verwirklichen können.

Die Überprüfung hat aber auch gezeigt, dass zum Teil konventionswidriges Recht besteht und Deutschland dazu verpflichtet ist, Änderungen vorzunehmen. Als Beispiele sollen die Ausdehnung des Zusatzurlaubes auf Gleichgestellte, die Ausweitung des Rechtsanspruches auf stufenweise Wiedereingliederung auch auf Menschen mit einer einfachen Behinderung, die Änderung der Regelungen zu den Eingliederungszuschüssen und die Schaffung eines Zugangs zur Werkstatt für Menschen mit Behinderung für bisher „Werkstattunfähige“, insbesondere durch Sicherstellung angemessener Vorkehrungen am Arbeitsplatz, genannt werden.

Im Schlussteil dieser Arbeit wurden aus dem bisher Dargestellten, Barrieren der Inklusion in Arbeit aufgezeigt und zur Beseitigung der Barrieren Reformvorschläge aus der Literatur zur Diskussion gestellt. Das Teilhaberecht bedarf zukünftig vielfältiger Änderungen, um Inklusion zu ermöglichen. Die nicht abschließend zu verstehenden Reformvorschläge könnten einen ersten Schritt zu mehr Teilhabe und einer Vereinfachung des Leistungszugangs („Ein Leistungsträger für LTA“) darstellen. Die Auswertung der bisherigen Rechtsprechung zu Art. 27 UN-BRK ergab, dass dieser selten von den Gerichten berücksichtigt wurde. Es bedarf hier zukünftig einer Sensibilisierung für die menschenrechtskonforme Anwendung und Auslegung des geltenden Rechtes bei den Rechtsanwendern.

Im zweiten Halbjahr 2016 hat die Bundesregierung das Gesetz zur Stärkung der Teilhabe und Selbstbestimmung von Menschen mit Behinderungen (Bundesteilhabegesetz, BTHG) in das Gesetzgebungsverfahren eingebracht.

Durch das Inkrafttreten des BTHG ergeben sich ab 2017 zahlreiche Änderungen, die zumindest teilweise auch die Leistungen zur Teilhabe am Arbeitsleben betreffen.[1196] Zunächst wird der Behinderungsbegriff entsprechend dem Verständnis der UN-BRK neu gefasst. Eine Neuerung ist zudem die ergänzende unabhängige Teilhabeberatung. Nach der Reform des SGB IX durch das BTHG werden die in der Praxis weitgehend bedeutungslosen gemeinsamen Servicestellen abgeschafft und durch eine unabhängige Teilhabeberatung ersetzt. Nach Durchsicht des Regierungsentwurfes bleibt der Leistungskatalog für Leistungen zur Teilhabe am Arbeitsleben nach der Reform des SGB IX im Wesentlichen bestehen. Es gibt hier nur wenige Änderungen. Zu begrüßen ist das Budget für Arbeit, das ab Januar 2018 inkrafttreten soll. Menschen mit Behinderungen erhalten danach ein Budget für Arbeit, wenn sie Anspruch auf Leistungen im AB einer WfbM haben und ihnen von einem Arbeitgeber ein sozialversicherungspflichtiges Arbeitsverhältnis angeboten wird. Das Budget für Arbeit umfasst einen Lohnkostenzuschuss und Aufwendungen für notwendige Begleitung und Anleitung am Arbeitsplatz. Eine weitere Änderung ist, dass neben WfbM weitere Leistungsanbieter zugelassen werden. Damit findet eine Öffnung des Werkstattbereiches statt. Bestandteil der Reformen ist darüber hinaus die Anhebung der Ausgleichsabgabe. Zudem werden die Integrationsprojekte in Inklusionsprojekte umbenannt. Diese müssen zukünftig statt bisher 25 % mindestens 30 % schwerbehinderte Menschen beschäftigen. Die Auswirkungen des BTHG sind abzuwarten und müssen Gegenstand weiterer wissenschaftlicher Abhandlungen sein. Inklusion auf dem Arbeitsmarkt ist aber nicht lediglich durch Schaffung rechtlicher Regelungen und deren Umsetzung zu erreichen. Es bedarf einer Haltung aller Beteiligten zur Wertschätzung von Vielfalt: Inklusion beginnt in den Köpfen und Herzen der Menschen!

1196 Am 16.12.2016 stimmte der Bundesrat dem Bundesteilhabegesetz zu. Das BTHG kann damit in mehreren Stufen inkrafttreten. Die folgenden Ausführungen beziehen sich auf den Regierungsentwurf: Entwurf eines Gesetzes zur Stärkung der Teilhabe und Selbstbestimmung von Menschen mit Behinderung (Bundesteilhabegesetz – BTHG), Stand: 22.06.2016.

Literaturverzeichnis

Adomeit, Klaus; Mohr, Jochen (2011): Allgemeines Gleichbehandlungsgesetz (AGG). Kommentar zum AGG und zu den anderen Diskriminierungsverboten. 2. Aufl. Stuttgart: Boorberg.

Aichele, Valentin (2010): Behinderung und Menschenrechte: Die UN-Konvention über die Rechte von Menschen mit Behinderungen. In: APuZ (23), S. 13–19.

Aichele, Valentin (2011): Die UN-Behindertenrechtskonvention in der gerichtlichen Praxis. Eine Aufgabe für die Anwaltschaft: Die Rezeption menschenrechtlicher Normen durchsetzen. In: AnwBl (10), S. 727–730.

Aichele, Valentin (2012): Barrieren im Einzelfall überwinden: Angemessene Vorkehrungen gesetzlich verankern. Berlin: Dt. Inst. für Menschenrechte (Positionen: Monitoring-Stelle zur UN-Behindertenrechtskonvention, 5).

Aichele, Valentin (2012): Menschenrechtliche Vertragsnormen in der gerichtlichen Praxis. Zur Anwendbarkeit und Rezeption der UN-Behindertenrechtskonvention. In: Sozialrecht + Praxis (2), S. 115–125.

Aichele, Valentin (Hg.) (2013): Das Menschenrecht auf gleiche Anerkennung vor dem Recht. Artikel 12 der UN-Behindertenrechtskonvention. 1. Aufl. Baden-Baden: Nomos.

Aichele, Valentin; Scherr, Daniel (2015): Zusammenfassung der Expertise von Dr. Luise Buschmann „Zur Rezeption der UN – Behindertenrechtskonvention: Eine Analyse der deutschen Rechtsprechung von 2009–2014". In: Dokumentation der Fachtagung „Menschenrechte in der sozialgerichtlichen Praxis" des Deutschen Instituts für Menschenrechte am 6. März 2015 im Bundesministerium für Arbeit und Soziales in Berlin. Hg. v. BMAS und DIM. Berlin. Online verfügbar unter http://www.institut-fuer-menschenrechte.de/fileadmin/user_upload/Publikationen/Dokumentation/Dokumentation_Fachtagung_Menschenrechte_und_Sozialrecht.pdf, zuletzt geprüft am 05.11.2015.

Althoff, Nina (2013): Die Verschränkung von nationalem, europäischen und internationalem Recht im arbeitsrechtlichen Mandat. In: AuR (10), S. 384–388.

Anzinger, Rudolf; Koberski, Wolfgang (2014): Kommentar ArbZG. [Arbeitszeitgesetz]. 4. Aufl. Frankfurt am Main: Dt. Fachverl.

Arnauld, Andreas von (2014): Völkerrecht. 2., neu bearbeitete Aufl. Heidelberg, Hamburg [u. a.]: Müller.

Ascheid, Reiner; Preis, Ulrich; Schmidt, Ingrid (2012): Kündigungsrecht. Großkommentar zum gesamten Recht der Beendigung von Arbeitsverhältnissen. 4., neu bearb. Aufl. München: Beck (zitiert: GKM Kündigungsrecht).

Ausschuss für Arbeitsstätten (2012): Barrierefreie Gestaltung von Arbeitsstätten. Online verfügbar unter http://www.baua.de/de/Themen-von-A-Z/Arbeitsstaetten/ASR/pdf/ASR-V3a-2.pdf?__blob=publicationFile, zuletzt geprüft am 13.11.2015.

BA (2010): Leitfaden Teilhabe am Arbeitsleben für behinderte Menschen (berufliche Rehabilitation) – Fachliche Hinweise. Stand: 01/2010. Online verfügbar unter https://www.arbeitsagentur.de/web/wcm/idc/groups/public/documents/webdatei/mdaw/mdk4/~edisp/l6019022dstbai388383.pdf, zuletzt geprüft am 12.11.2015.

BA (Hg.) (2014): Kurzinformation: Der Arbeitsmarkt in Deutschland – Der Arbeitsmarkt für schwerbehinderte Menschen. Arbeitsmarktberichterstattung. Nürnberg. Online verfügbar unter https://statistik.arbeitsagentur.de/Statischer-Content/Arbeitsmarktberichte/Personengruppen/generische-Publikationen/Kurzinfo-Die-Arbeitsmarktsituation-schwerbehinderter-Menschen-Nov-2014.pdf, zuletzt geprüft am 07.11.2015.

BA (Hg.) (2014): Arbeitsmarkt in Zahlen – Beschäftigungsstatistik. Schwerbehinderte Menschen in Beschäftigung (Anzeigeverfahren SGB IX) – Deutschland 2012. Online verfügbar unter http://statistik.arbeitsagentur.de/nn_31958/SiteGlobals/Forms/Rubrikensuche/Rubrikensuche_Form.html?view=processForm&resourceId=210368&input_=&pageLocale=de&topicId=17388&year_month=201212&year_month.GROUP=1&search=Suchen, zuletzt geprüft am 05.09.2014.

BA (Hg.) (2014): Der Arbeitsmarkt in Deutschland – Der Arbeitsmarkt für schwerbehinderte Menschen. Veröffentlichung der Arbeitsmarktberichterstattung. Online verfügbar unter https://statistik.arbeitsagentur.de/Navigation/Statistik/Arbeitsmarktberichte/Personengruppen/Personengruppen-Nav.html, zuletzt geprüft am 05.09.2014.

BA (Hg.) (2015) Der Arbeitsmarkt in Deutschland – Die Arbeitsmarktsituation von schwerbehinderten Menschen. Statistik/Arbeitsmarktberichterstattung (Stand: Dezember 2015). Online verfügbar unter https://statistik.arbeitsagentur.de/Statischer-Content/Arbeitsmarktberichte/Personengruppen/generische-Publikationen/Kurzinfo-Die-Arbeitsmarktsituation-schwerbehinderter-Menschen-Nov-2015.pdf, zuletzt geprüft am 09.12.2015.

BAG UB e.V. (Hg.) (2005): Handbuch Arbeitsassistenz. Online verfügbar unter http://www.bag-ub.de/publikationen/handbuch-arbeitsassistenz.pdf, zuletzt geprüft am 01.10.2014.

BAG WBR (2004): Wohnortnahe berufliche Rehabilitation – Ein Gewinn für alle Partner. Positionspapier der Bundesarbeitsgemeinschaft der Wohnortnahen Beruflichen Rehabilitationseinrichtungen. Erfurt. Online verfügbar unter http://www.bag-wbr.de/daten/Positionspapier.pdf, zuletzt geprüft am 28.02.2014.

BAG-IF (Hg.) (2015): Inklusion durch Arbeit. Mehr Teilhabe im allgemeinen Arbeitsmarkt für Menschen mit Behinderungen. Kassel. Online verfügbar unter http://www.bag-if.de/wp-content/uploads/2015/10/150408_brosch%C3%BCre_Inklusion_neu.pdf, zuletzt geprüft am 15.05.2015.

Baltes, Joachim; Papenheim, Heinz-Gert (2013): Verwaltungsrecht für die soziale Praxis. 24. Aufl., Stand: 1. August 2013. Frankfurt am Main: Fachhochschulverl. Verl. für angewandte Wissenschaft.

Banafsche, Minou (2012): Die Beschäftigungspflicht der Arbeitgeber nach §§ 71 ff. SGB IX zwischen Anspruch und Wirklichkeit. In: NZS (6), S. 205–210.

Banafsche, Minou (2012): Die UN-Behindertenrechtskonvention und das deutsche Sozialrecht – eine Vereinbarkeitsanalyse anhand ausgewählter Beispiele (Teil I). In: SGb (7), S. 373–379.

Banafsche, Minou (2014): Tagung „Homo faber disabilis? – Teilhabe am Erwerbsleben“. In: ZFSH SGB 53 (12), S. 729–732.

BAR (2009): Handbuch für Mitarbeiterinnen und Mitarbeiter in der Gemeinsamen Servicestelle für Rehabilitation. 2. Aufl. Frankfurt am Main.

BAR (2009): Handlungsempfehlungen. „Trägerübergreifende Aspekte bei der Ausführung von Leistungen durch ein Persönliches Budget". Frankfurt am Main. Online verfügbar unter http://www.bar-frankfurt.de/118.html, zuletzt geprüft am 18.10.2013.

BAR (2010): Arbeitshilfe für die Rehabilitation psychisch kranker und behinderter Menschen. Frankfurt am Main. Online verfügbar unter http://www.bar-frankfurt.de/49.html, zuletzt geprüft am 28.02.2014.

BAR (2010): Gemeinsame Empfehlung nach § 38a Abs. 6 SGB IX „Unterstützte Beschäftigung" vom 1. Dezember 2010. Online verfügbar unter http://www.bar-frankfurt.de/fileadmin/dateiliste/publikationen/gemeinsame-empfehlungen/downloads/BARGeEmUnterstBesch.web.pdf, zuletzt geprüft am 12.11.2015.

BAR (2011): Gemeinsame Empfehlung nach § 113 Abs. 2 SGB IX zur Inanspruchnahme der Integrationsfachdienste durch die Rehabilitationsträger. Vom 1.04.2005, in der Fassung vom 1.10.2009. Frankfurt am Main. Online verfügbar unter http://www.bar-frankfurt.de/fileadmin/dateiliste/publikationen/gemeinsame-empfehlungen/downloads/GeEmIFD.pdf, zuletzt geprüft am 13.11.2015.

BAR (2011): RPK-Empfehlungsvereinbarung und Handlungsempfehlungen für die praktische Umsetzung. Frankfurt am Main. Online verfügbar unter http://www.bar-frankfurt.de/rahmenempfehlungen.html, zuletzt geprüft am 28.02.2014.

Bauer, Jobst-Hubertus; Göpfert, Burkard; Krieger, Steffen (2015): Allgemeines Gleichbehandlungsgesetz. Kommentar. 4. Aufl. München: Beck.

Beaucamp, Guy; Treder, Lutz (2011): Methoden und Technik der Rechtsanwendung. 2. Aufl. Heidelberg: Müller, C F in Hüthig Jehle Rehm (Start ins Rechtsgebiet).

Bernstorff, Jochen v. (2007): Menschenrechte und Betroffenenrepräsentation: Entstehung und Inhalt eines UN-Antidiskriminierungsübereinkommens über die Rechte von behinderten Menschen. In: ZAöRV (67), S. 1041–1063.

Bernstorff, Jochen von (2011): Anmerkungen zur innerstaatlichen Anwendbarkeit ratifizierter Menschenrechtsverträge: Welche Rechtswirkungen erzeugt das Menschenrecht auf inklusive Schulbildung aus der UN-Behindertenrechtskonvention im deutschen Sozial- und Bildungsrecht? In: RdJB (2), S. 203–217.

BIH (Hg.): Hilfen für schwerbehinderte Menschen im Beruf. Jahresbericht 2013/2014. Online verfügbar unter https://www.integrationsaemter.de/webcom/wcsearch.php?wc_search=jahresbericht&wc_doc=Y, zuletzt geprüft am 07.11.2015.

BIH (2008): ZB info. Betriebliches Eingliederungsmanagement. Online verfügbar unter https://www.integrationsaemter.de/publikationen/65c54/index.html, zuletzt geprüft am 13.11.2015.

BIH (2011): ABC Behinderung & Beruf. Handbuch für die betriebliche Praxis. 4. Aufl. Wiesbaden: Universum Verlag.

BIH (Hg.) (2011): Wegweiser Rehabilitationsträger (ZB info). Online verfügbar unter www.integrationsaemter.de, zuletzt geprüft am 27.09.2013.

BIH (Hg.) (2012): Leistungen im Überblick: Behinderte Menschen im Beruf. Online verfügbar unter http://www.integrationsaemter.de/publikationen/65c54/index.html, zuletzt geprüft am 10.06.2013.

BIH (Hg.) (2012): Empfehlungen der Bundesarbeitsgemeinschaft der Integrationsämter und Hauptfürsorgestellen zur Förderung von Integrationsprojekten nach §§ 132 ff. SGB IX. BIH. Online verfügbar unter http://www.bag-if.de/2012/05/neue-empfehlungen-der-bih-zur-forderung-von-integrationsprojekten/, zuletzt geprüft am 11.02.2013.

BIH (2012): Arbeitsassistenz – ein wichtiger Baustein zur Teilhabe am Arbeitsleben. Empfehlungen der Bundesarbeitsgemeinschaft der Integrationsämter und Hauptfürsorgestellen (BIH) für die Erbringung finanzieller Leistungen zur Arbeitsassistenz schwerbehinderter Menschen gemäß § 102 Abs. 4 SGB IX. Hg. v. BIH. Online verfügbar unter http://www.integrationsaemter.de/Arbeitsmaterial/438c/index.html, zuletzt geprüft am 18.02.2013.

BIH (2015): Fachpolitische Leitgedanken und Vorschläger der BIH zur Weiterentwicklung des Rechts der Menschen mit Behinderungen im beruflichen Kontext. Online verfügbar unter http://www.reha-recht.de/fileadmin/user_upload/Infothek/Institutionen_Verb%C3%A4nde_Organisationen/2015/Leitgedanken_BIH_Juni_2015.pdf, zuletzt geprüft am 31.07.2015.

Bihr, Dietrich (Hg.) (2006): SGB IX – Kommentar und Praxishandbuch. 1. Aufl. Sankt Augustin: Asgard-Verl.

BMAS (2010): Berufsförderungswerke. Einrichtungen zur beruflichen Eingliederung erwachsener Menschen. Bonn. Online verfügbar unter http://www.bmas.de/SharedDocs/Downloads/DE/PDF-Publikationen/a714-berufsfoerderungswerke-einric-373.pdf?__blob=publicationFile, zuletzt geprüft am 28.02.2014.

BMAS (2010): Das trägerübergreifende Persönliche Budget. Hg. v. BMAS. Bonn.

BMAS (2010): Medizinisch-berufliche Rehabilitation. Bonn. Online verfügbar unter http://www.bagbbw.de/service/lexikon/eintraege/medizinisch-beruflicherehabilitation/, zuletzt geprüft am 29.11.2013.

BMAS (2011): Berufsbildungswerke. Einrichtungen zur beruflichen Rehabilitation junger Menschen. Bonn. Online verfügbar unter https://www.bmas.de/SharedDocs/Downloads/DE/PDF-Publikationen/a713-berufsbildungswerke-einrichtu-633.pdf?__blob=publicationFile, zuletzt geprüft am 28.02.2014.

BMAS (Hg.) (2011): Unser Weg in eine inklusive Gesellschaft. Der Nationale Aktionsplan der Bundesregierung zur Umsetzung der UN-Behindertenrechtskonvention. Online verfügbar unter https://www.bmas.de/SharedDocs/Downloads/DE/PDF-Publikationen/a740-nationaler-aktionsplan-barrierefrei.pdf?__blob=publicationFile, zuletzt geprüft am 11.08.2015.

Boecken, Winfried; Joussen, Jacob (2012): Teilzeit- und Befristungsgesetz. Handkommentar. 3. Aufl. Baden-Baden: Nomos.

Brall, Natalie u.a (2013): Sozialrecht. Kompaktkommentar für die Arbeitnehmerberatung – SGB I bis SGB XII und SGG. Frankfurt am Main: Bund-Verl.

Brand, Jürgen (2012): Sozialgesetzbuch. Arbeitsförderung; SGB III; Kommentar. 6. Aufl. München: Beck.

BRK-Allianz (2013): Für Selbstbestimmung, gleiche Rechte, Barrierefreiheit, Inklusion! Erster Bericht der Zivilgesellschaft zur Umsetzung der UN-Behindertenrechtskonvention in Deutschland. Berlin. Online verfügbar unter www.brk-allianz.de, zuletzt geprüft am 07.03.2014.

Brox, Hans; Rüthers, Bernd; Henssler, Martin (2011): Arbeitsrecht. 18., neu bearb. Aufl. Stuttgart: Kohlhammer.

Buchner, Herbert; Becker, Ulrich (2008): Mutterschutzgesetz und Bundeselterngeld- und Elternzeitgesetz. Kommentar. 8., neu bearb. Aufl. München: Beck.
Buttlar, Christian; Stein, Torsten (2012): Völkerrecht. 13. Aufl. München: Vahlen.
Castendiek, Jan; Hoffmann, Günther (2009): Das Recht der behinderten Menschen: Ein Handbuch für behinderte Menschen und deren Angehörige, Mitarbeiter in Einrichtungen und die rechtsberatenden Berufe. 3. Aufl.: Nomos.
Committee on the Rights of Persons with Disabilities (2013): Concluding observations on the initial report of Austria, adopted by the Committee at its tenth session (2-13 September). Hg. v. UN. Online verfügbar unter http://www.un.org/disabilities/index.asp, zuletzt geprüft am 11.11.2015.
Committee on the Rights of Persons with Disabilities (2014): Communication 2/2010. Views adopted by the Commitee at its 11th session (31 March-11 April 2014). Hg. v. UN (CRPD/C/11/D/2/2010). Online verfügbar unter http://tbinternet.ohchr.org/_layouts/treatybodyexternal/Download.aspx?symbolno=CRPD%2fC%2f11%2fD%2f2%2f2010&Lang=en, zuletzt geprüft am 02.07.2014.
Cramer, Horst H. (2009): Werkstätten für behinderte Menschen. SGB-Werkstättenrecht, Werkstättenverordnung, Werkstätten-Mitwirkungsverordnung mit Leistungsrecht, Sozialversicherungsrecht, sonstigen werkstattrelevanten Vorschriften und Gesetz zur Einführung unterstützter Beschäftigung; Kommentar. 5. Aufl. München: Beck.
Creifelds, Carl; Weber, Klaus; Cassardt, Gunnar (2014): Rechtswörterbuch. 21. Aufl. München: C.H. Beck.
Dannat, Knut; Dillmann, Franz (2014): Quo vadis? Das persönliche Budget für Menschen mit Behinderung. In: br (2), S. 26–42.
Dau, Dirk H.; Düwell, Franz Josef; Haines, Hartmut (2002): Rehabilitation und Teilhabe behinderter Menschen. Lehr- und Praxiskommentar (LPK-SGB IX): mit Anhang, Verfahren und Rechtsschutz. 1. Aufl., Gesetzesstand: 02.01.2002. Baden-Baden: Nomos.
Dau, Dirk H.; Düwell, Franz J.; Joussen, Jacob (Hg.) (2014): Sozialgesetzbuch IX. Rehabilitation und Teilhabe behinderter Menschen; Lehr- und Praxiskommentar. 4. Aufl. Baden-Baden: Nomos (zitiert: LPK-SGB IX).
Däubler, Wolfgang; Bertzbach, Martin (2013): Allgemeines Gleichbehandlungsgesetz. Handkommentar. 3. Aufl. Baden-Baden: Nomos (zitiert: AGG Handkommentar).
DBR (2012): Behindertenpolitische Forderungen für die kommende Legislaturperiode der im deutschen Behindertenrat zusammenarbeitenden Verbände anlässlich des Welttages der Menschen mit Behinderungen am 3.12.2012. Hg. v. Deutscher Behindertenrat. Online verfügbar unter http://www.deutscher-behindertenrat.de/ID26372, zuletzt geprüft am 07.03.2014.
Degener, Theresia (2009): Die UN-Behindertenrechtskonvention als Inklusionsmotor. In: RdJB (2), S. 200–219.
Degener, Theresia; Diehl, Elke (Hg.) (2015): Handbuch Behindertenrechtskonvention. Teilhabe als Menschenrecht – Inklusion als gesellschaftliche Aufgabe. Bonn: bpb.
Deinert, Olaf; Neumann, Volker (Hg.) (2009): Rehabilitation und Teilhabe behinderter Menschen: Handbuch SGB IX. 2. Aufl.: Nomos (zitiert: Handbuch SGB IX).
Deinert, Olaf; Welti, Felix (Hg.) (2014): StichwortKommentar Behindertenrecht. 1. Aufl. Baden-Baden: Nomos (zitiert: SWK-BR).
Deutsches Institut für Menschenrechte (Hg.) (2005): Die „General Comments“ zu den VN-Menschenrechtsverträgen. Deutsche Übersetzung und Kurzeinführungen. 1. Aufl. Baden-Baden: Nomos.

Dieterich, Thomas; Hanau, Peter; Schaub, Günter; Müller-Glöge, Rudi (2016): Erfurter Kommentar zum Arbeitsrecht. Unter Berücksichtigung der landesrechtlichen Bestimmungen, der Abgabenordnung, des EG-Beitreibungsgesetzes und des Europäischen Übereinkommens über die Zustellung von Schriftstücken in Verwaltungssachen im Ausland. 16., neu bearb. Aufl. München: Beck (zitiert: ErfK).

Diller, Martin; Krieger, Steffen; Arnold, Christian (2006): Kündigungsschutzgesetz plus Allgemeines Gleichbehandlungsgesetz: Sind Arbeitnehmer in Zukunft doppelt vor Kündigungen geschützt? In: NZA (16), S. 887–892.

DIM (Hg.) (2013): Amicus-Curiae-Stellungnahme der Monitoring-Stelle zur UN-Behindertenrechtskonvention in dem Verfahren 6 AZR 190/12 des Bundesarbeitsgerichtes (eingereicht am 10.09.2013). Berlin. Online verfügbar unter http://www.institut-fuer-menschenrechte.de/fileadmin/_migrated/tx_commerce/Amicus_Curiae_Stellungnahme_der_Monitoring_Stelle_im_Verfahren_des_Bundesarbeits gerichts.pdf, zuletzt geprüft am 05.11.2015.

DIM (Hg.) (2013): Expertise für ein Artikelgesetz zur Umsetzung der UN-Behindertenrechtskonvention im Land Berlin. Kurzdarstellung der Normenprüfung: Grundlagen, Methodik, Leseproben. Berlin. Online verfügbar unter http://www.institut-fuer-menschenrechte.de/uploads/tx_commerce/Expertise_fuer_ein_Artikelgesetz_zur_Umsetzung_der_UN_Behindertenrechtskonvention_im_Land_Berlin_01.pdf, zuletzt geprüft am 05.11.2015.

DIM (Hg.) (2014): Information der Monitoring - Stelle zur UN - Behindertenrechtskonvention anlässlich der Veröffentlichung der Fragenliste des UN - Ausschusses für die Rechte von Menschen mit Behinderungen im Zusammenhang mit dem ersten Staatenbericht Deutschlands. (UN-Dok. CRPD/C/DEU/Q/1 vom 17. April 2014). Berlin. Online verfügbar unter http://www.institut-fuer-menschenrechte.de/uploads/tx_commerce/Information_der_Monitoring-Stelle_anlaesslich_der_Veroeffentlichung_der_Fragenliste_des_UN_Ausschusses_f_die_Rechte_von_Menschen_mit_Behinderungen_im_Zusammenhang_mit_dem_ersten_Staatenbericht_Dtlds.pdf, zuletzt geprüft am 05.11.2015.

Dolata, Ralf (2004): Sind die derzeitigen Regelungen des SGB IX für schwerbehinderte Menschen ein Beschäftigungshemmnis? In: br (5), S. 128–134.

Doose, Stefan (2009): Inklusion und Unterstützte Beschäftigung. In: impulse (50), S. 6–13.

Doose, Stefan (2012): Unterstützte Beschäftigung: Berufliche Integration auf lange Sicht. Theorie, Methodik und Nachhaltigkeit der Unterstützung von Menschen mit Lernschwierigkeiten auf dem allgemeinen Arbeitsmarkt. Eine Verbleibs- und Verlaufsstudie. 3. Aufl. Marburg: Lebenshilfe-Verlag.

Dörr, Gernot; Francke, Konrad (2012): Sozialverwaltungsrecht. 3., völlig neu bearbeitete Auflage. Berlin: Erich Schmidt Verlag.

Dörschner, Dörte (2014): Die Rechtswirkungen der UN-Behindertenrechtskonvention in Deutschland am Beispiel des Rechts auf inklusive Bildung, Berlin u. a.: LIT-Verlag (zugl. Diss. Kiel 2013).

Dreier, Horst (Hg.) (2013): Grundgesetz. Kommentar. Unter Mitarbeit von Hartmut Bauer. 3. Aufl. Tübingen: Mohr Siebeck.

Dütz, Wilhelm; Thüsing, Gregor (2015): Arbeitsrecht. 20., neu bearb. Aufl. München: Beck.

Düwell, Franz Josef (2011): Die Behindertenrechtskonvention der Vereinten Nationen für den Bereich Arbeit und Beschäftigung. In: FA (12), S. 354–357.

Düwell, Franz J. (2015): Barrierefreie Arbeitsstätten – Änderung der Arbeitsstättenverordnung (ArbStättV 2015). Forum B, 3/2015. Online verfügbar unter http://www.reha-recht.de/fileadmin/user_upload/Diskussionsforen/Forum_B/2015/B3-2015_Barrierefreie_Arbeitsstaetten_Aenderung_der_Arbeitsstaettenverordnung_2015.pdf, zuletzt geprüft am 13.11.2015.

Düwell, Franz Josef (2015): Die Stärkung der Schwerbehindertenvertretung. In: br (2), S. 39–42.

DV (2013): Empfehlungen des Deutschen Vereins zur Weiterentwicklung des SGB IX. In: NDV (6), S. 246–253.

Edtbauer, Richard; Kievel, Winfried (2011): Grundsicherungs- und Sozialhilferecht für soziale Berufe. Ein Studienbuch; [mit Fällen und Lösungen zum Arbeitslosengeld II und zur Sozialhilfe]. 2. Aufl. München: Beck.

Ehlers, Dirk; Pünder, Hermann (Hrsg.) (2016): Allgemeines Verwaltungsrecht. 15. Aufl. Berlin/Boston: DE GRUYTER.

Epping, Volker; Hillgruber, Christian (2015): GG. Grundgesetz. Kommentar. München: Beck (Beck'scher Online-Kommentar, zitiert: BeckOK GG).

Erbguth, Wilfried (2016): Allgemeines Verwaltungsrecht. Mit Verwaltungsprozess- und Staatshaftungsrecht. 8. Aufl. Baden-Baden: Nomos.

Ernst, Karl-Friedrich (2014): Der Übergang von der Schule und der Werkstatt für behinderte Menschen auf den allgemeinen Arbeitsmarkt – Erfahrungen aus Baden-Württemberg. In: br (4), S. 93–99.

Ernst, Karl-Friedrich; Adlhoch, Ulrich; Seel, Helga (2002-): Sozialgesetzbuch IX. Band 1. 1. Aufl. Stuttgart: Kohlhammer.

Ernst, Karl-Friedrich; Adlhoch, Ulrich; Seel, Helga (2003-): Sozialgesetzbuch IX. Band 2. 1. Aufl. Stuttgart: Kohlhammer.

Ernst, Karl-Friedrich; Deusch, Berthold (2014): Integrationsfachdienst nach dem SGB IX – Quo vadis? In: br (2), S. 43–49.

Fasselt, Ursula (Hg.) (2011): Handbuch Sozialrechtsberatung – HSRB. 3. Aufl.: Nomos (zitiert: Handbuch SRB).

Fasselt, Ursula (Hg.) (2012): Handbuch Sozialrechtsberatung – HSRB. 4. Aufl.: Nomos (zitiert: Handbuch SRB).

Feldes, Werner; Fraunhoffer, Bettina; Rehwald, Rainer; Seggern, Burkhard; Westermann, Bernd; Witt, Harald (2012): Schwerbehindertenrecht. Basiskommentar zum SGB IX mit Wahlordnung. 11., überarb. und aktualisierte Aufl. Frankfurt, M: Bund-Verl.

Fischer, Thomas (2015): Strafgesetzbuch. Mit Nebengesetzen. 62. Aufl. / des von Otto Schwarz begr., in der 23. bis 37. Aufl. von Eduard Dreher und in der 38. bis 49. Aufl. von Herbert Tröndle bearb. Werkes. München: Beck.

Frieboes, Ralf-Michael; Bergmann, Frank (2005): Rehabilitation bei psychischen Störungen. 1. Aufl. München u. a.: Elsevier, Urban & Fischer.

Fuchs, Harry (2010): Vorschläge zur Weiterentwicklung des SGB IX. UN-Behindertenrechtskonvention erfordert Gesetzesänderungen. In: Soziale Sicherheit (10), S. 329–336.

Fuhlrott, Michael (2015): Sondergeschützte Arbeitnehmer. In: AuA (3), S. 154–157.

Gagel, Alexander (2012): SGB II, SGB III. Grundsicherung und Arbeitsförderung. 51. Erg.-Lfg., Stand: 09/2013. München: Beck.

Gallner, Inken; Mestwerdt, Wilhelm; Nägele, Stefan (Hg.) (2015): Kündigungsschutzrecht. Handkommentar. 5. Aufl. Baden-Baden: Nomos.

Ganz, Wilfried (2006): Nicht gleich das Kind mit dem Bade ausschütten. Überlegungen zur Reform des Kündigungsschutzes für schwerbehinderte Menschen. In: NZA (1), S. 24–26.
Geiger, Rudolf (2010): Grundgesetz und Völkerrecht. Mit Europarecht; die Bezüge des Staatsrechts zum Völkerrecht und Europarecht; ein Studienbuch. 5. Aufl. München: Beck.
Gerlach, Florian; Hinrichs, Knut (2012): Inklusion und die „Große Lösung" für die Jugend- und Behindertenhilfe (Teil 1). In: ZKJ (3), S. 86–92.
Gerlach, Florian; Hinrichs, Knut (2012): Inklusion und die „Große Lösung" für die Jugend- und Behindertenhilfe (Teil 2). In: ZKJ (4), S. 130–135.
Giese, Maren (2015): Menschenrechte in der sozialgerichtlichen Praxis – Auftrag, Potential und Grenzen einer menschenrechtskonformen Auslegung sozialrechtlicher Vorschriften am Beispiel der UN-Behindertenrechtskonvention. Forum D, Beitrag D18-2015. Online verfügbar unter www.reha-recht.de, zuletzt geprüft am 05.11.2015.
Giese, Maren (2016): Tagungsbericht „Inklusion behinderter Menschen als Querschnittsaufgabe" am 8./9. Oktober 2015 in Hamburg. Forum D, Beitrag D2-2016. Online verfügbar unter www.reha-recht.de, zuletzt geprüft am 13.02.2016.
Götz, Marion (2003): Beschleunigung des Antragsverfahrens nach § 14 SGB IX. In: DRV (10), S. 632–643.
Gravenhorst, Wulf (2005): Plädoyer für einen Systemwechsel beim Sonderkündigungsschutz behinderter Arbeitnehmer. In: NZA (14), S. 803–805
Groskreutz, Henning; Welti, Felix (2013): Der EuGH zum Verhältnis von Krankheit und Behinderung – Anmerkung zum Urteil des EuGH vom 11. April 2013, C-335/11 und C-337/11 (Rs. Ring und Skouboe Werge). Forum B, Beitrag B8-2013. Online verfügbar unter www.reha-recht.de, zuletzt geprüft am 05.11.2015.
Großmann, Ruprecht (2002-): Rehabilitation und Teilhabe behinderter Menschen. Neuwied [u. a.]: Luchterhand (zitiert: GK-SGB IX).
Gürtner, Klaus; Niesel, Klaus (1990-): Kasseler Kommentar Sozialversicherungsrecht. München: Beck.
Hahn, Frank; Pfeiffer, Gerhard; Schubert, Jens (2014): Arbeitszeitrecht. ArbZG, AGG, ArbSchG, BBiG, BetrVG, GewO, MuSchG, SGB, TzBfG, TVöD; Handkommentar. 1. Aufl. Baden-Baden: Nomos.
Hartmannshenn, Jochen (2014): Neuordnung der Arbeitsmarktintegration behinderter Menschen. 1. Aufl. Baden-Baden: Nomos (zugl. Diss. München 2014).
Hauck, Karl; Haines, Hartmut (1977-): Sozialgesetzbuch SGB IV, gemeinsame Vorschriften für die Sozialversicherung. Kommentar. Berlin: Schmidt.
Hauck, Karl; Noftz, Wolfgang (2001-): Sozialgesetzbuch SGB IX – Rehabilitation und Teilhabe behinderter Menschen. Kommentar. Berlin: Schmidt.
Hauck, Karl; Noftz, Wolfgang (2012-): Sozialgesetzbuch SGB III. Arbeitsförderung Kommentar. 2., völlig neu bearb. Aufl. Berlin: Schmidt.
Heinz, Dirk (2009): Zu den Regelungen der §§ 14, 15 SGB IX, §§ 15, 16 und 43 SGB I, zum „Strukturprinzip der Vermeidung von Benachteiligung von Antragstellern bei unklarer Zuständigkeit des Leistungsträgers" und zur Bedeutung eines Strukturprinzips bei der Rechtsanwendung. In: WzS (5), S. 129–136.

Heinz, Dirk (2014): Der unbestimmte Rechtsbegriff und seine Bedeutung im sozial- und zivilrechtlichen Kontext der Hilfen für behinderte Menschen. Anmerkung zum Urteil des Landessozialgerichts Baden-Württemberg v. 26.9.2012, Az.: L 2 SO 1378/11 und zum Beschluss des BGH v. 16.6.2011, Az: VII ZB 12/09. In: Sozialrecht aktuell (5), S. 189–195.

Hensen, Gregor; Küstermann, Burkhard; Maykus, Stephan; Riecken, Andrea; Schinnenburg, Heike; Wiedebusch, Silvia (Hg.) (2014): Inklusive Bildung. Organisations- und professionsbezogene Aspekte eines sozialen Programms. Unter Mitarbeit von Anneka Beck und Anne Lohmann. 1. Aufl. Weinheim: Beltz Juventa.

Henssler, Martin; Willemsen, Heinz Josef; Kalb, Heinz-Jürgen (2014): Arbeitsrecht Kommentar. 6. Aufl. Köln: Schmidt.

Herdegen, Matthias (2013): Völkerrecht. 12. Aufl. München: Beck.

Hillgruber, Christian; Kempen, Bernhard (2012): Völkerrecht. 2. Aufl. München: Beck.

Hlava, Daniel (2012): Der Beratungsauftrag der gemeinsamen Servicestellen und Rehabilitationsträger. Forum A, Beitrag A16-2012. Online verfügbar unter www.reha-recht.de, zuletzt geprüft am 31.07.2015.

Hromadka, Wolfgang; Maschmann, Frank (2015): Arbeitsrecht Band 1. Individualarbeitsrecht. 6. Aufl. Berlin, Heidelberg: Springer-Verlag.

Hromadka, Wolfgang; Maschmann, Frank (2014): Arbeitsrecht Band 2. Kollektivarbeitsrecht + Arbeitsstreitigkeiten. 6. Aufl. Berlin, Heidelberg: Springer-Verlag.

Igl, Gerhard; Welti, Felix; Schulin, Bertram (2007): Sozialrecht. Ein Studienbuch. 8. Aufl. Düsseldorf: Werner.

Ipsen, Jörn (2015): Staatsrecht I. Staatsorganisationsrecht. 27. Aufl. München: Vahlen.

Ipsen, Jörn (2012): Allgemeines Verwaltungsrecht. 8. Aufl. München: Vahlen.

Jabben, Jürgen; Kreikebohm, Ralf; Rodewald, Jürgen (2012): Das gegliederte Sozialleistungssystem am Beispiel der Teilhabeleistungen aus der Sicht eines Rentenversicherungsträgers – Rechtliche Grundlagen, Mängel und Optionen – (Teil 1). In: NZS (18), S. 681–688.

Jabben, Jürgen; Kreikebohm, Ralf; Rodewald, Jürgen (2012): Das gegliederte Sozialleistungssystem am Beispiel der Teilhabeleistungen aus der Sicht eines Rentenversicherungsträgers (Teil 2). Rechtliche Grundlagen, Mängel und Optionen. In: NZS (19), S. 727–733.

Jarass, Hans D.; Pieroth, Bodo (2014): Grundgesetz für die Bundesrepublik Deutschland. Kommentar. 13. Aufl. München: Beck.

Junker, Abbo (2015): Grundkurs Arbeitsrecht. 14. Aufl. München: Beck.

Jürgens, Andreas (2015): Hessisches Budget für Arbeit! Aber wie? Forum D, Beitrag D23-2015. Online verfügbar unter www.reha-recht.de, zuletzt geprüft am 07.11.2015.

Kainz, Willi Johannes (2012): Drei Jahre Unterstützte Beschäftigung nach § 38a SGB IX – eine Standortbestimmung. In: br (6), S. 193–197.

Kainz, Willi Johannes (2015): Grundsätze der Rehabilitation und Teilhabe behinderter Menschen. In: ZFSH/SGB (3), S. 128–136.

Kälin, Walter; Künzli, Jörg (2013): Universeller Menschenrechtsschutz. Der Schutz des Individuums auf globaler und regionaler Ebene. 3., vollst. überarb. und erw. Aufl. Basel, Baden-Baden: Helbing Lichtenhahn; Nomos.

Kamanabrou, Sudabeh (2007): Europarechtskonformer Schutz vor Benachteiligungen bei Kündigungen. In: RdA (4), S. 199–207.

Kelsen, Hans (1967): Reine Rechtslehre. 2., vollst. Neu bearb. und erw. Aufl. Wien: Verlag Franz Deuticke.

Kern, Christoph (2010): Rechtliche und praktische Probleme mit § 14 Abs. 1 SGB IX. In: ZFSH/SGB (7), S. 397–402.

Kievel, Winfried; Knösel, Peter; Marx, Ansgar (2013): Recht für soziale Berufe. Basiswissen kompakt. 7. Aufl. Köln: Luchterhand.

Kittner, Michael; Pieper, Ralf (2006): Arbeitsschutzrecht. ArbSchR; Arbeitsschutzgesetz, Arbeitssicherheitsgesetz und andere Arbeitsschutzvorschriften. 3., erw. und überarb. Aufl. Frankfurt am Main: Bund-Verl.

Klein, Friedrich; Starck, Christian; Mangoldt, Hermann von (2010): Kommentar zum Grundgesetz. 6. Aufl. München: F. Vahlen.

Knittel, Bernhard (2013): SGB IX Kommentar. Kommentar zum Sozialgesetzbuch IX – Rehabilitation und Teilhabe behinderter Menschen – und Allgemeinen Gleichbehandlungsgesetz (AGG). 7. Aufl. Köln: Luchterhand.

Kokemoor, Axel (2014): Sozialrecht. Lernbuch, Strukturen, Übersichten. 6., neu bearbeitete und verbesserte Auflage. München: Verlag Franz Vahlen.

Kollmer, Norbert (2009): Arbeitsstättenverordnung. (ArbStättV); Kommentar für Sicherheitsfachkräfte, Betriebsärzte, Personalvertretungen und Arbeitsschutzjuristen. 3. Aufl. München: Beck.

Kollmer, Norbert; Klindt, Thomas (2011): Arbeitsschutzgesetz. Mit BetrSichV, BaustellV, BildscharbV, LasthandhabV, PSA-BV, BiostoffV, MuSchArbV, LärmVibrationsArbSchV, OStrV, ArbMedVV, ArbStättV; Kommentar; [mit Arbeitsschutzverordnungen]. 2. Aufl. München: Beck.

Kossens, Michael; Heide, Dirk von der; Maaß, Michael (2015): SGB IX. Rehabilitation und Teilhabe behinderter Menschen; mit Behindertengleichstellungsgesetz; Kommentar. 4. Aufl. München: Beck.

Krahmer, Utz; Berlit, Uwe (2008): Sozialgesetzbuch I, Allgemeiner Teil. Lehr- und Praxiskommentar. 2. Aufl. Baden-Baden: Nomos.

Kreutz, Marcus; Lachwitz, Klaus; Trenk-Hinterberger, Peter (2013): Die UN-Behindertenrechtskonvention in der Praxis. Erläuterungen der Regelung und Anwendungsgebiete. Köln: Luchterhand.

Kubek, Vanessa (2011): Humanität beruflicher Teilhabe im Zeichen der Inklusion: Was ist „Gute Arbeit“ für Menschen mit Behinderungen? In: Z. Arb. Wiss. (4), S. 277–284.

Kuhlmann, Eva-Maria (2014): Arbeitgeberpflichten nach § 81 Abs. 4 SGB IX – Prüfungsumfang des Integrationsamtes. In: br (3), S. 57–58.

Kunkel, Peter-Christian (2012): Jugend- und Sozialhilfe für junge Menschen mit Behinderungen. In: ZFSH/SGB (11), S. 648–652.

Künzli, Jörg (2001): Zwischen Rigidität und Flexibilität. Der Verpflichtungsgrad internationaler Menschenrechte : ein Beitrag zum Zusammenspiel von Menschenrechten, humanitärem Völkerrecht und dem Recht der Staatenverantwortlichkeit. Berlin: Duncker & Humblot.

Küttner, Wolfdieter (2015): Personalbuch 2015. Arbeitsrecht, Lohnsteuerrecht, Sozialversicherungsrecht. 22. Aufl. München: C.H. Beck.

Lachwitz, Klaus; Schellhorn, Walter; Welti, Felix (2010): Handkommentar zum Sozialgesetzbuch IX. HK-SGB IX; Rehabilitation und Teilhabe behinderter Menschen. 3. Aufl. Hg. v. Klaus Lachwitz. Köln: Luchterhand (zitiert: HK-SGB IX).

Lachwitz, Klaus; Trenk-Hinterberger, Peter (2010): Zum Einfluss der Behindertenrechtskonvention (BRK) der Vereinten Nationen auf die deutsche Rechtsordnung. Versuch einer Darstellung am Beispiel des Art. 19 BRK (Unabhängige Lebensführung und Einbeziehung in die Gemeinschaft). In: RdLH (2), S. 45–52.

Landesbeauftragter für Menschen mit Behinderungen Niedersachsen (2010): Erfahrungsbericht der Arbeitsgruppe „Budget für Arbeit". Hannover. Online verfügbar unter http://www.behindertenbeauftragter-niedersachsen.de/files/rl01/Broschueren/Erfahrungsbericht.pdf, zuletzt geprüft am 13.11.2015.

Leibholz, Gerhard; Rinck, Hans-Justus; Hesselberger, Dieter (1975-): Grundgesetz für die Bundesrepublik Deutschland. Kommentar an Hand der Rechtsprechung des Bundesverfassungsgerichts. Köln: O. Schmidt.

Leonhard, Bettina (2012): Die „große Lösung" – ein neuer Anlauf zur Zusammenfassung aller Eingliederungshilfeleistungen für Kinder und Jugendliche unter dem Dach des SGB VIII. In: RdLH (2), S. 53–55.

Löbner, Andreas (2015): Der gesetzliche Behinderungsbegriff im Wandel der Zeit. In: br (1), S. 1–11.

Löwisch, Manfred; Caspers, Georg; Klumpp, Steffen (2014): Arbeitsrecht. Ein Studienbuch. 10. Aufl. München: Vahlen.

Luik, Steffen (2006): Umschulung zum Berufshubschrauberpiloten als Leistung zur Teilhabe am Arbeitsleben. Anmerkung zu LSG Saarbrücken 7. Senat, Urteil vom 04. August 2006, L 7 RJ 22/04. In: jurisPR-SozR (25/2006 Anm. 5).

Luthe, Ernst-Wilhelm (2009): Die Behinderung nach § 2 Abs. 1 SGB IX, ihr Gesellschaftsbegriff und die ICF. In: SGb (10), S. 569–575.

Luthe, Ernst-Wilhelm (Hg.) (2009): Rehabilitationsrecht. Berlin: Erich Schmidt Verlag.

Luthe, Ernst-Wilhelm (2013): Einige Anmerkungen zur Behindertenrechtskonvention. In: SGb (7), S. 391–395.

Luthe, Ernst-Wilhelm (2014): Zur rechtlichen Bedeutungslosigkeit der UN-Behindertenrechtskonvention und ihren Risiken. In: br (4), S. 89–92.

Luthe, Ernst-Wilhelm (2015): Die Behindertenrechtskonvention – leicht überstrapaziert! In: JM (5), S. 190–196.

Luthe, Ernst-Wilhelm (Hg.) (2015): Rehabilitationsrecht. Unter Mitarbeit von Johannes Falterbaum, Stephan Gutzler, Guido Kirchhoff, Ernst-Wilhelm Luthe, Wolfgang Noftz, Dagmar Oppermann et al. 2., neu bearbeitete und erweiterte Auflage. Berlin: Schmidt.

LWL/LVR (2010): Handlungsempfehlungen zum Betrieblichen Eingliederungsmanagement. 3. Aufl. Online verfügbar unter https://www.lwl.org/abt61-download/PDF/broschueren/BEM_06_2010.pdf, zuletzt geprüft am 13.11.2015.

Marburger, Horst (2008): Zuständigkeit für Maßnahmen der Teilhabe (Rehabilitationsmaßnahmen). In: br (1), S. 1–4.

Masuch, Peter (2012): UN-Behindertenrechtskonvention. Zur praktischen Relevanz in konkreten Konfliktfällen. In: Sozialrecht + Praxis (5), S. 287–292.

Masuch, Peter (2014): Die Bedeutung der UN-Behindertenrechtskonvention für die Reform des Teilhaberechts behinderter Menschen. In: ARCHIV für Wissenschaft und Praxis der sozialen Arbeit (3), S. 18–29.

Maunz, Theodor; Dürig, Günter (1996-): Grundgesetz. Kommentar. München: Beck.

Maurer, Hartmut (2011): Allgemeines Verwaltungsrecht. 18. Aufl. München: Beck.

Maydell, Berndt von; Ruland, Franz; Becker, Ulrich (Hg.) (2012): Sozialrechtshandbuch (SRH). 5. Aufl. Baden-Baden: Nomos.

Meinel, Gernod; Heyn, Judith; Herms, Sascha (2015): Teilzeit- und Befristungsgesetz. Kommentar. 5., neubearb. Aufl. München: Beck.

Minninger, Norbert; Hinterholz, Werner; Westermann, Bernd (2013): Rechte behinderter Menschen. Der Ratgeber für Betroffene, Angehörige und Interessenvertretungen. 3. überarbeitete Auflage. Frankfurt am Main: Bund-Verlag.
Mißling, Sven; Ückert, Oliver (2014): Vorabfassung der Studie Inklusive Bildung: Schulgesetze auf dem Prüfstand. Hg. v. Deutsches Institut für Menschenrechte. Berlin. Online verfügbar unter http://www.institut-fuer-menschenrechte.de/uploads/tx_commerce/Vorabfassung_Studie_Inklusive_Bildung_Schulgesetze_auf_dem_Pruefstand.pdf, zuletzt geprüft am 06.05.2015.
Mrozynski, Peter (2002): SGB IX Teil 1. Regelungen für behinderte und von Behinderungen bedrohte Menschen: Kommentar. München: C.H. Beck.
Muckel, Stefan; Ogorek, Markus (2011): Sozialrecht. 4., neu bearb. Aufl. München: Beck.
Müller, Jens (2013): Leistungen zur Teilhabe am Arbeitsleben durch den Rentenversicherungsträger. In: Nachrichten der Deutschen Rentenversicherung Hessen (2), S. 30–33.
Müller-Wenner, Dorothee; Winkler, Jürgen (2011): SGB IX Teil 2. Besondere Regelungen zur Teilhabe schwerbehinderter Menschen (Schwerbehindertenrecht). Kommentar. 2. Aufl. München: Beck.
Münch, Ingo von; Kunig, Philip; Arnauld, Andreas von (2012): Grundgesetz. Kommentar. 6. Aufl. München: Beck.
Mutschler, Bernd; Schmidt-De Caluwe, Reimund; Coseriu, Pablo (2013): Sozialgesetzbuch III, Arbeitsförderung. [Großkommentar]. 5. Aufl. Baden-Baden: Nomos.
Nebe, Katja (2014): Leistungen zur Teilhabe am Arbeitsleben – Zuständigkeit und Verantwortlichkeit. In: Sozialrecht aktuell Sonderheft, S. 1–11.
Nebe, Katja (2014): Neue Arbeitswelten – Die Innovationskraft des Betriebsverfassungsgesetzes. In: AuR (2), S. 51–57.
Nebe, Katja (2015): Anmerkung zum Diskussionsbeitrag B3-2015 „Barrierefreie Arbeitsstätten – Änderung der Arbeitsstättenverordnung (ArbStättV 2015)“ von Franz Josef Düwell. Forum B, Beitrag B4-2015. Online verfügbar unter http://www.reha-recht.de/fileadmin/user_upload/Diskussionsforen/Forum_B/2015/B4-2015_Anmerkung_zum_Diskussionsbeitrag_B3_2015_Barrierefreie_Arbeitsstaetten_Aenderung_der_Arbeitsstaettenverordnung.pdf, zuletzt geprüft am 13.11.2015.
Nebe, Katja (2015): Die Stufenweise Wiedereingliederung. Sicherung der Erwerbsteilhabe durch komplementäres Arbeits- und Sozialrecht. In: SGb (3), S. 125–134.
Nebe, Katja; Waldenburger, Natalie (2014): Überlegungen zu einem Budget für Arbeit (BfA). Forum D, Beitrag D26 2014. Online verfügbar unter www.reha-recht.de, zuletzt geprüft am 19.01.2015.
Nellissen, Gabriele (2015): Keine Erstattung von Fahrtkosten durch den Rentenversicherungsträger bei stufenweiser Wiedereingliederung. Forum A, Beitrag A7-2015. Online verfügbar unter www.reha-recht.de, zuletzt geprüft am 03.07.2015.
Neumann, Dirk; Pahlen, Ronald; Majerski-Pahlen, Monika (Hg.) (2010): Sozialgesetzbuch IX: Rehabilitation und Teilhabe behinderter Menschen. 12. Aufl. München: Beck.
Oberscheven, Markus (2005): Das Verfahren der Zuständigkeitsklärung und beschleunigten Leistungserbringung nach § 14 SGB IX. In: DRV (2–3), S. 140–161.
Oluk, Ayse (2012): Die betriebliche Integrationsvereinbarung nach § 83 SGB IX. Forum B, Beitrag B1-2012. Online verfügbar unter http://www.reha-recht.de/fileadmin/download/foren/b/2012/B1-2012_Betriebliche_Integrationsvereinbarung.pdf, zuletzt geprüft am 13.11.2015.

Palsherm, Ingo (2011): Das gegliederte System der Rehabilitation und die Zusammenarbeit der Rehabilitationsträger nach dem SGB IX. In: WzS (5), S. 135–141.
Papadopoulou, Eleni (2015): Kann Adipositas eine Behinderung darstellen? – Anmerkung zu EuGH, Urteil v. 18.12.2014 – C 354/13. Forum B, Beitrag B9-2015. Online verfügbar unter www.reha-recht.de, zuletzt geprüft am 05.11.2015.
Peine, Franz-Joseph (2014): Allgemeines Verwaltungsrecht. Mit ebook: Lehrbuch, Entscheidungen, Gesetzestexte. 11., völlig neu bearb. Aufl. Heidelberg; München; Landsberg [u. a.]: Müller.
Peters-Lange, Susanne (2015): Rechtsprobleme rund um das persönliche Budget. Sieben Jahre Rechtsanspruch nach sieben Jahren Erprobungsphase. In: SGb 12/15, S. 649–654.
Plagemann, Hermann; Bubeck, Thomas (2013): Münchener AnwaltsHandbuch Sozialrecht. 4. Aufl. München: Beck.
Preis, Ulrich (2012): Arbeitsrecht, Individualarbeitsrecht. Lehrbuch für Studium und Praxis. 4. Aufl. Köln: Schmidt.
Preis, Ulrich (2012): Arbeitsrecht, Kollektivarbeitsrecht. Lehrbuch für Studium und Praxis. 3. Aufl. Köln: Schmidt.
Rancke, Friedbert (2015): Mutterschutz – Elterngeld – Elternzeit. Mutterschutzgesetz – Bundeselterngeld- und Elternzeitgesetz – Kindergeldrecht – Unterhaltsvorschussgesetz. 4. Aufl. Baden-Baden: Nomos.
Richardi, Reinhard (Hg.) (2009): Münchener Handbuch zum Arbeitsrecht. Band 1. Individualarbeitsrecht. 3. Aufl. München: Beck (zitiert: MünchArbR).
Richardi, Reinhard; Wlotzke, Otfried (2000): Münchener Handbuch zum Arbeitsrecht. Band 1. Individualarbeitsrecht. 2. Aufl. München: Beck (zitiert: MünchArbR).
Rolfs, Christian (2010): Arbeitsrecht. Studienkommentar. 3. Aufl. München: Beck.
Rolfs, Christian; Giesen, Richard; Kreikebohm, Ralf; Udsching, Peter (Hg.) (2015): Sozialrecht. Beck'scher Online-Kommentar. München: C.H. Beck (zitiert: BeckOK SozR).
Roller, Steffen (2016): Auswirkungen der UN-Behindertenrechtskonvention auf das sozialgerichtliche Verfahrensrecht. In: SGb 01/16, S. 17–24.
Rothfritz, Lauri Philipp (2010): Die Konvention der Vereinten Nationen zum Schutz der Rechte von Menschen mit Behinderungen. Eine Analyse unter Bezugnahme auf die deutsche und europäische Rechtsebene. Frankfurt am Main, New York: P. Lang (zugl. Diss. Hamburg Bucerius Law School 2009).
Rüthers, Bernd; Birk, Axel (2005): Rechtstheorie. Begriff, Geltung und Anwendung des Rechts. 2. Aufl. München: Beck.
Sachs, Michael; Battis, Ulrich (2014): Grundgesetz. Kommentar. 7. Aufl. München: C.H. Beck.
Schafhausen, Martin (2012): UN-Behindertenrechtskonvention – Anwendbarkeitsvoraussetzungen im Sozialrecht. In: ASR, S. 243–249.
Schaub, Günter (2015): Arbeitsrechts-Handbuch. Systematische Darstellung und Nachschlagewerk für die Praxis. 16. Aufl. München: Beck.
Scheibner, Ulrich (2015): Das arbeitnehmerähnliche Rechtsverhältnis der Beschäftigten im Arbeitsbereich der Werkstätten für behinderte Menschen nach § 138 SGB IX. Ein Plädoyer an das richtige Verständnis für die Leistungsberechtigten in den Werkstätten. In: br (3), S. 75–83.
Schlegel, Rainer; Voelzke, Thomas; Kreitner, Jochen; Luthe, Ernst-Wilhelm (Hg.) (2015): juris PraxisKommentar SGB IX. Rehabilitation und Teilhabe behinderter Menschen. 2., Auflage, rev. Ausg. Saarbrücken: Juris Saarbrücken.

Schleusener, Aino; Suckow, Jens; Voigt, Burkhard (2013): AGG. Kommentar zum Allgemeinen Gleichbehandlungsgesetz. 4. Aufl. Köln: Luchterhand.
Schmidt, Rolf (2016): Allgemeines Verwaltungsrecht. Verwaltungsorganisation und Behördenaufbau, Rechtsquellen des Verwaltungsrechts, das subjektive öffentliche Recht, unbestimmter Rechtsbegriff, Beurteilungsspielraum und planerische Abwägungsentscheidungen, Verwaltungsermessen, Handlungsformen der Verwaltung, Staatshaftungsrecht. 19. Aufl. Grasberg bei Bremen: Schmidt.
Schmitt, Jochem (2012): Entgeltfortzahlungsgesetz und Aufwendungsausgleichsgesetz. Kommentar. 7. Aufl. München: Beck.
Schneider, Jakob (2004): Die Justiziabilität wirtschaftlicher, sozialer und kultureller Menschenrechte. Berlin: Dt. Inst. für Menschenrechte (Studie / Deutsches Institut für Menschenrechte).
Schönefelder, Erwin; Kranz, Günter; Wanka, Richard (2014): Sozialgesetzbuch III – Arbeitsförderung. Band 1. 3. Aufl. Stuttgart: Kohlhammer.
Schönke, Adolf; Schröder, Horst (2014): Strafgesetzbuch. Kommentar. 29., neu bearb. Aufl. München: Beck.
Schroeder, Wolfgang (2012): Vorsorge und Inklusion. Wie finden Sozialpolitik und Gesellschaft zusammen? Berlin: vorwärts.
Schulte, Bernd (2011): Die Behindertenrechtskonvention der Vereinten Nationen. Von der Integration zur Inklusion: Änderungsbedarf im deutschen Behindertenrecht. In: Behindertenrecht (2), S. 41–49.
Schulte, Bernd (2012): Die Umsetzung der UN-Behindertenrechtskonvention in Deutschland – aktuelle Bestandsaufnahme und weiterer Handlungsbedarf. In: br (2), S. 34–46.
Schulte, Bernd (2012): Die UN-Behindertenrechtskonvention (Teil I). „Disability Mainstreaming", Inklusion, Teilhabe und Verbot von Diskriminierungen auch im deutschen Arbeits- und Sozialrecht. In: ZESAR (2), S. 69–74.
Schulte, Bernd (2013): Zwischenruf. „Einige Anmerkungen zur Behindertenrechtskonvention" – Replik zu Luthe, SGb 2013, S. 391 ff. In: SGb (12), S. 691–693.
Schumacher, Carsten (2016): Inklusion behinderter Menschen als Querschnittsaufgabe. Bericht zur Bundestagung des Deutschen Sozialrechtsverbands e.V. am 08. und 09.10.2015 in Hamburg. In: ZFSH/SGB (3), S. 121–125.
Schweitzer, Michael (2010): Staatsrecht, Völkerrecht, Europarecht. 10. Aufl. Heidelberg, München, Landsberg, Frechen, Hamburg: Müller.
Söllner, Alfred; Waltermann, Raimund (2012): Arbeitsrecht. 16. Aufl. München: Vahlen.
Stähler, Thomas P. (Hg.) (2013): Inklusion behinderter Arbeitnehmer. Rechtliche Grundlagen für Arbeitgeber, Personalabteilungen, Schwerbehindertenvertreter und Betriebsräte. 1. Aufl. Köln: Luchterhand Verlag.
Stähler, Thomas P. (2013): Zur Frage, ob und wann auch chronische Krankheiten vom Begriff der Behinderung umfasst sein können – Urteilsbesprechung zu EuGH, Urteil vom 11.4.2013 - C-335/11 und C-337/11. In: ZFSH SGB (8), S. 465–471.
Stähler, Thomas (2014): Behinderungsbegriff und Fragen der Gleichbehandlung im Arbeitsleben. In: Sozialrecht aktuell (5), S. 205–218.
Stein, Anne-Dore (2013): Inklusion – ein Gewinn für alle! In: NDV (2), S. 52–57.
Suelmann, Susanna (2013): Bildung in der Frauenrechtskonvention, der Kinderrechtskonvention und der Behindertenrechtskonvention der Vereinten Nationen. 1. Aufl. Hamburg: Kovač.
Theissen, Bettine (2014): Inklusions-Verweigerung ist teuer. In: FAZ, 04.12.2014, S. 23.